国家出版基金项目
NATIONAL PUBLICATION FOUNDATION

新技术法学研究丛书

丛书主编：张保生 郑飞

行政诉讼智能化研究

陈子君 —— 著

中国政法大学出版社

2025·北京

图书在版编目（CIP）数据

行政诉讼智能化研究 / 陈子君著. —— 北京：中国政法大学出版社，2025.1. —— ISBN 978-7-5764-1876-7

Ⅰ. D925.318.4

中国国家版本馆 CIP 数据核字第 2024RU0040 号

书　名	行政诉讼智能化研究 XINGZHENG SUSONG ZHINENGHUA YANJIU
出版者	中国政法大学出版社
地　址	北京市海淀区西土城路 25 号
邮　箱	bianjishi07public@163.com
网　址	http://www.cuplpress.com（网络实名：中国政法大学出版社）
电　话	010-58908466(第七编辑部) 010-58908334(邮购部)
承　印	固安华明印业有限公司
开　本	720mm×960mm　1/16
印　张	22
字　数	340 千字
版　次	2025 年 1 月第 1 版
印　次	2025 年 1 月第 1 次印刷
定　价	98.00 元

总　序

21世纪以来，科技迅猛发展，人类社会进入了新技术"大爆发"的时代。互联网、大数据、人工智能、区块链、元宇宙等数字技术为我们展现了一个全新的虚拟世界；基因工程、脑机接口、克隆技术等生物技术正在重塑我们的生物机体；火箭、航天器、星链等空天技术助力我们探索更宽阔的宇宙空间。这些新技术极大地拓展了人类的活动空间和认知领域，丰富了我们的物质世界和精神世界，不断地改变着人类社会生活的面貌。正如罗素所言，通过科学了解和掌握事物，可以战胜对于未知事物的恐惧。

然而，科学技术本身是一柄"双刃剑"。诺伯特·维纳在《控制论》序言中说，科学技术的发展具有为善和作恶的巨大可能性。斯蒂芬·霍金则警告，技术"大爆炸"会带来一个充满未知风险的时代。的确，数字技术使信息数量和传播速度呈指数级增长，在给人类生产和生活带来信息革命的同时，也催生出诸如隐私泄露、网络犯罪、新闻造假等问题。克隆技术、基因编辑等生物技术在助力人类攻克不治之症、提高生活质量的同时，也带来了诸如病毒传播、基因突变的风险，并给社会伦理带来巨大挑战。

奥马尔·布拉德利说："如果我们继续在不够明智和审慎的情况下发展技术，我们的佣人可能最终成为我们的刽子手。"在享受新技术带来的便利和机遇的同时，提高风险防范和应对能力是题中应有之义。我们需要完善立法来保护隐私和知识产权，需要通过技术伦理审查确保新技术的研发和应用符合人类价值观和道德规范。尤为重要的是，当新技术被积极地应用于司法领域时，我们更要保持清醒的头脑，不要为其表面的科学性和查明事实真相方面的精确性所诱，陷入工具崇拜的泥潭，而要坚持相关性与可靠性相结合的科学证据采信标准，坚守法治思维和司法文明的理念，严守司法的底线，不能让新技术成为践踏人权的手段和工具。

不驰于空想，不骛于虚声。在这样一个机遇与挑战并存的时代，我们应以开放的胸襟和创新的精神迎接新技术带来的机遇，也需要以法治理念和公序良俗应对新技术带来的挑战。弗里德里奇·哈耶克曾反思道："我们这一代人的巨大不幸是，自然科学令人称奇的进步所导致的人类对支配的兴趣，并没有让人们认识到这一点，即人不过是一个更大过程的一部分，也没有让人类认识到，在不对这个过程进行支配，也不必服从他人命令的情形下，每一个人都可以为着共同的福祉做出贡献。"因此，在新技术"大爆发"的新时代，我们需要明确新技术的应用价值、应用风险和风险规制方式。本丛书的宗旨就在于从微观、中观和宏观角度"究新技术法理，铸未来法基石"。阿尔伯特·爱因斯坦说过："人类精神必须置于技术之上。"只有良法善治，新技术才能真正被用于为人类谋福祉。

2023 年 12 月

序　言
路在脚下，未来在眼前

回想当初与陈子君同学讨论"行政诉讼智能化"作为博士论文选题的过程，印象最深刻的一点是心里为她捏一把汗。因为智能化科技的发展日新月异、更新迭代速度快，其应用的场景、深度与样式蕴含的不稳定因素很多，其自身的发展前景到底如何，现在难以预见。对法律专业出身的人士来说，要在了解人工智能科技的基本原理、常用术语与创新动向的基础上，思考如何将现代信息科技的成果应用到行政审判的场景之中，推动行政诉讼制度的现代化进步，可谓难上加难。有鉴于这个选题的前瞻性比较长远，或多或少带有科幻的色彩，选题与答辩是否能够顺利通过的不确定性因素也是需要考虑的一项困难。但是，面对这些困难，子君同学毅然确定了"行政诉讼智能化研究"的选题，进行数年的持续研究，终于形成了书稿，为智能技术在行政审判制度现代化的应用范围、场景、路径勾勒了一个初步的理论分析框架。诚如作者在结语中所言，作为一种前瞻性、实验性的理论尝试，本书的探讨只是一个小的起点。的确，行政诉讼制度很年轻，其自身内部的制度构成尚未完全发育成熟，会与时俱进地不断拓展演进，而有关自身本质、目的、价值、构造等底层理论逻辑架构要成熟稳定下来，更是言之尚早。但是，惟其如此，反而条条框框的羁绊少，更有可能在深度应用信息技术、进行制度革新方面走在其他诉讼制度的前面，从而在审判制度现代化的道路上形成独特的后发优势。相信子君老师会在著作出版后继续研究进程，在行政审判智能化方面提出更有理论创新意义和实践理性思辨深度的研究成果。为此，下文打算分享指导论文和阅读书稿过程中的一些心得。

第一个问题是在行政诉讼制度中应用现代信息技术，尤其是智能技术的意义是什么？对此，本书给出了一个比较明确的回答，就是借助现代信息技术的自动化、信息化、数据化、网络化与平台化等方面的优势，优化行政审判流程，简化诉讼过程手续；借助风险预测、类案对比、裁判预测等知识辅助方式，防范过滤滥诉行为，提高当事人和关系人实施诉讼行为的规范化与理性化水平；将行政审判人员从大量简单重复的技术性事项中解脱出来，从当事人有意无意滥用诉讼权利的无谓纠缠之中解脱出来，集中精力于真正能够彰显法官作为裁判者角色的价值判断职能上，从而获得更好的职业成就感。法官的职业成就感来自于而又高于国民的朴素正义感，法官的职业成就感的提升会反过来带动国民朴素正义感的提升，这两者的正向循环是智能化技术在行政审判中持续深度应用的认知动力源泉所在。为此，作者特别强调智能技术在转变心理认知模式、转变法律思维方式方面的独特作用。

进一步思考，可以发现，随着智能技术应用广度与深度的增加，行政法官角色的重新认识与定位问题会逐渐凸显出来。智能技术的本质是促进人类理性的开放与光明，其应用范围越广泛，行政审判的时空场域就越是广泛，与政治、经济、文化与社会的关联节点也就越多，从而使"法庭"的场域范围呈现无限广延的趋势，来自民间的民意呼声和智识力量得以更方便、更直接地进入到法庭的时空场域之中，以不同的方式、在不同程度上影响裁判过程，为法官的判断与决断提供更厚实宽广的民意与智识基础。用比较成熟的理论术语来说，就是借助现代信息技术的优势，行政审判制度能够克服兼顾剧场化与广场化的两难困境，得以在两个方向上同步加强。易言之，在逐步提高行政审判过程剧场化水平的同时，提高行政审判过程的广场化水平。在行政审判组织部分，作者从明确法官作为裁判主体的责任界限的角度分析了智能科技深度应用，尤其是 AI 法官辅助裁判机制对重新明确法官责任界限、保障法官职务豁免权的冲击，提出了重新认识法官角色与职能定位的问题，可谓独具慧眼。

第二个问题是在行政诉讼制度中智能科技的应用范围，亦即智能科技在行政审判过程中应用深度与广度的尺度把握问题。智能技术在现代科技园地中十分引人注目，其独特的优势也得到了广泛的验证，但并非万能的药方，其应用的广度与深度毕竟是有限的。具体到行政审判制度的现代化演进领域，问题是：智能技术会改变什么，不能改变什么？作者给出的回答是：行政行为的合法性审查与行政争议的实质性化解作为行政诉讼制度的核心功能定位不会改变，当事人合法性权益的有效保障与对行政机关依法行政的有力监督作为行政诉讼制度的目的不会改变，但行政审判程序的流程化设计、行政审判方式的类型化设计（如繁简分流）、行政审判组织的扁平化、网络化与多元化互动（如 AI 法官和民间力量作为辅助裁判机制）等会随着智能技术的应用深度而逐步改变。

顺着作者铺垫的思路继续思考会发现，《宪法》《行政诉讼法》等法律规定的诉讼基本原则和基本制度框架不能因为智能技术的应用而改变或者弱化，反之，应当得到加强。对当事人诉权的保障也应当随着智能技术的深度应用而得到逐步加强。与此同理，行政诉讼制度的本质与本色也应当随着智能技术的应用深度而得到逐步彰显。问题是：行政诉讼制度本质上是什么？是指向官民之间的两造对抗关系、以所谓的实质利益诉求的满足为直接目标的行政争议解决法？还是指向官民协作关系、以信任与共识的达成为目标的公共政策协商法？如果这是一个值得探讨的底层逻辑理论问题的话，智能技术在行政审判领域之中的应用逻辑将随之更加明确。对此，本书没有展开探讨，希望作者以后能够注意到这个问题。

第三个问题是智能技术在行政诉讼制度应用的关键点，也就是借助智能技术推动行政审判制度现代化的方案设计的着眼点和立足点。从技术的层面来看，作者给出的答案是专门针对行政审判各种应用场景的法律知识图谱建构，为此提出了"知识、数据、算法、算力"的四要素说观点，强调知识的主线贯穿地位。从法律层面来说，作者给出的答案是数据分析的思维方法与由未来法治、数字正义、实质法治等智能法治观念，强调新法治观念的先导作用。按照这样的理解，行政诉讼制度智能化的内涵可以理解为在由未来法治、数字正义和实质法治构成的智能法治观念的指引下，借助由知识、数据、算法和算力构成的法律知识图谱，人民法院通过创新行政审判方式，优化行政审判流程，拓展行政裁判的民间意见与智识来源，提高行政审判过程的透明度与参与度，同步协调推进行政审判过程的剧场化与广场化水平，以更有效地实现行政诉权保障、行政争议实质化解与行政行为合法性审查的任务。

看来，在理论上如何给行政诉讼智能化的命题下一个定义是有相当的难度的，作者的相关尝试实属难能可贵。

写到这里，忽然想起，如何给这篇序定个题目。一顿茫然之后，脑海里出现的词语是"路在脚下，未来在眼前"。是为序。

高家伟

2024 年 12 月 2 日于万宁

前　言

　　人工智能、大数据技术不仅引发了一场巨大的商业变革，也正引领着一场巨大的国家治理变革。在这一背景下，利用现代科技赋能行政审判成为行政审判制度改革和行政审判能力现代化建设的重要方式。然而，智能技术与行政审判深度融合中存在的问题是，如何实现行政诉讼智能化与行政审判改革和行政审判制度的有效衔接，即如何使行政诉讼智能化契合行政审判的功能需求，如何对智能化应用的法律问题进行制度因应。

　　目前，行政审判智能化建设正在对司法智能化的应用方式、建构方式，以及技术和审判活动的结合方式进行诸多实践探索，表现为"国家引领+地方试点+地方创新探索"的发展路径。但也呈现分散化、不确定性、体系性欠缺的特点，因此有必要对当前司法智能化应用进行经验层面的归纳梳理。不同于传统技术，智能技术不仅是对人体力活动的替代，更是对人认知感知能力的延伸。实践中，智能技术从技术、资源和思维三个层面对行政审判予以赋能。这三种不同的赋能方式决定了智能化应用与诉讼活动的不同结合方式和适用领域。由此，行政审判智能化研究遵循"大数据技术—信息资源—大数据思维"的理论分析框架，以保证研究的体系性和逻辑性。同时，从行政诉讼智能化应用的技术工具来看，"知识"在"数据、算法、算力"之外成为司法人工智能的另一重要基础要素。技术工具的拓展使司法智能化应用范围不断拓展、智能程度不断提升，并呈现类型化特征。以智能化程度、适用范围（是否专门适用于诉讼领域和智能化应用的功能目的）、建设方式（技术建模方式和功能模型的系统化程度）为标准，将其划分为认知智能模拟和感知智能模拟的司法智能化应用；通用型司法智能化和专门性司法智能化；司法辅助、司法管理和司法服务及司法裁判智能化应用；基于数据系统的、基于知识系统的司法智能化应用；具体型应用和综合型系统及一体化平台的司法智能化应用。这一类型化归纳有助于从多角度对智能化应用的特点进行认识，进而分析其在法律制度中的影响，及其制度因应。

在数字化时代，智慧法治构成当前国家治理体系现代化向智治转型背景下的新的法治形态。其中，未来法治、实质法治和数字正义构成智慧法治形态的三大理念内涵。未来法治明确了智慧法治的建设路径，实质法治构成了智慧法治的具体内涵，数字正义成为智慧法治中的正义判断基准。智慧法治建设的三大理念基础为行政诉讼智能化提供了价值指引，构成智能化建设的理论工具。而审判活动与智能技术的深度融合需要进一步从规范层面对相关制度予以探讨。相关的法律问题包括智能裁判的可行性和适用限度；智能化应用在繁简分流审判程序改革中的赋能，以及审判管理中智能化应用的积极和消极影响。为此，将审判方式、审判程序和审判组织智能化作为本书行政诉讼智能化研究的主要论证内容。

首先，在行政诉讼智能化的审判方式中，如何利用智能技术实现行政争议的实质性解决是审判方式智能化的目的。主要应用场景：在个案层面，适用于具体裁判活动中的智能化应用，如法律适用阶段的类案智推和法条推送，事实认定中的无争议事实（预）归纳、无争议焦点（预）归纳，以及裁判阶段的裁判文书自动生成等应用。在群案层面，利用数据分析思维，以海量司法案例为数据资源，探寻新形势下的司法规律，提高司法预测预判，辅助司法决策。由此，在实质性解决行政争议目的下，智能化应用方式表现出个案解决和群案预防相区分的特点。在此，统一法律适用、府院互动、审判白皮书制度成为行政诉讼活动与智能化应用的制度结合点。鉴于当前智能化程度较低、司法大数据利用程度不足等问题，主张在建模方式上，由要素式建构向要件式建构拓展，并完善行政诉讼类案适用规则。同时，完善行政法治一体化平台建设和行政审判白皮书制度，在促进不同主体高效互动的同时，利用大数据思维，对疑难案件的发生原因和发展趋势进行大数据专项预测分析，进而推动诉源治理和行政争议实质性解决。鉴于智能裁判与诉讼监督功能、数据资源与审判方式的冲突，以及裁判思维与数据思维的差异，主张智能化应用在行政诉讼审判活动中应遵循有限性原则。在明确智能化应用适用原则的同时，构建智能化应用的测评机制和相应的救济规则。

其次，行政诉讼智能化的审判程序成为繁简分流制度改革的重要路径之一。具体应用场景包括线上拓展和流程再造。智能化应用的高效性、自动化优势，以及人机协同的审判流程与当前提高审判程序效率、缓解案多人少压力的现实改革需求相适应，并有利于克服法官对传统程序的路径依赖，提高司法便民度。审判程序智能化应从技术层面和制度层面对流程再造进行规范化建设，完善《行政诉讼智能审判应用规则》，并探索建立行政诉讼要素式的智能审判程序规则，将智能化建设作为简易程序和速裁程序等制度完善的信息化保障，完善相关制度规则。同时，鉴于审判程序智能化也存在侵害行政诉讼民主参与功能、影响法官中立性和平等诉讼结构的法律问题，主张结合前述的应用类型化，分别考虑不同应用的智能化程度、组合方式和智能化应用成效，对智能化应用对程序正义的消解程度进行类型化，在此基础上区分智能化应用在审判程序中的保留事项，明确不同的适用梯度，并建立算法公开制度。

此外，在行政诉讼智能化的审判组织中，智能化应用存在多类场景中，如个案运行监管中的定量化分案、静默化节点管控；审判监管中设立长期未结案动态管理系统、设立"四类案件"监督管理系统和法官工作量统计分析系统等，以及以司法公开平台形成的社会监管。智能化应用形成了对法官审判活动的多方位监管。这一多中心主义的权力运行方式对法官主体地位和法官责任认定产生了深刻影响。一是在智能化应用与法官主体地位的关系上，数字量化的监管不仅可能抑制法官的主观能动性，而且不能完全呈现法官的智识活动，导致出现结果主义的考核导向，同时还会诱发行为异化，产生"唯数据论"的倾向。为此，智能化应用需要对法官监管制度进行更新完善：一方面实现不同监督方式的优化组合，如流程监管和实体内容监管相结合、定量化监管和定性化监管相结合、硬性监管和柔性监管相结合。另一方面更新审判监督理念基础，即由管理型监督向以法官主体为中心的服务型监督拓展。二是在智能应用与法官责任机制的关系上，智能化应用有利于促进责任追究过程的公开透明，但存在责任隐匿的法理隐忧和不当课责的伦理挑战。为此，主张以法官责任的谦抑性、多主体责任的均衡性和多类型责任的协同性为完善路径，建构法官责任规则。一方面，完善法官在智能化应用中的伦理责任，另一方面，明确审判智能化中不同主体的归责方式。同时，完善法官在智能化应用中的责任豁免制度和责任追究制度。

　　综上，行政诉讼智能化建设不仅是智能技术的单向赋能，也是行政审判制度改革的重要信息化保障，更推动了行政诉讼制度的完善。行政审判改革与诉讼智能化的有效衔接应立足于繁简分流、诉源治理、府院互动、行政审判白皮书等司法制度改革，以智能化应用保障当事人的诉权，以循案和循数治理相结合、事后解决和事前预防相结合的方式促进争议实质性解决，在审判程序智能化中保障当事人的程序权利和程序正当性，以程序正义推进实体正义。

目　录

绪　论

改革开放以来，行政审判制度改革始终是司法改革中的重要部分，因为一方面，行政审判制度有别于民事审判制度，只有通过不断的改革试验，才能逐步地明确行政审判制度区别于民事审判制度的特点，使行政诉讼制度逐步脱掉民事诉讼的"印记"，成为我国诉讼制度体系之中鼎足而立的三大诉讼类型之一。另一方面，行政审判制度是一个具有贯穿性的实践课题，诸如行政审判职能、行政审判依据、行政审判程序、行政裁判方式，以及近年来如火如荼的智能化建设，都从不同的角度涉及行政审判制度的改革问题。更为重要的是，行政审判制度的现代化是在行政诉讼领域之中贯彻落实党的十九届四中全会所确立的国家治理现代化国策的突破口。以行政审判制度的现代化改革，助推行政诉讼制度的现代化，从而使国家治理现代化的理念和方略实实在在地贯彻落实到行政审判实践之中，对行政审判制度面向未来进行一次整体性的梳理和探索。因此，国家治理现代化理念和方略是本研究的逻辑起点。

一、行政诉讼智能化的国家政策背景

国家治理体系现代化、司法审判能力现代化与法院信息化建设构成行政诉讼智能化建设的重要国家政策背景。这一背景为行政诉讼智能化建设明确了新目标，提供了新路线。行政诉讼司法制度改革中的新发展为其提供了理念基础。以下从新目标、新路线和新理念三个方面展开分析。

（一）审判能力现代化建设的新目标

不断加强法治建设成为国家现代化发展的必然路径。2013 年 11 月，十八届三中全会提出"国家治理体系和治理能力现代化"的重大命题。2014 年 10

月，《中共中央关于全面推进依法治国若干重大问题的决定》作为新中国历史上第一个关于加强法治建设的专门决定，是指导新形势下全面推进依法治国的纲领性文件。2019年10月，党的十九届四中全会审议通过《中共中央关于坚持和完善中国特色社会主义制度 推进国家治理体系和治理能力现代化若干重大问题的决定》，其中第四部分将"坚持和完善中国特色社会主义法治体系，提高党依法治国、依法执政能力"作为治理体系现代化的重大决定之一。[1]从2013年"国家治理体系和治理能力现代化"的首次提出，到"国家治理体系和治理能力现代化"系统性文件的发布，依法治国重大决定的全面推进成为我国国家治理体系与治理能力现代化建设的重要路径。

司法制度改革成为法治国家现代化建设的重要环节。国家治理体系与治理能力现代化这一时代命题提出之后，最高人民法院相继出台系列重大政策文件以明确司法制度改革的路线图。例如，《中共中央关于坚持和完善中国特色社会主义制度 推进国家治理体系和治理能力现代化若干重大问题的决定》中明确，要"深化司法体制综合配套改革，完善审判制度、检察制度，全面落实司法责任制，完善律师制度，加强对司法活动的监督，确保司法公正高效权威，努力让人民群众在每一个司法案件中感受到公平正义"，"加强对法律实施的监督。保证行政权、监察权、审判权、检察权得到依法正确行使，保证公民、法人和其他组织合法权益得到切实保障，坚决排除对执法司法活动的干预"。2020年明确提出要不断"推进审判体系和审判能力现代化"。[2]

因此，审判体系和审判能力现代化是国家治理体系和治理能力现代化的重要组成部分，是全面依法治国的重要基础。同时，审判体系和审判能力现代化建设也成为司法制度改革更高层面的发展目标。

---

〔1〕 其中指出"建设中国特色社会主义法治体系、建设社会主义法治国家是坚持和发展中国特色社会主义的内在要求"。

〔2〕 2020年，最高人民法院发布《关于人民法院贯彻落实党的十九届四中全会精神 推进审判体系和审判能力现代化的意见》，其中指出：从坚持人民主体地位，在司法工作中充分体现人民意志、保障人民权益，深化司法体制综合配套改革与坚持审判执行工作与现代科技深度融合，深化智慧法院建设和应用等多方面提出了审判能力现代化建设的重要方式。

（二）"一体两翼"的新路线

党的十八大以来，最高人民法院以党的政治建设为统领，以审判执行工作为中心，坚持体制改革与技术变革相结合，不断推进审判体系和审判能力现代化。

司法信息化战略在全国各地得到统筹推进。2006 年 3 月 19 日，中共中央办公厅、国务院办公厅印发《2006—2020 年国家信息化发展战略》。[1]其后，2007 年，最高人民法院发布《关于全面加强人民法院信息化工作的决定》。在这一信息化阶段，我国逐渐建成了面向全国的立案信访系统、执行信息管理系统、纪检监察系统。同时在诉讼服务方面，全国多数法院数据、语音和视频系统建设及科技法庭建设上取得成效。例如，上海市高级人民法院设立12368 诉讼服务智能平台，其中，开发了诉讼咨询、案件信息查询、法院信息查询、联系法官、意见建议等五项智能诉讼服务功能。信息技术在司法制度中的运用不断拓展。其后，《人民法院信息化建设五年发展规划（2013—2017）》《人民法院信息化建设五年发展规划（2019—2023）》的相继出台，明确了法院信息化建设的总体部署。2015 年 7 月，我国最高人民法院首次提出"智慧法院"的概念，法院信息化建设进一步升级换代，以人工智能、算法和大数据为基础的智能化诉讼制度成为法院信息化建设的新阶段。2016 年 7 月，《国家信息化发展战略纲要》的发布将建设"智慧法院"列入国家信息化发展战略。2017 年 4 月，《最高人民法院关于加快建设智慧法院的意见》（以下简称《加快建设智慧法院的意见》）对"智慧法院"进行定义。[2]由此，我国法院信息化建设不断迭代升级，加速发展，由电子化向智能化进阶。

行政诉讼司法体制改革也伴随法院信息化建设不断推进。2019 年，最高人民法院发布《关于深化人民法院司法体制综合配套改革的意见——人民法院第五个五年改革纲要（2019—2023）》，明确"坚持强化科技驱动……充分运用大数据、云计算、人工智能等现代科技手段破解改革难题、提升司法效

---

〔1〕　其中明确"大力推进信息化，是覆盖我国现代化建设全局的战略举措，是贯彻落实科学发展观、全面建设小康社会、构建社会主义和谐社会和建设创新型国家的迫切需要和必然选择"。

〔2〕　智慧法院是指人民法院充分利用先进信息化系统，支持全业务网上办理、全流程依法公开、全方位智能服务，实现公正司法、司法为民的组织、建设和运行形态。

能"，在诉讼服务和诉讼审判中增强智能技术的应用。2020 年，最高人民法院发布《关于人民法院深化"分调裁审"机制改革的意见》与《关于深化司法责任制综合配套改革的实施意见》，将"进一步探索拓展人工智能、5G 等现代科技在审判工作中的应用形态"作为司法制度改革的重要方式。可见，智能技术成为行政诉讼繁简分流、审判方式优化的重要推动力量。

综上，司法体制改革与法院信息化建设如影随形。在以司法体制改革为制度载体和目标指引的前提下，法院信息化建设和司法制度改革共同构成当前审判体系和审判能力现代化提升的重要路径。

（三）行政诉讼司法改革的新理念

自 2007 年，实质性解决行政争议成为行政诉讼司法制度改革的重要目标。在这一政策驱动下，行政审判制度以合法性审查为底线不断进行实践探索和制度创新。在法治国家、法治政府和法治社会与司法改革的整体协调推进下，各类实践探索直接反映了行政诉讼中法治理念的更新。

1. 整体主义的系统法治观

国家治理理念的更新促进了行政审判理念向整体主义的系统法治观发展。从党的十八大到十九大，国家治理理念由"加强和创新社会管理"发展为"加强和创新社会治理"。由传统政府管理向公共治理的转变表明，执政党力图不断夯实改善民生、化解矛盾、构建和谐社会的决心和基础。在坚持党对政法工作集中统一领导的前提下，新时代政法工作以维护国家政治安全、确保社会大局稳定、促进社会公平正义、保障人民安居乐业为任务定位。在这一司法任务定位下，行政审判不断完善审判方式、健全审判程序、优化司法服务，以实现政治效果、法律效果、社会效果的统一。由此，整体主义的系统法治观成为行政审判现代化建设的理念基础。

实践中，整体主义的系统法治观比较典型地体现在"一揽子"实质性解决行政争议的司法政策目标上。人民法院在行政审判过程中，不仅要审查被诉行政行为的合法性、化解本案的行政争议，而且要"一揽子"解决相关的民事纠纷和社会矛盾，避免循环诉讼的诉累，尤其是降低激化官民矛盾和其他社会矛盾的隐患。由此，在整体主义的系统法治观念下，行政诉讼职能不断拓展，行政法官职权的主动性更明显，行政诉讼制度在解决行政争议基础上，向参与社会治理和促进政策形成的方向拓展。在行政诉讼智能化建设中，整体主义的系统法治观要求在诉讼审判、诉讼服务、诉讼管理、诉讼执行等多方面，利用智能化技术促进司法公开、司法公正、司法权威、司法便民、司法高效等司法价值目标的协同发展。

2. 人民中心主义的民主法治观

人民中心主义的民主法治观经历了一个不断深入的发展过程。作为承载着推进国家治理体系和治理能力现代化建设使命的行政诉讼制度，对社会治理政策的积极回应是坚持以人民为中心的司法正义观。从"司法为民"到"以人民为中心"的司法正义观，虽然都将"人民"作为关键词，但其中"人民"的地位进一步提升到"中心"的高度。人民中心主义的法治观要求人民法院在诉、审、判的过程中尊重人民主体意志、保护人民合法权益，建立人民友好型的诉讼理念，让人民群众在所有司法案件中体会到公平正义。

人民中心主义的民主法治观是新时代行政诉讼制度中权利保障原则中国化的体现。从群众路线出发，充分尊重关系人的主体地位，切实保护关系人的合法权益，是人民中心主义的民主法治观的宗旨。在内容上，以"情理法并重"这一中国法律箴言为实现路径。在形式上，积极探索有温度且亲民的司法服务模式是该法治观的直观表现。"以人民为中心"的发展思想具体到行政诉讼智能化层面，就是要坚持以当事人和法官为中心，司法智能化应用的建设和运用应当以辅助法官办案和提升司法便利度为目标。

3. 争议预防主义的预防性法治观

争议解决机制的预防性法治观是行政诉讼制度的另一法治新理念。古人说：消未起之患、治未病之疾，医之于无事之前。实践中，随着受案范围的拓宽和立案登记制度的推行，行政案件数量大幅增长。同时利益格局的不断调整也使行政案件更为复杂、疑难。人民法院在化解本案行政争议的基础上，可以适度拓展行政审判的职能，通过司法建议、联席会议等规范化的府院互动途径，将司法权的定分止争功能前移到行政争议可能发生的源头环节，如相关公共政策的制定阶段。

预防性法治观直观表现为预防性法律制度的建设。2021 年，我国中央全面依法治国工作会议上提出完善预防性法律制度，既要预防纠纷升级，也要预防纠纷发生。预防性法律制度在我国法律制度体系中发挥着日益重要的作

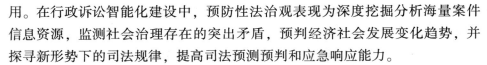
用。在行政诉讼智能化建设中，预防性法治观表现为深度挖掘分析海量案件信息资源，监测社会治理存在的突出矛盾，预判经济社会发展变化趋势，并探寻新形势下的司法规律，提高司法预测预判和应急响应能力。

4. 程序合作主义的开放法治观

程序合作主义的开放法治观的产生建立在行政诉讼外部社会治理环境的深刻变化基础上。传统上，司法权和行政权的关系这一权力结构是思考司法权性质的重要法治背景。行政权的公益性决定其不可借助调解而由行政机关依自愿意志进行处分；司法权的判断权属性制约行政争议实质性解决方式的职权主动性；司法权对行政权的监督使两者表现出对抗关系。当前，随着行政诉讼公共政策形成功能、社会治理功能的展现，行政诉讼进入一个较新的国家法治背景，强调法治国家、法治政府、法治社会的一体建设。行政诉讼制度在司法权和行政权的宪法关系之外面临更多的结构性关系重塑。例如，司法与经济建设、社会治理的关系，行政权、司法权和公民权的关系的新面向等。在多元主体关系结构的重塑过程中，以往行政审判实践中的"程序空转""上诉率高、申诉率高""实体裁判率低、原告服判息诉率低""立案难、审理难、执行难"等情况表明，程序对抗的结果往往是行政争议"官了民不了"，甚至是矛盾激化。为此，行政审判作为国家治理中法律纠纷解决的司法后盾，多种利益的博弈需要摈弃对抗思维，遵循司法民主观念和均衡理念，通过多元利害关系方的多方面沟通、调解，最大限度地实质性化解行政争议。因此，程序合作主义的开放法治观着眼于官民合作关系的建构，在此基础上推动司法权与行政权分工协作关系的新格局。

智能化应用成为行政诉讼程序合作主义实现的重要推动力。实践中，信息化建设成为行政诉讼制度改革的重要组成部分。2021 年，《关于推进行政诉讼程序繁简分流改革的意见》（以下简称《行政诉讼繁简分流意见》）明确，可以通过信息化诉讼平台在线开展诉讼活动。在行政诉讼智能化建设中，程序合作主义的开放法治观表现为利用智能技术的数据互联互通优势，借助全面开放性的网络空间和网络平台提高司法公开度、促进多方主体之间的信息沟通。

综上，行政诉讼智能化建设是法院信息化建设的重要组成部分，以实现审判能力和审判体系的现代化建设。行政诉讼制度作为官民纠纷的重要解决机制，行政诉讼制度的智能化建设有助于我国国家治理体系与治理能力的现代化建设与和谐社会的构建。

二、研究现状与待研问题

人工智能技术的快速发展，各类司法智能化应用、智能化系统和智能化平台的广泛深度运用也推动了学界对行政诉讼智能化展开探讨。为此，在具体研究行政诉讼智能化之前，有必要对诉讼智能化的国内外研究现状进行分析，进而结合行政诉讼司法制度改革探究行政诉讼智能化中的问题。

（一）研究现状

由于人工智能技术的不同属性及其与司法制度的深度融合，有关行政诉讼智能化的学理分析较少且呈现概念界定认识不一、研究范围分散的特点。相较于以延伸人的体力为功能的传统科技，人工智能更多的是对人类智力的模拟、延伸。智能技术在司法活动中一定程度上颠覆了对传统司法活动的认识，并促使学者对司法活动的本质特征展开思考，如对人工智能参与司法裁判的研究。行政诉讼制度智能化建立在司法智能化基础上。同时，由于行政诉讼制度脱胎于民事诉讼制度，在电子诉讼制度建设上，行政诉讼的相关制度设计与民事诉讼存在共通之处。行政诉讼智能化研究也表现出对民事诉讼智能化学理研究和实践适用的借鉴。因此，本书在对行政诉讼智能化的学理研究进行介绍的同时，为更全面地展示诉讼智能化的研究图景，也将借鉴司法智能化与民事诉讼智能化建设中的学理研究和实践经验，以为行政诉讼智能化的研究提供理论基础。

1. 研究视角

法律和科技融合的快速性、知识性促使学界从多种进路展开对司法智能化的研究。在大数据和人工智能发展阶段，法律人工智能和人工智能法律都聚焦于人工智能与法律的交叉问题研究，但二者属于不同的领域：前者是法律信息学的研究对象，关注的是人工智能技术在法律中的应用，属于人工智能的子领域和计算机科学的分支；后者则是人工智能法学的研究对象，关注的是人工智能技术应用所引出的相关法律问题，如算法歧视、算法偏见、算法操控甚至法律主体资格等，本质上属于法学的分支。对技术的理解包括软件、功能与本体三个层面。结合两大交叉研究领域和技术理解的三个层面，当前学理上对司法智能化的研究从以下两个方面展开。

（1）法律人工智能：本体层面。

本体层面是指如何从法学的视角对司法智能化应用进行建构。其属于法律人工智能的研究范围。一般地，法律人工智能多属于人工智能技术专家的探索领域。但随着法律和智能技术的深度融合，以及智能化应用领域性特征的展现，法律人也逐渐进入法律人工智能的研究领域中（本体层面）。数据、算法、知识、算力是司法智能化应用的四大基本要素。目前，法学研究者逐渐进入"数据"和"知识"要素的研究领域中。例如，以要件事实裁判理论对类案推送机制完善的探究，有学者对法律大数据的数据领域理论建构进行研究，一些法官主张实现要件式审判和审判方式智能化的结合。因此，司法智能化的发展需要构建跨学科融合的学术共同体，以提升我国司法智能化时代的法律科学研究水平和现代化法治能力。

（2）人工智能法律：功能层面。

功能层面聚焦于人工智能法律的研究内容，论文研究多侧重于对智能技术在司法活动应用中所产生的法律问题。例如，互联网法院的性质地位、区块链证据的真实性、证据种类制度对大数据证明的回应等。又如，算法歧视、算法偏见与司法裁判，以及法律主体资格等，其属于人工智能法律的研究范畴。

由于人工智能技术本身的不确定性，以及智能技术与司法制度结合的不确定性，司法智能化的相关问题包括概念层面的概念界定和范围明确，以及在制度层面和原则层面，对司法审判方式和司法审判程序，实体权利和程序权利，技治主义和法治主义，以及司法智能化应用的法律地位或性质、问题规制、责任机制等问题展开分析。

表 0-1　司法领域智能化应用的法律问题研究

制度层面	原则层面
司法裁判智能化	技治主义和法治主义
审判程序在线化，及其对当事人实体权利和程序权利的影响	现代科技司法模式与传统司法模式的关系

制度层面	原则层面
司法智能化应用的法律地位或性质	人机关系的主辅之分
智能化应用在证据规则中的适用	司法高效与司法公正的关系
智能辅助下的法官责任问题	
智能化应用技术局限的法律规制	

首先，制度层面的研究问题回应了行政审判现代化的现实之需。一是司法实体和司法程序，前者表现为司法裁判智能化的可能性及其限度。后者包括在线诉讼、异步审理对诉讼程序仪式性的消解。二是智能化技术对当事人实体权利和程序权利的影响，前者包括数据权、隐私权等，后者包括在线诉讼中当事人质证权和辩论权的实质性。三是智能化应用的法律地位或性质，如互联网法院是否为专门法院的探讨，电子数据区块链存证的效力研究，以及互联网异步审理方式的法律定位。这一问题研究与诉讼制度中的概念内涵相联系，如专门法院的概念、证据真实性的认识等。四是法律责任研究，如智能化应用辅助裁判之后法官的法律责任认定问题。五是对智能化应用技术局限的法律规制。

其次，原则层面的问题研究体现出法律问题的思辨性特征。一是技治主义与法治主义，即技术逻辑和法治逻辑如何深度融合；二是现代科技司法模式与传统司法模式的关系；三是人机关系的主辅之分，即 AI 法官的定位问题，职业法官的高级贴心助手；四是司法高效和司法正义的关系，法院信息化和司法智能化应用的发展以促进司法高效为切入点，如何在高效解决争议的同时促进司法公正实现。多对概念的研究核心在于对法治和正义概念的追问。

综上，智能化技术的快速发展使现代技术在司法活动中的运用具有多元交融性，包括互联网、数字化和数据化，替代性技术应用和颠覆性技术应用具有同步性。由此行政诉讼智能化研究呈现多元视角。

2. 研究内容

当前，学界对诉讼智能化的研究主要着眼于人工智能法律这一视角。由于诉讼智能化仍作为一个新型研究内容，司法智能化研究中的相关问题构成三大诉讼智能化研究的前提基础，如司法裁判智能化的适用限度问题。学界研究呈现"一般的司法智能化研究——专门的诉讼智能化研究"发展。前者包括诉讼智能化等概念界定，以及研究范围的明确；后者如要素式审判方式智能化、类案推送制度的应用等。

（1）概念明晰。

继电子化、互联网技术之后，人工智能技术的产生成为法院信息化 3.0 建设新的技术推动力。法院信息化建设由司法电子化向司法自动化，再向司法智能化发展。在此过程中我国明确提出了"智慧法院"的建设目标。但智能技术与传统互联网技术并不存在泾渭分明的界限。这使司法信息化、司法智能化、智慧法院等诸多概念存在不同认识。

首先，信息化和智能化的概念界分。我国法院信息化建设首次提出于 2002 年，最高人民法院印发了《人民法院计算机信息网络系统建设管理规定》和《人民法院计算机信息网络系统建设规划》。人工智能技术在法院信息化建设中的运用促进了"司法智能化"概念的产生。法院信息化和司法智能化在学界得到广泛分析探讨。但专门从法律角度对此概念进行明确的较少。从我国独特的司法体系语境出发，司法信息化和司法智能化可区分为广义和狭义概念。[1]广义概念是指法院、检察院、公安机关以及司法行政机关的信息化、智能化，狭义概念仅包括法院的信息化和智能化。还有学者将自主性作为判断是否具有智能化的核心标准。[2]因此，法院信息化是一个广义的概念，包括法院信息化建设的三个阶段（自动化、网络化和智能化）。智能化技术强调感知智能、认知智能等技术在司法裁判中的运用。

其次，智慧法院与司法智能化的概念明确。"智慧法院"是一个具有多层含义的概念，不宜把它简单化为"人工智能审判"。[3]从官方定义来看，"智慧法院，即依托现代人工智能，围绕司法为民、公正司法，坚持司法规律、体制改革与技术变革相融合，以高度信息化方式支持司法审判、诉讼服务和

---

[1] 刘奕群、吴玥悦："信息化与智能化：司法语境下的辨析"，载《中国应用法学》2021 年第 2 期，第 20-21 页。

[2] 刘艳红："人工智能法学研究的反智化批判"，载《东方法学》2019 年第 5 期，第 120 页。

[3] 季卫东："人工智能时代的司法权之变"，载《东方法学》2018 年第 1 期，第 131 页。

司法管理，实现全业务网上办理、全流程依法公开、全方位智能服务的人民法院组织、建设、运行和管理形态。简单来说，智慧法院就是法院领域的'互联网+'"。[1]有观点将其总结为智慧法院指的是"人类进入信息化、智能化时代，在一系列先进的信息系统支持下法院的新型组织、建设和运行形态"。[2]因此，司法智能化偏重于司法智能化建设的应用环节，智慧法院则是一个综合性概念，一方面指具体的司法智能化应用，另一方面偏重于智能化应用所存在的空间形态。

（2）原理阐释。

司法智能化应用给我国司法带来了司法公开、司法便利、司法效率等诸多良好效果，但给传统司法审判方式也带来了挑战，如人机协同的审判方式，智能应用在司法裁判中的适用限度问题。此类原则层面的思考成为司法智能化应用在行政诉讼中应用、探讨与分析的学理基础。

首先，司法智能化应用对司法活动方式的重塑。一是交往方式的影响。有学者从司法交互空间的转变角度进行分析，认为司法智能化应用实现了从"接近正义"向"可视正义"的转变。平台化的分享可视、超时空的场景可视与全要素的数据可视实现了全景敞视、情景互动的司法审判过程，[3]有助于构建公开、互动、均衡的审判格局。二是裁判思维的影响。大数据技术的核心是基于历史上的裁判案例数据，通过大数据分析和计算（算法）来预测未来的裁判结果，由此对裁判思维产生三方面影响：数字解决主义，即以数据计算取代论证说理；司法实证主义，即以统一裁判取代正确裁判；法律实用主义，即以结果预测取代规则实践。[4]三是审判流程的影响。智能化应用在司法活动中的应用集中体现为审判流程再造。智能技术的运用从劳动分工、资源配置角度促成了法院司法体系从专家审判司法体系向智能人工司法体系的"大转型"趋势。[5]

---

〔1〕 扬凡："建设智慧法院为司改注入新动能"，载《人民法院报》2019年7月13日，第2版。
〔2〕 刘贵祥："总结经验 理清思路 加快推进智慧法院建设——关于加快推进智慧法院建设的思考"，《人民法院报》2017年6月21日，第5版。
〔3〕 马长山："司法人工智能的重塑效应及其限度"，载《法学研究》2020年第4期，第23-40页。
〔4〕 冯洁："大数据时代的裁判思维"，载《现代法学》2021年第3期，第41-56页。
〔5〕 程金华："人工、智能与法院大转型"，载《上海交通大学学报（哲学社会科学版）》2019年第6期，第33-48页。

其次，司法智能化应用的价值分析，即积极成效与消极影响。公正与效率是司法裁判的价值追求。人工智能技术所具有的高效、一致性优势，适应了行政诉讼对及时、有效地实质性解决行政争议的内在需求。司法智能化应用的积极影响包括一是促进司法高效的实现。司法高效是域内外现代技术嵌入司法活动的价值起点。司法信息化建设的初衷在于提高审判效率。法院信息化 3.0 阶段的智能化技术促使司法效率由法院和法官的工具性"效率"向司法便民"效率"，再向裁判等核心审判活动的"效率"拓展。[1]二是司法过程的场景化改变了传统审判模式，推动了权力的非中心化。网络化、数字化和智能化技术的融合发展与司法应用，打破了传统审判空间的物理屏障，凭借电子文书、数据传输、即时视频等方式，诉讼参加人不需"相逢"即可"见面"，审判席也悄然无形化为一个阳光性的控制节点，进而改变了法庭的中心化、等级化设置。[2]三是有利于形式正义的实现。这主要表现在类案智推制度的适用中，通过同案同判，统一裁判尺度，促进司法公正的实现。[3]司法智能化应用的消极影响是无法实现实质正义。司法实践中的类案推送技术可能导致"裁判过程简化"和"价值判断消解"等机械司法模式。[4]与此同时，智能技术自身的技术局限也构成司法智能化应用的适用障碍。例如，算法黑箱与司法裁判公开说理的冲突、算法歧视与司法公正、无偏私的矛盾之处。基于此，高鲁嘉在《人工智能时代我国司法智慧化的机遇、挑战及发展路径》一文中认为其完善路径在于通过制度设计对各类技术障碍予以规避，如实施算法公开、提高算法透明度、完善司法数据库建设等。在繁简分流制度改革与行政争议实质性解决的审判制度改革背景下，如何利用智能化应用促进行政审判的高效与公正，并实质性解决行政争议成为其重要的制度需求。为此，司法学界对司法智能化应用的优劣势分析为其在制度层面的运用方式、适用范围等具体问题的分析提供了

---

〔1〕 孙笑侠："论司法信息化的人文'止境'"，载《法学评论》2021 年第 1 期，第 23—24 页。

〔2〕 马长山："司法人工智能的重塑效应及其限度"，载《法学研究》2020 年第 4 期，第 26—27 页。

〔3〕 冯洁："大数据时代的裁判思维"，载《现代法学》2021 年第 3 期，第 41—56 页；孙海波："类案检索在何种意义上有助于同案同判？"，载《清华法学》2021 年第 1 期，第 79—97 页。

〔4〕 孙海波："反思智能化裁判的可能及限度"，载《国家检察官学院学报》2020 年第 5 期，第 80—99 页。

基础。

此外，裁判智能化的适用限度问题。相较于传统的信息技术应用，智能化应用具备灵敏准确的感知功能、正确的思维与判断功能、自适应的学习功能，以及行之有效的执行功能，从而实现从人工、自动到自主的过程。[1]司法智能化应用在实践中逐渐表现出自主性的分析、归纳整理以及判断功能，并在司法裁判阶段得到适用。为此，学界对司法裁判智能化展开了诸多探讨。当前的共通认识在于智能技术在司法裁判中仅能得到有限适用。一方面在于司法裁判过程本身的复杂性，其无法进行价值判断，无法实现司法裁判的实质正义价值。[2]另一方面在于司法裁判作为公共授权的结果，其民主价值决定其无法由机器模拟。[3]此外，当前的技术局限，如算法的技术水平较低，以及算法的封闭和秘密性特点与裁判的公开性、说理性相背离等。[4]也有学者对智能化的全面实现进行了正当性分析，智能机器主体作为中立第三方具有司法裁判智能化正当性的主体基础；司法裁判智能化遵循逻辑规则，具有司法裁判智能化正当性的逻辑基础；遵循正当法律程序原则是其程序基础；对裁判结果合法性与合理性的强调保证了司法裁判智能化正当性的结果基础。[5]对此，为探求司法裁判智能化的未来发展方向，有学者认为人工智能在司法裁判中的作用大小取决于司法裁判理论研究的发展状况，当务之急是为司法裁判活动提供精致且深厚的法学理论。[6]尽管完全的行政诉讼智能化适用仍较为有限，但要素式智能化审判方式中的智能化应用逐渐参与到案件裁判实质环节中，如裁判文书自动审查系统与裁判偏离预警系统的运用。现

---

〔1〕《数据化、信息化、数字化和智能化之间联系和区别解析》，载 https://blog.csdn.net/fuyip-ingwml1976124/article/details/103676119，最后访问日期：2021 年 12 月 9 日。

〔2〕相关文献参见：冯洁："人工智能对司法裁判理论的挑战：回立及其限度"，载《华东政法大学学报》2018 年第 2 期，第 21-31 页；孙海波："反思智能化裁判的可能及限度"，载《国家检察官学院学报》2020 年第 5 期，第 80-99 页。

〔3〕江秋伟："论司法裁判人工智能化的空间及限度"，载《学术交流》2019 年第 2 期，第 92-104 页。

〔4〕郑曦："人工智能技术在司法裁判中的运用及规制"，载《中外法学》2020 年第 3 期，第 679 页。

〔5〕彭中礼："司法裁判人工智能化的正当性"，载《政法论丛》2021 年第 5 期，第 115-127 页。

〔6〕冯洁："人工智能对司法裁判理论的挑战：回应及其限度"，载《华东政法大学学报》2018 年第 2 期，第 41-56 页。

有裁判智能化的学理研究也为行政诉讼审判方式智能化的研究奠定了学理基础。

（3）制度探究。

在"人工智能+A"的深度融合背景下，司法智能化应用因其自主性、智能化特点不断介入司法裁判的核心领域，由简单的技术赋能向双向深度融合发展。学界着眼于具体的诉讼制度，对司法制度智能化建设进行探究。

首先，智慧法院审判辅助系统的学理审视。从"智审1.0"到"法务云"，从C2J法官智能辅助系统再至206系统的研发，司法智能化应用在实践中取得了明显成效。具体的审判辅助系统包括类案智推应用、要素式智能化审判方式运用，以及诉讼服务智能化建设、裁判偏离预警、法律检索等功能应用。研究梳理发现，目前我国学界对司法裁判辅助系统多持一种"谨慎乐观"的态度。有观点具体论证了司法智能辅助系统可提升司法效率，破解"案多人少"的司法治理难题，实现实体公正，达至"类案类判"的司法裁判常态与推进司法公开，提高司法公信力。[1]同时，也有观点对技术挑战予以反思。例如，有学者指出当前司法智能化建设的发展路径存在以下问题：一是地方试点主义导致区域协同发展不足；二是潜在风险评估不足，存在技治主义倾向；三是智慧法院建设奉行国家推进主义，极大地提高了建设效率，但社会力量整合不足。[2]

其次，要素式智能化审判方式的适用。要素式审判方式是司法实践对民事诉讼和行政诉讼审判方式作出的制度性探索，其目的在于实现案件的高效审判。面对立案登记制改革后案多人少的现实压力，智能化技术的高效性优势进一步激发了要素式智能化审判方式的高效便民。建模路径是以简单类案为基础，采用专家系统的建模方式将案件裁判要素予以嵌入。实践中，类案确定的考量因素主要有一是案件数量。是否有助于缓解案多人少的现实压力，统一法律适用的现实需求是否迫切。二是法律关系相对单一、事实较为明晰。

---

〔1〕 高鲁嘉："人工智能时代我国司法智慧化的机遇、挑战及发展路径"，载《山东大学学报（哲学社会科学版）》2019年第3期，第115-118页。

〔2〕 王禄生："智慧法院建设的中国经验及其路径优化——基于大数据与人工智能的应用展开"，载《内蒙古社会科学（汉文版）》2021年第1期，第104-114页。

简单案件更有利于审理过程的要素式提取和类型案件要件式解构。三是该类案件行政机关电子政务的建设程度。智能化审判以法律大数据为基础，发展程度较高的电子政务更有助于实现司法审判智能辅助系统与行政机关应诉系统的对接，提高诉讼效率。四是该类案件中滥诉现象和敏感案件出现是否频繁等。[1]要素式智能化审判方式以"人机协同，事务统分"为基本理念，对要素式审判的操作流程进行精细化设计，实现了立案标准审查智能化、分案智能化、争议焦点归纳智能化与裁判文书自动生成及裁判偏离预警机制等多功能、全流程的综合性应用。当前，要素式智能化审判方式在司法高效、司法便利方面发挥了较大积极意义。但仍具有适用范围较小、建模方式复用率低的现实问题。[2]

最后，诉讼服务智能化的建设与完善。司法智能化的自主性、自动化和智能化有效地促进了接近正义的实现。学界对诉讼服务智能化的建立与完善展开分析。有学者认为，与公众日益增长的诉讼服务需求相比，当前"智慧法院"的诉讼服务建设还存在阶段定位偏差、场景设置缺失、区域协同困境、智能技术瓶颈四个方面问题。[3]

（4）行政诉讼智能化的学理研究。

智能化应用的理念核心在于大数据分析。有学者从大数据分析角度对行政行为合法性进行整体性定量分析。随着裁判文书的公开，客观、权威、系统的司法数据被不断地积累与挖掘，司法对行政行为的作用不再局限于审判活动和具体行政行为。有学者通过对审判规律的大数据分析，发挥司法大数据在认证、认可机关行政管理、行政决策、行政诉讼结构选择、败诉因素中

---

[1] 相关文献参见：王彦、许鹏："行政诉讼类案智能专审平台的价值取向与实践"，载《人民司法》2018年第19期，第46页；林遥、蔡诗言："冲出巴别塔的'阿尔法法官'：人工智能要素式审判模式研究"，载《网络信息法学研究》2019年第1期，第109页；林遥："民商事类型化案件要素式审判机制研究——以C市法院民事庭审优质化改革情况为样本分析"，载《法律适用》2018年第15期，第138-139页；任怀钰："法官裁判方法嵌入司法人工智能路径研究"，载《山东法官培训学院学报（山东审判）》2019年第4期，第141-143页。

[2] 高翔："人工智能民事司法应用的法律知识图谱构建——以要件事实型民事裁判论为基础"，载《法制与社会发展》2018年第6期，第66-80页。

[3] 参见周佑勇："智能技术驱动下的诉讼服务问题及其应对之策"，载《东方法学》2019年第5期，第14-19页。

的作用。[1]也有学者对全国范围内 2016 年至 2020 年涉农地诉讼案件进行分析和研判，总结我国涉农地各类诉讼案件诉源出现的新特点，基于审判大数据对涉农地案件进行诉源分析，[2]从而促使案件的实质性解决。

当前以大数据分析为基础展开的学理研究与行政诉讼智能化中的计算性思维、相关性思维和定量化分析相契合。人工智能时代，大数据不仅作为人工智能技术驱动的"物质基础"，本身也代表了大数据嵌入社会生活生产中思维方式的变革，即"追求相关，放弃因果""数据主义，经验主义"。[3]对案件特点进行大数据分析有助于预防未来行政争议的产生，并促进争议实质性解决。例如，行政诉讼审判白皮书借助大数据，对行政诉讼典型案件类型进行整体性、预测性分析，实现行政争议的诉源治理和预防性治理。

（二）问题聚焦

当前，智慧司法呈现人工智能和司法审判的深度融合趋势，逐渐由管理型、程序性辅助向实体性、裁判性辅助发展。研究问题主要包括：

1. 行政诉讼智能化的正义秩序

智能技术发展背景下正义秩序的建构问题。互联网、电子技术的发展促进了学界对数字正义的探讨。智能化应用的快速发展进一步拓展了正义类型，数据正义、数字正义、算法正义[4]、计算正义等概念相继产生。算法正义是以数据驱动为内在推力，以定量法治为实现路径，以数字结构为表现形式，并以客观裁判为逻辑形式的正义概念。计算正义不仅关乎如何对算法进行法律定位，而且还包括针对社会生活借助算法而实现的计算化和数据化所产生的正义空间。[5]前述定义从技术特征出发对正义的价值目标予以分析。而正义概念不仅存在于价值维度上，也存在于具体的制度维度中。在司法活动中表

---

〔1〕 程呈："司法大数据对行政行为的作用——以认证认可领域司法案件为例"，载《社会科学战线》2020 年第 11 期，第 268-274 页。

〔2〕 孙晓勇："涉农地案件的诉源分析——以司法大数据为基础的考察"，载《环球法律评论》2021 年第 4 期，第 38-53 页。

〔3〕 参见［英］维克托·迈尔-舍恩伯格、肯尼思·库克耶：《大数据时代：生活、工作与思维的大变革》，盛杨燕、周涛译，浙江人民出版社 2013 年版，第 68-94 页。

〔4〕 蔡星月："算法正义：一种经由算法的法治"，载《北方法学》2021 年第 2 期，第 137-145 页。

〔5〕 郑玉双："计算正义：算法与法律之关系的法理建构"，载《政治与法律》2021 年第 11 期，第 94 页。

现为审判方式上如何保障当事人权利，以实现实质正义，在审判程序中如何避免减损程序正义，在司法服务中如何通过分配正义实现接近正义。因此，行政诉讼智能化的正义秩序需要结合司法制度改革的具体实践就智能化应用对司法公正的促进意义与问题挑战展开分析。

2. 行政诉讼智能化建设的理论工具

法律人工智能研究初期，法理学为人工智能的法律运用提供了分析工具。法理学对法律推理和方法论问题智能化给予了较多关注。其中的法律形式主义和法律现实主义、"开放结构"的法律概念及目的法学分别促进了法律推理智能辅助、疑难案件法律推理与价值推理的发展。在运用模糊或开放结构概念的法律推理研究方面，以及在法庭辩论和法律解释的形式化等问题上，法理学的研究成果也已为人工智能法律系统的研究所借鉴。[1]其表现出法理学与人工智能相结合的研究视角。

法律人工智能应用需要经历"法治的全要素分解——对抽象概念的数字化表示——数学建模与分布式运算"三大步骤。[2]但随着人工智能在行政诉讼司法实践运用中的深入，对推理过程法律概念的表示需要各个诉讼法领域内专门法律概念的运用。当前司法智能化辅助多建立在法律专家系统基础上，以概念化、符号化、规则化为前提基础。大数据时代，司法人工智能建立在司法裁判文书数据、法律规范等广泛法律大数据基础上。然而，司法智能化应用以结构化的数据为基础，由此，需要将海量大数据以契合知识逻辑结构的方式予以整合，进而从大数据中自动提取知识，提高算法的准确性。现有局限之一就在于司法数据建设水平的滞后性。

因此，智能化应用的建模与法律大数据作为司法智能化应用的前提需要特定领域诉讼法律知识的嵌入，需要将行政诉讼审判方式的理论知识作为行政诉讼智能化应用建构的学理工具。如何以契合法律规律、司法裁判要求的方式将智能化技术的基础要素，如数据、知识等予以归纳整合成为其中的问题之一。

---

〔1〕 张保生："人工智能法律系统的法理学思考"，载《法学评论》2001年第5期，第11—21页。

〔2〕 蔡星月："算法正义：一种经由算法的法治"，载《北方法学》2021年第2期，第141页。

3. 行政诉讼智能化的法治图景

目前，行政诉讼智能化应用表现出广泛性、特殊性和深度性等多种特点。广泛性是指行政诉讼智能化应用已广泛运用于司法服务、司法管理、司法审判等多环节，在审判环节也适用于立案、审理、裁判等多环节过程中。特殊性是指行政诉讼智能化应用表现出不同于刑事诉讼与民事诉讼的适用方式。例如，为促进司法与行政沟通互动的行政法治一体化系统、府院互通平台等。深度性是指行政诉讼智能化应用与行政诉讼制度的深度融合，逐渐由行政诉讼应用智能化向行政诉讼制度智能化发展。例如，智能化应用在简易程序中的适用实现了分案阶段的定量化分析、以案件要素为基础的简易程序审判方式再造。

目前，法院信息化建设与运用方面存在着技术应用与司法运作的要求不相匹配、应用层面的功能较为肤浅、应用系统实用性不强，以及多地重复开发、沉没成本太高、资源浪费较大等"多而不实""全而不精"的现象。[1]为实现行政诉讼智能化建设的有序性，应对现有多样化的智能化应用实践进行归纳、分析、整理并予以类型化，再结合行政诉讼制度改革的实践探索，对行政诉讼智能化的法治图景展开思考。一方面，促进行政诉讼应用智能化向行政诉讼制度智能化方向发展。行政诉讼智能化可从审判方式智能化、审判程序智能化及审判组织智能化三个方面完善具体制度体系。另一方面，为行政诉讼智能化应用在全国范围内的统一、有序、协同开展提供路径启发。

4. 人工智能的适用界限问题

人机协同是行政诉讼智能化的主要适用模式。从法院信息化的发展轨迹来看，人工智能和司法审判的跨界融合不断深入且步伐不断加速。法律与科技融合的临界点还有待于科技的发展更新。但智能司法的发展不仅取决于技术的发展程度，更应在人机关系中凸显人的主体地位。司法智能化应用与审判活动的价值冲突主要表现：一是技术局限与审判活动传统价值之间的冲突。这主要表现为算法黑箱、算法歧视、不可解释性等问题与审判程序正当性之间的矛盾关系。二是技术逻辑与裁判逻辑之间的价值冲突。智能

---

〔1〕 顾培东："人民法院改革取向的审视与思考"，载《法学研究》2020 年第 1 期，第 25 页。

化应用在技术赋能的同时也将技术治理的技术逻辑植入智能化审判活动中。技术逻辑的特点是预测性、相关性、去因果性，而司法裁判逻辑表现为说理性思维、强调因果关系，以事后救济为特点。这一逻辑冲突决定司法智能化应用在审判活动中应存在适度的范围和限度。为此，有必要立足于司法裁判规律，以智慧法治的核心内涵为基础，对智能化应用在行政诉讼中的适用规则进行分析。

（三）研究设计

我国行政诉讼智能化逐渐由行政诉讼应用智能化向行政诉讼制度智能化发展。基于此，总体研究思路为通过对域内外线上空间智能化应用现状的全面梳理，明确智能化应用规范化建设的分析框架。在此前提下，结合我国现代化治理、司法制度改革、数字社会的三大发展背景，明确行政诉讼智能化的技术路径、学理路径和制度路径，进而结合不同智能化应用的适用特点从审判方式智能化、审判程序智能化和审判组织智能化三个方面对其法治图景展开分析。

基于以上思路，内容安排如下：

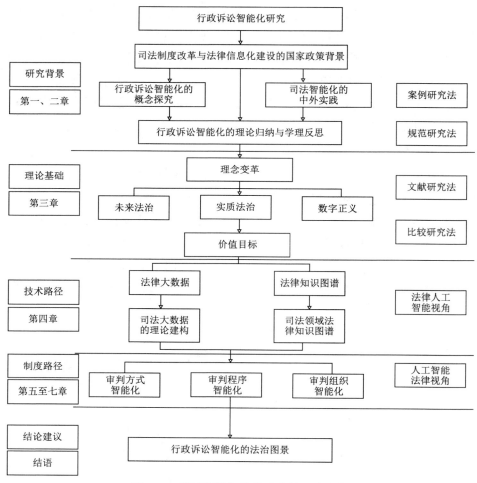

图 0-1　行政诉讼智能化研究的思路结构

　　首先，结合法院信息化建设的政策背景，梳理司法智能化建设的发展历程和适用现状。一方面对当前司法实践中适用分散的智能化应用进行归纳整理、类型化分析。同时对相关概念，如信息化、智能化与智慧法院之间的关系进行梳理。另一方面结合域外国家司法智能化应用的发展历程，对我国诉讼智能化的发展特点和未来趋势进行分析。这一部分主要在第一章和第二章中。

　　其次，智能技术的应用推动了司法正义向以数据为基础的数字正义发展。

智能技术对审判程序、审判方式的深刻影响改变了司法高效、司法公正的实现方式。同时，智能技术不仅给行政争议解决带来积极效应，同时智能化应用本身的技术局限也需要对司法正义的实现方式、价值目的等内容进行进一步思考。为此，第三章主要对行政诉讼智能化的理念基础展开探究。

再次，行政诉讼应用智能化建设以法律大数据、法律知识图谱建构为基础。当前，司法实践中的适用困境表明司法智能化应用需要由通用型智能化应用向专门型智能化应用拓展。为此，司法智能化应用与诉讼制度的深度融合需要智能技术的基础要素与诉讼领域知识相结合以提高智能化应用成效。为此，第四章将主要对智能应用中的基础要素，即"数据""知识"建构的学理工具进行探究。

最后，行政诉讼制度智能化建设包括行政审判方式智能化、行政审判程序智能化和行政审判组织智能化（主要在第五章至第七章中）。一是在行政审判方式智能化中，分别对简单案件和复杂案件的智能化审判方式进行探究。在对审判方式智能化具体方式展开探究基础上，从智能化应用的适用原则、救济规则和测评机制等方面明确其适用规则。二是在行政审判程序智能化中，对普通程序、简易程序和速裁程序中的智能化应用进行探究，推进审判程序智能化由单向的技术赋能向双向融合发展，并完善审判程序制度规则。同时进一步结合正当程序原则，对行政审判智能化的应用规则进行类型化探究，明确其适用限度。三是在审判组织智能化中，从司法责任制改革的两大目标出发，即放权和责任的均衡，围绕审判组织智能化与行政法官主体地位保障、法官责任制度两个方面的关系展开探究。

第一章

行政诉讼智能化概述

行政诉讼智能化是指"行政审判+人工智能"的司法活动运行方式。行政诉讼智能化作为现代科技与传统司法审判程序的深度融合，目前学界尚未对其概念进行明确界定。行政诉讼智能化建立在人工智能法律与法律人工智能的研究分析基础上。为此，本章从人工智能的界定、法律和人工智能的关系出发，并结合我国法院信息化建设的司法实践对行政诉讼智能化的概念进行探究。

第一节　法律与人工智能

1950年，英国著名数学家、逻辑学家阿兰·图灵（Alan Turing）的图灵测试开启了人工智能的研究。此后，人工智能在科学领域中获得突飞猛进的发展。2016年，人工智能技术在围棋竞赛中的获胜再次掀起人们对人工智能所具有的"认识能力"的广泛关注和深刻探讨。人工智能技术发展至今，其技术运用也经历了多次升级换代。目前，人工智能技术已在教育、语言翻译等多领域得到了广泛运用。"人工智能如何影响法律"这一问题引起了法学界的广泛探索。法律领域中人工智能技术的运用，以及人工智能技术运用背后的法律问题引起了法学界的广泛关注和研究。行政诉讼智能化建立在法律与科技、人工智能的融合基础上，行政诉讼智能化概念以法律与人工智能的关系界定为前提。法律人工智能与人工智能法律都是人工智能与法律的交叉问题研究，但分别属于不同的领域。为此，以下将对两者的关系进行分析。

一、法律人工智能

法律人工智能是法律信息学的研究对象，关注的是人工智能技术在法律中的应用，属于人工智能的子领域和计算机科学的分支。为明确人工智能技术在法律领域中的适用方式，以下将对法律人工智能的发展历程、研究内容，及其对法律的积极影响进行分析。

（一）发展历程

人工智能技术发展的三个阶段也促进了法律人工智能研究范式的不断更

新。法律人工智能的研究进路经历了从以知识为基础的专家系统（人工智能发展的前两个阶段）到以数据为基础的机器学习模式（人工智能发展的第三阶段）。法律人工智能的发展促进了智能化推理方式的建立。

1. 知识系统进路

知识系统进路中的典型运用是法律专家系统。专家系统要求机器依照人类的逻辑推理方式进行智能化判断。运行的前提在于将人类推理所依据的规则以符号的方式输入智能化系统中。依据法律推理中的演绎推理和类比推理两种方式，专家系统可分为基于规则的专家系统推理和基于案例的专家系统推理。[1]其分别对应于法律逻辑推理方式中的演绎推理方式和类比推理方式。基于规则的推理（Rule-Based Reasoning，RBR），即从一个已知的一般性的前提出发，结合事实，得出符合逻辑的结论；基于案例的推理（Case-Based Reasoning，CBR），即由目标案例的某些因素或特征而检索得到知识库中的基础案例，并由基础案例指导目标案例求解的推理策略。[2]这一时期的法律推理人工智能建模可分为两个发展阶段：一是单一模式，即基于规则或基于案例的专家系统；二是混合模式，即基于规则和案例的专家系统。由此，专家系统本质上是追求人工智能以人的方式进行思考推理。

我国法律专家系统的研制于 20 世纪 80 年代中期起步。1986 年由朱华荣、肖开权主持的《量刑综合平衡与电脑辅助量刑专家系统研究》被确定为国家社科"七五"研究课题，它在建立盗窃罪量刑数学模型方面取得了成果。在法律数据库开发方面，1993 年中山大学学生胡钊、周宗毅、汪宏杰等人合作研制了《LOA 律师办公自动化系统》。1993 年武汉大学法学院赵廷光教授主持开发了《实用刑法专家系统》。它由咨询检索系统、辅助定性系统和辅助量刑系统组成，具有检索刑法知识和对刑事个案进行推理判断的功能。[3]

2. 数据系统进路

随着互联网技术的发展、应用和普及，大数据、机器学习等人工智能技

---

〔1〕 Bruning haus S, Ashley K. Combining model-based and case-based reasoning for predicting the outcomes of legal cases〔EB/OL〕.〔2014-02-25〕, http://link.springer.com/chapter/10.1007/3-540-45006-8_8.

〔2〕 徐英杰："基于范例推理的刑事判案咨询系统的设计与实现"，中国科学院研究生院 2008 年硕士学位论文。

〔3〕 张保生："人工智能法律系统的法理学思考"，载《法学评论》2001 年第 5 期，第 12 页。

术的发展促进了数据系统进路的应用。这一进路不要求智能应用遵循人的逻辑推理方式，而是概率取向型的，通过对法律数据的深度学习，发现其中的隐含规律，由此进行法律推理。

知识系统和数据系统的区别在于：

一是运行基础不同。专家系统的运行以推理引擎中预定义的编码规则为前提，建立在逻辑关系基础上。其中的基于规则和基于案例的专家系统推理分别与法律推理方式中的演绎推理和类比推理相对应。而数据系统以大数据为智能化应用的生产资料，以机器学习、深度学习为智能化应用的生产方式，通过对给定数据集中变量的相关性归纳，发现数据背后的相关关系，奉行"无数据、无知识"的经验主义归纳逻辑。[1]

二是建模方式不同。专家系统以人为的规则设定为前提，采取自顶而下的方式；而机器学习、神经网络等技术的发展和社会化大数据的大量产生，推动智能化应用的建模方式由自顶而下转变为自底而上，即由事前进行人为的规则设定转变为由大数据进行自主学习，发现其中不同要素之间的隐含规律，完成模型建构。

三是数据处理能力不同。专家系统凝聚了专家的专门知识和实践经验，利用知识优势实现判断推理的自动化，帮助律师和法官从事相对简单的法律工作，实现了部分法律工作的自动化、智能化，使其能够集中精力从事更加复杂的法律推理活动由此提高法律效率。数据系统基于大数据的机器学习能力，发现法律数据中隐含的规律，弥补人类智能的某些局限性，辅助人类进行法律决策。两者都有助于实现论证推理的自动化。然而，在此方面，机器学习等技术的发展使计算机处理数据的能力大大提升，且自主建模的方式提高了应用建模的效率。相较之下，专家系统建立的前提首先是选择的领域应是一个相对自我完备的领域，[2]故具有领域封闭性的局限性。同时，专家系统仅能在推理引擎中执行预定义的有限编码规则，无法解释"无限多样的情况和背景"，并且无论是在执行性能还是维护方面，右超过 200 条至 300 条编

---

〔1〕　王禄生："论法律大数据'领域理论'的构建"，载《中国法学》2020 年第 2 期，第 262 页。

〔2〕　黄良洪、曹旭东、刘树铭："法律领域的专家系统"，载《计算机过程与科学》1991 年第 1 期，第 41 页。

码规则时其运行情况可能变得无效。[1]运行效率的有限性使其未获得更为广泛的运用。

在以上两种建模方式的发展过程中，法律人工智能经历了由符号主义的专家系统向连接主义的概率系统转变，智能化应用的核心要素基础由"数据、算法、算力"发展为"知识、数据、算法、算力"。

（二）研究内容

发展至今，法律人工智能研发中的问题主要有理论建模和具体应用两大类，可以总结为十大前沿问题，即法律推理的形式模型、法律论证与决策的计算模型、法律推理的计算模型、法律推理多主体建模、可执行立法检验建模和文本自动分类、总结、法律信息的自动提取、电子取证的机器学习、法律信息的检索系统及法律机器人的研发。[2]

法律人工智能的研究主要着眼于对司法智能化应用的建构。传统上更多的是由人工智能技术专家进行建模研究，其对法律特点的考虑着眼于法律的一般特点。目前，随着司法智能化应用由通用型智能化应用向专门型智能化应用转变，由于各部门法内法律知识的高度专业性，现有自然语言识别与知识图谱等核心技术在具体适用时还需要大量专家规则和专业词库的构建，而专家规则、专业词库离不开专业的法学理论知识与实践知识。[3]现有的司法智能化应用中的各类弊端，如类案推送精准性不足，现有技术无法充分回应司法改革的价值目标等，促使更多法学专家从法学，甚至是部门法的视角，对智能化应用的建构展开理论分析，使智能化应用真正回应法官需求，回应法律和诉讼的需求。[4]例如，在大数据应用风险的规制之外，现有法律研究开始从建构视角，对法律领域内数据领域理论及专业化应用的建构模式进行分析。也有法官从诉讼理论的视角对司法审判中法律知识图谱的建立展开分

〔1〕 European judicial systems Efficiency and quality of justice CEPEJ STUDIES No. 2.

〔2〕 熊明辉："法律人工智能的十大前沿问题"，载《光明日报》2019年8月6日，第11版。

〔3〕 王禄生："大数据与人工智能司法应用的话语冲突及其理论解读"，载《法学论坛》2018年第5期，第142-143页。

〔4〕 参见王禄生："大数据与人工智能司法应用的话语冲突及其理论解读"，载《法学论坛》2018年第5期，第137-144页；高翔："人工智能民事司法应用的法律知识图谱构建——以要件事实型民事裁判论为基础"，载《法制与社会发展》2018年第6期，第66-80页。

析。因此，随着司法智能化应用由通用型向专门型智能化应用转变，人工智能应用系统的建构也需要更多法律专业理论的建构，由"法律+人工智能"向"法律+部门法+人工智能"发展。

表 1-1　法律人工智能的具体实践运用

应用模型	实践运用
文本自动分类	电子卷宗同步生成系统
总结、法律信息的自动提取	争议焦点总结，裁判文书自动生成技术
电子取证的机器学习	上海刑事诉讼 206 系统
法律信息的检索系统	类案推送系统
法律机器人	"小智"

二、人工智能法律

人工智能法律问题是人工智能技术适用于法律领域后，给当前法学理论和法律实践所带来的问题。2018 年，西南政法大学人工智能法律研究院就"人工智能法律问题"开设了专门的《人工智能法学研究》期刊。目前，法学领域中人工智能法律的相关问题主要涉及人工智能法律规范、人工智能伦理规范、人工智能政策体系、人工智能技术标准和知识产权、人工智能安全及监管等法学内容。算法和数据作为人工智能系统有效运行的物质前提，成为现有法学研究中的具体研究对象。现有的法学研究建立在人工智能的基本要素基础上，即算法和数据。其具体的研究问题有：

（一）算法中的法律问题

从以专家系统为基础的知识系统进路到以机器学习为基础的数据系统进路，人工智能技术的运行方式、思维方式也发生了重要转变。专家系统以事前人类专家规则的输入为前提，智能技术应用遵循人类专家的逻辑推理方式展开。而数据系统则以大数据的机器学习为基础生成算法，采用相关性的推理方式。应用方式所产生的算法黑箱、不可解释性、算法歧视等问题与法学理论知识相背离。由此，建立在数据系统进路上的人工智能技术应用引起学界对人工智能相关法律问题的广泛探讨。

1. 人工智能的法律主体地位

随着人工智能技术的发展和应用，人工智能系统表现出很强的自主性特征，在某些领域可以在不需要人类的操作和监督下独立完成部分工作，如自动车驾驶。人工智能应用的类人化自主意识和行为，引发了"机器人法律资格的民事主体地位问题"研究，对人工智能在法律领域中是主体还是客体的问题进行探究。[1]

2. 智能应用对程序正当性的影响

人工智能技术应用以算法为推理引擎。但在行政管理和司法审判中，算法自动化决策的不透明性、算法设计运行的技术垄断及算法决策黑箱与法学领域中的行政公开原则、公众参与原则和理由说明原则等正当程序原则产生了严重冲突。[2]人工智能自动化对行政效率和司法高效的积极意义与公民程序权利之间的价值冲突及解决路径引起了法学学者的探讨分析。

3. 人工智能的法律规制方式

算法偏见、算法安全等技术性问题对公民基本权利的影响也引起了学界对人工智能的法律规制路径展开探讨。[3]例如，学界对自动车驾驶安全规制问题的分析。

（二）大数据中的法律问题

个人数据信息保护问题是大数据中被广泛探讨的法律问题。大数据的发展使如何保护公民的个人数据信息成为法学界关注的重要话题。2021年我国公布了《个人信息保护法》，其中对个人信息的利用、处理、跨境等事宜作出明确规定。司法审判活动的智能化过程本身以海量司法大数据为基础，且其中也涉及大量的公民个人信息问题。在我国阳光法院的建设背景下，司法公开与如何保护公民的个人数据信息成为其中的重要内容。

---

[1] 吴高臣："人工智能法律主体资格研究"，载《自然辩证法通讯》2020年第6期，第20-26页。

[2] 张凌寒："算法自动化决策与行政正当程序制度的冲突与调和"，载《东方法学》2020年第6期，第4-17页；刘东亮："技术性正当程序：人工智能时代程序法和算法的双重变奏"，载《比较法研究》2020年第5期，第64-79页。

[3] 汪庆华："人工智能的法律规制路径：一个框架性讨论"，载《现代法学》2019年第2期，第54-63页。

综上，法律人工智能研究从建构的视角，对人工智能技术在法律中的建构问题进行分析，研究对象在于法律人工智能的建模方式。而人工智能法律研究是从规制的角度，对人工智能技术在法律领域中运用所产生的法律问题进行分析。当前，我国法学学者对法律和人工智能的研究交叉融合日益密切，由于司法智能化应用的专业性和领域的特殊性，法律人工智能与人工智能法律均成为法学界关注的重要问题。本书对行政诉讼智能化的分析以弱人工智能的发展阶段为现实背景，以法律人工智能的专业化建构和人工智能法律的制度建构为分析视角。

第二节 行政诉讼智能化的概念

行政诉讼智能化建立在司法智能化基础上，同时是法院信息化建设和智慧法院的重要组成部分。以下将首先对司法智能化的含义和构成进行分析，并在此基础上对行政诉讼智能化的概念进行探究。

一、司法智能化的含义

以下将从两个方面认识司法智能化的含义：一是结合司法智能化的概念内涵，探究行政诉讼智能化的内涵；二是以比较分析的视角，从智能化与信息化、智慧法院的区别角度认识行政诉讼智能化的特点。

（一）司法智能化的概念探析

在对司法智能化探讨之前，将首先对"智能化"的内涵进行分析。在此基础上结合司法智能化概念的实践来源和学理探讨进行探究。

1. 智能化的概念

从感觉到记忆再至思维这一过程被称为"智慧"，智慧的结果产生了行为和语言，将行为和语言的表达过程称为"能力"，两者合称"智能"。人工智能是人类创造的、能表现出人类智力活动的机器系统。人工智能是实现智能化的主要方式，但两者并不等同。目前，学界对智能化的认识包括两个角度：

一是技术应用的现实功能。智能化是机器应用从人工、自动到自主的过程，使对象具备灵敏准确的感知功能、正确的思维与判断功能、自适应的学习功能，以及行之有效的执行功能而进行的工作。因此，相较于以"无人干预""可按照程序或指令自动运作""延伸人类功能器官"等为明显特征的自动化而言，智能化以延伸人的智力为功能特点。

二是技术应用的社会效应。在此，智能化是指人工智能技术的应用所引起的社会产业结构的变革过程。[1]这一界定强调人工智能技术对社会发展模式、结构观念等的客观影响，即发展模式的升级、价值观念的更新。

因此，智能化可以理解为在某一领域中，机器设备在感知智能、认知智能方面不断由人工向自主方向发展，并由此促进相关领域内知识结构、发展模式、思维观念的变革和更新。

2. 司法智能化的概念

司法智能化是人工智能技术与行政诉讼制度相结合的产物。目前，我国学界尚未对其进行明确定义。以下从司法智能化概念的实践来源和相关概念的学界探讨进行探究。

（1）司法智能化概念的实践来源。

司法智能化本质上是科学技术与司法审判的融合应用。在我国，现代科技与司法审判的融合应用开始于 20 世纪末的法院信息化建设。在这一过程中，司法审判和现代科技的融合应用经历了网络化、自动化和电子化等多个发展阶段。司法智能化是现代科技发展至人工智能阶段时，司法和科技的新一轮融合应用。以下结合法院信息化的发展阶段对司法智能化的实践来源进行探究。

第一阶段：法院信息化 1.0：电脑化、数字化。

我国法院信息化建设正式开始于 1996 年，最高人民法院为此组织召开了"全国法院通信及计算机工作会议"。其后相继发布《法院系统物质建设"九五"计划和 2010 年远景设想的意见》（以下简称"九五"计划）等司法工作文件。而早在此之前，我国的法律学者便已经积极呼吁将计算机技术应用于法律工作之中，主张在法学教育中要"训练学生运用计算机的能力，为我国法律工作计算机化做好理论和人力上的准备"。[2]1986 年，时任最高人民法

---

〔1〕 刘奕群、吴玥悦："信息化与智能化：司法语境下的辨析"，载《中国应用法学》2021 年第 2 期，第 16-19 页。

〔2〕 龚祥瑞、李克强："法律工作的计算机化"，载《法学杂志》1983 年第 3 期，第 16-20 页。

院院长郑天翔在六届全国人大四次会议上的最高人民法院工作报告中指出："法院管理方式的现代化问题已经提到日程上来。"这一阶段的主要特点：

一是注重法院信息化建设的前期规划问题，制定纲领性的规划文件，确定了全国法院信息化建设的总体部署。

二是在内容上，以计算机和网络为技术基础，加强法院工作的网络化和计算机化，进行内部网络等基础设施建设，例如：普遍装备计算机，建成计算机局域网，加强法院信息交流网络化；建立计算机综合管理信息系统；配备现代化硬件装备；建立办公自动化应用系统（案件审判管理系统、来信来访管理系统、诉讼档案管理系统、人事工作管理系统）。

三是在方式上，突出重点、因地制宜。结合各地数字化发展特点，首先选择北京、上海等八家高级人民法院作为计算机网络系统建设的试点单位。

综上，当前的内容聚焦于法院网络化基础设施建设的完善，而非对司法活动自动化、自主化的探索。

第二阶段：法院信息化 2.0：信息化、网络化。

2002—2016 年，法院信息化进入普遍推进阶段。2002 年 1 月 29 日，最高人民法院印发《人民法院计算机信息网络系统建设管理规定》和《人民法院计算机信息网络系统建设规划》，其中明确提出了法院"信息化"建设。这一阶段的显著特点是互联互通，发展建立联通国家信息的高速公路。具体措施：

一是加强司法公开网络建设。2013 年 7 月至 2016 年 9 月，最高人民法院相继开通中国审判流程信息公开网、中国裁判文书网、中国执行信息公开网、中国庭审公开网等审判和管理信息网络。相较于第一阶段的内网建设，这一阶段不断注重外部网站建设。价值取向由司法高效向司法公开拓展。

二是加强审判管理的信息化建设。一方面，加强司法数据库建设，建立司法审判信息资源库。充分利用网络科技的记忆存储功能，数据资源不断丰富并积累增多；另一方面，发挥信息化加强审判流程管理和质量管理。以电子化替代手工操作，极大提高了法官工作的便利度和效率。

三是加强诉讼服务平台建设。面向当事人的数据服务广泛开展，如北京市建立以诉讼服务大厅、12368 热线、网络服务平台、"给大法官留言"平台、移动诉讼服务平台为主的"五位一体"诉讼服务体系。由服务法官向便利当事人转变，利用现代科技为当事人诉讼服务提供便利，实现司法便民。

因此，信息化 2.0 立足于法院网络化和信息化建设，侧重于信息技术与审判管理、司法公开、司法便民的多元融合。

第三阶段：法院信息化 3.0：智能化、数据化。

2016 年 11 月，最高人民法院在智慧法院建设背景下牵头组织了"智慧法院暨网络法治论坛"，并达成《乌镇共识》，明确了"智慧法院"的发展目标。2017 年《加快建设智慧法院的意见》正式明确提出要"构建网络化、阳光化、智能化的人民法院信息化体系，支持全业务网上办理，全流程审判执行要素依法公开，面向法官、诉讼参与人、社会公众和政务部门提供全方位智能服务，使信息化切实服务审判执行，让司法更加贴近人民群众，用先进信息技术不断提高各级人民法院的科学管理水平"。

法院信息化 3.0 在网络化、数字化建设方面继续推进，如普遍开通网上立案，全面推行跨域立案、案件卷宗的电子化。与此同时，人工智能技术的快速发展也促进了法院信息化建设的更新换代。表现为：一是互联网技术对法院平台化应用模式的拓展，如"中国移动微法院小程序"等网上办案平台、在线庭审技术为法官与公众相互沟通、彼此互动提供了多元化的信息化平台；打造"智慧诉讼服务新模式"，提供面向各类诉讼需求的相似案例推送、诉讼风险分析、诉讼结果预判、诉前调解建议等服务，建立一站式诉讼服务中心。二是感知智能技术对传统录音、扫描等信息技术的更新。庭审语音识别、卷宗 OCR 识别技术的应用进一步提升了司法效率。三是基于认知智能技术，积极探索审判辅助决策系统。[1]例如，类案智推系统、裁判文书自动生成系统等。探索建立面向立案、审理、裁判、执行等法院业务的知识图谱，构建面向各类用户的人工智能感知交互体系和以知识为中心的人工智能辅助决策体系。[2]

综上，我国法院的信息化建设先后经历了以"数字化"为核心的法院信息化 1.0 阶段，以"网络化"为核心的法院信息化 2.0 阶段，以及以"智能化"为核心的法院信息化 3.0 阶段，并向以"智能化、一体化、协同化、泛在化、自主化"为特点的法院信息化 4.0 发展。司法智能化建设主要存在于

---

[1] 范兴科："智能裁判的科学内涵"，载《温州大学学报（社会科学版）》2020 年第 2 期，第 49-57 页。

[2] 《加快建设智慧法院的意见》。

我国法院信息化建设 3.0 和 4.0 阶段，具体体现为一是线上空间、平台化对传统物理空间的全面拓展：由诉讼服务平台向审判平台"掌上法院"拓展。二是信息化建设的范围拓展：从司法服务、审判管理、司法公开拓展至司法审判的智能化应用。三是信息化建设与司法审判的深度融合：由感知智能向认知智能发展，深度运用审判数据辅助司法决策。

（2）司法智能化概念的学界探讨。

目前，我国学界尚未对司法智能化概念进行明确界定，学界对司法智能化存在狭义和广义两种不同认识：

狭义的司法智能化是指能够作出自主性"思考"能力的智能化应用。狭义观点将"自主性"作为司法智能化的关键核心特征。[1]对此，法学界刘艳红教授从自主性和自动性区分的角度认为，自主性是司法智能化的核心特点。[2]左卫民教授对现有实践中的技术应用是否构成人工智能技术表示质疑，认为其中一部分技术虽被冠以"智能"的称谓，但其是否属于真正意义上的人工智能可能还存有争议，尤其是其是否体现出类人类一般的自主思考能力，这一人工智能最为核心的"拟人性"特征更值得商榷。[3]由此，狭义的司法智能化是指案件审理裁判过程中，能够模仿法官的法律推理和司法裁判，表现出自主性思考能力的技术应用。而实践中诸如语音识别技术取代录音或打字技术、裁判文书上网等，这种变化与书记员告别古老的手写记录没有实质区别，并不属于司法智能化应用。

广义的司法智能化主要指在司法审理、辅助、执行、服务等领域中，以网络化、数字化和智能化及三者融合驱动为基础的人工智能技术应用。例如，马长山教授认为当今社会，网络技术、数字技术和人工智能技术日渐呈现交融发展之势，三者相互支撑和彼此赋能。因此，"司法人工智能"是一个涵摄面更广、包容性更强的概念。[4]正如有观点认为，刑事司法智能化是当代以

---

〔1〕　宋旭光："论司法裁判的人工智能化及其限度"，载《比较法研究》2020 年第 5 期，第 80-82 页。

〔2〕　刘艳红："人工智能法学研究的反智化批判"，载《东方法学》2019 年第 5 期，第 119-121 页。

〔3〕　左卫民："从通用化走向专门化：反思中国司法人工智能的运用"，载《法学论坛》2020 年第 2 期，第 17-23 页。

〔4〕　马长山："司法人工智能的重塑效应及其限度"，载《法学研究》2020 年第 4 期，第 23 页。

人工智能为核心的互联网信息技术与法律运行交互后的必然产物。[1]

可以发现，广义观点和狭义观点的区别在于：

一是认定标准不同。狭义观点以智能的概念为标准判断是否为智能化表现。只有表现出人类自主性的应用系统才构成司法智能化。广义观点将具体应用系统所依赖的科学技术类型作为司法智能化的认定标准。即包括人工智能技术的应用系统则构成司法智能化应用。由于智能化技术的综合性特征建立在信息化、电子化、数字化和数据化基础上，智能化技术可以说集百家之长，是利用了其他自动化、信息化、数字化技术的优势，综合而来的一种近似于人类思考、有意识的技术，不需要人的辅助，可以直接组织选择与决策。广义的司法智能化不仅包括具有人类自主性的智能化应用，还包括在审判、执行、管理服务等多阶段，采用人工智能技术建立的应用系统。

二是人工智能强弱定位不同。广义观点基于弱人工智能而认为司法智能化是指能够对人类感知智能、认知智能进行模拟的技术应用，是司法智能化的一般标准。而狭义观点则建立在强人工智能基础上，要求司法智能化应用既要能够与人形成互动，也需要具有自主的"思考"能力，对司法智能化提出了较高标准。

（3）司法智能化的概念小结。

从法院信息化的发展过程来看，司法智能化是网络化、数字化和电子化发展基础上的一种更新的形态，呈现数字化、网络化、电子化和智能化彼此融合的状态。司法智能化具有广义和狭义之分：广义的司法智能化是指以人工智能技术为技术基础的技术应用；狭义的司法智能化是指能够独立完成人类的某种智力活动的人工智能技术。两者的区别表现在：

一是智能化应用的智力能力不同。一般认为，人工智能分为计算智能、认知智能和感知智能。广义的司法智能化包括对人感知能力、认知能力的模仿。而狭义的、具有自主性的司法智能化则是对人类认知智能的模仿。

二是在司法活动中的应用范围不同。狭义的司法智能化是案件审理中对法律推理、司法裁判活动的模仿，如要素式智能化审判辅助系统、法律问答

---

[1] 孙道萃："我国刑事司法智能化的知识解构与应对逻辑"，载《当代法学》2019年第3期，第20页。

机器人等。广义的司法智能化包括利用人工智能技术对传统司法辅助工具的智能化改进，如语音识别系统、图像识别技术对传统上书记员打字、扫描及录音技术的改进，以及对传统电脑工具予以改进的技术应用。

本书聚焦于广义的司法智能化。司法智能化应用的功能不仅包括对感知智能的替代，如语音识别系统的运用替代传统法官的案卷记录方式，还包括对认知智能的模拟和延伸，如类案智推系统辅助法官发现案件裁判标准，提高法律发现的精准性和高效性。因此，当前的司法智能化应用既具有替代法官裁判过程中单纯体力活动的现实功能，也具有辅助法官更好地进行案件裁判这一智力活动的积极优势。

（二）司法智能化与司法信息化

司法信息化是指法院在司法活动中运用数据平台、互联网、大数据、人工智能等信息技术提高司法活动质效的行为和过程。[1]司法智能化产生发展于法院信息化 3.0 阶段，是司法信息化建设中的重要组成部分和更高形态。司法智能化对信息化的发展更新表现在：

一是技术基础由信息技术向智能技术发展。司法信息化建立在信息技术基础上，信息技术是指对信息的获取、传输、处理和应用的技术，包括检测技术（主要负责信息的获取）、通信技术（主要负责信息的传输）、计算机技术（主要负责信息的存储和处理）等[2]。具体包括第四次信息技术革命中的电子计算机数据处理技术和新一代通信技术，如互联网、大数据、人工智能技术等。而司法智能化仅以人工智能技术为基础，以知识图谱、自然语言处理和机器学习为主要技术运用。

二是功能应用由自动化向自主性发展。"无人干预""可按照程序或指令自动运作""延伸人类功能器官"等是自动化最为明显的特征。而延伸人的智能活动则是智能化的典型特征。司法信息化和司法智能化都有助于提升司法活动的自动化程度，但两者的自动化程度存在差异。从人们对人工智能的一般要求而言，只要计算机系统能够做到自动识别、自动处理、自动回复，能

─────────────

〔1〕 参见郑曦："我国法院信息化建设的未来面向"，载《人民法院报》2020 年 7 月 16 日，第 5 版。

〔2〕 刘奕群、吴玥悦："信息化与智能化：司法语境下的辨析"，载《中国应用法学》2021 年第 2 期，第 26 页。

够形成计算机系统与人的互动关系便构成智能化的运用。[1]但狭义的智能化在依据规则进行自动化运行基础上包括自主性要求。具体体现在预测能力、记忆能力和决策能力方面。在预测能力方面，传统的信息技术是若干人为设定好的规则的组合，在任何情况下都只能按照这些规则执行操作，而智能技术一般可以主动优化最初设定或自动生成的规则，具有一定的推理和预测能力，并可能产生超出人类预测能力的结果；在记忆能力方面，传统的信息技术可以储存信息，而智能技术可以对不同重要程度的信息分配不同权重的注意力，并且自主完成迭代更新；在决策能力方面，传统的信息技术不能自动设置目标，只能根据规则自动运行，而智能技术可以自主确定具体局部目标，在无人干预的情况下通过反馈不断优化行为来实现总体目标。[2]

因此，司法智能化以司法信息化的发展为前提与基础，而人工智能、大数据技术的发展也使司法信息化的进一步发展革新需要向司法智能化进阶。

（三）司法智能化与智慧法院

"智慧法院"是一个具有多层含义的概念，包括网络化、阳光化和智能化三种形态，而不仅是"人工智能审判"。具体内涵表现为一是技术基础不同于法院信息化 1.0 和 2.0 中的电子化、网络化，而是以人工智能（智能化）和大数据（数据化）为基础的"高度信息化"，实现了对传统计算机技术的升级，如在电子文档形成中，感知智能技术语音识别技术、卷宗 OCR 识别对传统上录音、扫描等信息技术的升级；二是在建设内容上，包括全业务的网络化（立案、办案、执行等多环节）、全流程的公开化（三大公开平台、庭审直播、审判流程信息公开和执行信息公开），以及（面向法官、诉讼当事人、社会公民和政务部门的）全方位的智能化服务；三是将应用方式划分为基础应用层面（如信息化的诉服大厅、音视频综合管理平台等基础支持）、高度信息化应用层面（如以智能技术为基础的电子卷宗等网络化、阳光化应用）和智能司法层面（如诉讼服务智能化辅助和包括要素式智能化裁判、类案智推等

---

〔1〕 张卫平："民事诉讼智能化：挑战与法律应对"，载《法商研究》2021 年第 4 期，第 16-31 页。

〔2〕 刘奕群、吴玥悦："信息化与智能化：司法语境下的辨析"，载《中国应用法学》2021 年第 2 期，第 16-19 页。

在内的审判裁判的智能化辅助）三个层面。

因此，智慧法院建设包括法院信息化建设中的数字化、网络化、智能化，智慧法院建设是法院数字化、网络化和智能化建设的组织载体。司法智能化的内涵界定应以智慧法院为背景展开。数字化和网络化是智慧法院建设的重要基础。司法智能化是智慧法院建设中的更高阶段——以人工智能技术为基础，由自动性向自主性的技术应用发展，可对法官裁判推理活动中的部分阶段进行智能模拟。当前，三大诉讼均在积极推进诉讼智能化建设，智慧法院是行政诉讼智能化、民事诉讼智能化和刑事诉讼智能化建设的统称。而行政诉讼智能化是智能化时代部门法在智慧法院建设中的体现。

二、行政诉讼智能化的内涵探究

从我国法院信息化的发展过程来看，不同于传统司法信息化建设，人工智能应用对司法场域介入具有鲜明的广泛性与深刻性。[1]司法智能化不单纯是"诉讼+人工智能"的组合方式，而是"审判理念+诉讼+人工智能"的交融方式。司法智能化建设在符合司法规律，契合部门法的理论特征的同时[2]，也具有推动相关法律制度体系发展完善的特点。这也决定了行政诉讼智能化一方面是指"行政诉讼+人工智能"的审判模式转型，另一方面也包括在新时代行政审判理念基础上，智能技术对行政审判方式、行政审判程序、行政审判组织三个方面所产生的变革过程。以下基于行政诉讼智能化的一般概念，结合新时代行政诉讼的功能目标对其概念进行认识。

（一）内涵明晰

行政诉讼是区别于私法争议解决机制的公法争议解决机制。公法争议解决机制的性质定位使其兼具保障公民合法权益和监督行政机关依法行政的双重功能。行政争议产生的原因归根结底在于个人权利和公共利益之间的冲突和平衡。其公法属性决定了行政争议实质性解决的方式在于监督行政机关依法行政，进而对公民权利进行保护。因此，立法中后增的"解决行政争议"

---

〔1〕 王禄生："大数据与人工智能司法应用的话语冲突及其理论解读"，载《法学论坛》2018年第5期，第137-144页。

〔2〕 黄京平："刑事司法人工智能的负面清单"，载《探索与争鸣》2017年第10期，第85-94页。

这一目的定位将保障公民合法权益和监督行政机关依法行政的目的功能相统合。在解决行政争议这一功能统率之下，行政诉讼兼具行政行为合法性审查、公民合法权利有效保障的功能，由此形成行政诉讼的三大功能结构。在司法改革背景下，行政诉讼的三大功能呈现出一定的更新拓展。

首先，解决行政争议是行政诉讼的直接目的。司法的功能在于定分止争。为此，行政诉讼的直接功能在于解决行政机关与行政相对人、公共利益和个人利益之间的争议。在国家治理能力现代化建设背景下，解决行政争议功能的拓展表现为行政诉讼对和谐社会、民治社会的促进建构功能。

其次，行政行为合法性审查是行政诉讼的固有功能。决策权、执行权、监督权既相互制约又相互协调，分权制衡原则决定司法权对行政权的审查遵循合法性审查原则。因此，行政行为合法性审查是行政诉讼核心不变的功能定位。在新的时代背景下，行政行为合法性审查不仅应突出制约功能，也应具有协调功能，即在对行政行为进行合法性审查时，推动法治政府建设。

最后，保护公民合法权益是行政诉讼的核心目的。维护社会公平正义是司法的核心目的。而正义秩序需要权利与义务、权力与职责的有序配置。为此，行政诉讼应以保护公民权利为核心目的。在民主社会建构中，这一目的不仅包括对公民权益的保障，更有培育公民的功能，即培育具有健全理性的、全面发展的现代法治公民。

因此，在解决行政争议这一功能统率之下，行政诉讼兼具行政行为合法性审查、公民合法权利有效保障的功能。在国家法治现代化建设中，其背后仍具有更深层次的功能目标，即法治政府建设、现代法治公民培育与和谐民治社会建构的重要目标。由此形成行政诉讼多功能一体化的目标定位。在这三大目标定位之下，民主制度的推进则是三者的交汇点所在。行政诉讼民主价值表现在争议解决中，多方当事人的互动交流，实现政府公共政策咨询协商功能。这一协商过程不仅有助于增进双方的理解，促进争议实质性化解，同时可以促进公民法治素养、政府依法行政观的形成。行政诉讼智能化是指在法院信息化建设过程中，智能化技术在行政诉讼领域中全场域的深度运用，包括行政审判、行政诉讼审判管理和行政诉讼司法服务等环节。在以智能化应用实现司法高效与司法便民的同时，通过各类法律大数据的分析运用实现行政争议的实质性解决和诉源治理。

（二）相关概念辨析

1. 行政诉讼智能化与电子诉讼

从技术的发展历程来看，电子诉讼是行政诉讼智能化的前提与基础，而行政诉讼智能化是在电子诉讼基础上的进一步发展。两者的区分具体包括（1）技术基础不同，前者建立在网络化和数字化基础上。后者以人工智能技术为基础，表现为数据化和智能化。（2）外部建构方式不同。前者表现为具体的电子应用，如网上立案系统。随着智慧法院建设的开展，后者表现为由单独的应用向一体化的平台拓展。（3）开放程度不同。电子诉讼以审判活动的自动化为主要目的，数据之间的互联共享多局限于有限的法院内部，因此表现出一定的封闭性特征，而智能化时代，数据的互联互通、全方位的开放共享是其重要特点之一。（4）运用方式范围不同。电子诉讼主要包括网上立案、网上缴费、网上证据交换、网上开庭、电子送达五个标准电子诉讼功能模块。〔1〕行政诉讼智能化的运用方式包括非审判性事务负担中的电子卷宗随案同步生成、法律文书自动生成、智能纠错应用等。智能服务中的诉讼风险分析、诉讼结果预判，审判权运行中的智能化预警，均以大数据分析为基础，提高司法预测预判和应急响应能力，预判经济社会发展变化趋势。〔2〕（5）功能影响不同。电子诉讼的现实影响表现为对诉讼主体之间的交互方式的影响，包括立案阶段、开庭阶段、审判阶段等。其目的在于对诉讼法律关系主体之间法律交往方式的线上再造。〔3〕智能化诉讼具有多重功能，不仅影响了诉讼主体之间的互动方式，对裁判活动本身的开展也产生了影响，如类案智推系统对法律适用的影响表现为大数据思维、预测型思维的嵌入。

2. 行政诉讼智能化与在线审判

电子诉讼中的在线审判是指法官可以根据当事人通过在线系统提交的文件，对纠纷的全部或部分进行裁决。必要时，庭审也可以通过视频庭审或电

〔1〕　参见李林、田禾主编：《中国法院信息化发展报告 No.2（2018）》，社会科学文献出版社2018年版，第53页。

〔2〕　参见《加快建设智慧法院的意见》。

〔3〕　张兴美："电子诉讼制度建设的观念基础与适用路径"，载《政法论坛》2019年第5期，第117-126页。

话会议方式进行。[1]电子诉讼和诉讼智能化发展阶段都涉及在线审判。但从电子技术到智能技术，电子诉讼和诉讼智能化构成在线审判的两个不同发展阶段。诉讼智能化阶段，在线审判获得了更大的发展，表现出更大的便利性。一是专门化在线审判平台的建立，如移动微法院的广泛建立和运用。二是在线审判方式具有更大的多样性，在异地审判基础上实现了异地异步审判。

因此，在线审判构成行政诉讼智能化中的组成部分。在线审判技术的影响主要体现在行政诉讼审判程序的智能化建设中。

本章小结

科学技术在改变人类生活、行为方式的同时，也深刻影响着国家的社会治理方式。智慧法院的深入推进表现出现代人工智能技术与司法制度的相互融合。智能化技术以计算知识为特点的思维方式、以线上空间为主要活动场域、以流动共享为特点的行为交往方式对行政诉讼的制度体系产生着深刻影响。当前，行政诉讼智能化的整体进路表现为以智能化应用推动繁简分流，从而对审判管理产生影响；以智能化应用推动诉讼和调解，进而促进非正式争议解决机制的发展；以智能化应用推动法律适用统一，进而优化行政审判方式。行政诉讼智能化建设是指在解决行政争议、保障公民权利和行政行为合法性审查的三大目标统率之下，在民本位、实质民主的司法理念下，以智能化应用的深度融合优化审判方式和审判程序、健全审判管理，并提高司法服务便民度，进而实现法治政府建设、现代法治公民培育以及和谐民主社会的建构。

---

[1] 王福华："电子诉讼制度构建的法律基础"，载《法学研究》2016 年第 6 期，第 101 页。

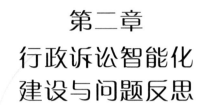

第二章
行政诉讼智能化
建设与问题反思

司法智能化建设是科技文明发展所带来的必然产物。目前，人工智能在司法活动中的赋能已在世界各国广泛开展。我国智慧法院建设经历了不断优化升级的发展趋向，即人工智能技术对司法活动的影响已由过去的司法辅助活动发展至司法审判程序，由单纯的感知智能向认知智能发展，并由数字化的单向赋能向数据化的双向融合发展。本章将基于中外司法智能化建设的发展现状及两者的比较分析，对中国行政诉讼智能化建设的未来趋向进行探究。

第一节　行政诉讼智能化的中国实践

在我国司法信息化的积极推动下，全国各地法院相继对行政诉讼智能化展开探索。具体存在两种模式：一是局部性智能化；二是系统性智能化。前者是指仅从行政诉讼审理过程中的某个阶段进行智能化探索。例如，最高人民法院委托河北省高级人民法院研发智审系统。后者是指从立案受理到案件审理再至裁判作出，进行诉讼全流程的智能化探索。为此以下将从局部性开发和系统性开发两个方面对行政诉讼智能化建设进行分析，并选择上海市高级人民法院和贵州省高级人民法院作为典型案例对其建立模式进行探究。

一、司法智能化的发展现状

以下将从局部性开发、系统性开发和行政诉讼智能化的特殊应用三个方面进行介绍。

（一）局部性开发

一般案件局部性开发是指针对司法活动中的某一环节，面向所有案件进行智能化建设，如自动立案系统、类案推送系统、语音识别系统、电子卷宗同步生成系统、自动生成庭审笔录等。基于智能化建设的构成，我国行政诉讼智能化实践可以概括为以下三个方面。

1. 司法审判智能化

目前，人工智能尚不具备完全的认知判断能力。司法审判智能化建设遵循先将审判活动解构，再予以单独智能化建构的方式。我国司法审判活动具体包括法律适用、事实认定和案件裁判结果作出。江必新指出，要进一步确保行政裁判法律适用统一，努力解决"同案不同判"问题。在统一法律适用的司法改革目标下，行政诉讼智能化建设主要集中于法律适用与案件裁判结果预测。

法律适用中的智能化运用主要包括一是类案智推系统。通过语义检索，查找案情相似、争议点相似的类案，并可在此基础上比较研究寻找适合本案的裁判结论。二是法条推送。依据案情对所适用的法律规定进行智能化推送。三是学理观点的智能化推送。相关解释包括理论解释的智能化推送，在法学观点理论解释数据库中查找相关解释说明，辅助法官作出符合立法本意的裁判结果。类案智推、法条推送是目前智能化建设的重要着眼点。在平台建设上，既有在全国层面统一适用的"法信"平台，提供包括类案智推、法条推送在内的多元化功能，也有各地法院独自探索的智能化平台，如北京"睿法官"系统，以及四川省的行政智能审判辅助系统。其整合了全省上级法院近年来发布的行政审判指导性案例、参考性案例及指导性意见等丰富的法律资源，建立了较系统的行政审判司法指导资料库，实现了法官审判经验积累共享的内部交流平台、司法资源智能推送的"资深法官笔记本"、诉讼结果预判等智能化应用。

2. 司法辅助智能化

司法辅助智能化建设体现在审判辅助智能化、审判管理智能化和多元纠纷化解机制的智能化建设。

一是审判辅助智能化建设。在审判过程中，采用语音识别系统和文字处理系统实现电子卷宗同步生成系统。福建省法院建立行政诉讼智能服务平台，配备均为当下最核心的智能化设施。

二是审判管理智能化建设。利用智能化技术实现案件审查节点管控、可视化审判。例如，为实现案件审判监督，四川省成都市人民法院实现了案件数据全程留痕，监督管理转型升级。将智能化应用系统与院庭长办案、管理、监督"三大职责"相结合，对影响案件审理进度的重要节点进行监控，探索院庭长监督管理新路径。院长可在系统内查看分管院长及行政审判团队其他员额法官承办的所有案件，分管院长可在系统内查看行政审判团队所有员额法官承办的所有案件，行政审判庭庭长可在系统内查看行政庭室内员额法官承办的所有案件。同时，院庭长还可查看团队内各成员对案件的讨论意见及其他交互信息，形成可视化审判辅助人员管理培养新模式。

三是多元纠纷化解机制的智能化建设。目前，我国正在研制跨网系网上调解装备，其支持多方接入的远程视频调解，能够根据纠纷特点、成因等智能生成司法调解方案。此种基于纠纷特点生成调解方案的技术就带有根据诉讼当事人差异而定向化干预的特征。[1]

3. 司法服务智能化

司法服务智能化建设包括一是加强线上平台化建设。通过各类线上立案、线上司法活动的开展提高司法便民度。二是建立诉讼服务机器人系统。例如，延安市中级人民法院的法律服务机器人"圣地小法"，其功能包括法律咨询、智能问答、法律法规查询、案例推送等。主要目的在于帮助当事人了解案件流程、掌握相关法律规定及根据案情作出初步判断。再如，北京市第一中级人民法院的法律服务机器人"小法"，其也具有帮助当事人查询法条、诉讼程序及同类案件的审判情况等功能。

（二）系统性开发

系统性开发是指在某一诉讼类型中，选择简单、类型化案由，进行诉讼全流程的智能化建设，包括立案阶段、庭前阶段、庭审阶段及裁判作出阶段。这一开发模式均集中于对某一特定类型的案件展开，建立在行政诉讼案件的要素式审判方式基础上。具体是指在传统要素式审判基础上，借助人工智能、法律知识图谱、法律大数据对案件信息进行要素提取、要素处理、要素应用的法律人工智能审判系统。目前，我国多省市法院相继选择特定简单类案，开展行政诉讼一体化的智能化建设，以提高行政审判效率。

一是上海市高级人民法院选择行政诉讼中的信息公开案件，从智能阅卷、智能归纳、案件受理标准审查智能化、裁判文书生成智能化等方面进行一体化建设，其功能包括争议焦点归纳、案件受理标准审查、类案和法条智推等。

二是重庆法院的行政诉讼智能审判辅助系统。重庆法院遵循类型化、要

---

[1] 王禄生："智慧法院建设的中国经验及其路径优化——基于大数据与人工智能的应用展开"，载《内蒙古社会科学（汉文版）》2021年第1期，第105页。

素化、智能化原则，以工伤认定案件为突破口，集中攻关研发了行政诉讼工伤认定案件智审平台，通过对类型化案件要素的分析提取，形成智能立案、智能审判、智能服务、智能研判多位一体的智审平台架构。同时，在全国率先实现与人社部门的信息互联互通，通过与人社部门信息共享形成的大数据分析引导案件分流、类型推送、电子送达、智能评估、优化智慧办案、强化执行协助，构建起"大数据+""人工智能+""互联网+"三位一体、协同推进的新型智慧法院建设格局。[1]

三是贵州法院的行政征收案件智能化辅助系统。自2016年3月起，贵州法院抓住该省作为全国大数据综合试验区的重大机遇，充分发挥科技创新在司法体制改革创新中的引领作用，开发并不断完善大数据和人工智能，为司法改革的"提效增能"进行"增强"和"补白"。[2]在行政诉讼方面，以行政征收案件作为突破口，对是否影响行政行为合法性的审判要素进行梳理，提炼出影响行政征收案件合法性的13个实体要素、14个程序要素及程序合法时间轴，以统一裁判尺度。[3]

四是四川省成都市金牛区人民法院打造行政智能审判辅助系统。依托要素式笔录，落实行政审判优化。庭前，在审查诉讼材料的基础上，归纳、摘录各方诉讼意见要点，固定诉讼请求等要素式笔录，初步归纳案件无争议事实、争议焦点，通过系统检索案件相关司法解释、指导意见及类案案例，自动匹配突发事件处理预案，从而提高庭审针对性，明确案件审理方向。庭后，依托案件要素式笔录，自动生成裁判文书初稿，再由主审法官进行修改完善，有效提升审判质效。

（三）行政诉讼智能化的特殊应用

当前行政诉讼智能化探索也呈现智能化建设和司法改革相结合的独特性。具体表现：

第一，为实现行政争议诉源治理和实质性化解，利用智能化技术加强府

---

[1] 王彦、许鹏："行政诉讼类案智能专审平台的价值取向与实践"，载《人民司法》2018年第19期，第46页。

[2] 徐向华等："'功能—组织—机制—技术'视角下的法院改革及其成效研究——以贵州省地方法院改革为例"，载《法学》2017年第10期，第166-167页。

[3] 参见《人民法院司法改革案例选编（二）》案例18。

院联动纵深发展。通过智能化网络平台建设解决府院良性互动不足、行政审判沟通协调受制约、行政争议诉源治理和实质性化解受阻等问题。例如，2021 年，湖南省南宁铁路运输法院与南昌市、新余市鹰潭市法院系统建立"府院通"平台，并充分探索"一平台多功能、一平台多联动、一平台多效应"的现实优势。在功能发挥上，设立"府院畅联""日程管家""专人对接""数字会议""智慧平台"等五大功能区，充分便捷府院联动。通过案件查询、网上阅卷、法规查询、案例推送和文书流转等具体子功能，促进行政诉讼案件智能化审判服务法官和便利当事人。在联动机制上，为推动争议解决，与多元化解纠纷中心进行联动，聚焦行政诉讼核心争议，及时厘清诉前、诉中、诉后的协调、审判和执行的相关问题和障碍，整合优势资源，府院联动解纷，充分发挥司法调解、人民调解、行政调解、当事人和解、行政复议、仲裁、信访等多元调解力量。在法治精神和科技元素密切结合基础上，促进府院互动良性化、常态化、规范化，形成了多方面的积极意义。一是借助平台的多方沟通功能，解决群众急难愁盼问题，真正实现实质性化解行政争议；二是以类案的示范化效应实现诉源治理的改革目标，通过示范庭形式展示争议处理结果，相关类案无须进入法院即可参照执行，有效减少进入法院的案件数量，将争议化解于萌芽状态；三是借助智能化平台提高依法行政能力，对引发行政争议较多、问题突出的行政管理领域执法问题进行深入研究并提出相应建议，可有效改善行政机关执法理念滞后、执法方式单一、执法能力不足等问题，不断提升行政机关依法行政能力。此外，庭审直播、点播功能进一步促进了行政诉讼司法公开，便于行政机关及时发现执法过程中的问题，总结经验教训，精准补齐短板，提高行政机关依法行政的能力和水平。

第二，行政法治智能一体化应用是行政诉讼智能化建设的另一独特性体现。其具体是指为促进行政法治建设核心业务全方位协同、系统性改造，全面提升执法、司法、普法的科学性、高效性、整体性，司法机关与司法行政部门及行政机关等多部门，运用系统观念、系统方法和数字化手段，建立以行政审判与行政执法、行政复议数据联通、业务协同为核心内容的多跨协同、整体智治现代化行政法治新形态应用场景。这一应用借助智慧政务的优势，推动司法机关和行政部门的数据共享，从而便于证据材料流转，并方便当事人对案件信息和相关材料进行查询等。同时，2016 年以来，四川省成都高新技术产业开发区人民法院展开审判程序智能化改革，形成了以 1 套流程管理系统为支撑、4 套行政审判机制和 1 套团队管理机制全面融合的"141"行政审判流程管理系统。该系统引入"流程管理"的理念，将行政案件审理所涉及的多部门、多岗位的工作要求有机联系起来，强调案件审理的整体性，提高审理案件的组织效率。以流程管理为中轴，确立立案—庭前—开庭—庭后—结案为行政审判流程的五大节点，通过审判流程这条"流转的线"，将法官、审判辅助人员须完成的程序事务和实体事务分别镶嵌到每个流程节点，形成审判流程的整体框架，提升案件审理效率，实现案件审理"端到端"的"大提速"。

二、系统性开发的典型案例

系统性开发聚焦于类型化案件进行全流程的智能化应用，有利于提高行政审判效率。尤其是在当前繁简分流机制改革背景下具有重要现实意义。以下将对实践运用中的具体运行模式进行探究。2017—2018 年，继 206 刑事智能辅助系统后，上海市高级人民法院就行政案件智能辅助办案系统开展了全流程的一体化探索。主要包括五大功能模块：智能阅卷、智能归纳、智能辅助、庭审评议电子化和文书智能生成。

智能阅卷是指通过与相应的数据库对接，智能识别并抽取案件卷宗中的要素点，其存在于案件的立案受理、案件审理和裁判作出阶段。在立案受理阶段，通过对接案件要素库，从待判案件的起诉材料等文件中识别当事人的相关信息和起诉请求，并通过人工修订确保要素信息准确；在案件审理阶段，对案件摘要信息进行整理、标记和抽取，并进行模块化展示；在裁判作出阶段，对起诉材料、庭审笔录等司法文件中的内容进行提取，抽取案件审判要素，辅助裁判文书的自动生成。

智能归纳是指借助于机器学习手段，获得卷宗材料中关于诉讼请求、事实与理由、抗辩主张的相关联字段信息，并对文本内容进行分析解构，以辅助审判人员进行关键信息的归纳梳理及汇集分析。具体运用包括无争议事实预归纳、争议焦点预归纳、无争议事实归纳、争议焦点归纳、要件式庭审提纲构建。以过去的案件裁判为基础，进行机器学习归纳，构建诉请和抗辩之间的关系，完成知识库建构。将待判案件中的诉请和事实与理由中未抗辩部分归纳为无争议事实，而抗辩部分则归纳为争议焦点。

　　智能辅助是指在案件审理阶段，辅助法官进行法律适用、事实审查，以及制作裁判文书，包括法条推送、类案推送、证据校验等功能。在裁判阶段，文书智能生成系统运用文本信息智能提取技术，从电子卷宗、庭审笔录和合议笔录中进行信息点的智能抽取与回填，智能生成裁判文书。

表 2-1　行政案件智能辅助办案系统的具体功能应用

适用阶段	具体运用
立案阶段	案件受理标准审查、诉讼费缴纳智能提示、程序性文书智能生成、智能阅卷（明确诉请、事实与理由、抗辩主张）
庭前阶段	明确诉请和抗辩主张，明确事实和理由；证据缺失性检验、证据合规性校验，智能归纳（无争议事实预归纳、争议焦点预归纳、无争议事实归纳、争议焦点归纳、要件式庭审提纲构建）
庭审阶段	智能辅助：庭审程序智能提示、庭审无纸化指证、庭审笔录智能生成。法条推送（行政诉讼的特殊性）、类案推送
评议阶段	电子卷宗共享、实时调度
裁判阶段	裁判结果预判断、文书智能生成（文书模型智能匹配、程序性文书智能生成）
知识指引	办案要件指引，证据审查判断指引

　　综上来看，要素式智能化审判方式实现了案件审理全流程的智能化应用，虽然尚未实现案件裁判结果的自动化，但在受理标准审查、争议点归纳、程序性文书制作等环节达到了替代人类法官的程度，在案件实质审理环节，可以对法官审理活动提供有效的辅助工作，如类案推送和法条推送等法律适用的辅助功能。

三、发展特点

　　自 1996 年起，我国法院信息化建设呈现步伐不断加快的发展趋势。在以智能化为主的法院信息化 3.0、4.0 阶段，行政诉讼智能化建设呈现以下特点。

（一）发展路径：统一规划和因地制宜相结合

行政诉讼智能化的发展路径表现出统一规划与因地制宜相结合的发展特点。

1. 遵循国家统一规划

国家统一规划、明确目标设定的方向指引是我国法院信息化建设中表现较为鲜明的发展特点。具体包括两个方面：

一是近期规划和远景纲要相结合。在法院信息化 1.0 和 2.0 阶段，最高人民法院发布《法院系统物质建设"九五"计划和 2010 年远景设想的意见》和《人民法院信息化建设五年发展规划（2013—2017）》。法院信息化 3.0、4.0 阶段的智能化建设也表现出这一发展路径的延续，如先后发布 2018 年《智慧法院建设评价指标体系》以及《人民法院信息化建设五年发展规划（2019—2023）》。同时，智能化建设阶段的规划内容进一步表现出向特定领域的深化。例如，在电子卷宗同步生成智能化应用中，发布《关于全面推进人民法院电子卷宗随案同步生成和深度应用的指导意见》等系列文件，进一步对其技术要求、管理要求和生成模式予以规范。并对类案推送机制予以规范化建设。国家层面的统一规划为智能化建设提供了更为明确的目标设定、方向指引和应用路径。

二是适时进行智能化建设的经验总结。这在法院信息化 3.0 阶段的智能化建设中表现尤为明显。自智能化建设的开始之年即 2017 年，最高人民法院就发布了系列《人民法院司法改革案例选编》和《中国法院信息化发展报告》蓝皮书。其收录了各地智能化建设的先进发展成果，在对发展经验进行总结梳理之时，为全国各地法院提供了学习借鉴模板。[1]

2. 注重因地制宜开发

统一规划过程中原则性、概括性的规定也为各地因地制宜展开差异化探索提供了空间。具体表现：

一是地方试点主义。2017 年，最高人民法院委托河北省高级人民法院研发智审系统，将案件卷宗内容文档化。在案件审理阶段实现电子卷宗识别、

〔1〕 法治日报社自 2018 年开展"政法智能化建设创新案例和论文"竞赛活动。其中将"智慧法院"作为法律智能化建设评选的专门部分。

— 052 —

利用，实现司法文书辅助生成、关联及类似案件查找、推送系统。2018 年，贵州省试点开展政法跨部门大数据办案平台建设。其就行政征收、补偿案件展开要素式智能化审判。2019 年，最高人民法院发布《关于在部分法院推进"移动微法院"试点工作的通知》。地方试点为智慧司法的统一推进奠定了经验基础。

二是积极探索主义。各地结合自身情况主动进行智能化应用探索。因地制宜的发展路径既源于我国地方试点主义的发展治理传统，也具有多元化的原因考量：一是我国各地经济发展水平的不同决定了各地行政争议的类型和案件数量等方面存在差异。二是各地法院信息化和科技化水平的发展差异也促使智能化建设呈现出各地发展步伐不一的状况。三是智能化建设以司法案例、法律法规等法律数据库的统一建设为基础。大数据学习以"全样本"为特点。这对法律数据的收集、清洗和整理提出了更高要求。区分不同地域的试点探索为法律数据库建设明确了范围，有利于智能化应用体现案件争议的地域化特性。

（二）发展方向：智能化建设和司法改革、司法能力现代化的深度融合

法院信息化 3.0 建设过程中的诸多司法工作文件中将"深度融合"作为法院信息化建设的突出特征和要求。一是法律制度、法学理论和人工智能思维方式的深度应用；二是司法改革和智能化建设的双向耦合。

1. 司法改革对司法智能化的影响

司法改革对司法智能化建设的促进意义包括以下两个方面：

一是司法改革中的各类建设措施为智能化建设提供指引推动作用。智能化建设作为司法改革中的重要组成部分，司法改革措施对智能化应用的促进作用表现为府院互动机制、跨区划管辖制度改革和繁简分流制度，以及要素式审判方式直接促进了"府院通"、行政法治一体化智能平台和行政诉讼类型化案件智审平台等智能化应用的建立。

二是司法智能化改革中的各类司法工作文件为其提供了一定的正当性依据，保障其规范性发展。科学技术的快速发展促使我国智能化应用呈现快速发展、不断迭代更新的特点。这也促使我国行政诉讼审判实践产生诸多司法审判新方式，如"微法院"对案件审判线上空间的拓展、类案智推系统对法

律解释、适用过程的影响等。在缺乏明确专门法律规范的情形下，最高人民法院司法工作文件等相关制度为司法智能化的广泛建设、有序运用提供了正当性基础和规则指引。

2. 智能化建设对司法改革的促进

智能化建设与司法改革的双向耦合不仅表现出司法改革对智能化建设的促进，还包括智能化建设对司法改革的赋能。

一是智能化应用为司法决策等提供了重要依据。对于数据化来说，完成 0 和 1 的编码仅是数据化的前提准备，进一步挖掘、应用数据背后潜在的规律是数据化的核心要旨。[1]司法智能化运用的特点即在于对司法数据的深度运用和分析研判。智能化建设不仅是对司法数据的收集存储，更重在对司法大数据的深度运用。正如《人民法院信息化建设五年发展规划（2019—2023）》提出要加强司法数据的深度应用，充分运用丰富的司法信息资源，分析把握新形势下审判执行工作的运行态势、特点和规律，为法院自身建设、国家和社会治理提供不断深化的信息决策服务。实践中，裁判偏离预警系统也发挥着监督司法审判行为的功能。

二是智能化应用推动制度体系和法学研究的完善。司法智能化应用既包括技术对人类理性的赋能，也包括司法活动中技术理性的嵌入。例如，自动化决策中，技术理性的高效价值和传统司法的程序性价值之间的关系、智能化应用以相关关系为核心的量化分析与司法审判以逻辑因果关系为核心的定性分析的关系等。这也促使智能化建设在立足于科技赋能的同时，不断在新的空间场域中完善相关制度体系和法学理论，实现人类理性和科技理性、司法价值和科技优势良好的衔接。例如，《人民法院在线诉讼规则》对线上审理规则的完善，2020 年最高人民法院《关于统一法律适用加强类案检索的指导意见（试行）》对法律解释规则、司法裁量权行使规则的完善。实践中，智能化要素式庭审方式不再按照以往"法庭调查"与"法庭辩论"来划分阶段，而是按照案件相关的要素确定庭审顺序。因双方在庭审前均已填好要素表，庭审时对无争议的事项法官将不再主持双方进行举证及辩论，而着重于

---

[1] ［英］维克托·迈尔·舍恩伯格、肯尼思·库克耶：《大数据时代：生活、工作与思维的大变革》，盛杨燕、周涛译，浙江人民出版社 2013 年版，第 132 页。

查清双方有争议的内容。由此，要素式智能化审判的实践探索促进了审判程序制度的变迁。因此，在智能化应用建设中不断"总结经验，提炼规则"，促进了制度层面、法学理论层面的深度赋能，推动了传统法律制度、理论体系的发展完善。

（三）发展内容：智能化建设的全场景化

行政诉讼智能化建设的全场景化具体表现：

1. 司法活动流程的全场景化

司法服务、司法审判执行、司法管理智能化建设是法院信息化建设的三大组成部分。行政诉讼智能化在此基础上进行"前置""后移"。前置表现为一方面实现诉讼智能化建设和多元解纷机制的连接。另一方面，立足于行政诉讼作为公法争议，结合行政争议产生的权利和权力结构特殊性，加强法院和行政机关的互动性，并建立行政法治一体化智能平台，推动"行政行为—行政复议—行政诉讼"等多阶段的一体化建设，实现诉源治理，将争议化解于未发，便于证据材料流转，便利当事人等多重目的。"后移"表现为注重诉后执法问题、争议产生原因的归纳总结分析。通过对司法审判大数据历史规律的挖掘，对行政机关依法行政中的相关问题进行分析，由此提出相关的司法建议。例如，"府院通"平台在便利当事人的同时，通过行政机关败诉案件类型分析，梳理出行政机关在行政管理职能过程中存在的共性问题，针对四类引发行政争议较多、问题突出的行政管理领域执法问题进行深入研究并提出相应建议，从而不断提升行政机关依法行政能力。同时，该平台系统有效地整合了行政案件基本信息、行政机关负责人出庭率、行政机关胜败诉率、当事人的信访复议舆情信息及其他非涉密信息，推动数据资源共享开放，通过大数据分析应用为法院审判和政府决策提供了坚实基础。[1]

2. 司法价值目标的全场景化

我国法院信息化建设中，司法信息化的面向及其所承载的价值目标不断拓展。法院信息化1.0建设以服务法官审判工作为面向，以司法高效为价值

---

〔1〕　参见吴百花所著《科技助力府院联动纵深发展——以行政争议诉源治理和实质性化解为视角》一文，文章载于2020年政法智能化建设竞赛《智慧法院》部分，第343-347页。

目标。[1]法院信息化 2.0 建设以服务当事人、服务社会公众为面向，以司法便民和司法公开为价值目标，推动司法服务平台和司法公开平台的建立和完善。以智能化建设为主的法院信息化 3.0 建设在以智能化应用促进司法高效、司法便民、司法公开基础上，体现出智能化建设以服务社会治理、提升行政审判体系和审判能力现代化为面向，以司法公正、司法民主和司法公信为价值目标。《人民法院信息化建设五年发展规划（2019—2023 年）》明确要以促进审判体系和审判能力现代化为目标，建成人民法院信息化 3.0，形成支持全业务网络办理，全流程审判执行要素依法公开，面向法官、诉讼参与人、社会公众和政务部门提供全方位智能服务的智慧法院。这一时期，统一裁判尺度、实现类案类判，增强简单案件和复杂案件的裁判说理，以审判流程公开促进司法监督成为司法公正价值的主要实现路径。行政诉讼作为彰显我国基层民主实践的制度载体，司法审判程序的公开赋予了公民更多的知情权和参与权，智能化应用和相关制度的结合，如行政机关负责人出庭应诉制度、府院互动制度，拓展了基层民主实践的空间场域。

第二节　智能化司法的中外比较分析

自 1970 年 Buchanan 与 Headrick 发表《关于人工智能和法律推理若干问题的考察》[2]一文以来，人工智能和法律推理的交叉研究已渐成为热点研究议题。[3]在学理上，围绕法律推理的人工智能建模进行了广泛的研究分析。在司法实践中，人工智能技术在法律文献检索、文本归纳、裁判结果预测等方面不断发挥作用。本节将从学理研究和司法实践运用两个层面对域外智能化司法的发展进行探究，并在此基础上对中外发展现状进行比较分析。

一、司法智能化的学理研究

人工智能辅助司法裁判活动的前提是人工智能能够具有类人的法律推理，

---

〔1〕　参见 1996 年《法院系统物质建设"九五"计划和 2010 年远景设想的意见》。

〔2〕　Bruce G. Buchanan and Thomas E. Headrick, "Some Speculation about Artificial Intelligence and Legal Reasoning", 23 Stanford Law Review, pp. 40-62（1970）.

〔3〕　熊明辉："从法律计量学到法律信息学——法律人工智能 70 年（1949—2019）"，载《自然辩证法通讯》2020 年第 6 期，第 1-9 页。

即对法律推理进行人工智能建模。域内外对这一论题予以广泛深入探索，历经三个阶段：第一阶段是专家系统的法律推理模型、第二阶段为基于数据的法律推理模型、第三阶段是本体论+大数据的法律推理模型。

（一）专家系统的法律推理模型

在法律研究领域，得出判决结果的逻辑推理过程一直是学者研究的重点和难点，从推理过程所依靠的"事实"的角度分类，可以分为基于规则的推理和基于案例的推理。[1]基于规则的推理（Rule-Based Reasoning，RBR），即从一个已知的一般性的前提出发，结合事实，得出符合逻辑的结论；基于案例的推理（Case-Based Reasoning，CBR），即由目标案例的某些因素或特征而检索得到知识库中的基础案例，并由基础案例指导目标案例求解的推理策略。[2]这一时期的法律推理人工智能建模可以分为两个发展阶段：一是单一模式，即基于规则或基于案例的专家系统；二是混合模式，即基于规则和案例的专家系统。

1. 基于规则的专家系统

基于规则的专家系统法律推理建模的重要环节是"知识获取"（knowledge acquisition），即基于人类专家的知识、经验和推理方式中抽取法律知识，模仿人类的推理方式构建一个巨大的逻辑森林。此处的"规则"并非指法律规范中的规则，而是一种模式，推理引擎在与数据模式匹配的规则中搜索模式。其中，具有代表性的是被誉为"人工智能与法之父"的麦卡迪所创建的 TAX-MAN 系统，法概念、法律规则和事实均是初始元，逻辑推理采演绎推理模式和 LDS（法律决策系统）。

在运行方面，一般表达形式是"if-then"，推理方式采用演绎推理逻辑。将规则分解为多个要件，作为推理论证的大前提，当所有要件具备时，意味着所有大前提满足，结论得出。为此，基于规则的技术只是完整法律论证模型中的一个组成部分，即法律解释适用方面。

---

[1] Bruninghaus S, Ashley K. Combining model-based and case-based reasoning for predicting the outcomes of legal cases［EB/OL］.［2014-02-25］, http://link. springer. com/chapter/10. 1007/3-540-45006-8_8.

[2] 徐英杰："基于范例推理的刑事判案咨询系统的设计与实现"，中国科学院研究生院 2018 年硕士学位论文，第 6-15 页。

2. 基于案例的专家系统

基于案例的法律推理是基于先例和类比的推理模型，也就是案例推理进路。较为经典的基于案例的法律推理模型是海波系统和卡托系统。下面以海波系统为例进行详细说明。

1984 年，里斯兰和阿什利首次报道了海波（HYPO）法律论证项目及其维度机制。该系统的问题领域是商业秘密法。海波系统利用真实法律案例知识库，对涉及由代理人输入的事实情形的法律论证进行建构和评估。同时可对争议的事实情形进行假设性修改，并对如何加强或削弱论证提供建议。[1]

海波系统有两项关键的特性：一是引入了"维度"（dimension）概念，使案件相关性判断更加精准。通过维度对不同的知识要素进行编码，并予以多层次、体系化的整合。在案例相关性的评估上，使用维度来定义"相关"（relevant）、"最关键"（most on point）和"最佳"（best）案例等概念。在海波系统中，如果一个案例与事实情况至少有一个维度，那么它就被认为是"相关"的。海波系统通过检查事实情境中存在的维度集和案例中存在的维度集之间的重叠程度，根据它们在点上的方式对案例进行排序，并比较和评估该组案例的相对强度，区分了"相关案例—关键案例—最佳案例"的不同梯度，提高了案例评估的准确性。[2]二是三层论证模式，可反驳型的推理论证。其具体工作流程是：给定一个事实情况，海波系统根据其商业秘密法模型对其进行分析，然后从其案例知识库中检索相关案例。之后确定哪些相关案例最符合这一点，或者可能是这样，以及谁的观点和哪种分析方法更符合，海波系统生成一个论证框架。在此争议点中，首先通过提出一个法律观点并引用其最好的、最有针对性的案例来为第一方（原告或被告）辩护；然后通过对位回应来为第二方辩护（被告或原告），引用支持第二方观点的最有针对性的案例，或者通过与当前事实和第一方案例相区分来为第二方辩护；最后，再次为第一方辩护，反驳了第二方的立场，其中可能包括区分第二方的案件和加强第一方的分析与当前事实的关系。在争论的不同点上，海波系统可以生成并使用假设。例如，当海波系统的案例知识库中不存在实际的反例案例时，

---

〔1〕 Edwina L. Rissland, Artificial Intelligence and Law: Stepping Stones to a Model of Legal Reasoning, The Yale Law Journal, Vol. 99: 1957, pp. 1957-1981 (1999).

〔2〕 Rissland E. L., Ashley K. D, A Case-Based System for Trade Secrets Law, December 1987, p. 60.

海波系统可以反驳一个主张。

（二）基于数据的法律推理模型

数据推理建模路径最早出现于萨斯坎德（Richard Susskind）在 2017 年 7 月 28—29 日上海百事通通信技术股份有限公司在杭州举办的 "法律+科技领军者国际峰会" 上的主题演讲。这一阶段的法律推理人工智能模型的发展得益于人工智能机器学习能力的显著增强。机器学习、神经网络等技术的发展和社会化大数据的大量产生，推动智能化应用的建模方式由自顶而下转变为自底而上，即由事前进行人为的规则设定转变为由大数据进行自主学习。

数据推理建模路径的优势在于一是高效性。机器学习等技术的发展使计算机处理数据的能力大大提升，且自主建模的方式提高了应用建模的效率。二是预测性。可以通过对过去数据进行学习，发现规律性、隐含的关系，由此对未来进行预测。这种方法涉及机器学习的一个子集，在大量数据中寻找模式。它可以发现一些关系和相互关系，从中得出结论并提供服务。在此技术背景下，智能化应用可以从司法裁判等司法数据中，就事实和裁判等事项的关系问题，发现人类以传统方法而无法发现的规律性关系。

然而，大数据推理自身所具有的弊端也影响了人工智能和法律推理之间的融合和应用。一是算法推理的黑箱性。算法运用过程既不理解也不应用逻辑规则，而是通过对大量数据关系的数学分析来识别这些关系。软件既不知道也不关心这些关系存在的原因，它只是确定它们确实存在。因此，算法黑箱使智能化应用无法解释其推理过程，与司法公开、司法公正等司法价值存在冲突。为实质性解决行政争议，增强行政审判文书的说理性往往有利于当事人服判息诉。但大数据推理过程的不可解释性与司法公开的司法价值，以及实质性解决行政争议的现实目的相背离。二是算法歧视。机器学习的自主学习往往会受法律之外因素的影响。从域外一项实证研究来看，在对案件事实和裁判结果之间的关联关系进行机器学习时，将法律之外的因素作为影响案件裁判的推理因素。正如美国量刑预测系统 COMPAS 在量刑预测时，被认为存在种族歧视的偏见问题。违背比例原则的情形之一即考虑不相关因素。算法推理对法律之外因素的考量与司法公正价值相背离。三是算法推理为相关性推理。基于数据的法律推理模型建立在概率推理的基础之上。由此，算法推理方式与司法推理方式存在性质冲突。

二、司法智能化的实践探索

人工智能技术在司法领域中的运用范围取决于以下因素：一是技术的发展水平；二是法律层面的可接受性。鉴于人工智能技术存在算法黑箱、算法歧视和数据质量不足的现实问题，人工智能在域外各国司法实践中仍是辅助性的有限运用。

（一）美国

目前，法律人工智能在美国司法实践中得到广泛应用。

首先，在司法辅助智能化方面，其应用主要包括电子档案管理和访问，自动制作笔录的智能语音识别系统、用于法庭服务的实时口译系统、用于案件评估测试的在线争议解决系统、分配法官等职员的动态资源分配系统，法庭运转机器人助手、立案自动化流程、文书修订、未成年人案件管理、聊天机器人等。[1]因此，美国的司法智能化广泛适用于司法审判的各个环节。

其次，司法裁判智能化建设主要包括量刑辅助，社会危险性评估，审前释放预测、诉讼预测分析。其中广为探讨的是美国 COMPAS 风险评估智能化应用，其可以对犯罪分子的再犯风险进行评估，从而辅助审前拘留、量刑或提前释放等决定的作出。COMPAS 应用采用数据系统的建模方式，基于犯罪记录和包含 137 个问题的问卷数据，其中包括诸如"饥饿的人是否可以偷窃和强烈不同意、不同意"等问答，通过回答情况判断犯罪分子再犯风险。[2]

最后，在司法服务智能化建设上，发展线上争议解决机制，提供"24×7"法律服务的在线系统。此外，美国法律科技公司还开发了可进行法律检索的 ROSS 系统。该系统可以利用自然语言处理来理解律师提出的问题，并筛选立法、判例法和二手资料，以返回基于证据的答案。据报道，它每分钟可以读取和处理一百万页。与此同时，它还能够不断监控法律并利用其机器学习能

---

[1] See Marcus W. Reinkensmeyer & Raymond L. Billotte, Artificial Intelligence (AI): Early Court Project Implementations and Emerging Issues, https://the courtmanager. org/articles/artificial – intelligence – aiearly–court–project–implementations–and–emerging–issues, accessed 5 April 2021.

[2] A. D. (Dory) Reiling, "Courts and Artificial Intelligence" (2020) 11 (2) International Journal for Court Administration 8. DOI: https://doi. org/10. 36745/ijca. 343.

力不断改进其结果，从而更快、更准确地产生结果。在此之外，美国法律科技公司还开发了能够进行预测分析的 Lex Machina 系统，以及对法律文件审查分析的 LawGeex 系统等。[1]

（二）欧洲

欧洲各国法院智能化的发展源于 20 世纪 80 年代信息交流技术的运用（Information and Communication Technology，ICT）。其间，科学技术的运用经历了三个发展阶段：一是一般基础技术，即在一般市场内部可以广泛获得的技术工具；二是适用于审判管理活动的技术应用；三是直接辅助法官活动的智能化应用。[2]欧洲智能化运用得益于司法活动的电子化，如电子签名、视频会议、电子化的起诉、法律援助申请方式，等等。此类技术运用大多为传统互联网信息技术的直接运用。但电子化的诉讼方式也为智能技术的应用提供了基础。目前，欧洲各国法院智能化应用主要有：

首先，案件管理系统 CMS 的应用。这一系统的产生是以案件流程数据化及大量数据库为基础。例如，其前提在于利用光学字符识别（OCR）的应用程序对案件中各类信息的数字化处理，而建立的体系化的案件管理方式。其管理范围广泛：一是对单个案件的管理，CMS 系统是指以数字化的方式对案件审理全流程进行管理，包括从提起诉讼到最终作出裁判，或最终达成和解结果。二是对案件流的管控，即基于对法院活动数据的分析，实现对各国法院法官人数分配和预算资源的合理分配。例如，捷克共和国在了解每个法院的受理案件数量后，根据每个法官处理案件的平均数量来计算和调整法院所需的法官人数。同样，法国根据各个法律部门完成的案件计算法官、检察官和法院工作人员的平均效率。当这些比率应用于受理案件的数量时，可以提供预测并帮助估计满足普通法院需求所需的人力和预算资源的分配。[3]三是对法院的管理。时间是法庭上最重要的资源，这一系统的目的在于对司法案件审判流程进行科学管理，实现司法资源的合理分配，提高司法效率，并确

---

〔1〕 Gravett W H, "Is the Dawn of the Robot Lawyer upon us? The Fourth Industrial Revolution and the Future of Lawyers", PER/PELJ 2020（23）- DOI http://dx. doi. org/10. 17159/1727 - 3781/2020/v23i0a 6794.

〔2〕 Marco Velicogna, Justice Systems and ICT, Utrecht Law Review. Volume 3, Issue 1（June）2007.

〔3〕 European judicial systems Efficiency and quality of justice CEPEJ STUDIES No. 24。

保每一位诉讼当事人得到程序上的平等保护。

其次，司法裁判智能化表现为量刑支持和自动判断系统的开发。这些系统应该有助于提高判决的质量和及时性，并引导法官作出更一致的判决。成功的例子之一是苏格兰高等法院的量刑信息系统。该系统"使用计算机技术，让判刑者能够快速、轻松地获取有关法院过去在'类似'案件中判刑的相关信息，而不会对行使司法裁量权设置任何正式限制"。

最后，在预测方面描述最广泛的应用是声称能够预测欧洲人权法院（ECHR）的决定。该工具使用自然语言处理和机器学习来预测在特定情况下法院是否会裁定违反了《欧洲人权公约》的一项特定条款。该应用使用了来自欧洲人权法院在线数据库中的早期判决信息，其中不包括因不可受理请求而产生的案件。开发者声称该智能化应用的准确度为79%。并且其结果表明，这一应用有助于法官快速确定判断的方向。[1]

此外，在司法辅助活动中也存在相关的智能化应用。例如，案件裁判文书相关信息的自动生成。芬兰法院基于案件信息管理，将案件信息数据库和文件编辑器相关联，可以实现案件中基本信息，如当事人姓名、事实和程序等问题的直接自动生成。[2]

（三）英国

英国的司法智能化应用主要包括以下应用系统：

首先是具有在线问题诊断、在线沟通协商和在线调解等多项功能的 The Rechtwijzer System 系统。该应用可以根据当事人的案情状况，依据相应算法设立系列问答，可以帮助当事人更好地理解其权利义务，完成在线问题诊断。当必要时，该系统可以给当事人提供相应的问题解决工具。[3]若当事人无法通过自由协商解决争议，则引入相应的调解人参与，以达成解决结果。在此请求相关法律专家介入以确保其解决方式符合法律规定，且平等对待双方当事

〔1〕 A. D. （Dory）Reiling，"Courts and Artificial Intelligence"（2020）11（2）International Journal for Court Administration 8. DOI：https：//doi. org/10. 36745/ijca. 343.

〔2〕 Marco Velicogna，Justice Systems and ICT，Utrecht Law Review. Volume 3，Issue 1（June）2007，p. 9.

〔3〕 Ethan Katsh，Orna Rabinovich-Einy：*Digital Justice：Technology and the Internet of Disputes*，Oxford University Press，pp. 161-162.

人。荷兰法律援助委员会的 The Rechtwijzer System 2.0 系统是在 The Rechtwijzer System 基础上的创新，其适用于租赁、就业和行政法的相关法律争议。[1]

其次，民事解决法庭（The British Columbia Civil Resolution Tribunal，CRT）是英国第一个在线法庭。其主要解决：车辆事故纠纷、小额索赔争议（不超过5000 美元）和任何金额范围的公寓纠纷及任何数额的社会组织争议。[2]其包括多个阶段：第一阶段是问题锁定和争议解决方式探索阶段（solution explorer）。其目的是帮助当事人限缩问题和界定法律争议。与此同时，该系统可以自动提出可能的解决方式。如果无法解决争议，则进一步进入下一阶段。第二阶段是争议解决阶段。在此阶段，当事人可以运用自动化的协商工具进行沟通协商。而这一工具对沟通事项进行事前建立规则，并予以结构化。如果此时可以获得多方接受的结果，那么直接作出决定。反之需要进入线上裁决程序。[3]由此，CRT 为争议解决提供路径引导、协商互动、程序准备等事项。其运行建立在一个专门构建的专家系统基础上，其可以在第一阶段，帮助当事人限缩争议问题，以法律的方式进行表达，以帮助其理解，并提出相应的问题解决方案，且每三个月更新一次数据库。这种更新仍然由人类专家根据用户反馈和系统分析数据完成。[4]通过各类数据的分类整理提高该系统的问题诊断能力。

最后，英国还设立了一个线上公法争议解决机制（Traffic Penalty Appeal Tribunal，TPT）。其建立在 2016 年设置的快速在线申诉管理系统（Fast Online Appeal Management，FOAM）基础上。在该系统中，当事人可以在线上提交各类文件、下载证据，在提交证据后，"电子决定"（e-dɘcision）模块中会产生裁判结果。在当事人需要的时候可以通过电话等线上的方式进行交流对抗。

此外，英国科技公司还建立了相关可以辅助法律人进行文件审查、案件

---

〔1〕　The Rechtwijzer justice platform（英国线上争议解决机制网站），网址为：http://justiceinnovation. law. stanford. edu/rechtwijzer-justice-platform/。

〔2〕　加拿大线上法庭网站，网址为：https://civilresolutionbc. ca/。

〔3〕　Ethan Katsh，Orna Rabinovich-Einy：*Digital Justice*：*Technology and the Internet of Disputes*，Oxford University Press，2017，p. 160.

〔4〕　A. D.（Dory）Reiling，"Courts and Artificial Intelligence"（2020）11（2）International Journal for Court Administration 8. DOI：https://doi. org/10. 36745/ijca. 343.

结果预测、当事人咨询等的应用程序，如用于文件审查的 RAVN 系统。

（四）其他国家

1. 加拿大

加拿大智能调解电子谈判系统是指用智能算法及电子谈判技术的机器人代替人工调解，而且还可以通过抓取纠纷要素，运用智能算法实现最佳策略选择，在一定程度上促进协议达成。以"超越双赢"（beyond win-win）为理念，实现以更和平、更协作、更智能的方式解决各地的争议。

其特点为不仅可以在纠纷发生后进行在线和解、调解，还可以在争议初期就通过 Smart settle 达成合意、在线签署合同、预防未来纠纷的产生。同时存在两个版本：Smart settle ONE（简单智慧解决），以及进阶版 Smart settle Infinity（无限智慧解决）。目的在于发展多元化的纠纷解决方式，并缩短纠纷的解决时间，提高争议解决效率。该系统可以实现简单案件处理的自动化，并加速复杂案件的解决进程，保障调解过程中多方的充分有效参与。同时，当事人可以输入自己的策略及价格底线，但不会被透露给对方，而是由系统采用人工智能算法并参考各方的竞标策略和优先事项推动双方进行谈判，从而保障调解过程的隐私性，提高谈判成功率。但局限在于主要应用在小额索赔纠纷、家庭矛盾谈判及水冲突管理等方面。

此外，加拿大法院在争议解决程序中，采用专家系统模式建立司法服务智能化应用，可以帮助当事人及时获悉法律争议焦点。

2. 爱沙尼亚

电子爱沙尼亚项目（e-Estonia）是爱沙尼亚为实现技术治国而展开的涉及国家治理各方面的体系化建设项目，包括了政府的所有事务——立法、投票、教育、司法、医疗、银行、税务、治安等，通过数字方式连接到一个平台上，连接全国。在改变政府提供公共服务方式的同时，也改变了公民的日常生活。

国家治理和现代科技的融合也体现在司法体系中。在司法信息化的电子诉讼发展阶段，爱沙尼亚的电子诉讼建设完备。在欧洲国家中，爱沙尼亚是率先引入法律援助线上申请模式，并允许在所有诉讼类型和文件类型中充分适用电子签名的国家之一，法院视频会议设备率达到100%，并给予较完善的立法体系保障。信息基础设施和立法体系的完备也给其争议解决带来了明显的优势。2018 年，"欧洲司法记分牌"显示，在法院案件的裁决速度方面（主要是解决民事和行政争议的速度方面），爱沙尼亚仅次于丹麦，位居第二。目前，爱沙尼亚的法官人数与 20 年前基本相同。然而，在此期间，法院案件的数量增加了一倍。爱沙尼亚法院系统案件压力的不断增加促使司法机构和科技人员认识到司法人工智能系统在当前信息化建设中的重要性，认为智能化应用可以帮助法官和律师节省在重复性和琐碎性事务上的时间。目前，法院已经开始与一些公司进行合作，来找寻用自动化系统解决耗时工作的方案。这些解决方案中最主要的是人工智能的应用。人工智能能够在常见的法庭程序和事务中作出自主裁决，而在一般情况下，这些程序通常会耗费法官数小时的时间。目前，爱沙尼亚法院已经使用人工智能来解决标的额在 7000 欧元以下的小额索赔纠纷。同时智能化应用会声明双方可以向人类法官上诉。国家治理体系的数字化为爱沙尼亚的司法智能化建设奠定了基础，并且爱沙尼亚成为世界上第一个给予算法有限司法决策权的国家。

三、中外发展比较

人工智能这一科学技术革命影响了社会发展的各个领域。世界各国都在积极利用人工智能技术赋能司法活动，促进司法高效和司法便民、司法公正等司法价值的实现。司法的固有属性和人工智能技术的共通特点决定了司法智能化应用在各国表现出诸多共通之处。而各国司法制度发展目标和发展现状的不同也决定了智能化应用的差异。

（一）共同点

通过域内外司法实践的梳理发现，两者存在以下共通之处。

1. 以辅助司法决策为发展目标

目前，人工智能技术和司法活动的深度融合是中外司法智能化建设的共通之处。当前，我国智能化建设强调对司法大数据的精准化适用。欧洲委员会公约咨询委员会将大数据定义为"从大量、速度和和类繁多的数据中收集、处理和提取新的和预测性知识的不断增长的技术能力。在数据保护方面，主要问题不仅涉及处理数据的数量、速度和种类，还涉及使用软件对数据进行分析，以提取预测性知识，用于个人或群体的决策目的。因此，大数据的定义包括大数据和大数据分析"。可以发现，利用机器学习等人工智能技术对司法大数据的研究、分析和深度利用，以辅助司法决策是中外司法智能化建设的重要特点和未来趋势。

2. 多元化的运用功能

当前，中外司法智能化建设共有的功能模块主要包括预测分析技术、法律信息检索技术、智能机器人利用、多元纠纷解决机制等。

一是预测分析技术辅助司法决策。[1]预测分析是指利用机器学习技术来检测大量司法数据中的模式和相关性，并在此分析的基础上预测未来在特定情况下会发生什么。[2]利用过去的司法大数据预测案件裁判结果是中外司法智能化建设的重要内容。例如，我国法院的偏离预警机制，通过预测的结果监督法官的审判活动，以及域外国家的量刑预测等。

二是利用智能机器人实现司法服务智能化。例如，在蜀山法院中，人工智能诉讼服务机器人可以通过深度学习优化，对当事人语音意图进行联想和判断，预测上下游问题，进行个性化推荐，而无须当事人一步步录入查询信息。

三是注重智能化建设和多元纠纷化解机制的结合。最高人民法院《关于建设一站式多元解纷机制 一站式诉讼服务中心的意见》明确提及"智能化风险评估服务"与"智能化设备"，强调在和解、调解等程序中以预测结果指引当事人合理选择结果方案。域外一些国家将预测功能运用于线上争议解决机制中，如荷兰和爱沙尼亚等，在小额诉讼案件中，通过提出一些问题由智能化应用对争议进行自动诊断，然后由机器（机器学习技术或专家系统）处理这些问题，从而产生解决方案的建议。[3]最终通过智能技术实现多元纠纷化解机制。

---

〔1〕 Gravett W H, "Is the Dawn of the Robot Lawyer upon us? The Fourth Industrial Revolution and the Future of Lawyers", PER / PELJ 2020 （23） -DOI http://dx. doi. org/10. 17159/1727-3781/2020/v23i0a 6794.

〔2〕 Gravett W H, "Is the Dawn of the Robot Lawyer upon us? The Fourth Industrial Revolution and the Future of Lawyers", PER / PELJ 2020 （23） -DOI http://dx. doi. org/10. 17159/1727-3781/2020/v23i0a 6794.

〔3〕 European judicial systems Efficiency and quality of justice CEPEJ STUDIES No. 2. pp. 44-46.

四是法律信息检索技术对法官获得法律信息效率的提高。对法律规范、司法案例和相关学理观点等法律资料进行法律信息检索是法官案件审判中的重要内容。法律信息检索功能在中外得到广泛适用。例如，我国实践中的各种类案检索系统，以及法信平台中的学理观点查询等。域外也借助自然语言技术查询各类法律数据（如宪法和公约、法律、判例法和法律理论）等的法律信息，并采用数据可视化技术来说明搜索结果，取代过去的关键词和全文检索等，如美国的 ROSS 软件等。

3. 数据系统和知识系统并存的建模方式

法律人工智能应用存在两种建模方式，即基于概率的数据系统和基于逻辑的知识系统。前者侧重于案件裁判结果的预测、分析功能，后者着眼于对人类推理方式进行模拟。法律专家系统盛行于 20 世纪七八十年代。当前，机器学习、神经网络等人工智能技术的发展和社会化大数据的产生激发了数据系统的巨大潜力。基于规则的专家系统推理模型并未完全遭到排斥，当前各国的司法智能化建设普遍存在两种模式并轨的开发方式。

在我国，从前述智能化要素式审判方式的建立过程来看，基于逻辑的知识系统，即专家系统是我国智慧法院建设的主要建模方式。但与此同时，我国的某些应用也采用了基于概率的数据系统。例如，裁判结果预测、裁判预警偏离机制等。

域外，在全球范围内提高司法效率、提升接近正义的法治背景下，专家系统在司法实践中获得了相较产生之初更多的运用。例如，线上法律服务、法律文件的自动化处理、线上争议解决机制 Latent Damage System 等应用系统。数据系统也广泛应用于案件预测的智能化应用中，如域外国家的再犯风险预测系统 COMPAS 等。

因此，各国的司法智能化应用建模方式包括基于概率的数据系统和基于逻辑的知识系统两种。前者的功能集中于案件结果预测，后者侧重于法律文本的逻辑推理、分析等功能。

（二）差异点

中外司法智能化建设的发展差异体现在发展模式和适用范围两个方面。

1. 发展模式不同：国家推进和市场先行

从中外的发展历程来看，分别形成了两种不同的发展模式，即国家推进主义〔1〕和市场先行主义。我国智能化建设表现为国家推进主义的发展模式，域外国家遵循市场先行主义的发展模式。

自 1996 年，我国法院信息化建设始终以法院信息化发展规划为先导。《加快建设智慧法院的意见》《人民法院信息化建设五年发展规划（2019—2023）》等为智能化建设提供了明确的发展思路、建设目标和重点任务。2021 年 8 月 26 日，周强多次提出智能化建设应"服务大局"。可见，我国国家机关对司法智能化建设采取积极乐观的态度，并将智能化建设作为现代化建设的重要组成部分。以智能化建设服务司法改革目标的实现，以司法改革服务于司法能力现代化建设，同时司法能力现代化建设以提高国家治理体系和治理能力现代化为最终目标。因此，在国家治理体系和治理能力现代化建设这一"大局"之下，我国的司法智能化以国家宏观层面的理念指引、微观层面的制度和措施指引为发展动力。而且由于案多人少的审判压力，国内法院系统在大数据和人工智能方面的投入和应用方面远远走在了律所、法务和法学院的前面。

相较之下，域外国家法律智能化的开发探索以律所等市场力量为主要推动力。正如欧洲司法效率委员会在《关于在司法系统及其环境中使用人工智能的欧洲伦理宪章》中的总结，"欧洲各国司法大数据与人工智能技术主要来自私营部门，并未被纳入公共政策领域，因而没有受到足够的重视"。RAVN、ROSS、Lex Machina 系统，以及对法律文件进行审查分析的 LawGeex 系统等均为相关法律科技公司的探索。〔2〕ROSS 首次在律所的合同审查工作中得到应用。相较于市场力量的积极推进，域外国家对司法智能化建设的态度较为保守。正如欧洲司法效率委员会将人工智能的适用从鼓励到限制划分为四种类型，即被鼓励适用的用途、需要相关预防措施的用途、需要进行额外科学研究才可以适用的用途及在极端情况下适用的用途。〔3〕可以发现，其对于法律

---

〔1〕 参见刘品新："智慧司法的中国创新"，载《国家检察官学院学报》2021 年第 3 期，第 81-101 页；王禄生："智慧法院建设的中国经验及其路径优化——基于大数据与人工智能的应用展开"，载《内蒙古社会科学（汉文版）》2021 年第 1 期，第 106 页。

〔2〕 Gravett W H, "Is the Dawn of the Robot Lawyer upon us? The Fourth Industrial Revolution and the Future of Lawyers", PER / PELJ 2020（23）-DOI http://dx. doi. org/10. 17159/1727-3781/2020/v23i0a 6794.

〔3〕 European judicial systems Efficiency and quality of justice CEPEJ STUDIES No. 2.

信息检索采用积极态度，而对于智能化在司法审判中的应用，如分析、预测等则较为保守。正如其认为智能化应用的设计过程和工具的使用必须嵌入清晰的道德框架中。而且在真正实施之前，应进行充分的辩论、测试和不断审查这些应用的性能和重要性。[1]2017 年春季，在司法部的倡议下，法国雷恩和杜埃（Rennes and Douai）两个上诉法院同意在各种诉讼上诉中测试预测性司法智能化应用。其目的是创建一个决策工具，在必要时减少法院判决的过度变化，保障裁判的统一性，实现法律面前公民平等原则。但由于两个上诉法院、司法部和设计该产品的合法科技公司对实验结果的准确性存疑，导致该产品最终未得以运用。美国建立了具有世界先进水平的美国联邦最高法院电子案件文档和电子案件管理系统（CM/ECF），其不仅覆盖了美国联邦系统所有的法院，而且通过该系统可查询到判决书、起诉状、答辩状、辩护词，以及其他诉讼动议和申请文书等多类文件，大大拓宽了司法公开的范围。同时案件裁判文书的详细说理性也为其提供了较高质量的司法大数据。但其对智能化应用仍持保守谨慎态度。美国联邦最高法院首席大法官罗伯茨认为尽管当今世界科学技术的发展突飞猛进，但仍应秉持"龟兔赛跑"中的理念，慎重对待电子案件系统和智能化应用。因此，域外国家的司法智能化建设体现出官方态度"冷"、民间态度"热"的发展现状。[2]

表 2-2　域外法律智能应用

软件	国家	类型
Doctrine. fr	法国	搜索引擎
Predictice	法国	分析（刑事案件例外）
案例分析系统	法国	分析（刑事案件例外）
司法数据分析 Juris Data Analytics（Lexis Nexis）	法国	搜索引擎，分析（刑事案件例外）
Luminance	英国	分析
Watson/Ross（IBM）	美国	分析

〔1〕 European judicial systems Efficiency and quality of justice CEPEJ STUDIES No. 2.

〔2〕 左卫民："热与冷：中国法律人工智能的再思考"，载《环球法律评论》2019 年第 2 期，第53-64 页。

续表

软件	国家	类型
HART	英国	分析（刑法，再犯风险）
Lex Machina（Lexis Nexis）	美国	分析

表2-3 域外国家不同智能应用方式的适用限度等级

适用限度等级	具体应用方式
被鼓励适用的用法	1. 检索案例 2. 检索法律资源 3. 审判管理战略工具
需要相关预防措施的用途	1. 帮助制定某些民事纠纷解决考虑因素的量化 2. 支持民事案件中的替代性争议解决措施（为当事人的纠纷解决提供建议） 3. 在线争议解决 4. 在刑事调查中使用算法来确定刑事犯罪的发生地点
需要进行额外科学研究才可以适用的用途	1. 分析量化法官决策以辅助决策 2. 预测法院判决
在极端情况下适用的用途	1. 在刑事案件中使用算法确定犯罪风险 2. 基于历史案件定量分析而作出判决

2. 适用范围不同

目前，中外司法智能化建设在建设范围上表现出较大不同。我国智能化建设不断由司法审判管理向司法服务、司法审判执行、司法审判辅助等全方位拓展，并形成了面向法官、诉讼参与人、社会公众和政务部门的全方位智能服务。同时预测分析技术、要素式智能化裁判系统促进了司法智能化与司法活动的深度运用。域外的司法智能化建设场域则表现出有限性。欧洲司法智能化建设集中于通过司法审判数据的分析确定各地法院人数和财政辅助措施，而在智能化审判辅助方面适用有限。尽管芬兰建立了裁判文书智能化自动生成系统，但这一系统的适用范围也较为有限，在一些国家并未得到成功适用。例如，意大利国家开发案件裁判文书模板自动生成的应用软件，但实践中法官更倾向于人工书写的方式。[1]英国的司法智能化建设以线上多元纠纷化解机制 ODR 为依托，目标在于通过司法服务智能化建设实现接近正义。但在司法审判等方面未得到深度运用。美国的适用司法服务、案件审判管理及量刑预测，但并未在司法裁判中得到深度、系统化的运用。

第三节　行政诉讼智能化研究的理论反思

目前，辅助性、局部性、分散化的运用是各个国家司法智能化建设的共同特点。为推进行政审判制度改革，我国司法实践对行政审判智能化建设展开诸多司法智能化应用的探索，呈现广泛、深刻、快速发展的特点。以下将对现有司法实践的应用模式和发展特点进行学理归纳，并明确行政诉讼智能化研究的问题和分析框架。

一、实践样态的理论归纳

以下将对诉讼智能化应用的实践样态进行归纳、整理和初步分析，为智能化建设与司法制度的融合探讨提供研究框架。

（一）类型化应用的现有表现

为明确智能技术与司法活动的建设现状和结合方式，以下将对当前的司法智能化的应用方式进行类型化梳理。

1. 应用方式的类型化

（1）通用型司法智能化和专门型司法智能化。

基于智能技术的通用程度，司法智能化可以划分为通用型和专门型两种。前者是指建立在光学字符识别、人脸识别等通用人工智能技术基础上的智能化应用。这类司法智能化应用与普通的商用、民用的运用场景在本质上是一致的，其实质是一般领域内通用技术在司法领域的直接复制、平移。即使由于司法活动（尤其是庭审活动）的特殊性，语音识别具有一些额外的要求，但

---

　　[1]　Marco Velicogna, Justice Systems and ICT, Utrecht Law Review. Volume 3, Issue 1（June）2007, p. 9.

仅是技术难度上的区别而非技术逻辑上的相异。[1]例如，既可适用于司法审判中，也可直接适用于运用场景中的在线庭审技术、语音识别技术等。后者是指人工智能一般技术与法律领域特殊需求相结合而产生的智能应用。例如，基于类案发现的类案智推、法条推送、智能机器人、要素式智能审判。这类技术是在一般人工智能技术基础上，结合司法活动的专业性要求而建立的智能化应用。

（2）司法审判智能化、司法管理智能化、司法服务智能化和执行程序智能化。

依据智能化应用的功能目的或适用范围不同，其可以分为司法审判智能化、司法管理智能化、司法服务智能化与执行程序智能化。[2]这一分类是我国目前学界所广泛认识的应用分类。

司法审判智能化是指对司法审判活动发挥辅助功能的司法智能化应用。这一应用在我国司法实践中得到广泛运用，如电子卷宗同步生成系统，法条推送功能、程序性裁判文书自动生成系统等应用。司法管理智能化是指在司法审判管理环节的智能化应用。例如，案件审理的自动化节点管控，以及主要包括审判态势、热点分析、司法统计、审判质效、案件评查、绩效考核、监督管理、制度规范等八大功能模块的审判监督管理一体化平台。[3]司法服务智能化是指以司法便民为目标，为诉讼当事人提供诉讼服务的智能化应用，例如诉讼服务机器人，于田县人民法院在自助服务区配备了诉讼风险、执行风险评估自助终端机，智能诉状自动生成机和多功能服务查询机三台智能化电子设备，实现了以信息化为依托，立案申请、阅卷、查询等对外服务事务全流程在线自助办理，极大地为当事人节约了诉讼时间和经济成本。执行程序智能化是指以人脸识别技术的智能身份核验、自然语言处理、知识图谱分析、态势感知预警研判、人工智能语音识别等人工智能技术为支撑，集智能

---

〔1〕 左卫民："从通用化走向专门化：反思中国司法人工智能的运用"，载《法学论坛》2020年第2期，第17-23页。

〔2〕 参见孙海波："反思智能化裁判的可能及限度"，载《国家检察官学院学报》2020年第5期，第80-99页；冯洁："人工智能对司法裁判理论的挑战：回应及其限度"，载《华东政法大学学报》2018年第2期，第22页。

〔3〕 "宜宾中院'审判监督管理一体化平台'入选2021政法智能化建设智慧法院创新案例"，载澎湃网，https://m.thepaper.cn/baijiahao_13771161，最后访问日期：2021年12月9日。

谈话、智能办公、智能评估、智能管理等功能于一体的智慧执行系统。[1]

2. 结合方式的类型化

从智能化应用建模方式的内在路径进行类型化分析。

（1）认知智能模拟和感知智能模拟的司法智能化应用。

人工智能中的智能包括计算智能、感知智能和认知智能。依据司法智能化应用所模仿的智能类型，可以将其划分为认知智能模拟的司法智能化应用和感知智能模拟的司法智能化应用。前者是指能表现出人类认知智能，即对理解、判断能力进行模仿的司法智能化应用。其技术路径在于通过机器学习、算法、知识图谱等人工智能技术挖掘数据背后的隐含关系和规律，从而进行预测分析。例如，当前区别于传统上以关键词为内容进行案件检索的类案智推系统，法律知识图谱的运用使其由关键词检索转变为语义检索，通过语义关联分析检索案情相似度高的案件。同时，当前要素式智能化审判系统中的争议焦点归纳等功能通过大数据学习归纳，构建诉请和抗辩之间的关系，将诉请和事实与理由中的抗辩部分归纳为争议焦点，实质上辅助实现了法官的部分决策功能。后者是指能够表现出类人的感知智能，如视觉、听觉等功能的智能化应用。其技术路径是利用图（OCR）、文（NLP）、声（语音识别）、像（视频解构）处理技术将半结构化和非结构化材料转换为结构化材料，再予以可视化呈现。例如，庭审智能化建设中电子卷宗同步生成系统、庭审笔录自动生成系统所运用的语音识别技术和文字 OCR 转换技术等。

（2）基于数据系统和基于知识系统的司法智能化应用。

当前，以专家系统为基础的知识系统和以机器学习为基础的数据系统是司法智能化应用建模的两种重要方式。依据智能化应用内部建模方式的不同可以将其划分为基于数据系统的智能化应用和基于知识系统的智能化应用。

建模方式路径的不同使两者表现出不同的特点：其一是范围不同：要素式智能化审判表现出知识系统进路的建模方式。而当前案件裁判偏离中预测功能的产生则建立在数据系统进路基础上，通过对司法大数据的机器学习，发现不同案件裁判结果的典型规律，由此进行案件裁判结果预测。其二是特

---

〔1〕　闵仕君："人工智能技术与法院执行领域的融合、发展和完善——以无锡法院智慧执行系统为视角"，载《法律适用》2019 年第 23 期，第 93—95 页。

点不同：一是物质前提不同。前者以法学领域中的特定专业知识为基础，包括学理知识和实践知识；后者以司法大数据为基础，包括司法案例、法律规则及审判过程中形成的卷宗材料等。二是思维方式不同。前者是对人类逻辑推理过程的模拟，将人类的推理方式进行解构并予以符号化，再将符号输入系统中进行运行，这一运行方式与法官的推理方式具有契合性，但法律数据库相对封闭，无法自主产生额外信息[1]；后者建立在概率基础上，由机器进行自主学习，发现数据中的隐含规律，弥补人类智力上的不足，以相关关系为基础。三是算力不同。前者仅能以有限规则集为基础，算力有限，具有启发性特点；后者算力强大，但存在算法黑箱、算法偏见等不足。因此，以符号主义为基础的知识系统和以连接主义为基础的数据系统在建模路径等方面的差异也使得两类智能化应用各具优劣势。

3. 建构方式的类型化

在司法智能化应用的深度融合中，以智能化应用外部建设的系统化程度为标准，我国司法智能化建设呈现由具体型应用、综合型系统向一体化平台发展的趋势。

（1）具体型应用。

这是指专门适用于某一具体审判活动中的应用类型，如专门适用于法律适用阶段的类案推送和适用于所有案件、专门适用于案卷生成的电子卷宗同步生成系统。

（2）综合型系统。

这是指包括诸多单项类智能化应用、可以满足多种类功能，适用于多类场景需求的智能化平台。例如，北京睿法官系统和上海206系统，其包括立案标准智能化审查、类案推送、裁判文书自动生成、裁判偏离预警等多项功能应用。

（3）一体化平台。

这是指以互联网平台为主要载体，以数据为关键生产要素，以新一代人工智能技术为核心驱动力，如机器学习等智能技术，就是以网络信息基础设

----

[1] 参见周佑勇："智能技术驱动下的诉讼服务问题及其应对之策"，载《东方法学》2019年第5期，第14-19页。

施为重要支撑的智慧司法形态。

　　智能平台的功能不仅在于满足多场景、多功能的智能化应用需求，如2016 年最高人民法院提出建立集网上调解、立案、送达、审判、司法确认和督促程序为一体的信息平台。[1]更在于搭建多主体之间信息互联互通的数字载体。在数字政府建设中，平台通过"整合技术、用户和决策者的相互作用而被视作社会—技术系统"，成为连接公私部门、社区、公民等多元行动者的数字化基础设施。[2]在智慧司法中，通过智能平台实现了诉讼当事人和法官及社会公众之间的多端口连接，实现数据交流和信息共享。正如目前广泛建设的三大平台，即在线诉讼平台、一站式多元解纷平台和一站式诉讼服务平台，以及以在线诉调对接机制为基础建立的"总对总"在线调解平台[3]，将法院端、当事人端和其他解纷主体之间进行数据畅联，提高信息流转效率。

　　因此，一体化的智能平台是融合多类智能化应用功能，以促进多方主体交流互动、促进法治发展为目的的智能化应用平台，呈现多端口、多场景、多应用、集约化、一站式、全方位、互动性的特点，强调多元化系统功能的兼容性和交互应用，以及数据信息的高效互联互通。其既包括以智能化裁判为内容的审判方式智能化建构，也包括以审判流程智能化重塑为内容的智能化建设。其建设路径反映出司法审判活动中人机合作理想图景的可能模式。

表 2-4　我国三种智能化应用类型及其实践应用

类型	实践应用
具体型应用	证据中的区块链存证，司法审判方式中的类案类判，类案智推，司法审判程序中的异步审理，电子卷宗同步生成应用，裁判文书自动生成应用，裁判文书偏离预警应用

　　〔1〕　参见最高人民法院《关于进一步推进案件繁简分流优化司法资源配置的若干意见》。

　　〔2〕　郑跃平等："我国数字政府建设的主要模式：基于公私合作视角的对比研究"，载《治理研究》2021 年第 4 期，第 38-50 页。

　　〔3〕　参见最高人民法院办公厅、中国证券监督管理委员会办公厅《关于建立"总对总"证券期货纠纷在线诉调对接机制的通知》。

续表

类型	实践应用
综合型系统	河北智审系统 北京睿法官系统 上海 206 系统等
一体化平台	在线法律援助平台、12348 法律援助平台 行政法治一体化平台 移动微法院平台 智慧法院建设

综上，通过对智能化应用的应用方式和建构方式，以及技术和司法结合方式的类型化梳理可以发现，智慧法院建设已全面展开，且卓有成效。司法智能化应用的适用范围拓展至案件审判的全流程，适用深度拓展至司法活动的专有领域，包括案件裁判环节。在外部建设上形成了自底而上的，包括应用、系统、平台多层次的信息化架构。多层次、多类型、系统性的智能化应用为法院信息化 4.0 建设提供了坚实的物质基础。

（二）智能化应用的适用形态

数据始终是法院信息化建设的物质基础。但随着司法信息化由网络化向数字化，再向智能化发展，功能应用由自动化、电子化（对人体力的弥补）向智能化、自主化（对人智力的延伸）方向拓展，大数据表现出多种适用形态。基于对司法智能化应用场景的分析发现，人工智能技术对现代社会的促进意义包括三个维度，即技术、资源和思维观念。智能技术在司法活动中的介入存在三种适用形态，即应用手段、资源要素和思维方式。

1. 应用层面

数据驱动首先是一个技术范畴，其实践展开首要是技术要素，即现代技术的诉讼应用。近年来，人工智能在语音识别、图像识别等感知智能场景中取得的突出成就大都与大数据技术密切关联。此类智能化应用体现出技术赋能的巨大效应，借助于智能技术的加持，法院信息化在数字化和网络化基础上进一步迭代升级。应用层面的技术赋能体现为语音识别、图像识别等商业领域内智能技术在法院系统内的平移适用。例如，以电子数据形式进行电子卷宗随案同步生产系统、语音识别系统，庭审语音同步转录、辅助信息智能生成及实时推送能力等通用型智能化应用。这一应用成为智能技术与司法审判融合的最初探索。

因此，在应用层面，智能化技术与司法活动的结合方式为直接的技术赋能。这一赋能方式有助于维护和固化原有审判结构和审判程序，其作为人力替代的一般性工具，极大地提高了司法审判效率。但这一赋能方式聚焦于工具维度，只是方式和流程的智能化再现，尚未对审判方式、审判理念产生影响。

2. 资源层面

人工智能时代，大数据成为信息化社会的"石油"基础。在资源要素层面，法律大数据成为司法智能化应用建构的生产要素。充分挖掘司法大数据的超凡价值成为智慧法院建设的重要路径和实现目的。[1]具体地，作为生产资料的大数据的适用形态表现为智能审判辅助系统通过海量数据的结构化和加工分析，实现全部电子卷宗材料的智能分析与法律条文、类案的智能推送等，以大数据资源为法官提供智力支持。例如，类案智推、法条推送、裁判偏离预警、大数据侦查等智能化应用，以海量司法审判数据等法律数据库作为数据基础，进行机器学习，发现数据背后的隐含规律，辅助法官的法律适用和裁判作出。司法人工智能通过数据标注识别、案件要素抽取、知识图谱构建来进行算法建模。这个"机器人法官"拥有的不再是法官个体或合议庭法官的有限能力和个体经验，而是来自海量类似案件信息及裁判结果的数据库运算，它所作的每一份判决都是一项数据庞大的实证法研究和综合衡量。[2]相较于传统上的"零散化""经验化"的同案查找方式，智能化应用调动了更多的数据资源，在更丰富、更全面的案件信息中检索类案。由此，司法大数据成为数智法院建设的重要生成资料，信息化成为数智法院建设的先进生产力。

在资源层面，智能化应用的优势在于通过海量数据对人类法官智力裁判活动的辅助或延伸。从指导性案例制度到类案检索制度，改革目的都在于实现统一法律适用。深度学习等智能技术提高了计算机对海量数据的搜集、处理、整合能力，帮助法官在更短的时间内、更广泛的案件信息中选择类案，

---

〔1〕 参见倪寿明："充分挖掘司法大数据的超凡价值"，载《人民司法（应用）》2017年第19期，第1页。

〔2〕 李占国：" '全域数字法院'的构建与实现"，载《中外法学》2022年第1期，第13页。

提高了同案同判和司法公正的实现程度和实现效率。同时，司法审判依赖技术分析所获得的数据成为司法决策的基础，由此产生了大数据辅助司法决策的结果。大数据的资源价值使传统审判方式实现了演绎推理和类比推理的结合。因此，司法大数据作为诉讼智能化建设的基础资源，促进了司法公正，并优化了审判方式。

3. 思维层面

在思维层面，大数据不仅作为人工智能技术驱动的"物质基础"，同时也将大数据思维，即预测主义，"追求相关，放弃因果"，"数据主义，经验主义"，[1]嵌入了社会生活生产的思维方式变革中。具体适用方式包括一是在个案裁判中，基于先前所有同类案件的历史数据来预测当下案件的裁判结果；二是在群案预测中，以大数据分析进行案件特点分析，预防未来行政争议的产生。例如，行政诉讼审判白皮书借助大数据，对行政诉讼典型案件类型进行整体性、预测性分析，发现依法行政中的短板和争议高发领域[2]，从根源上阻断行政争议发生的原因，实现争议解决的诉源治理和预防性治理。又如，最高人民法院针对典型案件类型发布系列司法大数据专题报告，通过分析案件发生发展的具体特点，预测发展趋势，预防相关争议的发生，并为社会治理提供参照。

因此，在这场信息革命中，"人们在将自然逻辑输入机器的同时，也把技术逻辑带到了生命之中"，[3]为人类认识复杂系统提供了新思维和新手段。在智慧司法中，思维层面的技术赋能促进了传统裁判思维的更新与拓展。一是在司法审判的知识逻辑基础上增加数理逻辑。大数据思维中计算性思维、相关性思维和定量化分析与审判活动深度融合，促使裁判思维向数字解决主义、司法实证主义，以及法律实用主义等方向拓展。二是促使争议解决由事后救济向事前预防拓展，由个案争议解决向群案循数治理延伸。2017 年《加快建

---

〔1〕 参见［英］维克托·迈尔-舍恩伯格、肯尼思·库克耶：《大数据时代：生活、工作与思维的大变革》，盛杨燕、周涛译，浙江人民出版社 2013 年版，第 27-98 页。

〔2〕 参见施建兵等："海南省第二中级人民法院发布 2016 年度《行政审判白皮书》"，载《人民法治》2017 年第 10 期，第 112-113 页。

〔3〕 ［美］凯文·凯利：《失控：全人类的最终命运和结局》，张行舟等译，电子工业出版社 2016 年版，第 5 页。

设智慧法院的意见》强调"运用海量司法案例资源，针对刑事、民事和行政等案件，探寻新形势下司法规律，提高司法预测预判和应急响应能力……深度挖掘分析海量案件信息资源，监测社会治理存在的突出矛盾，预判经济社会发展变化趋势，为各级党委、政府提供决策参考"。由此，以预测为特点的大数据思维与我国当前行政审判中的诉源治理，积极发挥司法审判的社会治理功能相契合。

二、未来趋势的学理探索

实践探索的理论归纳为行政诉讼智能化研究提供了分析框架。以下对行政诉讼智能化未来的发展方向和发展路径展开分析。

（一）发展方向

行政诉讼智能化建设的未来发展聚焦于应用方式、制度建构和平台建设三个方面。具体发展方向表现为：

1. 类型化的应用方式

智能化应用与司法活动的结合方式也表现出诸多的不同进路和适用范围。为此，从以下方面对智能化应用的不同发展趋势进行类型化探析。

首先，复杂案件和简单案件的区分。简单案件和复杂案件中法律关系复杂性程度不一，决定了司法智能化应用的建模方式和社会公众对其司法裁判公正性预期的不同。相较于严格依法裁判以实现形式正义为目的的简单案件，复杂案件需要更多的实质性价值判断，以实现实质正义。为此，简单案件的智能化应用采用知识系统（专家系统）的建模进路。例如，要素式智能化审判运用专家系统模式，以规则为基础，从而使知识系统中的逻辑推理方式与司法活动的专业性、逻辑性相契合。而复杂案件难以实现裁判过程的统一化，则更多采用数据系统建模方式，进而从司法裁判的历史经验中提取裁判智慧。

其次，区分行政审判不同阶段的智能化需求。随着智慧法院的不断推进，智能化应用已适用于诉讼审判的全流程，包括立案前、审判、服务、执行和管理，且不仅适用于诉讼，还适用于调解、和解等争议解决机制。适用范围的广泛程度对建模方式的系统性和一体性产生影响，从而决定数据互联互通的范围和成效。

最后，区分行政审判智能化不同服务对象的应用需求。行政诉讼法律关系主体包括原告（行政相对人）、行政机关和法院。智能化的司法公开使其适用对象进一步扩展至社会公众。在司法制度改革中，法官的价值追求在于司法公正和司法高效，以降低审判负担。当事人则旨在追求司法便民、司法公正的价值实现。价值目标的不同也导致其运用方式的差异。

因此，未来智能化应用的精细化发展需要依据不同案件类型（简单案件和复杂案件）、不同司法活动的特点（如诉讼服务、司法审判、司法管理等）、不同服务对象（法官和当事人）等进行区分，结合可以选择的具体技术路径、需要解决的问题、需要达到的目标等多元化因素进行考虑，从而以更契合司法适用的方式运用。

2. 知识型的建设方式

随着"知识"成为人工智能的重要基础要素，司法智能化应用逐渐由通用型司法智能化应用向专门型司法智能化应用拓展，且司法大数据的深度分析、挖掘其背后的隐含信息成为当前我国司法智能化应用的重要发展方向。以下对知识型发展方向的必要性予以分析。

首先，知识型智能化的建设方式旨在满足司法改革的制度需求。2017年《加快建设智慧法院的意见》提出"基于案件事实、争议焦点、法律适用类脑智能推理，满足办案人员对法律、案例、专业知识的精准化需求"，"拓宽司法服务渠道，探索基于法律知识自主学习和个性化交流互动的智能普法服务装备，提升诉讼和普法服务质效"。《人民法院信息化建设五年发展规划（2019—2023）》提出"建设完善立案风险甄别、案例研究、案例推荐、量刑规范、线索发现、案件情节判断、法言法语智能推送、法规与案件融合、法律文书自动生成、舆情分析、文书智能纠错等审判支持应用，无缝集成到审判业务系统"。可以发现，精准化、个性化的司法智能化应用逐渐成为智能化建设的重要内容。

其次，知识型的建设方式有利于回应司法改革的实践需求。在案件裁判推理模型的建构上，要素式智能化审判方式遵循专家系统的建模方式。技术逻辑是将法官的逻辑推理方式予以解构、符号化，将其编制为算法，进而模拟法官的推理方式进行案件裁判。以专家知识和经验为内容的法律知识图谱是这一建模方式的必要前提。且我国三大诉讼分别从各自的学理特点和实践要求出发，如以证据规则适用为着力点的刑事诉讼、以类案智能化要素式审判方式建构为着力点的民事诉讼审判方式和行政诉讼审判方式。行政诉讼要素式智能化审判方式的运用充分结合行政诉讼以行政行为合法性审查为主这一实践基础和理论基础展开模型建构。法学知识和技术优势的结合促使行政诉讼智能化建构逐渐表现出其鲜明的独特性。反观实践，行政诉讼智能化建设仍存在实践探索热情不断、运用成效不足等现实问题。当前，实践中适用效果较好的多为通用型智能化应用，如语音识别系统、电子卷宗同步生成系统等，而专门型智能化应用的适用效果存在较大不足，如类案推送检索精度不足、检索结果杂质较多等适用短板，要素式智能化审判的建模方式存在建模方式复用度低等问题，其原因在于法律专业知识和智能化技术结合不足。因此，需要不断向知识型方向发展，从而提高智能化程度，回应法官和当事人的现实需求。

因此，行政诉讼智能化建设应实现法学知识和技术理性的深度、双向融合。一是在建模方式上，增加法律专业知识的运用。正如有学者所认为的："互动性构建要求以人文主义技术哲学为视角，结合法学、传播学、管理学的基础理论，阐述新时期对司法公开、诉讼服务、审判执行与司法管理模式转型的需求，以此为基础建立大数据技术与转型需求的互动性联系。"[1]二是在运用方式上，遵循"用户导向"原则，立足于司法审判活动的专业性需求予以建构。在知识获取上，领域专业知识可以划分成理论知识和实践知识。[2]智能化建设应从法官、当事人的现实需求出发，提高智能化应用的适用成效。

3. 规范化的制度建构

规范化的制度建构是指专门针对智能化应用的开发建设、应用方式、风险防范等内容进行制度化的规范设计，从而避免司法智能化应用对传统司法价值的不利影响，并促进其功能的有效实现。具体包括：

---

〔1〕 刘艳红："大数据时代审判体系和审判能力现代化的理论基础与实践展开"，载《安徽大学学报（哲学社会科学版）》2019年第3期，第100页。

〔2〕 黄良洪、曹旭东、刘树铭："法律领域的专家系统"，载《计算机过程与科学》1991年第1期，第40页。

（1）行政诉讼对智能化应用的制度回应。

司法改革和司法信息化建设是司法能力现代化建设的两大重要方面。智能化应用在优化审判方式和审判程序的同时，具有推动相关法律制度完善的现实意义。制度建构的目标之一在于以诉讼智能化为背景，对诉讼制度本身进行完善。人工智能的深度运用要求以规范化建设回应智能化应用对法律制度体系的完善。人工智能技术包括持续性技术和颠覆性技术。[1]前者是指增强或支持当前运行方式的技术。而颠覆性技术是指从根本上对传统领域内制度体系运作机制产生影响的技术运用。司法智能化应用不断由感知智能向认知智能发展，适用方式由辅助、支持向部分替代转变，适用范围由审判管理向司法服务及案件裁判领域发展。在智慧法院建设中，智能化应用逐渐由持续性技术向颠覆性技术发展。例如，要素式智能化辅助审判法不仅推动我国司法审判方式由要件式审判向要素式审判拓展，同时要素式智能化审判也促使行政审判简易程序和速裁程序制度予以发展和完善。对此，人工智能技术和法律制度体系的深度融合需要不断推进法律制度体系的完善，以智能化应用促进司法改革，并对智能化应用进行制度回应。

（2）智能技术局限的合法性规制。

行政诉讼智能化是人工智能技术和诉讼活动深度融合的产物。行政诉讼智能化的发展一定程度上会受技术发展水平的影响。在弱人工智能阶段，人工智能仍存在算法黑箱（不可解释性）、算法偏见、数据质量滞后等现实问题。为此，行政诉讼智能化制度建构的另一目标在于对技术局限与诉讼原理之间的价值冲突进行制度回应，以明确技术运用的合法性基础。

人工智能的技术局限要求对智能技术在司法领域中的应用方式予以制度化和规范化。当前，人工智能技术仍存在诸多不足，如算法黑箱（不可解释性）、算法主观偏见等问题对司法公正的影响。正如木桶效应，任何一个组织可能面临一个共同问题，即构成组织的各个部分往往是优劣不齐的，而劣势部分往往决定整个组织的水平。这些技术局限将对司法智能化应用的运用成效产生不利影响，进而阻碍司法公正、司法高效等价值目标的实现。为此，

---

〔1〕 参见《决胜全面建成小康社会 夺取新时代中国特色社会主义伟大胜利——在中国共产党第十九次全国代表大会上的报告》（2017 年 10 月 18 日）。

行政诉讼智能化转型需要予以相应的制度完善以保护公民基本权利，促进智能化应用积极意义的有效发挥。对此，我国应对具有自主学习和预测能力的司法智能化应用所存在的风险，如算法黑箱、算法歧视等进行风险防范，提高智能化应用和司法活动的契合性，以实现司法公正和司法高效。

同时，实践应用中的数据问题需要以规范化建设促进智能化应用的有效性。目前我国司法智能化建设存在地方发展不均衡、碎片化、数据壁垒、个人信息权的隐私风险等问题。不同地区间智能化建设的鸿沟同样会阻碍司法公正的实现。对此，行政诉讼智能化的规范建设需要从统一大数据适用标准等方面予以完善，并对行政诉讼智能化的整体发展图景进行法制化构建。

因此，制度建构有助于在充分利用技术优势的同时，规避智能化应用在行政诉讼智能化中的技术局限，保障技术在合法性范围内运用。

（二）发展路径

在行政诉讼智能化领域中，智能技术与诉讼活动的交叉融合在深度、广度和高度上不断拓展。在深度上，由初步的智能应用向智能化背景下的制度完善理念更新拓展。在广度上，由审判方式智能化向审判程序智能化，并向审判组织智能化拓展。行政诉讼智能化中机器智能和人类智能的关系、智能化应用与司法制度的关系应当遵循"人机协同、深度融合和流程再造"三大发展路径。

1. 人机协同

如何认识人类智能和人工智能的协调关系问题是行政诉讼智能化建设的重要问题。在数字政府建设中，一些地方积极探索以算法自动化决策为功能的智能化应用，如深圳的"秒批"模式。数字政府在特定领域内已实现了智能技术自主性的自动化决策。相较之下，在司法领域，由于程序算法计算过程公正性的不可解释性，智能审判辅助系统是目前智慧司法建设的功能定位。囿于以专家系统为建模方式的要素式智能审判系统无法满足法律的开放性特征，其中的各类子应用功能，如裁判文书自动生成应用，以人类法官的审查判断为适用前提。因此，无论是知识系统还是数据系统的智能化应用，司法智能化应用呈现出"人类法官裁判+智能辅助"的人机协同模式。

人机协同模式具体体现在法理和伦理两个层面。传统上的现代科技以辅助人类活动为目的，表现为"物"的角色。传统哲学将人与机器的关系理解为"人—物"关系，从工具理性出发关注于人对物的控制如何合理地实现，人与物如何共处，如道家的"天人合一"。[1]"人与物"的关系使人类对现代科技采用一种工具理性的认识视角。然而，智能化技术在司法活动中的深度应用表明人类与人工智能之间的关系不仅是人与工具的关系，应摒弃过去的"人—物"观念，树立"人机合作"观，将人机协同作为行政诉讼智能化建设的重要路径。具体而言，人机协同模式体现在两个层面：一是法理层面，诉讼原则对科技应用的积极回应；二是伦理层面，智能化建设中彰显人主体地位的规则设计。

一是在法理层面，由工具理性向价值理性的拓展。工具理性是指将完全理性地考虑并权衡目的、手段和附带后果作为行动的前提，而价值理性总是"将价值观念始终如一地体现在具体的行动进程中"。行政审判活动中的价值理性不仅包括司法公正、司法高效、司法权威等司法价值追求，同时还包括程序正义、诉讼民主、诉讼人权等诉讼原理或诉讼价值。[2]在行政诉讼智能化建设中，价值理性的应用表现为不仅要发挥智能化应用的司法高效、司法便民价值，同时智能化应用应在原理层面与诉讼法学价值相衔接。但人工智能技术中的算法歧视、算法黑箱等问题成为法治秩序建构的障碍。

二是在伦理层面，加强司法智能化的伦理建设。2017年国务院发布《新一代人工智能发展规划的通知》，始终将人工智能伦理建设作为人工智能发展战略"三步走"的关键部分，并要求"重视人工智能法律伦理的基础理论问题研究"。在司法领域中，最高人民法院成立了司法智能应用伦理审查组织，认为应结合智能应用的常规备案工作，从直接风险与间接风险两个维度对相关应用进行伦理审查。[3]与此同时，行政争议实质性化解越来越强调"法理情"三要素在行政诉讼制度中的统一结合。为此，加强行政诉讼智能化司法伦理的规范化建设有助于避免智能化技术的过度应用，有利于保护法官的主

---

〔1〕 杜娟："从'人机协同'看人工智能时代的新闻伦理构建"，载《社会科学研究》2019年第4期，第190页。

〔2〕 参见樊崇义主编：《诉讼原理》，法律出版社2009年版，第1—25页。

〔3〕 王禄生："智慧法院建设的中国经验及其路径优化——基于大数据与人工智能的应用展开"，载《内蒙古社会科学（汉文版）》2021年第1期，第113页。

体地位。

2. 深度融合

在司法领域，"深度融合"的概念首次提出于 2015 年最高人民法院发布的《关于充分发挥审判职能作用切实维护公共安全的若干意见》[1]中。2017年，最高人民法院发布《关于人民法院全面深化司法改革情况的报告》，明确要"进一步加强科技融合。加快推进智慧法院建设，加强信息化、大数据、人工智能与司法改革的深度融合，找准技术与制度的契合点"。其后，最高人民法院《关于深化人民法院司法体制综合配套改革的意见——人民法院第五个五年改革纲要（2019—2023）》与 2020 年《民事诉讼程序繁简分流改革试点方案》中均提到要"推动实现审判方式、诉讼制度与互联网技术深度融合"。由此，深度融合成为智慧法院建设的重要方面，并体现在司法审判、司法执行、司法管理和司法服务及司法决策等多方面。在深度上，深度融合经历了由应用层面的技术融合向建构层面的制度融合、知识融合发展。从深度融合的发展过程上看，我国智能技术与司法审判活动融合存在三个维度，即浅度融合、中度融合和深度融合。为此，有必要从动力来源、融合方式、具体表现等方面对司法智能化的三个融合维度进行分析，以探究司法智能化深度融合的发展路径。

首先，浅度融合。其动力来源于人工智能技术对司法审判方式的"外推"影响。在融合方式上表现为智能技术与司法活动的单向融合，即人工智能对司法高效的技术赋能。为此，浅度融合表现为以具体的"物"为中心的融合方式。[2]其具体应用表现为：一般通用领域内智能化应用在特定专业领域内应用的平移，如语音识别等通用型智能化应用。

其次，中度融合。其是浅度融合基础上结合专门领域内特点的深度结合。其具体特点表现为：一是在需求面向上，从法律的特点出发，重视法官、司法审判的整体性需求。二是在具体应用上，结合专门领域内特点的深度结合。

最后，深度融合。其核心思想是计算思维与法学思想的融合，主要通过

---

〔1〕　其中指出"不断加强人民法院信息化建设，推进信息技术与审判业务深度融合"。

〔2〕　史利平："信息技术与教育深度融合的机制创新解析"，载《教育研究》2018 年第 10 期，第 148-149 页。

主体的分布式实时计算分析法律行为，从而发现法律发展的深层规律。深度融合的具体方式在于：

一是双向融合的促进方式。具体表现为一方面是以行政审判制度改革指导司法智能化建设。法院信息化建设和司法制度改革是审判能力现代化建设的"车之两轮，鸟之双翼"。司法智能化应用的自动化、高效性和客观性优势无疑为审判制度改革的有效实施提供了外在保障。这决定了司法智能化建设应当服务于行政审判制度改革的功能需求。另一方面是以司法智能化建设和应用促进行政诉讼制度完善。智能互联网技术在人民法院争议解决中的广泛适用促进了在线规则的不断完善。2021 年至 2022 年，最高人民法院相继发布《人民法院在线诉讼规则》《人民法院在线调解规则》《人民法院在线运行规则》。因此，制度与技术的深度融合表现为两者的双向融合、彼此赋能。以审判制度改革赋能司法智能化建设，以司法智能化建设助推行政诉讼的制度完善是数智法院建设的重要内容。

二是法学理论融合的建模方式。继符号推理向深度学习的人工智能技术迭代之后，为克服深度学习不可信、不安全、不可靠、推广能力差的弱点，科学界提出发展第三代人工智能，即实现知识和数据的结合。在技术层面，数据、算法等技术要素与法律知识的融合成为未来司法智能化建模的重要路径。鉴于知识图谱在技术建模中具有信息组织和构造作用，法学知识图谱的建立在学界也逐渐获得更多重视。[1]在法学研究领域中，越来越多的学者从诉讼法学理论本身的特点出发，在理论层面对建模展开深入研究。例如，有学者提出构建法律大数据"领域理论"[2]，也有学者从诉讼法理论的角度分析智能司法的辅助决策模型[3]。由此，深度融合阶段的智能化建模方式更着眼于以法学知识为引擎。知识型发展方向要求行政诉讼智能化的建设由法律人和技术专家的合作建构展开。

三是以法官和当事人为中心的应用方式。智能技术与法学融合程度的加

---

〔1〕 洪文兴等："面向司法案件的案情知识图谱自动构建"，载《中文信息学报》2020 年第 1 期，第 35-44 页。

〔2〕 王禄生："论法律大数据'领域理论'的构建"，载《中国法学》2020 年第 2 期，第 259-260 页。

〔3〕 高翔："智能司法的辅助决策模型"，载《华东政法大学学报》2021 年第 1 期，第 60-75 页。

深促进由"物"向"人"的价值转向,实现了从"以硬件为中心"向"以应用为核心"的转变。[1]也有学者提出"用户导向"的智能化建设思维方式。[2]深度融合阶段的智能化应用表现出以人为中心的应用模式。行政诉讼中的"主体"集中表现为更加重视法官、当事人的个性化需求。此外,深度融合以挖掘大数据背后的隐含价值为应用目标。正如实践中充分利用信息技术手段和审判信息大数据,强化司法统计和调研工作,准确研判公共安全形势,为建立健全公共安全形势分析制度,及时消除公共安全隐患提供决策参考。[3]因此,司法智能化建设不仅是数字化和电子化,关键更在于数据化,即让数据"发声",可以从司法数据中挖掘有价值信息,从而辅助司法决策。提高智能化应用对法官、公民的服务质量和水平是法院信息化4.0阶段智能化建设的重要路径。

3. 流程再造

流程再造是智慧法院建设中的重要组成部分。"再造"这一概念来源于企业管理之中,是指在信息时代背景下,面临新的经济发展方式,对企业经营管理模式进行的优化、重组和整合。[4]2017年《加快建设智慧法院的意见》明确提出,推动流程再造,促进审判高效有序运行。智慧司法的流程再造体现为:

一是审判程序的平台化。司法智能化平台是司法智能化应用开展的重要技术形式,由在场向在线拓展。习近平总书记指出,要使互联网这个最大变量变成事业发展的最大增量。为诉讼当事人和法官之间的沟通交流拓展了渠道,且便利了各类诉讼文件的流转,并提升了流转效率,如类案专审智能化平台。在庭审阶段,以电子卷宗为基础进行案件要素的收集、归纳、整理、提取,进而完成事实争议焦点预归纳、裁判文书自动生成等功能。利用平台这一在线空间实现了案件要素、证据材料、案件卷宗在不同争议解决机制之

---

〔1〕 史利平:"信息技术与教育深度融合的机制创新解析",载《教育研究》2018年第10期,第148—149页。

〔2〕 王禄生:"域外法律人工智能的典型应用及其启示",载 http://www.360doc.com/content/19/1231/13/49843530_883314186.shtml,最后访问日期:2021年10月22日。

〔3〕 参见2015年最高人民法院《关于充分发挥审判职能作用切实维护公共安全的若干意见》。

〔4〕 [美]迈克尔·哈默、詹姆斯·钱皮:《企业再造:企业革命的宣言书》,王珊珊等译,上海译文出版社2007年版,第24—39页。

间、不同审判阶段实现可视化、全流程、体系化的智能流转。审判程序的平台化也进一步促进了审判程序要素之间的整合、重组和优化，并为实现流程再造不断创新工作机制，推动了审判程序制度的完善。

二是组织结构的一体化。不同争议解决机制之间的协同效应，以及庭审中不同审理阶段的优化和整合。[1]由于智能化技术具有共享性特征，案件事实的要素式分解实现了全流程的一体化流转，即分案、庭审和结案（裁判文书）三阶段的流程再造。司法制度改革体现出对司法制度内部协同效应的促进。例如，改革实践中，以简易程序制度为基础开展的分层递进、繁简结合、衔接配套的一站式多元解纷机制，发挥"分调裁审"在争议解决中的协同功能。多元化争议解决方式结构的变化促进了审判组织结构的发展与完善。

因此，流程再造不仅是程序要素中的优化、整合和重组，还涉及组织体制的合理配置。正如流程再造是一项系统工程，其并不是只针对工作的动态过程进行流程重组，必须从服务需求、绩效目标、组织结构、制度保障、人力资源、信息技术等方面系统考虑。[2]信息技术的快速发展也为组织制度的优化提供了现实基础。因此，行政诉讼智能化流程再造应在程序要素改革优化的基础上，对行政审判组织体制的功能优化进行探究。

本章小结

人工智能技术对社会生活的改变在全球范围内广泛开展。其深刻改变了人们的交往方式和行为方式，也深刻改变了司法活动开展的场域和运行方式。司法智能化不同于传统的司法信息化建设，其特点表现为人工智能技术对司法场域介入的广泛性与深刻性。广泛性表现为：人工智能技术广泛存在于司法辅助、司法审判、司法服务和司法管理等中，形成了面向法官、当事人、社会公众和国家机关多方位的司法智能化建设。深刻性表现为：人工智能技术和司法活动在法学知识层面的深度、双向融合。智能化建设和行政诉讼法

---

〔1〕 王铭："论政府行政业务流程重塑的实施途径"，载《北京行政学院学报》2011年第4期，第37-38页。

〔2〕 姜晓萍：《地方政府流程再造》，中国人民大学出版社2012年版，第160页。

律制度之间具有相互促进的作用。由此，司法智能化建设逐渐成为国家法治发展水平的重要推动力。基于此，行政诉讼智能化的未来建设应在类型化、知识型和规范化的智能化应用三个方面进行探究，从而使智能化应用以契合司法规律的方式促进司法公正、司法高效和司法便民的实现。

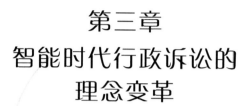

第三章
智能时代行政诉讼的
理念变革

法治是由社会生活条件决定的。一个时代的法律，必然根植于这个时代的生产资料、生产力和生产关系，既不可能脱离，也难以超越。[1]人工智能时代，数据成为社会运行的基础生成资料，算法和机器学习成为其中的重要生产力。社会生产条件的变化推动了法治理念和制度体系的更新发展。在实践层面，智能技术成为国家治理体系现代化的重要方式。党的十九大报告首次提出"数字中国、智慧社会"概念，要求构建共建共治共享的社会治理格局。在学理层面，智慧社会催生了数字化、网络化、智能化、去中心化、万物互联、人工智能、时空脱域、数字孪生、虚实同构等一系列新概念、新范畴。智能技术与国家治理的深度融合也促进了法治概念的现代化更新，出现诸多法治新理念、新概念，如数字正义、未来法治、智慧法治、人民中心主义法治观等。智慧法治成为智治转型背景下新的法治形态，内涵包括智慧立法、智慧司法、智慧执法和智慧服务等。[2]未来法治、实质法治和数字正义构成智慧治理、智慧社会中智慧法治形态的三大理念内涵。本章对智慧法治的三大内涵进行分析，以明确行政诉讼智能化建设的价值目标。

第一节　未来法治

"未来已来"是前两年社会流行的高频词，意指高科技加速创新及其对社会领域内方方面面带来的优化更新。从电子技术，到网络技术，再至人工智能、大数据技术，现代高科技技术在法治建设中的参与度不断拓展。现代科学技术的加速迭代更新进一步促进了法治建设与现代技术的深度快速融合。这要求现有法律制度结合现代科技的数字化、智能化特点予以转型升级。本节将结合智慧社会的现实特点，对未来法治的建构秩序进行探究。

---

[1] 何海锋："人工智能时代的法治畅想"，载《人工智能》2019年第4期，第80页。
[2] 雷磊："中国特色社会主义智慧法治建设论纲"，载《中共中央党校（国家行政学院）学报》2020年第1期，第103-110页。

一、智慧社会中的法治变迁

智慧社会中，智能技术深刻改变了过去人类社会的运行逻辑。个体、群体、技术公司、商业公司和国家成为参与数智社会构建的重要主体。社会关系运行背后"隐形"的智能技术及其相关基础设施建设（如平台架构）成为数智社会运行的具体载体。相较于过去的"国家—市场"二元治理结构，技术赋权促使以国家治理的单项模式，向社会权力自治、社会权力参与国家治理过程的双重模式拓展，智慧社会表现为"国家—市场—社会"的三元结构。智能技术成为社会参与国家治理、彼此交互的中介，也成为法治秩序建构的重要变量。但科技在促进社会开放多元共享参与、扁平化的同时，也产生了公民隐私权受侵害、公权力主体地位消解等诸多法治问题。以下将以人机关系为核心，以国家—市场—社会的三元结构为架构，就智慧社会中未来法治的变迁与挑战进行探究。

（一）国家层面：技术赋权后的治理困境

技术赋权后的技术治理是指以智能化技术赋能国家的立法、行政和司法过程，实现智慧立法、智慧执法和智慧司法以及智慧服务。目前，在智能技术的深度融合背景下，技术治理的实现方式具体表现为两种方式。

1. 技术赋权直接参与国家治理

这一方式主要表现在智能立法、数字政务和智慧法院的建设过程中。国家治理的数字化、智能化是一项综合性的治理工程。智慧立法是指促进网络和人工智能与立法活动的良性互动，通过立法为网络和人工智能的发展提供稳定的制度保障，通过网络和人工智能技术提升立法质量。[1]数字政务是指运用互联网、大数据、人工智能等技术手段辅助行政管理活动的有效展开。智慧法院是指将互联网、大数据、人工智能等技术手段运用于司法审判、司法服务和司法管理及司法执行过程中。智能辅助不仅在工具性层面辅助国家治理活动的有效开展，技术和国家治理活动的深度融合也促进了公共行政的

---

[1] 雷磊："中国特色社会主义智慧法治建设论纲"，载《中共中央党校（国家行政学院）学报》2020年第2期，第103页。

组织变革和运行机制创新，[1]并深刻影响了司法活动的审判管理体制，推进了流程再造。在国家智能化建设中，各类以智能技术为基础的智能化系统、智能化平台成为国家治理的重要基础设施建设。设施的建设运行维护有赖于技术公司的技术服务，公私合作是其典型运用模式。编码并非价值无涉的，技术公司在提供技术服务的同时，将编程者的主观价值目的投射在其中；后者技术赋能不仅实现了技术辅助，同时将技术逻辑嵌入国家治理过程中。由此，技术赋能以其高效性、共享性优势在国家治理过程中扮演着日益重要的角色。

2. 技术赋权形成社会自治，间接参与国家治理

这一方式主要表现在商业公司的平台治理过程中。智能社会的典型特征在于虚实同构，在线在场协同性。在线学习、在线购物、在线会议、在线工作等日益成为人们生活工作的常态。在以平台运行为基础的在线空间中，为人们提供便利的商业公司不仅是服务的提供者，同时也成为在线空间的"治理者"。通过平台空间的规则设定约束人们的行为选择，因其对公民权利义务产生的限制而具有"准立法权"的特点。在争议解决机制中，商业平台中的争议解决机制一定程度上替代了国家机构中的争议解决方式，实现了"准司法权"。

综上，技术赋权后的治理困境在于：一是国家治理层面技治逻辑和法治逻辑的价值矛盾。由于大数据处理能力的空前提升后量变带来的质变，同时人工智能由感知向认知智能拓展后，智能机器人自主意识方面实现了技术飞跃。在技术赋权的同时，智能化应用也将技术治理逻辑植入国家治理中。技术治理的逻辑特点在于定量化、数理逻辑、技术理性等。相较之下，传统法治秩序建立在知识逻辑、人文理性基础上。尤其在实质法治发展背景下，更强调法律的伦理道德性。因此，治理逻辑上的不同成为智慧治理面临的现实价值矛盾。二是智慧治理过程中的人机关系。鉴于智能机器人自主意识方面的技术飞跃，科技日益成为国家治理的共建者、合作者，人机协同成为国家治理的常见模式。由此引发的担忧是，人工智能是否会成为摆脱工具角色的

---

[1]　参见于安："论数字行政法——比较法视角的探讨"，载《华东政法大学学报》2022年第1期，第7页。

自主的"技术实体"。[1] 在人机协同的法治秩序中，人类并不会卸去秩序建构的主导角色地位。但不同的治理活动表现出不同的特点需求，且不同的智能化应用具有不同的适用方式。如何在具体规则设计中合理界分人机关系仍是智慧治理的现实困境。

（二）社会层面：技术赋权后的平等困境

公平正义是法治社会建设的核心价值理念。智慧社会因其扁平化、开放性、共享性的特点呈现去中心化的治理优势。但数据信息的不平等具有再中心化的情形。大数据是智能化社会有序运行的物质燃料，人工智能技术是智能化社会高效运转的动力引擎。

在社会层面，技术赋权后的平等困境在于：一是商业主体之间的不平等。商业平台对海量大数据信息和先进科学技术的掌握使其具有自我赋权的特征，由此产生了不同商业主体之间竞争优势的不对等。二是商业主体与社会公众的不平等。商业主体作为数据信息的收集者、分析者和运用者，其在为社会公众提供市场服务的同时，对社会公民的各类数据信息进行隐形的强制收集运用。同时，由于商业主体的逐利性，其可能利用其提供商业服务的便利，对社会公民课以额外义务。由此产生商业主体与社会公众之间的权义不对等。三是在接受智慧服务中，社会公众之间的不平等。目前，在数字政务、智慧法院的积极推动下，在线申请、在线起诉、在线审判等新业态的在线运行不断涌现。智能技术促进了开放多元、共建共治共享型公民社会的形成。但这些新应用、新服务的产生以享有相应的技术运用条件为前提。不同主体之间数据信息掌握能力和运用能力的差异因技术赋权而产生了新的不平等，如数据资源之间优化分配的滞后性，智能技术运用能力的非均衡性。因此，在智能技术所构建的公民社会中，智能技术也具有再中心化的趋势，以公平正义为核心价值追求的法治秩序面临新的困境。

综上，相较于过去的技术变革，智能技术对社会发展的典型影响在于：在改变人类生活生产方式的同时予以技术赋权。技术赋权对国家和社会产生的深刻影响成为未来法治秩序建设的重要考量因素。

---

[1] 谢玲："精神、'人是机器'与人工智能——关于第三实体的讨论"，载《学术论坛》2019年第6期，第16页。

二、未来法治的实现路径

智能化技术对社会运行方式的深刻影响要求从治理的体系架构、主体和方式上对未来法治建设路径进行全方位思考。

（一）技治和法治交互的体系架构

未来法治强调面向未来的预测机制建设，原因不仅在于风险社会的到来，更在于智能互联网时代的核心架构设计。智能技术改革背后的本质是对数据信息的充分利用。"数据"作为新的生产要素催生了新的基础设施需求，即智能化系统和智能化平台建设。同时，数智化社会是时空脱域的社会，其彻底拆除了时空界限和领域边界，将社会关系从实体世界中脱嵌出来，同时将之抛入了无边无际的人机互融、虚实同构、算法主导的时空背景和环境之中。[1]在智能互联网时代，系统平台提供了社会关系产生、互动和发展的一体化基础架构。系统和平台成为不同主体在线交互的中间端。

在智能互联网空间中，"架构"作为互联网治理的重要方式之一。一方面，智能平台使传统的法律制度功能发挥方式发生了改变：隔离了法律关系之间的各方主体，也隔离了行为原因与行为后果之间的直接联系。由此互联网架构的设计使法律事后处置逻辑中主体间的因果关系分析不再奏效，可能陷入无限循环归因困境之中，这就为脱责提供了理由，为传统进路的法律责任认定和归结制造了不可能因素。这要求传统法治秩序建构方式的转型。另一方面，智能互联网架构的固有特点为法治秩序提供了新的建构路径。商业化平台的架构设计方式对社会公众信息权、隐私权的保护方式产生深刻影响。实践中，美国通过规制在线空间架构实现后续行政机关的规制目标和措施展开。[2]智能系统平台本身的架构设计方式并非价值无涉，而是对法律规制方式的运行产生了深刻影响。因此，在智能互联网场域中，技术并非中立的。"每一款软件都会体现编程者的意志。"[3]架构特性的选择同样受规制目标的

---

[1] 齐延平："数智化社会的法律调控"，载《中国法学》2022年第1期，第84页。

[2] ［美］劳伦斯·莱斯格：《代码2.0：网络空间中的法律》，李旭、沈伟伟译，清华大学出版社2018年版，第69-88页。

[3] ［德］克里斯多夫·库克里克：《微粒社会——数字化时代的社会模式》，黄昆、夏柯译，中信出版社2018年版，第113页。

影响。[1]"架构就是一种法律",互联网架构对后续的行为规制具有直接影响。因此,系统平台等架构设计在智能互联网中具有双重属性,不仅是实现虚实同构的信息化基础设施建设,还构成对在线空间法治秩序建设的事前预防机制。

智慧法治的要求之一在于"面向未来"的前瞻与预测功能。[2]未来法治建立在大数据、人工智能等科学技术飞速发展背景下,以大数据这一新的生产资料和系统平台等信息化基础设施为前提。这要求智能互联网的空间架构设计应当充分考虑其对在线空间法治秩序的后续辐射效应。易言之,智能互联网架构设计的双重特性表明未来法治建设需要从事后救济向事前预防拓展。"把当下正在做的和将要做的连结起来,把握法治在时间上的开放性,在实践中的动态性,以及过去、现在与未来的历史连续性,把现代性与未来性统一起来。"[3]事前预防性集中表现为在线空间架构的事前设计管理,即更加注重过程规制。在具体内容上,智慧法治不是对大数据和人工智能的技术崇拜,不是要将信息、数据和智能上升为主体。相对于作为法治建设主体的人,它们永远只是客体。法治秩序建构由事后规制向事前预防拓展之目的在于,在数据基础建设和基础设施搭建阶段,实现技术模型和领域知识的融合,技治逻辑和法治逻辑的融合。这需要将领域知识融入技术架构设计中,在技术设计、应用建模阶段需要进行事前伦理规制,以更契合法律知识和法律伦理特点的方式参与智能互联网空间的构建。因此,"如果人类放弃经验、情感和知识图谱而依赖于机械的数理计算,那么人的主体性和人文精神流失的风险就难以避免了,结果并不是人类想要的世界"。[4]未来法治的建构模式由事后规则向事前预防与事后规则相结合拓展。这决定了其建设路径应分为"数据基础建设—基础设施搭建—制度规则完善"三个阶段。

因此,"搭平台—建规则"的建构路径成为智慧社会中有形的数据基础设

---

〔1〕 [美]劳伦斯·莱斯格:《代码2.0:网络空间中的法律》,李旭、沈伟伟译,清华大学出版社2018年版,第61页。

〔2〕 参见罗洪洋、陈雷:"智慧法治的概念证成及形态定位",载《政法论丛》2019年第2期,第32页。

〔3〕 张文显:"'未来法治'当为长远发展谋",载《新华日报》2018年12月4日,第15版。

〔4〕 马长山:"数字社会的治理逻辑及其法治化展开",载《法律科学(西北政法大学学报)》2020年第5期,第7页。

施和无形的道德基础设施建设的完整结构。

（二）多中心主义的治理模式

智能时代的典型特征是开放多元共享。智能技术参与国家治理不仅实现了技术赋能，也将技治逻辑中的扁平化、共建性特征融入现代化治理中。当前，共建共治共享是国家治理现代化的重要时代特征。智慧法治建设应从政府治理的单向模式向公私融合、共建共享的双向模式转变，探索多中心主义的协同治理模式。具体表现为：

1. 社会力量参与治理

在智能社会，智能化应用背后的代码一定程度上发挥着法律的规制作用。[1]代码作为互联网体系的基石，有能力通过技术手段规范个人行为。例如，许多 P2P 文档在代码中嵌入了共享规则，要求用户只有在共享了文件时才能下载更多内容。这种隐形规则事实上强化了用户之间某种形式的合作。这也意味着主要由商业主体编写的代码逐渐在事实上发挥着"创制"社会规则的功能。随着智能技术在公权力行使中的平移运用，智慧立法、智慧司法和电子政务中技术权力的参与表现出社会权力与国家权力、国家法治和社会法治的交融。这要求充分利用社会力量参与治理的积极优势，利用去中心化、扁平化优势，实现智慧法治的多中心协同治理。社会力量参与治理具体包括一是积极引导社会主体参与社会治理，形成社会自治的良好生态，商业公司利用技术优势、数据优势参与国家治理过程；二是利用社会力量进行争议化解，实现司法资源和社会资源的合理优化配置，缓解审判负担。

2. 拓展民主参与渠道

社会空间的延展促进了权利对权力的监督。线上空间成为民主实践的另一新场域。智能互联网的广泛普及运用，由量变带来了质变，逐渐改变了人类的生活、生存方式。在人类生活方式和生存方式改变的背景下，线上虚拟空间成为公民行使各类权利的新场域，也是公民和国家机关进行交流、互动的场域。物理空间和线上空间的协同，拓展了民主实践的现实场所。例如，网上公开平台的建立，行政机关和法院网上互动应用的探索，为法院和当事

---

〔1〕　[美] 劳伦斯·莱斯格：《代码 2.0：网络空间中的法律》，李旭、沈伟伟译，清华大学出版社 2018 年版，第 297-310 页。

人、司法权和行政权之间的互动交流、民主实践提供了鲜活生动的场所。数据信息的广泛、快速流转使社会公民获得更多的信息知情权以促进政治参与的实质化。因此，未来法治建设应当积极拓展国家公开互动平台，以公开平台搭建国家治理的民主渠道，赋予公开平台以公开、服务、沟通、互动等多项民主功能。

（三）软硬法协同的治理方式

随着民主社会的推进，软法作为稳定的、结构化的共同体社会关系中长期积淀下来的制度化、体系化的行为规范，[1]如指南、技术标准、行业规范等，在国家治理中正在发挥着重要作用。硬法与软法相结合成为未来法治秩序中规范体系的重要特点。

首先，以软法弥补硬法的法治缺漏。一是由硬法进行初次规制，然后由软法进行二次规制。通过硬法进行框架性立法，设定裁量空间，赋予社会相关主体更多的积极探索空间。在立法时机尚未完全成熟阶段，借助软法进行细化的立法尝试，在实践探索基础上，不断进行立法完善。例如，商业主体本身的逐利倾向影响其自治功能的发挥，对数据信息、智能技术的不当运用可能成为侵害公民权利的重要方式。这一过程需要国家积极进行社会治理，并由平台制定具体的详细规则。二是通过软法探索先行先试的智能化建设路径。鉴于智能技术发展的不确定性和复杂性，积极开展各类智能化建设试点是数字政府和智慧司法建设的主要路径。在硬法规范时机尚未成熟之时，通过软法规范有助于弥补改革试点的合法性和正当性，为各地行政机关和司法机关的探索提供方向和目标指引。

其次，以软法形成社会自治，完善社会自治规则。软法产生的原因之一在于公共治理的兴起引发"国家控制"法范式的危机。[2]虽然国家主义法律体系严密，但国家只能是有限政府，市场和社会具有国家所不能替代也不应替代的概念，两者的功能在于推进公域之治。当前，商业平台、政务平台、司法平台广泛兴起。在"要么利用平台、要么被平台消灭"的智能平台时代，

---

〔1〕 沈岿："'软法'概念正当性之新辩——以法律沟通论为视角"，载沈岿、彭林、丁鼎主编：《传统礼治与当代软法》，北京大学出版社2017年版，第42页。

〔2〕 罗豪才、宋功德：《软法亦法：公共治理呼唤软法之治》，法律出版社2009年版，第31页。

形成了"政府—平台—大众"的多元互动构架。平台不仅是商业交易和经济发展的重要载体，也是社会治理和秩序构建的重要载体。[1]智能时代的典型特点之一在于社会力量的兴起。社会主体在参与国家治理的同时，应当积极推动平台自治规则的有序建立。

第二节　实质法治

习近平法治思想为实质法治提供了新的内涵要旨，科学地指明了"中国号"法治巨轮的前进方向。这也是立足于我国发展国情而系统性提出的全面依法治国的总蓝图、路线图、施工图，是我国全面建设良法善治、法治中国的科学行动指南。[2]目前，行政诉讼智能化建设与习近平法治思想的发展成熟处于同一发展阶段，新时代的实质法治发展内涵对行政诉讼制度体系的建设具有重大影响。以下结合法治理念的发展历程，明确行政诉讼智能化建设背景中实质法治的具体内涵。

一、法治秩序的智能化因应

由形式法治发展至实质法治是各国法治文明发展路径的重要特征之一，也是国家法治体系不断走向完善的必然路径。当前，智慧法治建设处于具有中国特色的实质法治发展阶段。智慧法治秩序的健全完善旨在探究与国家治理现代化和国家治理智能化两大时代背景相契合的实质法治内容要素。

（一）我国法治秩序的发展历程

当前，随着我国法治建设的不断完善，新时代中国特色社会主义法治理念逐渐由形式法治向实质法治发展迈进。

1. 形式法治阶段

十一届三中全会提出"有法可依、有法必依、执法必严、违法必究"的法制建设方针。在我国形式法治开始之前，我国仍经历了较长时期的法制发

---

〔1〕　马长山："智能互联网时代的法律变革"，载《法学研究》2018年第4期，第36页。

〔2〕　黄文艺："以法治思想伟力推进法治中国伟业——评《习近平法治思想概论》"，载《中国社会科学报》2021年9月16日，第A01版。

展阶段。2008 年，在第十一届全国人大第一次会议上，时任委员长吴邦国宣布，中国特色社会主义法律体系已经基本形成，国家经济、政治、文化、社会生活的各个方面基本做到了有法可依，为依法治国、建设社会主义法治国家、实现国家长治久安提供了有力的法制保障。法律制度体系的建立健全是法制建设的重要内容。十六字方针的提出标志着我国形式法治的开始，由法治之"法"向法治之"治"发展。[1]我国学界诸多学者对形式法治的具体内容展开分析。梁治平教授认为："我们把法治理解为围绕这些原则建立起来的一系列制度，一种人们能够据以规划其长久生活，因而使人类生活变得可以预见和可以控制的制度框架。"[2]梁治平教授将法律制度作为人们生活的行为准则，以建构稳定、有序的社会秩序。黄文艺教授认为法治作为一种社会治理模式，是法律固有的美德；法治是体现一套形式化法律原则的制度。且我国亟须一套形式性、程序性制度安排，为各种社会问题纳入法治的轨道创造制度条件。[3]而在苏力教授看来，人们关心法治，表达的是对社会生活有序的渴求。法律本身并不能创造秩序，而是秩序创造法律。秩序的真正形成是整个民族的事业，必须在人们的社会生活中通过反复博弈而发生的广义合作中发生。作为一种规则的统治，法治最主要的是给人们提供了确定的预期以安排生活。[4]因此，形式主义法治理念弥补了我国法治建设的薄弱环节，推动了由纸面的法向行动的法发展。稳定社会秩序的建构是形式法治建设的重要现实意义。

2. 实质法治的初级阶段

实质法治在形式法治基础上强调"法律之法"，即法律本身具有内在正当性，追求良法和法律的内在道德性。党的十八届四中全会进一步提出"科学立法、严格执法、公正司法、全民守法"[5]，被概括为"新法治十六字方

---

[1]　参见李树忠："迈向'实质法治'——历史进程中的十八届四中全会《决定》"，载《当代法学》2015 年第 1 期，第 11 页。

[2]　梁治平编：《法治在中国：制度、话语与实践》，中国政法大学出版社 2002 年版，第 101 页。

[3]　参见黄文艺："为形式法治理论辩护——兼评《法治：理念与制度》"，载《政法论坛》2008 年第 1 期，第 175—176 页。

[4]　参见苏力：《道路通向城市：转型中国的法治》，法律出版社 2004 年版，第 3 页、第 4 页、第 19 页、第 40 页、第 41 页。

[5]　参见《中共中央关于全面推进依法治国若干重大问题的决定》。

针"。这标志着我国逐渐由形式法治向实质法治发展。我国学界对实质法治概念进行了探究，聚焦于法治中是否必定包含"实质性内容"或者"实质性价值"。对此夏勇教授认为，对于法治的理解大致有两种：一是工具性的；二是实体性的。在对工具性的法治理念进行辩驳之后，夏勇教授将法治的核心价值归结为"人类尊严与自由"。[1]刘作翔教授则认为："法治不但要求一个社会遵守具有普遍性特征的法，而且还要求这种被普遍遵从的法必须是良法、好法、善法。亦即法治之法包含着民主、自由、人权、平等、公平、正义等人类基本价值要素。"[2]可见，刘作翔教授将法治看成一种价值的体现。因此，我国学界主张实质法治理念应当包括一定的实质性内容或实质性价值，在形式法治基础上追求良法善治。

3. 实质法治的更高阶段

当代法律思想就其情感寄托和理性教义而言仍然主要栖居于过去的高度文明所提供的观念视角之中。[3]在实质法治的更高阶段，人民中心主义的实质法治观是结合我国国情和现代化治理需要进行的理念创新。

在习近平新时代中国特色社会主义思想的指引下，我国社会治理领域发生深刻变革，展现出一系列理论、制度和实践创新。例如，明确"社会治理是国家治理的重要方面"，树立"以人民为中心"的社会治理理念，将新时代社会治理的最核心目标设定为构建和谐社会、建设平安中国，打造共建共治共享的社会治理共同体，夯实以民生保障制度和社会治理制度为主线的社会建设制度，完善社会治理体系，推进市域社会治理现代化，优化基层社会治理格局，涵养社会治理核心价值，坚持"四维治理"等。[4]社会治理理念的发展也推动了我国法治理念的更新与完善。实质法治中的"实质性内容"具有了更明确的指向，即以人民为中心。

在以国家治理体系和治理能力现代化为治理目标的实质法治阶段，人民

[1] 参见夏勇："法治是什么——渊源、规诫与价值"，载《中国社会科学》1999年第4期，第136-140页。
[2] 刘作翔：《迈向民主与法治的国度》，山东人民出版社1999年版，第99-100页。
[3] [英]马丁·洛克林：《公法与政治理论》，郑戈译，商务印书馆2013年版，第356页。
[4] 张文显："新时代中国社会治理的理论、制度和实践创新"，载《法商研究》2020年第2期，第3-17页。

中心主义实质法治观是新时代中国特色法治理念的重要特点。其鲜明特点在于：一是培育法治信仰，全社会公民主动守法、信法、用法，更有利于法治体系的建设与完善，应积极推进社会公民共同参与法治建设。二是增强历史传承[1]。我国发展的独特性要求在借鉴域外先进法律制度和法治观念的同时要从我国传统的治理理念和法治理念中汲取养分。三是以人民为中心的国家治理观，将人民融入国家依法治国的全过程。在立法领域，以法律原则为基础，将职权法定、法律面前人人平等、程序正当、公众参与等法治基本原则融入立法过程，为公民合法权益的实质性保障提供法治支持。在行政领域，人民中心成为数字政府建设的核心理念。[2]如实践中积极开展"一网通办""最多跑一次"改革等，实现数据多跑路，群众少跑路。司法领域也需要不断进行司法制度改革和信息化建设，提供更多的诉讼服务，提高司法公信力和司法便民度。由此，我国新时代的实质法治思想赋予了实质法治更充实的时代要求，即以人民为中心。因此，人民中心主义的实质法治观是具有中国特色的现代法治观。

（二）法治治理理念的智能化革新

国家治理的智能化要求旨在将信息化融入国家治理的现代化过程中。智能化赋能国家治理现代化遵循"技术—资源—思维"的赋能模式。信息化建设对国家治理的智能化要求主要着眼于治理理念和治理结构的更新。具体表现为：

1. 知识逻辑和数理逻辑相结合的治理逻辑

技术赋能模式是最贴近现阶段我国智慧司法实践的一种智能技术适用模式，即通过现代智能技术与司法审判活动的融合以达成司法改革目标。目的是通过更好的技术应用提升审判效率，提供更为便捷的司法服务。[3]智能时代，得益于人工智能的深度运用，作为当代科学认知的重要方式，计算思维

---

〔1〕 蔡维力、张爱军："走出移植西法困境 回归人民司法传统——对我国司法改革的实证评析"，载《法学评论》2009年第4期，第17-20页。

〔2〕 参见罗强强："地方'数字政府'改革的内在机理与优化路径——基于中国省级'第一梯队'政策文本分析"，载《地方治理研究》2021年第1期，第5页。

〔3〕 罗双："以信息化驱动国家治理现代化：逻辑、融合过程与发展框架"，载《甘肃行政学院学报》2021年第2期，第35页。

的适用范围由自然科学拓展至国家治理领域。基于理论建构模型，并让其在计算机上实现和运行，再将输出的结果与经验数据作比较，或者运用模型对现象进行解释和预言，已经成为探索复杂系统的主要认知方式。[1]这一赋能方式将计算知识作为人类认识世界和社会治理的重要方式之一。

智能时代的实质法治需要技术赋能向技术逻辑加持转型，即遵循知识逻辑和数理逻辑相结合的治理理念。一直以来，国家治理逻辑以知识逻辑为主要路径，尽管不乏数理分析，如定量统计。但数理分析仅作为技术应用层面的辅助工具参与治理。当前，国家治理现代化不仅需要治已病，更需要治未病。这要求数理逻辑深度参与现代化治理过程，一是发挥数理逻辑的预测功能，利用大数据的预测功能提高治理的精准性，实现智治。二是数理逻辑不仅是一种治理工具，也体现出治理思维的优化升级，这一治理逻辑表明，现代化治理中的法治问题要求建立预防性法律制度，防患于未然。如在司法领域，实质性解决争议既要注重个案的争议解决，又要加强对群案争议的预防，发挥大数据分析对司法参与社会治理的推动作用，从而预防争议的发生。因此，应以适度超前理念为原则[2]，推进现代技术和社会治理的深度融合。

2. 扁平化和一体化相统一的治理结构

传统监管体系钝化的主要表征是横向极端分化与纵向高度科层化。监管体系按领域和行业分别设置，相互之间没有整合的通道。每个监管体系纵向分层，以垂直管理为主，地方横向参与的可能性较低。[3]但当前信息智能社会的流质性、扁平化特点改变了国家与社会、权力与权利之间的关系。

首先，纵向上，建立扁平化的治理组织体系。过去人类社会的组织结构以金字塔为运行结构，权力行使采用科层制的直线型传导模式。智能社会的扁平化特点促进权力和权利的平衡。在智能化社会中，原来"金字塔"尖处的决策人员可以通过智能系统与社会公众进行直接的信息分享和沟通交流，

---

〔1〕 郦全民、项锐："机器学习与科学认知的新方式"，载《社会科学》2022年第1期，第131页。

〔2〕 参见史兆琨："智治是市域社会治理现代化的重要治理方式和科技支撑"，载《检察日报》2021年11月26日，第1版。

〔3〕 郭剑鸣、赵强："智慧社会视域下的政府监管创新：使命、困境与进路"，载《社会科学战线》2021年第6期，第201页。

从而不再需要或减少"金字塔"中间的层级，使国家的社会治理和对权利的保障结构变得扁平化。这一扁平化结构优化了基层治理体系。国家权力机关、公民、科技、组织共同参与治理。因此，在智能社会，国家治理由权力本位向权利本位发展，由政府主导向共建共治共享发展。

其次，横向上建立一体化的治理组织体系。互联网技术的广泛普及运用，由量变促进了质变，逐渐改变了人类的生活生产方式。线上虚拟空间成为公民行使各类权利的新场域，也是公民和国家机关进行交流、互动的场域。物理空间和线上空间的协同，拓展了民主实践的现实场所。例如，网上公开平台的建立，行政机关和法院网上互动应用的探索，为法院和当事人、司法权和行政权之间的互动交流、民主实践提供了鲜活生动的场所。数据信息的广泛、快速流转使社会公民获得了更多的信息知情权以促进政治参与的实质化。在线空间具有虚拟性和现实性并存、无形性和有形化融合、瞬间性和留存性结合的特点，为法律的实施提供了诸多便利。因此，加强不同地域、不同部门之间的沟通协作不仅是优化治理组织体系的现实需求，也是优化法律实施方式、提升法律服务质效的重要方式。

二、智慧社会中的实质法治观

实质法治观既根植于我国传统的礼法文化中，又是当前民主化国家、智能化国家、现代化国家建立的必然要求。目前，我国实质法治建设面临社会信息化、智能化转型，国家治理体系和治理能力现代化建设，司法制度体系改革积极推进等诸多时代挑战。在此背景下，实质法治的具体内涵表现为以整体主义法治观为基础，以人民中心主义法治观为核心和以提升司法能力为目标。

（一）以整体主义法治观为基础

整体主义法治观来源于对习近平法治思想的整体化解读与体系化构建。其具体包括"六论"范式，"三基本"范式和"四位一体"范式。[1]从中共十八大到中共十九大，国家治理理念由"加强和创新社会管理"发展为"加

---

[1] 黄文艺："以法治思想伟力推进法治中国伟业——评《习近平法治思想概论》"，载《中国社会科学报》2021年9月16日，第A01版。

强和创新社会治理"。由管理向治理的转变表明，中国共产党不断夯实改善民生、化解矛盾、构建和谐社会的决心和基础。在坚持党对政法工作绝对领导的制度背景下，新时代政法工作以"维护国家政治安全、确保社会大局稳定、促进社会公平正义、保障人民安居乐业"为任务定位。国家治理理念的变迁也直接反映在行政诉讼司法任务的发展更新上，即坚持共产党领导、维护社会秩序、保障公民权利、服务经济社会发展。在新的时代任务下，审判方式不断丰富，审理理念不断升级，整体主义法治观由此产生。在法治建设中，整体主义法治观表现为多种价值理念的协同发展：（1）技术理性和价值理性的协同；（2）司法公正和司法高效的协同；（3）司法便民和民主价值的协同；（4）司法权威和司法信任关系的协同。

整体主义法治观建立在民主国家治理理念的更新基础上。具体表现为行政诉讼职能的拓展，以及行政法官职权主动性的发挥，即行政诉讼制度的现实功能由解决行政争议向参与社会治理和促进政策形成拓展。在这一发展中，克服坚持传统司法特性的思维惯性也是行政诉讼审判理念更新的必要前提。域外国家历史上的司法改革和当前司法功能所面临的数据化、自动化及智能化探索也使其面临传统司法和现代科技的融合关系，并促使其不断思考更新司法的职能定位。例如，线上法院在时间和空间上的异步性与传统司法特性存在不契合之处。司法职能、行政审判的理念定位也会随着社会经济、科技、政治等多方面的变迁而在不同国家、不同阶段具有不同的面向。整体主义法治观是行政诉讼在新旧之变中而产生的理念，是对新时代国家治理政策的积极回应。

在实践层面，这一法治观体现出法院在坚持实质合法性底线基础上审查方式的适度能动性。具体表现为一是审查范围的拓宽，由行政行为合法性审查向行政法律关系的审查、由行政行为合法性审查模式向请求权审查模式的拓展。二是审查深度的拓展。实践中，给付判决和变更判决的积极能动适用表明形式合法性审查正逐渐向实质合法性审查发展。三是在法律适用中，在文本解释基础上，引入合目的性解释、逻辑解释、系统化解释等方式，促使司法判决实现最佳效益。例如，通过对现有规范的能动解释，积极适用变更判决，实现行民争议一并处理，由此促使行政争议一揽子解决，避免程序空转。在给诉讼当事人带来诉讼便利的同时，实现司法资源的优化合理配置。

因此，整体主义法治观是在立足于司法传统特征基础上，积极回应国家治理政策变迁这一新旧之变中应运而生的。这要求行政诉讼制度发挥职权主动性和司法能动性，从而实现谦抑和能动、传统与现代之间的均衡协同。

（二）以人民中心主义法治观为核心

人民中心主义同样是智慧时代实质法治的核心要素。智能技术在给人们带来极大便利的同时也产生了新的不公平现象，以及侵害人类主体地位的法治困境。这要求在立足于人民中心主义法治观的基础上正确认识人机关系。一是技术知识和领域知识的关系明确。随着人工智能与特定领域的深度融合，如法治领域、教育领域，智能化应用的模型建构不仅包括智能技术知识，同样需要特定的领域知识。事前预防型的法治建构模式要求技术知识和领域知识的深度融合，提高智能化应用效能。二是工具理性和价值理性的关系界分。工业革命以来，工具理性的发展不断向前推动和刺激着科技的进步和社会经济的发展。但是，没有价值理性的指引，仅依靠工具理性也难以更好地推动人类社会的进步和发展。[1]人工智能时代，人类法官与智能化应用之间的关系不再是传统的"人—物关系"，智能化技术单纯辅助人类活动的展开。智能化技术对人类智力的模拟使其逐渐实质性地参与司法活动。人类与人工智能之间的关系转变为"人—机关系"。为此，实质法治的构建需要先构建人工智能的伦理规则体系，以调和技治主义和法治主义之间的逻辑矛盾。三是尊重人类在智能化应用研发设计和应用管理中的主体地位。智能技术与国家治理活动的深度融合需要由"物"向"人"的价值转向，实现从"以硬件为中心"向"以应用为核心"的转变。具体而言，"以应用为核心"的应用方式是在了解调研实践应用及人的发展需求的基础上，围绕需求问题的解决和人的现实需求进行司法智能化应用建设。这一应用方式坚持以人为本，坚持以国家机关和当事人主体的现实需求和沟通协调为价值取向，建构司法智能化应用体系。

（三）以提升司法能力为目标

在当代转型社会司法场域中，司法公信力问题逐渐凸显，成为制约当代

---

〔1〕 杜娟："从'人机协同'看人工智能时代的新闻伦理构建"，载《社会科学研究》2019年第4期，第201页。

转型社会治理的重要因素。正如"这些年来，群众对司法不公的意见比较集中，司法公信力不足很大程度上与司法体制和工作机制不合理有关"。[1] 由此也导致了诸多现实问题，如信访不信诉。为此，如何提升司法能力成为实质法治建设的重要目标。

首先，将司法为民作为我国司法制度改革、司法能力提升的立足点。在当前人民中心主义的司法观念下，我国司法制度改革积极回应人民对司法制度的朴素正义观念，推进司法为民。如何实现司法民主、司法便民成为司法能力提升的价值目标之一。一方面，在司法民主上，增强诉讼过程中当事人的充分参与和平等沟通交流，为司法活动的民主监督提供制度渠道。另一方面，在具体的诉讼活动中，完善司法基础设施建设和制度体系保障，提升司法服务，以"消费者"理念为基础，提高司法便民度。因此，实现司法为了人民、司法保护人民、司法造福人民、司法依靠人民、司法不负人民。[2]"以人民为中心"的司法理念成为司法改革和司法实践的行动指南。

其次，将司法公开作为司法制度改革的重要抓手。"让人民群众在每一个司法案件中感受到公平正义"成为司法制度改革的重要评价标准。人民群众对司法公正的获得感很大程度上有赖于司法公开这一制度渠道。在现代实质法治主义的审判模式下，司法的公信力不能抽象地、理所当然地产生，而是必须在个案的裁判过程中，建立在真理、合意和共识的基础上。[3] 面对司法腐败、司法地方化问题，司法公开是行政诉讼智能化审判程序的重要"抓手"，承载以公开促进公正、以公开促进权威的现实使命。尤其在信息社会，单凭专业知识已无法完全实现维护司法权威的制度目标。裁判文书公开和庭审流程公开等系列司法公开制度一方面为社会公众提供了充分的监督渠道，另一方面为诉讼当事人与法官之间的沟通交流提供了信息基础，促进了充分协商和有效对话，使当事人对诉讼程序和裁判结果具有实质性信服。

相较于传统的司法审判，智慧法院建设关注的不是个体司法人员的经验

---

〔1〕　参见《中共中央关于全面深化改革若干重大问题的决定》。

〔2〕　吴建雄："以人民为中心的司法诠释"，载《武汉科技大学学报（社会科学版）》2020年第6期，第621-628页。

〔3〕　高家伟：《公正高效权威视野下的行政司法制度研究》，中国人民公安大学出版社2013年版，第304页。

和智慧，而是通过法院整体化选择和验证过的司法经验智慧及司法经验智慧的共享。[1]智能化应用的能力聚合效应促进了我国司法审判、司法执行、司法管理和司法服务多方面司法能力的统筹推进、协同发展。

综上，建设公正、高效、权威是永恒的司法价值追求，建立公正、高效、权威的社会主义司法制度是司法改革的总体目标。[2]目前，我国的国家治理愈加强调各机关的协同治理，追求司法高效、司法公正和司法权威多元价值的实现。为此，我国应抓住时代之变，将智慧法院建设作为司法改革的重要路径，促进实质法治。

第三节　数字正义

公民权利的有效保护是任何法治形态建构的核心要义。公平正义是法治秩序正当有效运行的重要价值标准。数字化技术在社会商业领域、电子政务领域、司法审判领域的深度运用使正义的产生方式、运行方式和实现方式及权利救济方式越来越倚重于数字化技术及其制度体系的发展成熟程度。社会生活的快速变迁，使法律概念的抽象性与社会正义标准之间的鸿沟进一步拉大。线上线下界限日趋模糊，虚拟世界和现实世界逐渐融合的新趋势要求对智慧社会的正义观念进行探究。

一、正义标准的智慧化变迁

现代科技的发展使传统正义形式面临互联网、数字化、智能化应用的冲击和挑战。一方面不断在传统正义基础上产生新的正义观念，另一方面智能技术应用催生了诸多正义类型。以下对正义标准的智慧化变迁进行探索。

（一）从传统正义到数字正义

正义是法治国家建构中的基础理念之一，法治秩序中包括了多类概念范畴。社会秩序的正义标准经历了由形式正义向实质正义，由偏重实体正义向

---

〔1〕　李鑫："智慧法院建设的理论基础与中国实践"，载《政法论丛》2021年第5期，第135页。

〔2〕　高家伟：《公正高效权威视野下的行政司法制度研究》，中国人民公安大学出版社2013年版，第5页。

程序正义和实体正义兼顾，由矫正正义向分配正义拓展的发展历程。

随着数字时代的全面到来，数字技术在人们生活工作领域中的全面运用不仅影响了智慧社会的法治秩序建构，同时对正义标准产生了深刻影响。权利保障是正义标准的核心概念，通过立法和监管实践予以实现，并借助程序正义对其进行保障。[1]智慧社会更呈现出液态化、流动性的发展特点。诸多社会主体成为国家治理的参与者。同时数字鸿沟、算法黑箱、算法歧视等技术问题日渐突出，与自由、平等、权利、公平等存在价值冲突，需要变革与重建。在智慧社会秩序建构中，如何在促进科技赋能的同时正确处理科技与人的关系，如何在技术赋权的同时正确应对国家、社会和市场的关系成为新的正义问题。

综上，在现代技术时代，数字正义旨在回应：一是技术赋能下人与科技之间的关系，如何避免被人为技术奴役；二是技术赋权之下社会正义秩序的更新和形塑。

（二）智慧社会的多元化正义观

法律和信息技术的交叉是一个已发展数十年的研究分支，在部门法研究以外出现了科技法学、计算机法学、网络法学、数据法学、人工智能法学等众多所谓的新兴学科。法学界对信息化时代正义标准的思考表现出广泛的学理争鸣。数字正义、数据正义、计算正义与算法正义成为科技时代法学界对正义秩序探讨的诸多类型。对这些概念的明确和厘清成为智慧社会数字正义标准明确的前提基础。

综上，当前智慧社会的正义标准面临诸多时代挑战，一方面面临由传统正义向数字正义不断发展的纵向理念变迁，另一方面面临多元化现代技术所催生的多元化正义标准的横向比较。数字正义的内涵探究首先需厘清智慧社会中的多元正义标准。

二、多元化正义观的概念辨析

智慧社会中的不同正义类型包括不同的研究对象和研究内容，进而作用

---

〔1〕 ［美］克利福德·G. 克里斯琴斯："数字时代的新正义论"，刘沫潇译，载《全球传媒学刊》2019年第1期，第100页。

于法律制度的建构。以下将进行概念辨析。

（一）数据正义与数字正义

数据正义概念兴起于欧洲，当前仍处于初步发展阶段。欧洲的数据正义理论为技术治理的正当性思考提供了分析视角。有学者认为人们为防范数据使用中的不公平对待，必须考虑"数据"和"正义"这两个主题的交叉地带——"数据正义"，立足于"社会和政治正义准则"的高度，探索数据正义的理论框架。[1]同时荷兰阿姆斯特丹大学的泰勒从法治视角对数据正义作出阐述，具体提出了数据正义的三个核心观点：数据使用的"可见性、事先约定、防范不公平对待"。[2]因此，数据正义的研究命题是如何在数据的运用中建构正义秩序。

我国有学者从正义的理念基础出发对数据正义的概念进行分析，认为阿马蒂亚·森的正义理论构成了数据正义理论的思想渊源。数据正义是一种关于如何使用数据才能实现个人自由和增进社会福祉的价值观。数据正义正当性要求的理论内涵包括超越数据控制的有限扩张、基于结构视角的关系均衡、源自社会共识的法律控制和回归价值理性的技术赋权。[3]有观点将数据正义的含义界定为第一，数据本身的正义。数据是有限度的，大数据不代表全样本，数据的结果并不一定具有说服力。"我们每一个人，如果自身内的各种品质在自身内各起各的作用，那它就是正义的。"第二，数据获得环节的正义。一方面，数据帮助研究者避免了认知误差、偏见而导致的不公正；另一方面，数据收集是随时的，而不是临时仓促完成的。第三，数据分析环节的正义。研究者厘清伪相关、逻辑相关、利益相关，正确选择逻辑相关。第四，数据使用环节的正义。这涉及研究者对于分析对象隐私的保护。[4]可见，数据本身与数据分析运用方式的正当性、合法性是数据正义秩序建构的主要结构。

---

〔1〕 Richard Heeks and Jaco Renken，"Data Justice for Development：What Would It Mean？"，Information Development，Vol. 34，Issue 1（Jan.，2018），pp. 90-102.

〔2〕 Linnet Taylor，"What is data justice? The case for connecting digital rights and freedoms globally"，Big Data & Society 4，No. 2（November2017）：pp. 1-14.

〔3〕 单勇："犯罪之技术治理的价值权衡：以数据正义为视角"，载《法制与社会发展》2020年第5期，第192-198页。

〔4〕 田芬："从'数据崇拜'到'数据正义'——人工智能时代高等教育研究范式的旨趣转换"，载《清华大学教育研究》2021年第1期，第80页。

有学者认为数字正义（Digital Justice）与数据正义（Data Justice）是同一概念，认为数字正义或数据正义更多地强调数字化技术所构建的数字世界如何解决纠纷，特别是借助于信息技术和数据处理能力而提高司法的效率和公平性。[1]数字正义与数据正义分别建立在数字化与数据化之上。但数字化与数据化的侧重点不同。数字化侧重产品领域的对象资源形成与调用，基于信息化技术所提供的支持和能力，让业务和技术真正产生交互，进而改变传统的运作模式。而数据化侧重于结果（数字化所生成的数据信息），将数字化信息进行条理化，通过智能分析、多维分析、查询回溯，为决策提供有力的数据支撑。数字化的特征在于可计算性和可量化性。数字化是推进信息化的最好方法，数字化带来了数据化。数字正义与数据正义也并非同一概念。

（二）算法正义与计算正义

通过文献检索发现，由于算法正义与计算正义是以算法、机器学习为技术的运行方式为研究对象，且其适用仍处于初步上升发展阶段，学界专门对算法正义与计算正义展开研究分析的成果较少。[2]

首先，就算法正义而言，有观点认为算法正义促进了传统正义观的转型，具体经历了四个转型，即正义呈现从"文本结构"转向"数字结构"，内在推理从"说理驱动"转向"数据驱动"，实践路径从"定性法治"转向"定量法治"，以及裁判逻辑从"主观裁判"转向"客观裁判"。[3]也有学者认为算法正义针对算法这一新兴事物在现代世界中的角色而确立适宜的制度功能，以充分发挥算法的社会功效。典型的争论是将算法作为商业秘密，还是作为新兴知识产权形态而赋予其专利。[4]算法正义包括两个维度：一是作为价值论的算法司法正义；二是作为方法论的算法司法正义，强调将正义观嵌入算法正义中，在算法司法正义的答案追求上，着力为司法算法寻求一种最优化

---

〔1〕 郑玉双："计算正义：算法与法律之关系的法理建构"，载《政治与法律》2021 年第 11 期，第 94 页。

〔2〕 相关文献参见蔡星月："算法正义：一种经由算法的法治"，载《北方法学》2021 年第 2期，第 137-145 页；郑玉双："计算正义：算法与法律之关系的法理建构"，载《政治与法律》2021年第 11 期，第 91-104 页；金梦："立法伦理与算法正义——算法主体行为的法律规制"，载《政法论坛》2021 年第 1 期，第 29-40 页。

〔3〕 蔡星月："算法正义：一种经由算法的法治"，载《北方法学》2021 年第 2 期，第 137-139 页。

〔4〕 参见李晓辉："算法商业秘密与算法正义"，载《比较法研究》2021 年第 3 期，第 105-122 页。

正义理论，反对完美，且答案至多只能为满意解而非最优解。[1]因此，算法正义的研究聚焦于：一是从实质法治角度分析，追问算法的内在价值维度，价值论的算法正义，将保护权利作为其中的实质内容；二是研究视角从抽象到具象，落脚于具体制度，解决算法中的具体现实问题，如算法黑箱、算法歧视等导致的不平等问题。为此，提出了算法审查、算法解释权、算法拒绝权和算法的正当程序建构等制度体系。[2]

其次，"计算正义"这一概念源于计算法学的兴起。其不仅关乎如何对算法进行法律定位，而且针对社会生活借助算法而实现的计算化和数据化所产生的正义空间，[3]研究对象在于算法及其具体运算方式的规范性。目前学界对计算正义的学理探讨寥寥无几，也主要围绕算法的正义空间展开分析。

（三）异同辨析

人工智能技术的高速发展，及其与法律的跨界深度融合，促使诸多正义概念的产生发展。概念内涵的不清晰可能影响法律制度建构基础的夯实性。为此，以下将对不同正义概念进行辨析。

首先，四大正义之间的相同之处在于时代背景的相似性。从数据正义到数字正义，再至算法正义及计算正义的产生，均建立在信息技术、智能技术与法律制度、法律应用深度跨界融合的发展背景下。因此，其核心在于探究科技与法律的关系，如现有技术应用对法学研究、法律制度、正义体系的影响。

其次，智能化技术结构范畴的不同使法学研究对科技正义秩序的认识产生差异。具体而言，四类正义的差异之处在于：

一是研究对象不同：数据正义面向的是数据的运用方式。算法正义的分析对象是以算法为基础的大数据机器学习方式。计算正义建立在计算法学基础上，以数据、算法、平台和场景为基本范畴，并由此构成了计算法学的结构

---

〔1〕 杜宴林、杨学科："论人工智能时代的算法司法与算法司法正义"，载《湖湘论坛》2019年第5期，第71-73页。

〔2〕 李晓辉："算法商业秘密与算法正义"，载《比较法研究》2021年第3期，第105-122页。

〔3〕 郑玉双："计算正义：算法与法律之关系的法理建构"，载《政治与法律》2021年第11期，第94-95页。

体系。[1]由此，计算正义的研究对象具有更广的范围，即算法和以机器学习为运行方式所构成的权利与权力秩序空间。

二是研究内容不同：数据正义的研究内容以数据为核心，侧重于大数据运用分析方式的正当合法性，如公民的数据权保护制度；算法正义以算法黑箱、算法歧视、算法不透明或不可解释性等技术局限的法律规制和制度建构。由于人工智能技术之间本身并不具有泾渭分明的界限，智能化应用的现实运用需要数据、算法和机器学习等各类技术的相互影响和勾连。人工智能技术领域内的法律正义秩序仍处于初步探索发展阶段。数据正义、算法正义与计算正义之间尚缺乏明确清晰的划分界限。

综上，结合现有文献分析，数据正义与算法正义、数字正义之间的学理研究表现出明显不同。而计算正义与算法正义尚不存在明显的差异。计算法学的产生得益于以大数据为基础的算法模型的广泛运用，由此，计算正义与算法正义存在密切关联，而数字正义以国家社会的数字化转型为基础。数字化转型是通过数字技术的深入运用，构建一个全感知、全联接、全场景、全智能的数字世界，进而优化再造物理世界的业务，对传统管理模式、业务模式、商业模式进行创新和重塑。可见，数字化转型是包括信息化、数据化、智能化等多方面的技术应用与模型转型。数字化与法律的交叉研究应具有更广泛的概念，基本范畴包括数据、算法、平台与流程。数字正义具有更丰富的内涵，包括数据正义和算法正义。

三、智慧社会中的数字正义观

在人民中心主义的法治观念中，保障公民的合法权益是数字正义概念的核心立足点。以下从行政争议解决方式出发，对数字正义的概念进行探究。

（一）司法正义与技术正义的融合

数字正义是现代信息技术与法治社会深度融合的制度产物。数字正义的内涵明确首先需拟合法律体系和技术体系之间可能存在的不协调。

一是克服技术局限。数字社会建立在大数据、算法和机器学习基础上。

---

〔1〕　申卫星、刘云："法学研究新范式：计算法学的内涵、范畴与方法"，载《法学研究》2020年第5期，第12页。

数字正义包括以人工智能要素为基础产生的数据正义、算法正义和计算正义。智能技术运用本身存在其技术局限，如算法黑箱、算法歧视。为此，数字正义的内容之一在于通过制度完善避免技术局限对司法公正的消极影响。

二是技术逻辑与法律逻辑之间的协调性。人工智能技术在进行技术赋能的同时，也通过智能应用将技术思维嵌入司法审判过程中。技术逻辑与法律逻辑之间存在一定的逻辑抵牾，如大数据计算的相关性预测与司法裁判逻辑中的因果性判断，类案智推系统所代表的类比推理与我国传统审判模式中的演绎推理逻辑。为此，数字正义的另一要求在于以计算逻辑补足裁判逻辑，促进更高水平的公平正义。

（二）可视化的共享正义

大数据时代的最大特征在于共享性。这同样体现在数字正义的理念建构中。行政诉讼中的共享性正义表现为在合作审判模式基础上，彰显平等开放合作型的新理念。

首先，司法公开平台为社会公众参与司法活动提供了现实基础。数字正义中的程序正当性不仅表现为保障当事人的程序权利以及两造对抗的均衡性，也在于促进多方主体之间的有效互动。程序正义的价值之一在于裁判主体和裁判过程的客观中立。目的在于创造更具客观性的纠纷解决情境，从而规避人性局限和排除人为因素的影响，努力做到标准一致、客观公正和"同案同判"，推进智慧司法的程序公正效能。在多元参与中，程序正当性一方面表现为特定参与主体程序权利的享有，另一方面表现为多元主体之间的有效参与和互动。各类智能化应用，如数据信息公开共享平台、裁判文书公开平台等应用促进了数据信息的公开透明，促进了双方之间数据信息的互动沟通与平等共享，实现信息分布的适度均衡。因此，技术权力的赋能有助于弥补相对人在专业权力上的不足，平衡双方之间专业能力的不对等。这有利于构建均衡的诉讼格局，并借助司法公开实现司法审判与社会公众之间的良性互动。

其次，智能化平台为开放合作型行政审判模式提供了现实基础。为促进司法与行政良性互动，各个地方法院相继建立的数据信息共享平台反映出行政诉讼中开放合作型审判模式由线下向线上的借力，如府院通平台、行政法治一体化智能平台、南京市的行政争议协同化解平台等。其功能在于促进数据信息的互联共享，为审判程序提供民主沟通渠道。共建共治共享成为行政审判模式的特点之一。这一制度建构的目的一方面在于超越个案的诉源治理，促进行政机关依法行政。另一方面在于优化司法环境，构建良好的行政诉讼外部环境，转变传统上司法权相较于行政权的"弱势"地位，促进司法与行政的互动合作。由此，智能化共享平台及信息共享加速了行政诉讼中司法行政关系由对抗关系向合作关系转型，积极建构合作型的争议解决机制。同时在一站式多元纠纷解决中，通过党委领导、政府支持、法院主推、部门参与、基层主抓的多元共治构建共享型的多元解纷大格局。

因此，各类智慧平台拓展了社会和国家多元治理主体的协同参与空间。共享正义要求建立开放合作型行政诉讼审判智能化机制，以及在争议解决中强调沟通协商机制的运用，推动以系统为基础的大数据智能化应用向大数据智能化共享拓展。

（三）由实质正义向接近正义拓展

在智能化应用辅助下，正义的实现方式由结果正义和过程正义向接近正义，即法律资源、司法资源的可获得性拓展。具体表现为以司法资源合理配置赋予当事人追求正义的适当途径。

首先，司法服务资源的优化配置，包括服务空间拓展和服务效能实质化。这表现为以多元化的司法服务促进司法正义，借助现代技术促进司法服务资源在不同经济能力当事人之间的合理配置。例如，推动智慧诉讼服务建设；在诉讼服务大厅配备便民服务一体机等智能化设备；完善 12368 诉讼服务热线智能问答系统等。各类诉讼服务平台提高了当事人对诉讼资源的可获得性，从而提升司法正义的获得可能性。个性化、灵活性强、多选择性的诉讼服务方式提高了公民对争议解决方式的可获得性。例如，利用司法大数据的海量资源优势，提供面向各类诉讼需求的相似案例推送、诉讼风险分析、诉讼结果预判、诉前调解建议等服务，为减少不必要诉讼、降低当事人诉累提供有力支持；拓宽司法服务渠道，探索基于法律知识自主学习和个性化交流互动的智能普法服务装备，提升诉讼和普法服务质效；深度分析用户诉讼行为，挖掘用户个性化需求，精准推送司法公开信息，提升广大人民群众的获得感。

其次，司法审判资源的优化配置。这表现为争议解决机制的多元化，促进司法资源在简单案件和复杂案件中的合理配置。具体包括一是对应配置。根据案件的繁简、疑难、复杂程度选择不同的审判组织、不同专长的审判队伍及不同素质的审判人员，以保证审判力量以适应案件处理的需要为原则。[1]二是统筹配置，借助智能化应用替代法官在审判中的辅助性、事务性工作，促进审判中心主义的实现。法官、审辅人员和其他综合部门根据其职责和能力特点形成全局"一盘棋"，在法院内部塑造"以审判为中心"的资源统筹配置机制。三是优化配置。大数据影响的不仅是法院系统内部的资源调配，而且可以影响法院与仲裁机构、民间调解、社会组织之间的资源分配。有效配置全社会纠纷解决资源的能力，提升司法引导和推动多元纠纷解决机制的能力。这在为平衡法院系统内部资源配置提供参照的同时，也为多元化纠纷解决机制资源配置提供了参考。[2]

因此，数字正义的核心内涵之一在于实现数字时代背景下司法资源的优化配置和利用效益。接近正义是数字正义的集中表现，包括程序上的接近正义和实体上的接近正义。司法高效与司法便民成为司法正义的重要实现方式。

本章小结

未来是智能时代，也是法治时代。未来法治、实质法治和数字正义构成智慧治理、智慧社会中智慧法治形态的三大理念内涵。结合智能互联网架构的技术特点，未来法治明确了智慧法治秩序的建构路径。实质法治以探究国家治理现代化和治理智能化为背景，明确了智慧法治秩序的具体价值内涵。同时，因数字化时代快速发展中正义标准的更新和拓展，数字正义的理念变革有助于明确智慧法治建设的实现目标和价值基准。与此同时，诉讼制度作为社会治理的主要推动者，也受到信息技术的深刻影响。如何认识和构建当前的智慧社会的法治秩序和正义秩序也为行政诉讼智能化研究提供了理念基础。

---

〔1〕 顾培东："人民法院改革取向的审视与思考"，载《法学研究》2020年第1期，第21页。

〔2〕 陈甦、田禾主编：《中国法院信息化发展报告 No. 4（2020）》，社会科学文献出版社2020年版，第72-74页。

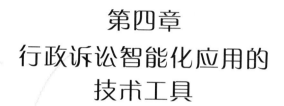

第四章
行政诉讼智能化应用的
技术工具

人工智能建模存在两种路径，即以规则为基础的专家系统和以数据为基础的机器学习系统。专家系统盛行于20世纪70年代。其建模路径是将人类的推理过程予以符号化，再编码进入智能应用中，从而以模仿人类推理的方式运行。当前，以大数据技术为基础的智能化应用的广泛流行促使人工智能技术由以符号主义为基础的专家系统向以连接主义为基础的数据系统转变。其运行过程表现为，由机器对海量数据进行自主学习，从而发现其中的隐含规律。在机器学习快速发展的同时，为适应互联网时代大规模开放应用的需求，2012年，谷歌公司推出了能够体现要素语义关系的"知识图谱"。但并不是各类法律文本内容都具有相应的法律意义，使机器读取裁判文书发现其中具有法律意义的关键词成为开展机器学习的必要前提，由此，在大数据时代背景下，行政诉讼智能化模型建立需要经过"数据处理——法律知识图谱建构——要件解构与标注——法律知识库——自然语义识别与深度学习——行政诉讼智能化模型建立"等多个步骤。司法大数据成为行政诉讼智能化建设的基础"生产资料"，以法律知识为内容的法律知识图谱是其"中心大脑"。本章将以行政诉讼智能化建设的"司法大数据"和"法律知识图谱"为内容对行政诉讼智能化建设的技术工具进行探究。

第一节　行政诉讼智能化应用的技术路径

行政诉讼智能化应用建立在技术逻辑和法律逻辑深度融合的基础上，这要求以契合法律特征的方式进行模型建构。以下将对智能化应用模式的技术逻辑予以探究。

一、智能化应用模型的模式选择

专家系统和数据系统是现有法律推理模型建立的两种路径方式。前者建立在符号主义的逻辑规则基础上，而后者则建立在连接主义的基础上，是基于概率统计展开，模拟神经网络的工作机制，通过输入输出的闭环训练，具有学习进化的能力，在生动具体的个案裁判中具有独特的价值。以下结合两种建模方式的特点对其在法学中的适用性进行探究。

（一）专家系统的法律推理模型

专家系统建立在法律形式主义基础上，是对人类推理过程的模拟，遵循三段论的推理模式。与法律推理的契合性体现在：

一是符合我国司法规律所要求的"以事实为依据，以法律为准绳"。法律形式主义强调"法律推理应该依据客观事实、明确的规则以及逻辑去解决一切为法律所要求的具体行为。假如法律能如此运作，那么无论谁作裁决，法律推理都会导向同样的裁决"。[1]专家系统将法律推理简化为"如果 A 则 B"的逻辑公式。

二是实操性强，技术操作相对简单。其背后代码的生成建立在法律专家对法律裁判逻辑的解构，并予以符号化，而不需要大量数据的学习训练。

三是满足法律的可解释性要求。这一模式的运行方式是依据专家事先编写的算法运行，这种方法是仔细观察特定领域的人类专家是如何完成一项任务的，然后再编写一个循序渐进的程序。因此，输出结果可以根据其代码程序进行路径回溯，从而对其结果进行解释。

专家系统的不足在于：一是缺乏对法律实践变化情况的考虑。法律适用过程包括大量的价值判断和不确定法律概念的分析判断。但专家系统具有领域封闭性特征，以既有法律专家梳理的推理规则为基础，当法律规则变化时，智能化模型不能自动识别并自我调整，需要人类对其规则进行不断调整，以适应新的规范环境。正如英国在线法庭民事解决法庭（The British Columbia Civil Resolution Tribunal，CRT），该系统需要人类专家根据用户反馈和系统分析数据，每三个月更新一次数据库。因此，这决定了其无法对实践中变化的情况进行更新。二是缺乏法律价值判断的空间。专家系统中的代码以法律专家的事前编写为基础，但并非所有的法律知识都可以被编写为逻辑森林，如司法裁判经验、基于个案情况进行的价值权衡等。因此，专家系统具有法律僵化适用的可能性。此外，法律专家系统算力不足的现实问题使其无法解释"无限多样的情况和背景"，并且在超过200—300条编码规则时变得无效。

---

〔1〕 ［美］史蒂文·J. 伯顿：《法律和法律推理导论》，张志铭、解兴权译，中国政法大学出版社1998年版，第3页。

（二）基于数据的法律推理模型

基于数据的法律推理模型建立在法律现实主义基础上，法律现实主义认为除了"书本上的法律"还有"行动中的法律"。其技术逻辑是通过对实践案例数据的机器学习，从中归纳司法裁判经验，从而完成案件裁判预测。

相较于专家系统的法律推理模型，这一模型的优势在于：一是经验理性的实现有利于对裁判中现实因素的考虑。[1]机器学习的优势在于可以基于数据进行自主学习，同时随着数据的投喂，不断进行自主学习，优化算法运行。基于数据的法律推理模型将司法裁判文书作为知识获取的来源，通过机器学习总结司法裁判经验从而作出司法裁判。司法数据的不断输入有助于司法智能化应用通过自主学习不断优化算法，促使法律适用能够符合社会发展变化需求；二是预测性，挖掘数据背后的隐含规律，辅助司法决策。相较于专家系统，机器学习的优势不仅在于可进行自主学习，还在于拥有强大的算力。计算机处理数据的能力大大提升，促使其可以处理大量的司法数据。它可以在大量数据中发现隐含关系，并从中得出结论。[2]因此，在算力的帮助下，基于数据的法律推理模型可以从司法裁判等司法数据中，发现人类以传统方法而无法发现的规律性关系。

大数据的推理方式与司法裁判的融合也存在不契合之处。

首先，数据系统无法对法律推理过程进行说理，与司法裁判说理性相背离。原因在于：一是算法推理的黑箱性。在行政争议实质性解决的现实背景下，增强行政审判文书的说理性往往有利于当事人服判息诉。但算法既不理解也不应用逻辑规则，而是通过对大量数据关系的数学分析来识别这些关系。软件既不知道也不关心这些关系存在的原因，而只是确定它们确实存在。[3]因此，基于数据推理建立的智能化应用无法实现对推理过程的司法解释说理。二是相关性推理与司法裁判的因果推理不契合。"追求相关，放弃因果"是大

---

[1]　宋旭光："论司法裁判的人工智能化及其限度"，载《比较法研究》2020年第5期，第80-92页。

[2]　RAY WORTHY CAMPBELL, Artificial intelligence in courtroom, COLO. TECH. L. J, Vol. 18. 2, pp. 323-350.

[3]　RAY WORTHY CAMPBELL, Artificial intelligence in courtroom, COLO. TECH. L. J, Vol. 18. 2, pp. 323-350.

数据的重要思维特征之一。[1]基于数据的法律推理模型建立在概率推理的基础之上。但法律推理并非相关性推理，而是建立在明确的案件事实和法律规则基础上、从因到果的逻辑推理过程。因此，以相关性为基础的算法推理方式与司法推理方式存在性质冲突。

其次，算法歧视的存在与司法公正要求相背离。算法偏见的成因包括一是算法设计导致的偏见；二是数据输入导致的偏见。[2]有学者将其成因形象地描述为"偏见进，偏见出"。[3]在智能审判系统设计中，数据和算法自身所带的偏见会导致司法裁判结果的偏见。司法公正的实现需"以事实为依据，以法律为准绳"，避免对法律之外不相关因素的考量。算法设计者将法律之外因素的嵌入影响司法公正的实现。

因此，专家系统和数据系统分别从法律推理中的形式主义逻辑和现实主义逻辑切入，实现人工智能与司法审判活动的结合，但存在技术和法学理论的诸多不契合之处。两者的共通问题在于：一是技术介入后对司法审判中价值判断空间的缩减。人工智能本质上是计算智能，通过统计概率分析完成法律推理。事实认定和规范适用尚且属于客观存在，具有通过分析计算得来的可能，但是价值判断本身需要人的主观经验、专业知识，而非模式化的存在。二是面向过去，无法促进法律适用的发展性。其智能化裁判建立在过去的裁判规则解释和案件裁判基础上。而目的解释则是面向未来，旨在促使法律适用能适应社会发展目标，实现个案正义和法律的社会目标。因此，当前的司法裁判智能化推理模型在个案正义中存在缺陷。这一障碍决定了人工智能在司法活动中的适用有限性。

二、智能化应用的体系要素和步骤展开

结合人工智能的四大要素，即"数据、算法、算力和知识"，我国司法智

---

　　[1]　参见［英］维克托·迈尔-舍恩伯格、肯尼思·库克耶：《大数据时代：生活、工作与思维的大变革》，盛杨燕、周涛译，浙江人民出版社2013年版，第68-94页。

　　[2]　崔靖梓："算法歧视挑战下平等权保护的危机与应对"，载《法律科学（西北政法大学学报）》2019年第3期，第36-37页。

　　[3]　张玉宏、秦志光、肖乐："大数据算法的歧视本质"，载《自然辩证法研究》2017年第5期，第84页。

能化应用的建立步骤包括以下三个方面。

（一）统一完备的司法大数据体系

数据是信息社会最重要的生成资料。司法数据作为智慧法院建设的基础"燃料"，加强司法数据体系建设有助于促进数据体量的拓展和质量的提升。未来司法智能化应用体系应建立在统一司法大数据体系基础上，在予以类型化的同时建构数据流动机制。在具体运用中，大数据的根本价值在于根据不同的场景需求从海量数据中提取有价值的信息和知识，并将其应用到具体的领域之中。在大数据时代，数据不仅是蕴含海量信息、能够辅助决策的重要资源，也是一种思维方式。[1]司法大数据体系的建立不仅包括静态的、完备的数据库，还包括大数据的收集、存储和处理机制，以及大数据运用背后司法思维方式之变革。

（二）契合法治逻辑的知识图谱

在以大数据为基础的智能时代，"知识"要素的嵌入进一步提升了智能化应用的功能成效。传统上的知识工程进一步向知识图谱发展，对知识的关注点由知识获取向要素语义关系网发展。当前，法律专家系统仍是我国司法智能化建模的主流方式。例如，要素式智能化审判辅助系统等。这一建模方式以法律知识、规则的事前编码为基础。与此同时，在类案智推、法条推送等司法智能化应用中，法律知识图谱成为智能化应用建立的前提。法律知识嵌入的根源在于法律人工智能建设中法律的专业性特征。这要求专门型智能化应用要实现法律知识和人工智能技术的深度融合。因此，司法智能化应用的另一领域理论基础在于从行政审判制度的特殊性出发，进行法律知识图谱建构。

（三）高效便利的算法模型

司法智能化应用效能的发挥以算法模型的有效性为基础。目前，司法智能化是将审判活动解构为具体的审理活动，进而在此基础上进行模型建构。为此，有效便利的算法智能化模型成为司法智能化展开的前提基础。司法智

---

[1] 黄其松、邱龙云、冯媛媛："大数据驱动的要素与结构：一个理论模型"，载《电子政务》2020年第4期，第49-58页。

能化作为一项系统性工程，以"应用""服务"为中心。一方面，在"大服务"理念下，服务于当事人、服务于法官是司法智能化的重要内容。另一方面，司法智能化与司法制度改革作为司法审判能力提升的"一体两翼"，司法智能化建设也服务于司法制度改革的发展完善。因此，司法智能化应用算法模型的建立应以服务审判、服务当事人为原则。

第二节　司法大数据的理论建构

我国法院信息化建设已有 30 多年的发展历程。数字化和网络化建设为司法智能化奠定了较好的关键基础设施条件。但智能化时代的司法大数据在概念、特征和运用方式等方面表现出新的要求。本节将对司法大数据的概念、功能和建构路径进行探究。

一、司法大数据的概念分析

司法大数据产生于法院信息化建设 3.0 阶段，是以数据化为核心的司法智能化建设。而司法大数据是司法数据化建立的物质基础，正如石油在工业社会中的重要价值。我国法院信息化经历了由以"司法数据"为基础的数据化，向以"大量司法数据"为基础的网络化，再至以"司法大数据"为基础的数字化和智能化渐进的发展历程。对司法大数据的理解关键在于对"大"的认识。

首先，司法大数据中"大"的相对性。一般地，海量性（volume）、高速性（velocity）、多样性（variety）、价值性（value）是"大数据"的典型四特征，但其又具有程度区分的概念。相较于一般商业社会中的大数据而言，司法大数据则有所欠缺。因此，司法大数据中的"大"是相较于法院信息化中的数字化和网络化。智慧法院建设中司法审判、管理领域的各类信息网，以及各地方人民法院的案件信息管理平台等为司法大数据的产生提供了广泛的来源。

其次，形成方式的选择性。法律大数据是指在立法、执法、司法等法律过程中形成或依法获取的，既在一定程度上具备大数据的通用特征，又满足适配性、正确性和易变性的领域需求，必须结合法律领域的特定算法与模型来实现辅助法律决策、优化法律过程目标的数据集。[1]也有学者认为司法大数据不同于物联网环境所采集的海量个人数据，主要是指经过司法程序过滤和处理过的、体现司法特征的结构化数据。[2]由此可见，司法智能化应用中的司法大数据不是所有以数字化方式存储的数据，而是以契合司法规律和特征为前提。这决定了司法大数据形成方式上的选择性和过滤性。

再次，运用方式的深度性。我国法院系统对司法数据的运用由来已久，如在法院信息化1.0阶段司法管理中各类司法统计工作的展开。司法大数据的应用方式是以预测为核心能力的机器学习，就是从已知的知识（特征）出发，利用概率统计等数学计算方法来得到某种数学规律（模型），并利用数学规律来完成任务。[3]智能化应用也以司法数据的概率统计为基础，但不同的是，以司法大数据为基础的智能化应用更侧重于通过数据价值的深度挖掘、分析，从而完善案件裁判结果的推理和预测。因此，司法大数据的运用方式由统计利用，发展为分析、推理和预测。

最后，具体内容的结构化。智能化应用产生的基础在于通过对司法大数据的识别、学习产生感知、认知智能，能够进行识别、推理、预测的算法。目前，司法数据的存储形式多为非结构化数据或半结构化数据。然而，人工智能仅能识别结构化数据。与此同时，法律知识图谱的产生使大数据可以具有语义关系的结构方式存在，从而为推理、预测等认知智能的实现奠定基础。为此，对司法大数据的数据化分析利用以数据内容的结构化为前提基础。

因此，司法大数据中的"大"除了数据规模上的变化，更具有"量变引发质变"的深刻内涵，即关键在于对司法数据以契合司法规律、特征的方式进行选择、结构化，并借助机器学习等智能技术予以数据化分析、预测和推理。

二、行政诉讼中大数据的功能分析

在司法改革背景下，行政诉讼的三大基础功能表现出新面向，即由事后争议解决向事前争议预防拓展，由事后的合法性审查（监督行政机关依法行

〔1〕　王禄生："论法律大数据'领域理论'的构建"，载《中国法学》2020年第2期，第265页。
〔2〕　郑戈："司法科技的协调与整合"，载《法律适用》2020年第1期，第5页。
〔3〕　姚海鹏、王露瑶、刘韵洁：《大数据与人工智能导论》，人民邮电出版社2017年版，第26页。

政）向事前的互动沟通（促进行政机关依法行政）发展，由保护公民合法权利向促进公民民主权利实现（培育理性民主的现代法治公民）迈进。以下就智能化应用对行政诉讼司法治理、司法民主、法治政府建设的积极功能进行探究。

（一）助力司法决策精准化

司法大数据的分析预测推理功能使当前行政诉讼智能化建设由智能化审判管理拓展至智能化司法决策环节。内在逻辑是借助海量类案进行类比推理，由此预测司法决策。司法智能化应用在司法决策中的重要价值表现为：

首先，借助司法大数据分析，从类案中归纳法律适用解释标准，促进法律统一适用。法律统一适用不仅是司法改革层面实现司法公正的重要方式，也是行政诉讼进行制度完善的方式之一。行政诉讼法律适用的特点之一在于对诸多不确定法律概念进行解释，同时借助法律解释实现对各类行政法律规范的体系化适用。当前，我国行政法学界侧重于法律解释、法律适用规律的积累和经验提炼。正如有学者认为，保护规范理论的完善仍需进行类案积累、提炼解释方法等。[1]而类案智推系统的运用优势在于通过大数据分析，快速发现案件数据背后的隐含规律。司法大数据分析有助于归纳法官在法律适用、概念解释中的"隐形"影响因素，降低疑难复杂案件撰写中法官在事实判断、价值判断、法律适用、文书说理上反复斟酌的难度，从海量司法案例中提炼相关的解释方法和法律适用标准，促进法律统一适用和案件公正裁判。在演绎推理基础上增加类比推理的适用参照，提高司法决策的准确性。

其次，以智能化应用监督法官依法裁判。智能化审判监督体现在案件审理全流程中。在审理过程中，智能化应用可以借助当事人提交的证据材料等电子卷宗为法官自动归纳案件裁判的争议焦点、无争议事实、固定案件事实等。由此在事实认定环节辅助法官精准归纳案件事实。在审判环节，大数据分析可以为每一类案件设置警戒值。正如实践中裁判偏离预警系统的运用。案例数据信息库中同类案件裁判结果的比对可以实现对案件裁判结果的"数据化""自动化"监督。

---

[1] 赵宏："中国式保护规范理论的内核与扩展——以最高人民法院裁判为观察视角"，载《当代法学》2021年第5期，第98页。

（二）更新司法治理方式

司法大数据对司法治理方式的更新表现为由循案治理向循数治理拓展，由案后解决向事前预防拓展。大数据不仅作为人工智能技术驱动的"物质基础"，本身也代表了大数据嵌入社会生活生产中思维方式的变革，即"追求相关，放弃因果""数据主义，经验主义"。[1]大数据思维中的计算性思维、相关性思维和定量化分析在诉讼智能化中也有所表现，裁判思维向数字解决主义、司法实证主义，以及法律实用主义等方向转变。司法大数据的分析功能可以基于对不同行政管理领域和不同行政行为类型的案件数量、占比及增减原因进行分析、研判，从中发现案件产生的隐含规律和行政机关的违法表现，从而有针对性地预防争议发生，并对行政机关依法行政提出司法建议。目前，行政诉讼的数据治理主要体现在行政审判白皮书中。行政审判白皮书是指人民法院针对特定时段（通常为上一年度）行政案件审理情况进行全面梳理和总结，指陈行政机关在行政执法和行政应诉中存在的问题，并向行政机关提出提升依法行政水平意见和建议的一种专题报告。[2]一般分为三部分：一是行政案件总体情况和行政审判新特点。白皮书的特点在于"数说"行政审判情况。其中的数据包括案件受理总数，审结量与结案率及历年变化情况，相关行政管理领域的案件数量；协调和解率；出庭应诉率；行政机关败诉量；一审案件和二审案件，再审、申诉等案件数量及其历年变化情况；调解赔偿案件数量。二是行政机关在行政执法与行政诉讼中存在的问题。主要内容包括对败诉原因的分析，在法治观念、出庭应诉态度中反映出现实问题等。三是促进依法行政和行政应诉工作的司法建议。主要是针对前述问题，从法治观念、执法水平提升、深化司法与行政的良性互动等方面提出司法建议。

在循数治理上，白皮书以倒推方式，促进行政机关依法行政，提高法治观念，从而及时预防行政争议，实现诉源治理。在法治政府建设上，一是通过行政机关的败诉原因发现依法行政的现实困境，如对程序问题、事实认定问题、法律适用问题等具体违法的实质性分析研判，从中发现影响行政机关

---

〔1〕　参见〔英〕维克托·迈尔-舍恩伯格、肯尼思·库克耶：《大数据时代：生活、工作与思维的大变革》，盛杨燕、周涛译，浙江人民出版社 2013 年版，第 68-94 页。

〔2〕　章志远："我国行政审判白皮书研究"，载《行政法学研究》2018 年第 4 期，第 95 页。

依法行政的深层次制度原因，为今后同类行为的发展态势提供精确的数据解答[1]；二是通过出庭应诉量，观察行政机关对诉讼的重视程度，从而分析其依法行政的观念是否淡薄。通过司法数据分析行政机关未依法行政的具体表现、问题和原因，并提出司法建议，使行政机关更客观、全面地认识自身工作。

在事前预防上，一是通过案件数量、类型、地区分布，发现争议频发的领域，从而有针对性地预防争议发生，如闵行区人民法院发布 2020 年度行政审判白皮书将公安、街道等作为案件集中领域。二是通过案件数量变化情况，分析案件争议走向，从而进行争议预测和预防。在对争议历史状况总结分析的基础上，预测案件争议的可能发展规律。尤其是在群体性争议频发的社会快速发展中，对行政受案数量与案由变动情况进行分析，对引发群体性诉讼案件的原因与走向进行分析，可以及时预防或消除危害社会秩序的潜在因素。诉讼风险评估系统通过挖掘海量司法数据，为社会公众提供诉讼风险分析、诉讼结果预判、诉前调解建议等服务，引导当事人选择更为经济的纠纷解决方式，有效促进矛盾纠纷多元化解与诉源治理。[2]

因此，大数据思维中的计算性思维、相关性思维和定量化分析在诉讼智能化中促使裁判思维向数字解决主义、司法实证主义，以及法律实用主义等方向转变。司法大数据促进了解决行政争议和监督依法行政功能的实现，实现了由个案争议解决向群案争议预防，由循案治理向循数治理拓展。

（三）拓展司法民主空间

行政诉讼构造的特点在于，被告方始终为代表国家公权力的行政机关，由此形成了法官、行政相对人和行政机关三方诉讼结构。行政诉讼制度在具备积极服务、能动司法等现实功能的同时逐渐表现出民主制度推进的现实功能，即商谈型权力关系的构建。府院互动、司法建议的开展体现出行政诉讼作为公共政策咨询协商机制的构建方向。在当前司法大数据的助推之下，行政诉讼作为我国微观民主实现的重要场域这一特点表现越发明显。具体表现为：

---

〔1〕 曹磊："市域社会治理中的司法贡献——以 J 市法院行政审判大数据应用为例"，载《云南大学学报（社会科学版）》2020 年第 6 期，第 139 页。

〔2〕 孙晓勇："司法大数据在中国法院的应用与前景展望"，载《中国法学》2021 年第 4 期，第 131 页。

1. 拓展民主实践的现实空间

智能化应用促进了司法民主实践的现实空间。司法领域内各类线上纠纷解决平台、线上互动交流平台、线上审判公开平台的建立提供了异地、异时交流。司法公开网为双方当事人提供了静默化的公开交流方式。法院对裁判文书的公开成为法治观念宣告的外在行为，而公民的查阅构成一次法治观念的获得，由此促进健康理性公民的培育。同时，线上争议解决方式进一步提供了可视化、互动性的交流方式。这种异地异时、便捷、易获得的交流方式为当事人提供了民主交流的空间。这一司法交流空间的形成促进了司法广场化效应的发挥，并与当前高度仪式化、带有对抗性和辩论性的司法剧场化审理空间形成互补，从而将职业精英司法的优势与大众平民司法的优势相结合。

2. 促进平等地位的形成

智能化应用有利于沟通主体之间平等地位的形成。一是就行政机关和相对人间的平等对话而言，一个强大的公权力对单个能力较弱的私权利主体的诉讼格局给人以法律地位不平衡、不对等的直观感受。在这一诉讼结构下，当一方当事人所掌握的信息、金钱等资源远超对方时，双方主体地位的实质性不平等，容易导致沟通片面化。[1]而数字化的司法公开环境促进了双方在信息上的平等化和均势地位，提升了沟通的有效性；二是就法官和相对人的理性沟通而言，诉讼审判全流程的公开在无形中对法官形成有效的监督，促使其公正行使审判权。同时在出现明显、重大、根本分歧时，通过了解民意，吸收社会公众的普遍正义观念，从而公正解决行政争议。三是在行政权和司法权之间，线上空间的客观化、格式化提升了权力之间互动沟通的规范化和透明化，并由事后的争议解决沟通向诉前的依法行政、争议预防拓展。同时，行政法治一体化智能平台中的数据共享极大地提高了案件审判效率。由此，公开机制、共享机制提高了行政诉讼中法官的中立性和双方地位的平等性。司法大数据的存在方式、运行方式等使法官与当事人、当事人与当事人之间的关系形成更为平等的对话格局，促进了当事人之间的民主沟通对话。

---

〔1〕 陈文曲："现代诉讼的本质：全面理性的规范沟通"，载《政法论丛》2020 年第 2 期，第 131 页。

因此，在资源要素层面，法律大数据成为司法智能化应用的生产要素资源。数据信息资源的产生及其在双方当事人之间的均衡配置促进了双方地位的均势，有利于群智开放和行政诉讼沟通交流民主空间的形成。

综上，司法大数据不仅可以成为法官公正司法的"校准器"，还可以成为观察行政机关依法行政的"晴雨表"，成为推动社会治理的"方向标"，成为人民群众规范行为的"指南针"。[1] 随着司法智能化应用的功能由自动化、电子化（对人体力的弥补）向智能化、自主化（对人智力的延伸）方向拓展。智能技术有利于促进司法决策的精准化，数据资源有利于拓展司法民主空间，而大数据的分析预测型思维则进一步更新了司法治理方式。

三、数据在行政诉讼中的适用不足

人工智能技术的跨界融合促进了各类数据利用方式在行政诉讼智能化中的快速发展。法律大数据价值的发挥在于数据库的建立、数据共享、数据挖掘三个阶段。当前的数据建设、数据利用和数据共享仍存在以下不足。

（一）数据建设标准化不足

数据价值的发挥也正在于数据的二次利用，数据的利用并不会降低数据的价值。司法数据具有多重利用价值，如司法统计中的数据既服务于司法管理，又对行政诉讼参与社会治理、监督依法行政具有极大促进意义。其价值由公开向多机构的共享发展，提高了司法大数据的利用率。我国法律数据库的实践运用可追溯至北京大学的涉外法规查询系统，也就是"北大法宝"的前身。相较于法院自动化和网络化，司法智能化阶段的数据处理不仅是数据的结构化处理与收集，更是需要进行数据的平台化建设和数据融合。标准化不足具体体现在：

首先，生成方式标准化不足。司法裁判文书与电子卷宗是法院内部数据生成的主要来源。据《中国法院信息化发展报告 No. 1（2017）》，2014 年 7 月至 2015 年 6 月，最高人民法院基本打通了全国四级法院的数据通道，3520 家法院均在平台上拥有对应的案件数据集合，形成了一张覆盖全国四级法院的数

---

〔1〕 倪寿明："充分挖掘司法大数据的超凡价值"，载《人民司法（应用）》2017 年第 19 期，第 1 页。

据汇聚大网。这一数据池促进了司法裁判文书的沟通互联。电子卷宗中包括诸多法律数据信息，如当事人的个人信息、诉讼证据、具体案情等。这些信息有效反映了案件发展趋势。目前，有关电子卷宗制定的相关规范仅见诸有限的司法解释中，其规范集中于对电子卷宗的适用方式上，形成标准仍缺乏统一性规范。我国司法智能化建设处于各地分别尝试探索阶段，对司法大数据的处理、分析、运用缺乏统一标准。而不同复杂程度的数据预处理关系模型具有不同的计算能力和复杂程度，且与后续智能化应用的分析结果准确性存在较大关联。[1]

其次，融合方式标准化不足。随着法院信息化建设由以计算机为基础的自动化和网络化向以智能技术为基础的智能化拓展，智能化建设范围由司法管理向司法审判执行拓展。司法大数据类型不断拓展，包括审判流程类数据；执行信息类数据、法律文书、庭审活动信息类数据、司法政务人事类信息和外部协查类数据，[2]以及行政法律规范、学理观点。其中，不仅包括以数字为内容、可直接用于分析计算的结构化数据，还包括更多多源异构的非结构化或半结构化数据。这决定了司法大数据的分析利用以前期的数据预处理为基础，从而发现不准确、不完整或不合理数据，并对这些数据进行修补或移除以提高数据质量和后续数据分析的准确性。但目前的数据分析更多的是对案件信息的分析，缺乏与外部数据的融合分析。

（二）数据利用缺乏大数据思维

大数据系统的链条结构包括数据生成、数据获取、数据存储和数据分析。司法大数据的价值在于对数据的挖掘、预测和利用，从而辅助于司法审判活动，促进行政诉讼制度功能发挥。当前，司法大数据利用的不足表现为大数据思维的缺乏。

统计分析是大数据分析的重要类型之一，其基于统计理论，是应用数学的一个分支。[3]数据统计的任务是在以下三个方面提供方法支持：一是发现规

---

〔1〕 李学龙、龚海刚："大数据系统综述"，载《中国科学：信息科学》2015年第1期，第16页。

〔2〕 孙晓勇："司法大数据在中国法院的应用与前景展望"，载《中国法学》2021年第4期，第124页。

〔3〕 李学龙、龚海刚："大数据系统综述"，载《中国科学：信息科学》2015年第1期，第27-28页。

律，即发现现象的总体分布特征及其发展变化趋势；二是探求关系，包括数量关系、时间关系、相关关系及因果关系等；三是推断未知，即根据已知的数据信息去推断未知的数量特征，包括由样本推断总体和由过去推断未来，也包括相关指标之间的推算。[1]在一定程度上，小数据时代的数据分析也具有大数据分析的归纳、挖掘和预测功能。但不同的是，大数据时代，数据容量的量变引起质变。全样本的数据分析有助于发现数据背后的隐含规律，从而指导未来预测。根据数据分析深度的不同，可以划分为描述性分析、诊断性分析、预测性分析和建议式分析。描述性分析是创建一组历史数据的数据处理的初步阶段。其提供了未来的可能性和趋势，并提供了关于未来可能发生的事情的想法。诊断性分析是寻找问题的根本原因，用于确定某事发生的原因。这种类型试图找到并理解事件和行为发生的原因。预测性分析使用数据挖掘等技术来分析当前数据并预测可能发生的情况。规范性分析致力于寻找要采取的正确行动。描述性分析提供历史数据，而预测分析有助于预测可能发生的情况。规范性分析使用这些参数来寻找最佳解决方案。我国当前司法统计对数据的分析运用侧重于对现有审判案件数量及其分布情况的整理统计，尚未与法律外的大数据进行沟通互联，也未对相关问题的相关关系进行分析，进而发现问题之原因。[2]因此，当前的数据分析以描述性分析和诊断性分析为主。这也导致司法建议存在现实针对性不强的问题。

行政诉讼中的数据分析尚缺乏深度融合。当前，刑事诉讼、民事诉讼突破传统司法统计技术，对数据进一步"挖深"，分析过去一段时间人民法院审理的严重暴力犯罪案件的特点及其背后隐含的社会矛盾种类、变化规律。另外，还可以对数据进一步"挖潜"，在海量数据的基础上，通过模型的建构来预测严重暴力犯罪及社会矛盾背后的成因和走向。[3]同时，算法并不是固定

---

〔1〕 李金昌："基于大数据思维的统计学若干理论问题"，载《统计研究》2016年第11期，第4-5页。

〔2〕 Slavakis K, Giannakis G, Mateos G, Modeling and optimization for big data analytics：（statistical）learning tools for our era of data deluge. IEEE Signal Process Mag, 2014, 31：pp. 18-31.

〔3〕 傅国庆等："司法大数据视角下的严重暴力犯罪及其社会矛盾分析"，载《法律适用》2017年第10期，第81页。

的，而是具备自我构建能力的，能够随着计算、挖掘次数的增多而不断自动调整算法的参数，使挖掘和预测结果更为准确。[1]由此，司法大数据分析由案件数量的整体分析向案件内部特征的细节要素分析深化，通过建构专门的数据模型对数据背后的知识信息进行深度挖掘。[2]现有的大数据分析侧重于对已经汇总后的结构化数据的分析利用，而尚未挖掘分析非结构化数据，如电子卷宗等背后的隐含规律。多数大数据分析还是围绕司法统计，分析案件结案趋势、审判质效及态势、结案均衡情况，行政机关负责人出庭应诉率等，对汇总后的结构化数据进行分析。正如行政审判白皮书中的数据分析方法可以看作对传统司法统计的延伸适用，以单纯的数学统计分析为主，数据类型着眼于单一的数字类型这一结构化数据。这一运用方式尚不具有对当前海量数据进行处理的计算能力，无法发现背后的隐含规律，进而指导决策。因此，司法大数据的分析利用仍停留于传统司法统计的思维定势中。

四、法律大数据的完善方式

人工智能时代，大数据成为信息化社会的"石油"基础。充分挖掘司法大数据的超凡价值成为司法智能化建设的重要目标。完善司法大数据制度是行政诉讼智能化建设的关键基础。未来，行政诉讼司法大数据应从管理制度、运用分析和风险规避三个方面进行制度完善。

（一）发展数据领域理论知识

行政诉讼智能化应用中的相关数据多为半结构化、非结构化的多源异构数据，数据特征隐藏较深。司法大数据的价值在于对数据信息予以提炼、归纳、整合，挖掘有用信息及潜在价值，从而实现以数据驱动决策。司法数据信息的运用不足必然会造成语义分析不清、模型构建特征不明显，直接影响法律模型结果的实用性。当前人工智能领域的自然语义处理技术主要是围绕日常用语展开训练，其与司法领域中法言法语的适配性较弱。[3]鉴于法律知

---

〔1〕　参见王禄生："司法大数据与人工智能技术应用的风险及伦理规制"，载《法商研究》2019年第2期，第103页。

〔2〕　李金昌："基于大数据思维的统计学若干理论问题"，载《统计研究》2016年第11期，第7页。

〔3〕　参见王禄生："司法大数据与人工智能技术应用的风险及伦理规制"，载《法商研究》2019年第2期，第103页。

识的专业性，将自然语言处理技术、知识图谱、深度学习、认知智能等技术深入融合法律系统而形成的独特算法尚未产生。[1]这表明，司法大数据的处理、分析和利用要求就智能化应用的大数据基础建立相应的数据领域理论知识。

人工智能技术的基础由"数据、算法、算力"三要素拓展至"数据、算法、算力、知识"四要素。司法大数据的深度运用必然会不断向预测性分析和推理性分析发展。正如人类法官在进行案件裁判时，首先，以识别相关法律概念等抽象概念的背后含义为基础。预测性分析与推理型的智能化辅助均建立在对数据的知识挖掘基础上。人工智能技术的运用也需要认识和理解相关法律术语，包括"结构化数据转化——数据存储——数据认识识别"三个阶段。其次，其系统应该对相关的行政法律规范体系等数据类型进行结构化转化，并予以储备。再次，它要能对抽象法律概念进行识别。最后，它能根据系统的数据进行法律推理。由此，"知识"的具备是人工智能系统参与案件审判等专业活动的前提与基础。法律大数据领域理论知识的建立以知识的嵌入为基础，直接表现为法律知识图谱的建立。

（二）完善数据管理制度

大数据时代，数据类型由传统上以数字为主的结构化数据，拓展为包括图、音、像、文等多种类型的非结构化或半结构化数据。数据生成速率的极大提升使当前大数据具有"海量性"特征。这就要求建立完善司法大数据管理制度以提高数据利用效率和利用质量。

1. 明确司法大数据标准

法院信息化中的网络化、电子化可以看作法律大数据的生成阶段，而智能化则是深度运用阶段。目前，法院信息化建设已基本形成了审判执行、司法人事、司法行政、司法研究、信息化管理和外部数据六类司法大数据。[2]其中，审判执行、司法行政、司法研究与外部数据构成诉讼智能化的基础。全国统一规划与地方分散探索相结合是当前司法智能化建设的路径特点，这

---

〔1〕 张妮、徐静村："计算法学：法律与人工智能的交叉研究"，载《现代法学》2019年第6期，第87页。

〔2〕 参见2018年《智慧法院建设评价指标体系》。

在积极利用先进地区发展优势提升智能化应用水平的同时，使各地发展不平衡。数据治理包括数据采集、数据加工、数据应用等多个阶段，涵盖诸多环节，同时还要充分考虑数据安全问题。因此，数据分类分级管理机制要求区分核心司法大数据和一般司法大数据。在数据融合中，增加对裁判文书和电子卷宗等非结构化数据的深度挖掘分析运用，由此规范司法大数据的采用、处理、运用等行为。

2. 建立公开共享制度

信息革命促进人类社会由"固态"社会向以共建、共享、共治的"液态"社会发展转变。[1]这不仅体现在社会公民的普遍生活生产方式中，也表现在国家的现代化治理中。

一是明确司法数据公开制度，促进社会公众对司法权运行过程的监督。在初期的司法统计中，司法数据的保密性是其中的特点之一。2009 年《关于进一步加强司法统计工作的意见》提出要建立司法统计数据公开发布机制。我国司法数据经历了由保密性向公开性的发展过程。数字化时代，裁判文书公开、庭审活动公开等丰富了司法大数据的公开途径，拓展了公开范围。在智能化建设阶段，公开仍具有独特意义。我国智慧法院建设的特点之一是法院的阳光化建设。多元化纠纷解决机制、诉源治理等制度改革表明，开放型沟通交流机制的建立是我国行政诉讼制度体系现代化的另一特征。而有效沟通的条件是沟通主体之间地位的平等。在当前信息社会中，这主要表现为信息资源上的平等均势。但我国行政审判白皮书公开范围仍存在较大的局限性。因此，行政诉讼智能化建设需要完善司法大数据公开制度，发挥司法民主价值、提高司法公信力。

二是法院之间的内部数据共享机制。当前，司法智能化在纵深方向不断拓展，利用技术由专家系统拓展至大数据、机器学习。适用范围由司法管理拓展至司法审判执行。智能技术发展的不确定性在一定程度上影响了行政诉讼智能化发展方向。司法大数据的利用特点包括一是二次利用性，数据价值的激发往往有赖于对数据的二次利用。这同样表现在司法领域中，如类案推

---

〔1〕　马长山："数字社会的治理逻辑及其法治化展开"，载《法律科学（西北政法大学学报）》2020 年第 5 期，第 4-5 页。

送机制的建立，以裁判文书为数据基础，对案情特征要素进行二次挖掘，从而辅助法官进行类案检索。二是数据价值的不确定性。数据的生成者往往无法精准确定数据价值的利用方向，在不同的利用目的下可能存在多种利用方式。例如，裁判文书既可以运用于司法审判过程中，帮助法官发现类案规则，也可以运用于司法管理过程中，促进实现司法资源配置的合理性。为此，鉴于司法大数据具有多重利用价值，甚至包括诸多难以预测隐性的利用方式，提高数据的共享机制可以避免数据孤岛，提高数据利用率。

三是法院和行政机关之间的外部数据共享机制。行政诉讼程序构造的一大特点是被告始终为代表国家公权力的行政机关，由此形成"行政法官—行政相对人—行政机关"三方互动的诉讼结构。这成为行政诉讼制度推动公共治理民主化建设的出发点。司法改革表现出我国对商谈型权力关系构建的积极探索。例如，府院互动、司法建议的开展体现出行政诉讼作为公共政策咨询协商机制的构建方向。行政审判白皮书制度发挥着超越个案的诉源治理与权力交往的沟通理性功能。行政诉讼在遵循解决行政争议这一固有目的的同时引入合作司法模式。行政诉讼特殊的诉讼结构决定其在数据共享方面的特殊价值，即推动商谈型权力互动沟通机制的建立。

法院和行政机关之间的外部数据共享机制包括个案争议解决的数据共享和法治政府促进的数据共享。前者以个案审判中的各类诉讼材料数据共享为内容，如实践中的行政法治一体化智能系统和重庆法院行政诉讼类案智能专审平台。其通过数据网络专线将法院案件管理系统与人社部门行政复议应诉信息管理系统无缝连接，打破"信息孤岛"，实现工伤认定案件相关数据信息的共享互通。[1]后者以司法建议、司法统计分析的数据信息共享为内容，如南昌法院建立府院通，系统整合行政案件基本信息、行政机关负责人出庭率、行政机关胜败诉率、当事人的信访复议舆情信息及其他非涉密信息，推动数据资源共享开放，为大数据分析应用服务于法院审判和政府决策奠定坚实的基础。因此，司法大数据的运用拓展了司法机关和行政机关之间的互动空间和互动方式，使权力的良性互动具有全方位的价值意义，既包括以个案争议

---

〔1〕 王彦、许鹏："行政诉讼类案智能专审平台的价值取向与实践"，载《人民司法》2018 年第 19 期，第 47 页。

的高效、实质性解决，实现司法公正和司法高效，也包括依法行政和法治政府建立，推进司法民主。

3. 完善数据运用规则

共享性、量化一切是以大数据为基础的网络社会的典型特征。但司法权的角色本身是保守型、稳健性、长远性，这决定其对现代科技利用的谨慎性。司法权的特性在于中立性、独立性、客观性，这决定其权力行使应当避免考虑法律之外的不相关因素。司法权的目标在于公正性地保护公民合法权益，数据的运用也不得侵害司法公正和司法为民。因此，司法权的本质属性要求在利用司法大数据共享性和量化性优势的同时，应当科学设立数据运用规则，避免数据独裁。

司法大数据的适用规则应当契合司法规律。首先，司法大数据的利用应有助于诉讼目的的实现。一方面应促进司法公正、司法高效和司法便民价值的实现；另一方面应有助于行政诉讼三大功能的实现；其次，避免对法官主体地位的不利影响。广泛应用科技的目的是延展人类的能力，从而使人类从事更重要的工作。传统工业革命聚焦于对人类体力的释放，现代社会中包括人工智能在内的信息革命进一步对人类智力、烦琐脑力劳动予以释放。要素式智能化审判方式的发展表明机器人在同质化案件、简单类案、审判辅助活动中具有巨大优势。机器人的赋能使人类具有更多的时间和精力从事具有创造性的事务。法官的主体价值、创造价值得到发挥。因此，人机协同关系的建立应避免对数据治理、量化思维的过度依赖，尤其是在价值判断领域中。

（三）树立大数据思维

思维是人类探索新知、创造创新的重要方式，通常用于以概念、逻辑推理等方式来解决问题、作出决策和形成判断。[1]人工智能技术的发展使数据分析由量变引发质变。大数据思维由小样本向全样本发展，运用方式由单纯地统计概率计算向分析推理预测发展，由因果关系分析拓展至相关关系，由精确性分析拓展至模糊性分析。这也使对司法大数据的分析利用方式发生转变，一是挖深，即分析大数据背后的隐含规律；二是挖潜，即借助大数据分

---

[1]　[美]约翰·杜威：《我们如何思维》，伍中友译，新华出版社2010年版，第3-12页。

析进行推理、预测，辅助未来决策作出。信息时代，大数据思维的重要特点在于分析型和预测型思维。

1. 分析型思维

对数据的利用要逐步由可计算向可分析拓展。结构化、半结构化和非结构化数据多种司法数据类型均属于司法数据化运用的范围。但大数据能够创造新价值的关键在于利用机器学习技术对海量数据进行挖掘提炼和加工处理。利用数据分析，从数据中汲取规律性信息，对未来趋势展开有效预测有助于提高决策质量。目前，我国对行政诉讼智能化应用的主要方式是将一般场景中的智能化应用平移至司法领域。例如，语音识别、电子卷宗同步生成系统等。但人工智能适用的特点之一在于场景化，场景的转移可能使人工智能变得"弱智"。正如虽然我国目前的语音识别系统等应用在法院内适用范围广泛且适用率较高，但存在法律专业词汇识别不精确的问题。[1]不同于小数据的运用方式，由于大数据分析具有总体不稳定、数据不标准、含义多样性和信息模糊性，大数据运用需要经过数据识别、数据清理、数据分类及数据挖掘等一系列前期处理环节。因此，行政诉讼智能化应用应不断探索大数据运用方式。

2. 预测型思维

大数据的优势在于把握数据中的历史规律，预测未来。当前，以大数据为基础的智能技术快速发展的原因之一在于满足了人类在风险社会中的现实需求，即预测风险社会中事情的未来发展趋势，指导未来行为，从而规避或减少不利风险。正如有学者认为，大数据的另一个深层哲学内涵是人作为重要因素，可以通过调控其他因素，形成自己的预期结果，以满足自己的需要。因此，大数据及在其基础之上的活动，使以人的需要为出发点，以满足这种需要为最终目的，在哲学中彰显出来，从而使当代哲学与传统形而上学的关系更为清晰。[2]当前司法智能化应用的预测功能包括预测个案裁判结果和预测未来案件发展趋势。前者基于类案类判原则，归纳司法裁判案件中的类似

---

〔1〕 薛杉："我国司法大数据应用现状观察报告：成就与挑战"，载《广播电视大学学报（哲学社会科学版）》2019 年第 3 期，第 4 页。

〔2〕 王天思："大数据中的因果关系及其哲学内涵"，载《中国社会科学》2016 年第 5 期，第 22—42 页。

案件，对待判案件结果进行类比推理得出裁判结论。后者是对案件整体发展规律进行分析研判，由此预测未来争议发展趋势。两者均建立在对大范围案件的整体分析基础上。

探索预测型思维更契合我国行政诉讼制度的预防性法治观。一般而言，事后审查是司法权的重要特征所在。但现有诉讼制度不断体现出风险预防性思维的特点。习近平总书记强调："法治建设既要抓末端、治已病，更要抓前端、治未病。"[1]社会治理的最高境界，是实现对各类风险的预测、预警和预防，防患于未然。行政诉讼智能化建设集中于司法审判、司法管理、司法执行、司法辅助、司法服务等环节，并在网络化、阳光化、智能化建设上取得较大成效。但目前的司法大数据应用仍主要集中于争议发生之后的末端审判环节。具有预测型功能的司法统计分析在大数据利用方式上多聚焦于传统的数学统计方式，在运用深度上着眼于描述性分析和诊断性分析。预测性分析和建议性分析发展不足。为此，应加强对司法大数据预测功能的挖掘，增强数据融合及深度分析和利用，从而发现影响司法决策和社会治理的相关因素。

综上，司法大数据的重要价值在于对数据的挖掘、利用、分析。司法大数据制度体系的完善要求促进司法数据由单纯的数据收集向协调管理发展，由数据信息向数据知识转变，实现司法大数据在司法审判、司法服务和司法治理等方面的深度运用。

第三节　法律知识图谱的建构

大数据在法律中的运用不同于一般商业场景中的运用，以对法律信息的深度分析为基础，尤其是在以预测、推理为功能的司法智能化应用中。因此，在司法大数据结构化基础上进一步以契合法律特点和司法审判规律的方式，对司法大数据中的法律要素进行组织、构造就需要进行法律知识图谱建构。

---

〔1〕　习近平："坚定不移走中国特色社会主义法治道路 为全面建设社会主义现代化国家提供有力法治保障"，载《求是》2021年第5期，第13页。

一、法律知识图谱的一般介绍

知识图谱的意义在于为机器学习和算法运行提供知识引擎，将数据驱动和知识驱动相联系。智慧法院中法律知识图谱的引入旨在保障智能化应用以契合法律特点的方式展开。

（一）知识图谱的概念

知识图谱是以结构化的形式描述客观世界中概念、实体及其关系，将互联网信息表达成更接近人类认知世界的形式，提供了一种更好地组织、管理和理解互联网海量信息的能力。在逻辑结构上，知识图谱的逻辑结构可分为模式层与数据层。模式层在数据层之上，是知识图谱的核心，存储的是经过提炼的知识，通常采用本体库来管理知识图谱的模式层，借助本体库对公理、规则和约束条件的支持能力来规范实体、关系，以及实体的类型和属性等对象之间的联系。[1]数据层主要是由一系列的事实组成，其中的知识将以事实为单位，以"实体—关系—实体"或者"实体—属性—性值"三元组作为事实的基本表达方式，存储在数据库中的所有数据将构成庞大的实体关系网络，形成"知识图谱"。模式层中的本体库为管理公理、规则和约束条件，规范实体、关系、属性等具体对象间的关系提供了知识基础。

知识图谱与知识工程在本质上都属于知识系统。作为新一代知识工程技术，其优势：一是在内容上，知识图谱是由众多概念构成的多层次、结构化的语义关系网，有助于人工智能获取人类知识的认知能力。借助自然语言处理，知识图谱可以对海量、异构、动态的半结构化、非结构化数据进行有效地组织、表达和语义理解，并在深度学习、类脑科学等技术基础上，逐步扩展学习、推理能力，具备文本解释技术，发现实体之间的隐含关系，进行推理预测。二是在建模方式上，知识图谱既包括知识工程阶段的自顶而下方式，也可以自底而上进行构建。前者是指在构建知识图谱时首先定义数据模式即本体，一般通过领域专家人工编制，从最顶层的概念开始定义，然后逐步细化，形成结构良好的分类层次结构。自底向上的方法则相反，首先对现有实

---

〔1〕 参见付雷杰等："国内垂直领域知识图谱发展现状与展望"，载《计算机应用研究》2021年第11期，第3201-3214页。

体进行归纳组织，形成底层概念，再逐步往上抽象形成上层的概念，这是以"大数据+机器学习"为驱动的自动化建模方式。

（二）法律知识图谱的功能

知识图谱是一种知识解析、知识发展进程与知识之间结构关系的可视化呈现，是一种对挖掘、分析、构建、绘制和知识呈现及知识之间相互联系的描述技术。而法律知识图谱是在法律这个专业领域的数据深耕和挖掘的基础上对法律数据资源进行的知识图谱呈现。[1]在智慧司法中，技术逻辑的相关性、类比性与法律逻辑的因果性、演绎性存在冲突。这既影响了智能系统的智能程度，也使智能裁判系统面临合法性质疑。法律知识图谱的功能在于使智能裁判系统既要观照人工智能的技术逻辑，也要契合司法裁判逻辑。

1. 司法数据的质量化管理

司法大数据的质量化管理表现为清除司法大数据中的错误和虚假信息，并对多源异构数据进行整合。法律数据主要以非结构化和半结构化数据形式存在，且目前裁判文书公开中仍存在全面性不足、及时性效果欠佳、规范化程度不高等问题。[2]对结构化的数据进行信息抽取是智能化应用建构的第一步。其中的数据清理有助于清除数据中的错误和虚假信息，舍弃那些可能会影响大数据分析的碎片化数据及不宜数据。知识图谱可以对海量、异构、动态的半结构化、非结构化数据进行有效的组织、表达和语义理解，且其中数据并非孤立存在，而是以事实为单位，以"实体—关系—实体"或者"实体—属性—性值"三元组为表达方式，形成庞大的实体关系网络。[3]通过知识融合中实体链接、实体消歧和共指消解等一系列知识加工过程，在不同的数据集中找出同一个实体的描述记录，实现多类型、多模态上下文及知识的统一表示，并实现不同信息、不同证据之间的交互。[4]同时在不同来源实体间建

〔1〕 邹邵坤："法律人工智能的真实当下与可能未来"，载《法治现代化研究》2019年第1期，第31页。

〔2〕 参见马超、于晓虹、何海波："大数据分析：中国司法裁判文书上网公开报告"，载《中国法律评论》2016年第4期，第195页。

〔3〕 参见中国电子技术标准化研究院：《知识图谱标准化白皮书》（2019年），白皮书载于中国电子技术标准化研究院官网（https://www.cesi.cn/201909/5589.html）。

〔4〕 参见中国电子技术标准化研究院：《知识图谱标准化白皮书》（2019年），白皮书载于中国电子技术标准化研究院官网（https://www.cesi.cn/201909/5589.html）。

立关联关系，将从多个分布式异构信息来源中发现的数据进行整合。[1]实体关系的存在方式使智能应用可结合深度学习、类脑科学等技术，扩展学习、推理能力，具备文本解释技术，发现实体之间的隐含关系，进行推理预测。

因此，将非结构化数据转化为计算机可识别的结构化司法大数据，并进行质量优化，在实体内容上以不同实体要素之间语义关系网打破司法大数据孤岛、整合多来源数据是法律知识图谱的首要功能。

2. 法律规则的代码化表达

目前，司法智能化应用存在两种建构进路：一是基于显式编码、封闭规则之算法的专家系统进路。但这一方式因其算力有限而智能化程度受限，无法适应海量司法大数据的运行需求。二是基于机器学习算法的预测分析论，利用司法大数据实现案件结果预测。[2]预测分析型建模的不足在于无法适用司法专业化场景中智能裁判的法律需求。大数据的数理逻辑使审判过程由"规则"变成了"规律"，由"逻辑"变成了"概率"，由"推理"变成了"预测"，智能裁判可能演变为机械地遵循历史先例，[3]且不适应我国三段论的演绎推理逻辑。为克服技术逻辑和裁判逻辑间的矛盾，以法律推理逻辑为核心的符号主义路径是当前的建构方式，将法律规则预先嵌入以使人工智能契合司法裁判方式。

作为大陆法系国家，我国的司法裁判过程表现为法律规则的"三段论"推理。这一分析过程是从前提到结论，严格遵循符号逻辑进行推理的过程。[4]这需要借助法律知识图谱将法律规范预先嵌入，以实现依法裁判。知识图谱以产生式规则为知识表达方法，以符号形式描述物理世界中的概念及其相互关系，[5]并为智能应用所理解。这为司法裁判规则和算法规则提供了中介。法律知识图谱通过法学要素解构和人工标注，并转化为技术语言，在此基础上

〔1〕 朱丽雅等："数字人文领域的知识图谱：研究进展与未来趋势"，载《知识管理论坛（网络版）》2022年第1期，第94页。

〔2〕 宋旭光："论司法裁判的人工智能化及其限度"，载《比较法研究》2020年第5期，第80-92页。高翔："智能司法的辅助决策模型"，载《华东政法大学学报》2021年第1期，第62-63页。

〔3〕 宋旭光："论司法裁判的人工智能化及其限度"，载《比较法研究》2020年第5期，第85页。

〔4〕 参见蒋超："法律算法化的可能与限度"，载《现代法学》2022年第2期，第26页。

〔5〕 王禄生："司法大数据与人工智能开发的技术障碍"，载《中国法律评论》2018年第2期，第48-49页。

利用深度学习技术生成智能化应用的算法模型。由此将法官的裁判方式"教给"智能化应用。目前，智能裁判系统中的具体功能，如类案智推、判决预测、裁判偏离预警机制等都建立在对案件要素符号化解构，并提取整合，进行人工标签的基础上。[1]其优势在于：一方面促进智能化应用与部门法、诉讼法知识的初步结合，使智能化应用更契合人类法官的审判方式。另一方面结合知识系统和数据系统的各自优势。利用知识图谱将法条和司法解释以更有逻辑的方式予以表达[2]的同时，借助机器学习技术提高数据处理效率。此外，借助法律知识图谱，智能化应用可以对法律规范中的概念及关系进行符号化表达，并从其知识路径中进行解释、说理，从而对推理路线作出解释。

3. 法律知识的逻辑化表达

法律知识图谱的另一功能在于法学知识的逻辑化表达。在司法裁判中，各个案件要素之间具有法律上的逻辑关系。例如，借贷合意、金钱交付两个要件共同构成借贷法律关系的成立。这一法律关系构成案件裁判的内在逻辑。法律知识逻辑化表达旨在使智能裁判系统更契合司法裁判逻辑，提高智能化程度。以类案智推系统为例，相较于传统的以关键词定位为方式的案件检索，新一代类案智推系统的目标预设不仅可以检索出包含关键词的案件，还可以检索出与关键词同义的相关案例，或与关键词具有关联关系的信息，并发现隐含关联关系。

知识图谱的多层次逻辑结构赋予了智能化应用逻辑推理能力，有助于实现法学知识的逻辑化表达。法官在进行裁判时所接收的案件信息往往是具体且具有生活色彩的词汇，如借贷案件中的银行转账等用语。这通常需要与裁判方式中各类裁判要件，如借贷合意、金钱交付等，形成对应关系。这需要将之前接收到的案情要素与判决要件进行鉴别、提炼和归类等逻辑分析过程。知识图谱逻辑结构可分为模式层与数据层。模式层在数据层之上，是知识图谱的核心，存储的是经过提炼的知识，通常用本体库来管理模式层。本体是指"共享概念模型的明确形式化规范说明"，主要是用来描述某个领域内概念

---

〔1〕 孙海波："反思智能化裁判的可能及限度"，载《国家检察官学院学报》2020年第5期，第89-92页。

〔2〕 叶胜男、李波："人工智能介质下的审判范式"，载《人民司法》2019年第31期，第52-53页。

和概念之间的关系，使它们在共享的范围内具有大家共同认可的、明确的、唯一的定义，具有共享化、明确化、概念化和形式化的特征。[1]借助本体库对公理、规则和约束条件的支持能力来规范实体、关系，以及实体的类型和属性等对象之间的联系，[2]指引数据层中的信息抽取，如实体抽取、关系抽取和属性抽取。由此，从顶层概念逐步细化，形成结构良好的分类层次结构。这一概念分类的层次结构体现了概念间的继承关系，及同一层次内的相容关系、并列关系等关系类型。在司法裁判中，案件要素间存在相关、主次、因果、包含、平行等多类型关系。案件裁判过程往往是案件事实和法律规范之间不断往返流转的过程，判断案件事实是否符合规范中的一般构成要件以完成案件裁判。[3]法律知识图谱将案件事实的实体关系和法律规范中抽象概念进行多层次的逻辑表达，契合了司法裁判由小前提的具体案件事实到大前提的抽象概念这一论证逻辑。

综上，法律知识图谱是指为实现司法智能化运用的信息挖掘和知识推理，将司法数据中具有法律特点的实体要素作为内容，并以一定逻辑关系、多层次结构建构的知识体系。为司法智能辅助系统的生成过程，即要素解构—抽取和标注—机器学习—数据库建立—人工智能司法辅助应用的形成，提供知识基础。

二、我国法律知识图谱的发展现状

依据何种方式对规模巨大的司法数据进行要件解构、特征标注和语义关系建构，并转化为人工智能可识别的结构化语言，进而由机器深度学习是法律知识图谱所要解决的核心问题。以下将以现有应用为基础对我国司法领域法律知识图谱的发展现状进行分析。

（一）司法经验主义的建构路径

由于法律知识体系的高复杂性和逻辑性，以及司法数据具有海量性和多

---

〔1〕 杨玉基等：“一种准确而高效的领域知识图谱构建方法”，载《软件学报》2018年第10期，第2933页。

〔2〕 参见付雷杰等：“国内垂直领域知识图谱发展现状与展望”，载《计算机应用研究》2021年第11期，第3202页。

〔3〕 ［德］卡尔·拉伦茨：《法学方法论》，陈爱娥译，商务印书馆2003年版，第165页。

源异构性，当前司法实践采用自顶而上的方式。与法律推理人工智能建模初期基于规则的专家系统模式相契合，即以事先法学知识的逻辑建构为前提。将知识融合在机器中，让机器能够利用人类知识、专家知识进行机器学习，生成智能化应用。优势在于利用具体领域中概念体系的完备性提高知识图谱的准确性。具体步骤包括明确知识领域、确定要素特征、知识模型建构。

1. 以案件类型确定知识领域

以简单案件明确智能裁判系统建模的知识领域。2016 年，最高人民法院发布《关于进一步推进案件繁简分流优化司法资源配置的若干意见》，以"简案快审、类案专审、繁案精审"促进审判资源的优化配置成为司法改革的重要目标。知识图谱作为特定领域内知识要素的体系化集合，以规则明确、边界清晰、应用封闭的场景为前提，具有鲜明的领域性特征，以提高技术上的可操作性、降低特征标注的难度。借助智能技术提高简单案件的审判效率是优化司法资源配置、促进司法信息化和司法改革相结合的重要方式。为此，司法实践多选择数量较多的简单类案，以此确定法律数据和知识表示的范围。例如，上海刑事案件智能辅助办案系统，以故意杀人罪、故意伤害罪、抢劫罪、盗窃罪等罪名确定知识领域并予以智能化建模。[1]而行政案件智能辅助办案系统则选择政府信息公开纠纷案件予以智能化建模。[2]贵州省高级人民法院则选择行政征收和补偿案件构建智能审判平台。[3]

现有司法智能化应用多将诉讼案由作为简单类案选择的主要标准（表4-1）。智能裁判系统以证据规则、办案要件、电子卷宗、案例、裁判文书、法律法规、司法解释、办案业务文件等数据库资源为基础，选择法律关系相对单一、事实较为明晰的案件，更有利于高效整合多来源数据展开深度学习，实现司法大数据的质量化管理。[4]

---

〔1〕 崔亚东：《人工智能与司法现代化》，上海人民出版社 2019 年版，第 93 页。
〔2〕 崔亚东：《人工智能与司法现代化》，上海人民出版社 2019 年版，第 238 页。
〔3〕 参见《人民法院司法改革案例汇编（二）》案例 18。
〔4〕 王彦、许鹏："行政诉讼类案智能专审平台的价值取向与实践"，载《人民司法》2018 年第 19 期，第 47 页。

表 4-1　智能化要素式审判方式的知识领域类型

司法智能化辅助系统	知识领域确定
上海刑事案件智能辅助办案系统〔1〕	故意杀人罪、故意伤害罪、抢劫罪、盗窃罪、诈骗罪、非法吸收公众存款罪、集资诈骗罪
上海民事案件智能辅助办案系统〔2〕	五类（民事、商事、海商、金融、知产）七案由（道路交通损害赔偿纠纷，股权转让纠纷案，海上、通海水域货物运输合同纠纷，银行卡纠纷，融资租赁合同纠纷，信息网络传播权纠纷，计算机软件委托开发合同纠纷）
上海行政案件智能辅助办案系统〔3〕	政府信息公开纠纷案件
贵州省高级人民法院〔4〕	行政征收、补偿案件
重庆市行政诉讼类案智能专审平台〔5〕	工伤认定案件
厦门市要素式智能审判系统〔6〕	机动车交通事故责任纠纷、民间借贷、金融借款、物业服务合同纠纷、劳动争议、离婚纠纷、车辆租赁纠纷多种案由
四川省要素式审判信息化系统〔7〕	道路交通纠纷

　　从以上实践探索中可以发现：诉讼案由成为案件类型选择的主要标准。在此基础上，从简单类案出发，选择法律关系相对单一、事实较为明晰，以及是否为争议点相同的类案进行率先探索。〔8〕既有利于从中归纳整理出特定的审理要素，通过智能化赋能，推动案件繁简分流，也有助于降低智能化建设中特征标注的技术难度。

〔1〕　崔亚东：《人工智能与司法现代化》，上海人民出版社 2019 年版，第 93 页。
〔2〕　崔亚东：《人工智能与司法现代化》，上海人民出版社 2019 年版，第 238 页。
〔3〕　崔亚东：《人工智能与司法现代化》，上海人民出版社 2019 年版，第 238 页。
〔4〕　参见《人民法院司法改革案例选编（二）》案例 18。
〔5〕　王彦、许鹏："行政诉讼类案智能专审平台的价值取向与实践"，载《人民司法》2018 年第 19 期，第 47 页；崔亚东：《人工智能与司法现代化》，上海人民出版社 2019 年版，第 46-48 页。
〔6〕　李晨："论类型化案件智能审判系统的建构——以 J 区法院为样本"，载齐玉洁、张勤主编：《东南司法评论》（2018 年·总第 11 卷），厦门大学出版社 2018 年版，第 339-350 页。
〔7〕　曾学原、王竹："道路交通纠纷要素式审判探索——从四川高院的改革实践出发"，载《中国应用法学》第 2018 年第 2 期，第 101 页。
〔8〕　王彦、许鹏："行政诉讼类案智能专审平台的价值取向与实践"，载《人民司法》2018 年第 19 期，第 47 页。

2. 裁判要素的获取和表示

在明确智能系统所要适用的知识领域后，如何确定其要表达的知识要素是应用建模的另一步骤。现有智能裁判系统以要素式审判法获取知识要素并进行数据化表示。2016 年，最高人民法院《关于进一步推进案件繁简分流优化司法资源配置的若干意见》以及《民事诉讼文书样式》，对要素式审判作了系统规定。各地法院对要素式审判制定了专门规定。[1]智能裁判系统的建构以法律知识的概念化和符号化为前提。要素式审判方法是基于裁判经验对固定案情的基本事实要素进行总结，就各要素是否存在争议进行归纳，并围绕争议要素进行庭审及制作裁判文书（表 4-2）。例如，四川省高级人民法院选择案件争点明确、审理程序较为简单的道路交通事故纠纷案件展开智能化建设，将其要素分解为机动车交通事故责任定责数据，如气象数据等。[2]集美市人民法院将民间借贷的要素归纳为借款双方之间的关系，借款合同签订时间等。[3]知识要素的获取和表示旨在从司法案例等法律文本中抽取具有法律意义的实体、特征和关系建立三元组关系，并与实体概念形成多层次的结构体系，以确定知识要素之间的逻辑关系。当前要素式审判方法成为智能裁判系统进行知识获取的主要方式。[4]例如，上海刑事案件智能辅助办案系统以犯罪构成要件和量刑情节确定裁判系统的基本结构，并将要素解构为何人、何时、何地、何因、何果、何事六要素。[5]贵州省高级人民法院以实体合法和程序合法为标准确定基本结构，并将要素解构为 13 个实体要素、14 个程序要素及程序合法时间轴。[6]

---

〔1〕 例如，北京市高级人民法院和山东省高级人民法院分别发布《北京法院速裁案件要素式审判若干规定（试行）》和《要素式审判方式指引（试行）》，明确要素式审判方式的适用范围和要素内容。

〔2〕 曾学原、王竹："道路交通纠纷要素式审判探索——从四川高院的改革实践出发"，载《中国应用法学》第 2018 年第 2 期，101 页。

〔3〕 李晨："论类型化案件智能审判系统的建构——以 J 区法院为样本"，载齐玉洁、张勤主编：《东南司法评论》（2018 年卷·总第 11 卷），厦门大学出版社 2018 年版，第 345 页。

〔4〕 相关文献参见王彦、许鹏："行政诉讼类案智能专审平台的价值取向与实践"，载《人民司法》2018 年第 19 期，第 46-49 页；李鑫、王世坤："要素式审判的理论分析与智能化系统研发"，载《武汉科技大学学报（社会科学版）》2020 年第 3 期，第 323-334 页。

〔5〕 崔亚东：《人工智能与司法现代化》，上海人民出版社 2019 年版，第 136 页。

〔6〕 参见《人民法院司法改革案例汇编（二）》案例18。

综上，我国智能裁判系统的建构方式呈现出实用主义的司法经验主义模式，以总结归纳审判实践中的常见事实要素为建构路径。基于这些事实要素，完成对证据规则、案例、法律法规等数据的特征标注，运用司法实体识别、司法要素自动抽取等智能技术，完成智能审判系统开发。

表4-2　智能化要素式审判方式中案情要素

司法智能化辅助系统	结构确定	要素解构
上海刑事案件智能辅助办案系统[1]	犯罪构成要件和量刑情节	六何：何人、何时、何地、何因、何果、何事
贵州省高级人民法院	行政行为的实体合法和程序合法	13个实体要素、14个程序要素及程序合法时间轴
厦门市要素式智能审判系统	请求权是否成立	将民间借贷的要素归纳为：（1）借款双方之间的关系；（2）借款合同签订时间；（3）借款数额；（4）借款人是否足额支付借款本金等[2]
四川省要素式审判信息化系统	交通事故责任认定	机动车交通事故责任定责数据：气象数据、路况数据、道路数据、车辆数据、驾驶人员数据、事故数据、信号灯数据和其他数据

（二）内部逻辑建构方式的问题检视

法律逻辑的有效展开促进了智能技术在司法审判过程中的深度运用和智能程度的提高。典型表现是智能裁判系统的功能由司法辅助的通用型智能化应用向司法裁判中专门型智能化应用拓展。由此形成了以类案为基础的系统性智能裁判系统，但也与司法公正、法官主体地位等司法价值表现出紧张关系。

1. 司法经验主义的建构路径难以满足实践之需

对案件要素的解构是智慧司法应用的前提。当前的主要要素标记聚焦于对案件生活事实的特征描述，未考虑案件要素间可能存在的相关、主次、因

---

〔1〕　崔亚东：《人工智能与司法现代化》，上海人民出版社2019年版，第136页。

〔2〕　参见周易菁菁：《智能要素式审判规范化研究》，西南财经大学2019年硕士学位论文，第22页。

果、包含、平行等逻辑关系，具有零散性、个体性特征，缺乏法律层面的概念化，更缺乏对诉讼审判要件深层次法理特征的考虑。这一司法经验主义的建构逻辑不仅削弱了智能裁判系统适用的正当性基础，也存在实践适用上的困境。

首先，司法智能化应用的智能化程度较低，难以满足法官的应用需求。案件事实要素又称涉法事实要素或者法律事实要素，是引起法律关系发生、变更和消灭的客观事实情况，是案件事实得以成立的必要条件。[1]这些事实要素归纳为智能裁判系统中的知识标签提供了现实素材。我国司法经验主义建构路径的特点是案件要素直接来源于司法裁判经验的总结提炼，由此进行事实要素的单层建构，即"经验型解构——平行化建构"。但智能裁判系统内部法律逻辑的实现以多层次的知识结构提高裁判推理的法理性、规范性和逻辑性。现有的要素标记聚焦于对案件生活事实的特征描述，未考虑案件要素间可能存在的相关、主次、因果、包含、平行等法律逻辑关系，具有零散性、个体性特征，缺乏法律层面的概念化，更缺乏对诉讼审判要件深层次法理特征的考虑。可见，这一建构逻辑在法律知识的逻辑化表达中仍有欠缺，由此也制约了智能裁判系统对案件裁判背后逻辑关系的发现和智能程度的提高。正如实践中的类案智推系统也面临"精准性""有效性""关联性"不足的问题。有的检索结果仅是案件特征形式上相似，实质法律关系上却与待决案件大相径庭。[2]因此，法律知识逻辑化表达的不足、无法较清晰全面地运用要素背后的复杂关系进行推理使现有智能裁判系统的智能化程度难以满足法官的应用需求。

其次，司法智能化应用存在难以契合复杂案件的适用困境。简单案件中的事实要素较为明确、定型化，较少进行法律解释和价值判断，具有较明确的审查结构框架，便于从中梳理裁判规则和提炼要素特征，较复杂案件更便于决策树的建构。从简单案件入手的建构路径提高了智能化应用的研发效率，并为"繁简分流"改革司法高效目标的实现提供了正效应，促进了接近正义

---

〔1〕 朱福勇、高帆："审判案件事实要素智能抽取探究"，载《理论月刊》2021年第6期，第126页。

〔2〕 周莉、成文武："人工智能辅助下类案推送质量的路径优化——以信息维度提高用户需求为视角"，载《山东法官培训学院学报（山东审判）》2021年第1期，第140-143页。

的实现。但智能化应用也适用于疑难案件中，《关于统一法律适用加强类案检索的指导意见（试行）》列举的四类检索情形均是围绕疑难案件展开的，将类案检索系统定位于辅助疑难案件的法律适用。[1]目前主要通过人工构造语法与语义规则构建法律知识图谱。首先由专家提炼裁判规则、解读司法过程，在对相关知识点进行人工标注后，再进行机器学习，并针对机器学习的偏差进行再标注，经过学习积累，机器会具备初步的信息抓取和逻辑分析能力。[2]法律专家系统进行案件要素标注是智能裁判系统的前提。但疑难案件中包括更多法律规范之外的价值判断。[3]事实要素具有更大的不确定性，难以总结归纳出更具普适性的案件要素。正如有法官认为，"之所以选择信用卡案件进行探索，正是因为其要素提取相对固定、简单，但将其进一步推广却面临着较大挑战"。[4]因此，主要适用于简单类案的司法经验主义建构路径在复杂疑难案件中的适用性存疑。

2. 价值判断缺失制约司法的个案公正

法律推理离不开价值判断是不争的事实。[5]在实质法治背景下，合法性之外对案件裁判个案公正、可接受性等效益的追求同样构成司法裁判的合法性基础，但价值判断的缺失制约了司法个案公正价值的实现。

首先，逻辑路径遵循形式推理方式，缺乏价值判断空间。形式推理包括从事实到法律规范涵摄，从此得出案件裁判结果，遵循"事实—规范或法理—事实"的不断往返流转的基本逻辑过程，进而实现案件裁判规范逻辑与事实经验的统一，在考虑法律重要性基础上对事实所作的选择、解释和联结的结果。[6]在法律世界中，依法裁判的现实路径首先表现为司法三段论。当前汇集的数据库主要包括证据规则、办案要件、电子卷宗、案例、裁判文书、法

---

[1] 参见最高人民法院《关于统一法律适用加强类案检索的指导意见（试行）》第2条。

[2] 参见高翔："人工智能民事司法应用的法律知识图谱构建——以要件事实型民事裁判论为基础"，载《法制与社会发展》2018年第6期，第69页。

[3] 张骐："形式规则与价值判断的双重变奏——法律推理方法的初步研究"，载《比较法研究》2000年第2期，第135页。

[4] 高翔："人工智能民事司法应用的法律知识图谱构建——以要件事实型民事裁判论为基础"，载《法制与社会发展》2018年第6期，第69页。

[5] 陈坤："法律推理中的价值权衡及其客观化"，载《法制与社会发展》2022年第5期，第155页。

[6] [德]卡尔·拉伦茨：《法学方法论》，陈爱娥译，商务印书馆2003年版，第161页。

律法规、司法解释、办案业务文件等数据库资源。前五项旨在通过证据规则与优质案例的互联实现事实认定的智能化，后三项以法律适用的智能推送为目的。目前的智能化应用试图将案件裁判结果从事实要素和既有法律之中推导出来以契合形式推理这一形式正当性基础。然而，形式逻辑只能评估论证的形式，而不能基于个案差异评估论证的内容，也不能结合不同案件的实际情况评估前提的正当性。因此，这一路径通过依法裁判而获得形式正义，但因价值判断缺失而不利于个案公正的实现。

其次，现有司法智能化应用无法回应事实认定和法律适用中的价值判断。裁判逻辑的开放性决定了需要运用价值判断来确定司法推理的前提符合法律所蕴含的价值。例如，投资并购许可中"经营者集中"作为一个不确定法律概念，既有赖于对"集中"概念的内涵和外延的理解，也有赖于通过事实证据来证明是否达到了"集中"程度或不利影响。专门型智能化应用促进智能技术进入司法裁判的认知过程。司法经验主义路径的建构逻辑使智能化应用的逻辑过程表现为待判案件与类案之间事实要素的比对分析。例如，无争议事实归纳、争议焦点归纳等应用遵循"事实—事实"对接的关系，通过比对其是否具有标签中相同或类似的事实要素以完成相似性判断，具有相似性的则构成无争议事实，否则为争议焦点。事实认定智能化的理想形态应当将法官事实认定的隐性知识经验予以显性化，由此真正赋予机器事实认定的智能化能力。[1]相较之下，推送结果只是从数据库中完成了事实对比的初步筛选，尚未较清晰全面地对背后的复杂关系进行推理。由此可见，现有的内部逻辑推理将裁判推理化约为司法经验层面的事实要素比对，尚未实现法律知识的逻辑表达。同时智能化应用对概念的处理技术"词袋模型"仅考虑了原始文本中词出现的次数，却忽略了原始文本中词的书序、文本的句法和语法等信息。[2]这一技术过程将裁判过程简化为概念要素之间的相关性进行数据化比对，概念背后所蕴含的价值因素则在其考虑之外。因此，智能化应用的推理逻辑尚未完全体现裁判推理的法理逻辑，减弱了裁判过程的价值判断。

---

〔1〕　参见王琦："民事诉讼事实认定的智能化"，载《当代法学》2021年第2期，第131–132页。
〔2〕　任怀钰："法官裁判方法嵌入司法人工智能路径研究"，载《山东法官培训学院学报（山东审判）》2019年第4期，第141页。

3. 全流程的深度运用影响法官主体性

智能技术与法律逻辑的深度融合为全流程、闭环式的智能裁判提供了现实基础，但也可能对法官主体地位产生不利影响。学界存在"独立裁判者"还是"量刑辅助工具"的争论。[1]法官主体地位表现在两个方面：一是在法院内部，法官居于办案核心地位，依托合议庭开展办案工作，谁审理、谁裁判、谁负责。其他辅助、服务、保障人员的职责是辅助法官、服务审判、保障诉讼。二是在诉讼活动中，法官居于中立主导地位，依法定职权和程序，掌控诉讼活动的节奏与进程。[2]

智能系统辅助下的裁判过程由法官裁判转变为"智能系统预先要素选择+法官二次裁判"的人机协同模式。同时，全流程、闭环式的智能裁判应用使智能技术对法官裁判的影响由柔性约束向隐形"强制"递增。以"上海法院行政案件智能辅助办案系统"为例，智能裁判系统在实体审理裁判，即事实认定、法律适用、案件裁判中的适用。在审理阶段，无争议事实预归纳、争议焦点预归纳、证据缺失性检验、证据合规性校验等功能在分析、比对、归类案件要素的基础上，提示争议焦点并给出审理意见，生成法官庭审指引。在裁判阶段，裁判结果预判断和裁判偏离度提示功能将法官的裁判结果与大数据分析得出的类案裁判结果进行比对，以使法官裁判结果接受算法裁判结果的检验，实现类案研判精准高效。智能裁判系统包括过程性和结果性的智能决策辅助，由此形成智能裁判系统辅助法官裁判决策的闭环。在适用中，为避免裁判结果产生较大的偏离，法官往往会主动参照智能应用的输出结果。实体裁判中的智能应用增强了智能技术对法官裁判的约束强度，不再仅是"辅助"功能。尽管智能裁判系统尚未完全替代法官作出司法决策，但由于其全流程性的应用结构，对认知过程的参与使其对裁判结果产生实质性影响。这可能导致以智能化加持的经验性取代司法裁判的逻辑性和规范性，并进一步影响法官的主体地位。此外，在诉讼活动的推进中，要件式庭审提纲构建和庭审程序智能提示功能可自动抓取相关案件信息中的关键数据，如工伤认定决定书内容、是否存在劳动关系、认定工伤及其例外等情形，通过系统判

---

〔1〕 参见张玉洁："智能量刑算法的司法适用：逻辑、难题与程序法回应"，载《东方法学》2021年第3期，第189-191页。

〔2〕 倪寿明："落实和尊重法官主体地位"，载《人民司法》2014年第13期，第1页。

断，构建案件事实法律框架，由此指导审判活动的推进。

因此，深度学习赋予机器的自主判断和决策能力使智能裁判系统不仅是对审判事务性活动的机械性替代，还构成法官裁判活动展开的能动性指引。智能系统的能动性和全流程闭环式的应用方式影响了智能化应用效力的发挥，使法官在作出实体裁判时受智能裁判的实质性影响。

三、域外法律知识系统的发展历程

域外法律智能系统经历了较长的发展时期，可以区分为两个阶段，即基于规则的专家系统和本体论基础上的知识系统。

（一）人工智能与形式推理的初步结合：基于规则的专家系统

专家系统是人工智能法律推理知识系统模型的早期探索，其将规则被编码为一种简单的、程式化的"如果—是"的逻辑结构、模仿人类的推理方式构建一个巨大的逻辑森林，让人工智能模仿人的推理方式。自 20 世纪 70 年代开始，有关法律专家系统建模的诸多研究项目启动。1972 年，麦卡蒂建立了 TAXMAN，该模型可以依据税法展开较为初级的法律推理。

专家系统建立在符号学派基础上，认为人工智能的实现必须将人类的推理过程用符号予以表示，使人工智能模仿人的推理方式。相较于数据系统，这一方式更具备透明性、启发性和灵活性等优势：一是可以借助符号从其知识路径中进行解释、说理，从而对推理路线作出解释；二是这些知识符号多是特定领域专业知识和逻辑路径的表现，因此他们用非正式的、判断性的和通常是程序性的知识进行推理；三是在没有很大困难的情况下，通过对系统知识库进行语义修改而予以重用。[1]但存在建模初期规则建构耗时较大，并非所有的知识都可以归纳为逻辑森林，如司法裁判经验、基于个案情况进行的价值权衡等，以及领域的封闭性等现实问题。由于专家系统中的知识单位太小而难以处理复杂的问题，因此只能用于处理简单案件。[2]目前，我国针对不同类型案件而分门别类提取案件要素和裁判标准而建构的办案辅助系统

〔1〕　Richard E. Susskind, *Expert in law*, The Modern Law Review, Vcl. 49：168, pp. 168-194（1968）.
〔2〕　刘东亮："新一代法律智能系统的逻辑推理和论证说理"，载《中国法学》2022 年第 3 期，第 150 页。

与这一模式具有很大相似性。[1]

法律专家系统也面临域外学理上的批判。例如，计算机化的法律信息检索系统，如 LEXIS，被认为根本不是具有智能解决问题能力的信息检索系统，而是"文档"检索系统，因为在任何搜索会话中，用户都会得到可能相关文档的文本，而不是正在寻求的问题解决方案。有学者对法律专家系统进行测试后认为专家系统学理上的优势（透明性、启发性和灵活性）并未发挥，既不透明，也不提供对其推理路线的解释，并非以启发性知识来推理。[2]传统上法律数据库系统的目的是在一般的法律问题解决过程中作为非智能的支持性组成部分发挥作用，而法律专家系统则旨在智能化地解决问题，这通常需要与智能人相关的知识水平。[3]但作为法律知识系统的专家系统并未区别于传统上的法律数据系统，智能化程度有限。

学界对以上问题也展开了相关探讨，将其主要原因归结为设计路线未结合法律专业性知识。TAXMAN 专家系统的设计者麦卡蒂认为应当建立法律知识的深层次模型，无论是文献检索还是专家咨询，智能信息系统建设的最关键任务是建立一个相关法律领域的概念模型。[4]有观点认为专家系统应当符合某些法学理论，因为所有的法律专家系统都必须对法律的性质和法律推理作出假设。专家系统必须体现法律的结构和个性化理论、法律规范理论、描述性法学理论、法律推理理论、逻辑和法律理论、法律系统理论。[5]因此，这将促使研究者对如何促进智能技术与法律知识的深度融合进行探索。

（二）智能时代形式逻辑的进一步完善：本体论基础上的知识系统

人工智能本体论是指建模过程中对领域内概念的明确定义。[6]法律本体

---

[1] 郑戈："司法科技的协调与整合，载《法律适用》2020 年第 1 期，第 9 页。

[2] Richard E. Susskind, *Expert in law*, The Modern Law Review, Vol. 49：168, pp. 168-194 (1968)

[3] J. C. Smith, Machine Intelligence and Legal Reasoning-The Charles Green Lecture in Law and Technology, Chicago-Kent Law Review, Vol. 73：277, pp. 277-347 (1997).

[4] Edwina L. Rissland, Artificial Intelligence and Law: Stepping Stones to a Model of Legal Reasoning, The Yale Law Journal, Vol. 99：1957, pp. 1957-1981 (1999).

[5] Richard E. Susskind, *Expert in law*, The Modern Law Review, Vol. 49：168, pp. 168-194 (1968).

[6] Gruber T. R., *Towards Principles for the Design of Ontologies Used for Knowledge Sharing*. In N. Guarino and R. Poli, editors, Formal Ontology in Conceptual Analysis and Knowledge Representation. Kluwer Academic Publishers, 1993.

论是对法律领域内知识要素的抽象化、概念化和结构化展现。这一发展的主要特点在于如何弥补专家系统的不足，实现技术和知识的深度融合，提高智能化程度。目前，域外国家对法律本体论模型包括通用法律本体和领域法律本体两种类型。通用法律本体是指法律领域通用，其中涉及法律领域一般概念及概念之间的关系，适于各子领域的通用；领域法律本体是针对法律具体领域（如刑法、交通法等）而建立的本体。[1]具体可划分为以下两个阶段：

1. 第一阶段：与法学理论的对接

人工智能与形式推理的初步结合旨在法律专业领域内建构一个人工智能和法律人统一认识事物的语言体系和逻辑结构，通过语义学上人工智能与人类法官的沟通实现形式法律推理。这一路径的假设前提在于将法律规则的语言集合与现实世界形成一一映射的关系。但法律规范中的"规范性概念""裁量条款"等表述多是含混的[2]，难以以语言的对应实现形式逻辑推理。对此，域外国家借助法学理论作为法律智能系统的推理支撑，实现形式与内涵的统一，解决法律语言和法律实践、价值权衡之间的距离。

20 世纪 90 年代中期，麦卡蒂等学者开始对法律通用知识图谱予以研究，试图弥合法律人工智能和法律概念之间的差距。鉴于专家系统法律理论知识基础不足的问题，这一阶段的探索吸收借鉴了较多法学基础理论知识，如哈特、凯尔森、霍菲尔德对法律规则等基本法律问题的分析，在法律规范基础上形成了 LLD（Language for Legal Discourse），法律功能本体 FOLaw（Functional Perspective of Law），法律核心本体 LRI-Core（Law Role Identify-Core），基于框架的概念性的法律本体 FOB（Framebased Ontology of Law）和 LKIF（Legal Knowledge Interchange Format）等法律通用本体。其主要是对法律规范中的法律知识从不同的角度进行抽象概念化、类型化，并形成结构化的知识体系（表 4-3）。

---

〔1〕 赵忠君："国外法律本体研究综述"，载《情报科学》2012 年第 1 期，第 149-154 页。

〔2〕 陈坤："法律推理中的价值权衡及其客观化"，载《法制与社会发展》2022 年第 5 期，第 161 页。

表 4-3 域外法律知识图谱

名称	开发者	视角	顶层知识要素分类
LLD	麦卡蒂	法律概念语言	两阶表达式，一阶表达式包括公理和规则，二阶表达式包括具体的模态。模态具体包括时间、事件和动作以及道义表达
FO-Law	VALENTE 莱布尼兹法律中心	法律的社会功能	规范性知识（规范中的应然层面）、世界知识（概念界定）、责任知识（义务和豁免情形）、反应知识（违反后的制裁措施）、元类型知识（自然法层面）和创造性知识（立法中创造的内容）
LRI-Core	莱布尼兹法律中心	对 FOLaw 的重用	物理概念、抽象概念、精神概念、角色和事件[1]
FBO	Van Kralingen 和 Visser	法律框架结构	区分一般法律本体（三个不同的实体：规范、行为和概念描述）和特定法规本体[2]
LKIF	The Estrella 项目		顶层：心理、物理和抽象概念和事件。[3]用于涵盖法律规范层面中的各类概念要素，如行为人的主观意图、行为等内容

以上探索的特点及其对我国的借鉴意义在于：一是从本体论出发构建知识图谱的底层逻辑。从法哲学描述适用于法律所有领域的基本类别，将充当层次结构的顶峰，以便明确落入这些基本类别中的特定领域概念。[4]为此，我国智能裁判系统内在逻辑的建构应体现出较高的抽象概括性。在结构上，依据特定视角在元层次上对法律概念进行分类，其中每个实体均包括一个框架结构，列出了与该实体相关的所有属性要素。通过多层级建构，完成法律概念体系，进而提高智能化应用的智能化程度。二是与法学领域内知识要素

〔1〕 Tom Van Engers, Alexander Boer, Joost Breuker, et al., *Ontologies_ in_ the_ Legal_ Domain*, researchgate, (Aug. 10, 2021), https://www. researchgate. net/publication/22627 0544.

〔2〕 Pepijn R. S. Visser and Trevor J. M. Bench-Capon, *A Comparison of Four Ontologies for the Design of Legal Knowledge Systems*, Artificial Intelligence and Law, Vol. 6：27 pp. 27~57 (1998).

〔3〕 Rinke Hoekstra, Joost Breuker, Marcello Di Bello, et al., *The LKIF Core Ontology of Basic Legal Concepts*, researchgate, (Aug. 10, 2021), https://www. researchgate. net/publication/221539250.

〔4〕 Trevor Bench-Capon, *Ontologies and Legal Knowledge-Based Systems Development*, researchgate, (Aug. 10, 2021) https://www. researchgate. net/publication/249783353_ Ontologies_ and_ Legal_ Knowledge-Based_ Systems_ Development.

深度融合，进行元理论上的沟通。尽管以上知识图谱固构建视角差异而结构有所不同，如 FOLaw 将法律的社会功能区分为六种，据此将法律规则进行划分，而 FBO 则是从法律框架结构出发，区分为通用型和特定法规型本体两层级。[1]但其将法律知识要素的确定和凯尔森、哈特等法学家的法律基础理论相结合，在法律规则的概念体系上，包括规范性术语和责任性术语及法律规范中主体、行为、主观心理状态与相关概念定义，以及逻辑关系（如禁止、允许等）等内容。[2]我国智能裁判系统的建构应不断实现与法学理论的深度融合，以提高智能裁判模型的复用率。三是对法律规范之外隐性知识的挖掘，试图弥补价值判断缺失、专家系统知识单位太小的问题。域外法律智能系统中的知识要素多来源于法律理论的提取，而非对日常生活经验的归纳。这表明，我国智能裁判系统应进一步引入法律专业知识，对智能裁判系统背后的知识逻辑进行多层次建构，使智能化应用能够反映法律领域的特殊性需求，识别法学领域内的专门化语言，提高其智能程度。

2. 第二阶段：对现实功能的直接回应

21 世纪之后，互联网和大数据的发展，法律知识图谱的发展侧重于对数据的管理需求和领域知识图谱的发展。

在领域知识图谱中，法官专业知识本体（the Ontology of Professional Judicial Knowledge，OPJK）是由法律专家和法官开发的专业司法知识本体。自 2001 年起，西班牙司法机构开始此项研究，其重点是司法文化中的实践问题和程序问题结构化：司法专业知识如何通过正式和非正式手段产生、共享和组织。这建立在司法经验大量抽取基础上，通过对年轻法官的大量问卷调查，发现其面临的主要问题，以及解决问题的考虑因素和解决对策，并结合其教育背景和所运用的法律知识体系（如常识、程序知识、法律解释和法律理论等），从众多知识要素中抽取法律本体层面的概念体系。目前，OPJK 本体论已运用于 IURISERVICE 自动问答系统。该系统主要是为首次任命的西班牙年轻法官提

[1] Pepijn R. S. Visser and Trevor J. M. Bench-capon, *A Comparison of Four Ontologies for the Design of Legal Knowledge Systems*, Artificial Intelligence and Law, Vol. 6：27 pp. 27-57 (1998).

[2] Joost Breuker, Andre Valente and Radboud Winkels, *Legal Ontologies in Knowledge Engineering and Information Management*, Artificial Intelligence and Law Vol. 12：241, pp. 241-271 (2004).

供关于常见问题的智能问答。[1]积极效用是发现用户的问题或输入问题（用自然语言表达）与存储的问题之间的最佳语义匹配，从而提供满足用户的答案，因此可以提供比单纯的关键字搜索更好的搜索功能，由关键词匹配发展为语义匹配，提高问题解决的精确性。[2]领域知识图谱的发展一方面源于大数据技术的发展，新一代法律智能系统的机器学习为海量数据处理提供了技术支撑。[3]另一方面前述通用知识图谱的发展也为之奠定了基础。正如 FOLaw 和 LRI-Core 等法律通用知识图谱仍在法院中得到运用，[4]有效提高了知识建模的复用率，为专门领域内的智能化应用奠定了基础。

因此，域外法律智能系统的底层逻辑经历了由法律理论向法律经验进行知识提取的发展过程，并不断完善法律专业领域内人工智能和法律人统一认识事物的语言体系和多层次逻辑结构，以提高智能化应用的推理能力和智能程度。

四、行政诉讼法律知识图谱的建构

在现有司法实践中，智能化要素式审判方式运用于三类案件：政府信息公开案件、行政征收补偿案件、行政诉讼工伤认定案件。2021 年 5 月，最高人民法院发布《行政诉讼繁简分流意见》，其中第 19 条明确"人民法院可以结合被诉行政行为合法性的审查要素和当事人争议焦点开展庭审活动，并可以制作要素式行政裁判文书"。由于智能化运用的自动化和高效性，为实现简案快审、类案专审、繁案精审的司法改革目标，智能化要素式审判方式在行政诉讼中具有更大的适用空间。为促进行政诉讼法律知识图谱的重用性，提高智能化应用的建设效率，以下对行政诉讼法律知识图谱的建构进行了探究。

---

〔1〕　Giovanni Sartor, Pompeu Casanovas, Maria Angela Biasiotti, et al., *The approach of legal ontology*, Springer, 2010, pp. 49-64.

〔2〕　Pompeu Casanovas Giovanni Sartor Núria Casellas Rossella Rubino, *Computable Models of the Law*, Springer, 2008, pp. 113-129.

〔3〕　刘东亮："新一代法律智能系统的逻辑推理和论证说理"，载《中国法学》2022 年第 3 期，第 148 页。

〔4〕　J. G. Carbonell and J. Siekman, *Law_and_the_Semantic_Web_Legal_Ontologies_Method*, Springer, 2005, pp. 186-200.

（一）构建通用型法律知识图谱

法律知识图谱作为智能裁判系统的底层逻辑决定了，推动法律知识图谱的建构是优化法律知识逻辑的必要之举。

首先，要积极探索适用广泛的通用型法律知识图谱的建构。依据重用性和抽象性程度知识图谱可以划分为在司法裁判中具有广泛适用性的法律通用知识图谱、适用于某一诉讼类型的法律领域知识图谱、适用于某一案件类型的任务驱动型法律知识图谱等。通用型图谱建构的目的在于：一是处理不同来源的海量司法大数据，如司法裁判文书、法律规范、起诉书等。由此提高司法大数据质量。二是促进不同智能裁判系统法律逻辑的内部统一。目前，全国范围内存在驳杂的智能裁判系统，各地法院各开发一套系统、各自为战，且智能裁判系统仅能适用于特定案由的简单类案，可能导致裁判尺度不统一、利用率低下、资源浪费的现实问题。[1]这需要在现有任务驱动型知识图谱基础上探索更具有复用性、包容性的领域型或通用型知识图谱。突破案由限制，从行政审判的整体特点出发，借助通用型法律知识图谱探索智能裁判系统内在逻辑建构的统一标准，指导不同地区、不同案件类型智能裁判系统的逻辑建构。

其次，建构过程强调技术专家和法律专家的协同性参与。从长远来看，司法大数据的开发并非单纯意义上的技术开发，还需要有司法理论与实践知识的指导，否则将成为无源之水。[2]法律专家不仅包括法官，还包括一些学者等。由一线法官参与，推动智能裁判系统更加务实有效，有效服务于法官需求。同时，法律知识图谱的本体涉及较多法律抽象概念的运用，不仅需要司法裁判经验的适用，更需要从司法经验中抽象出专业化的法律概念进行图谱建构。这要求行政法、行政诉讼法学专家的加入，在经验事实要素基础上提炼更加专业的特征要素。因此，通过不同主体的合力促使智能技术与司法活动的深度融合。

〔1〕　左卫民："如何通过人工智能实现类案类判"，载《中国法律评论》2018年第2期，第32页。
〔2〕　刘艳红："大数据时代审判体系和审判能力现代化的理论基础与实践展开"，载《安徽大学学报（哲学社会科学版）》2019年第3期，第105页。

（二）以诉讼要件事实理论为理论工具

在弱人工智能阶段，法律知识图谱的建构方式表明智能裁判系统的底层逻辑还在于如何建构类人的裁判思维。智能裁判系统中法律思维的嵌入是智能化程度提高的必经路径。这需要完善智能裁判系统的理论工具。在司法审判中，民事诉讼、刑事诉讼、行政诉讼分别围绕原告请求权的成立要件、犯罪构成要件和行政行为合法性审查，[1]共通性在于以法律中的构成要件为理论分析工具。为此，要件事实理论应作为智能技术与司法裁判深度融合的理论基础。

首先，要件事实理论旨在以诉讼要件确定需要标注的事实要素，形成多层次的逻辑结构。如何使智能系统中的案件特征标注更具有法律规范性、契合司法裁判逻辑是提高智能化程度的关键。诉讼要件的引入并非对要素式建模的替代，而是对司法经验主义路径的优化。要素式建模是将实践中的审判经验割离为单纯的"要素"，且各地不统一，影响司法公正的实现。但相似性判断是在案件事实与法律规范之间来回穿梭进行的，故而比较点应该能够涵盖法律规范与案件事实两个方面的因素。[2]同时，智能裁判系统中法律逻辑的实现以多层次法律知识图谱为前提。借助诉讼要件理论确定需要标注的案件要素，从中提炼出影响请求权成立和行政行为合法性的相关事实要素，并进行抽象、提炼，增强法律知识的运用，形成固定的知识积累方式。由此，搭建"司法经验层面的案件事实要素——法学理论层面的诉讼审判要件"的多层次法律知识图谱，增强法律知识的逻辑化表达。

其次，要件事实理论工具的引入可为智能裁判系统建构提供更多可实操性的知识工具。目前，现有学界对智能裁判系统完善的探讨多聚焦于法理学角度。法理学中的法律逻辑理论虽为智能司法提供了顶层理论工具，但现有的智能系统欠缺与诉讼实践的深度融合，仅是"云端"的理论工具，而不是指导实践的理论工具。[3]由于行政诉讼裁判方式的特殊性，智能裁判系统中法律逻辑的嵌入不仅建立在法理学知识上，还要引入诉讼法的理论工具，实现由"法理学+人工智能"向"法理学+部门法+人工智能"发展。诉讼要件

〔1〕 崔亚东：《人工智能与司法现代化》，上海人民出版社 2019 年版，第 168 页。
〔2〕 孙海波："类案检索在何种意义上有助于同案同判？"，载《清华法学》2021 年第 1 期，第 87 页。
〔3〕 高翔："智能司法的辅助决策模型"，载《华东政法大学学报》2021 年第 1 期，第 63 页。

既是对实体法规范的分析、解构，又是对司法经验的抽象化、概念化、符号化，可以更为直观地反映诉讼过程中事实认定和法律适用的法律特征，对司法大数据中的特征提取和标注形成更有针对性的理论指引。因此，要件事实理论使案件要素的标记可以直接依据审判要件类型进行，突出了诉讼法理论在智能化建构中的特殊性，而不仅诉诸法理学概念。域外法律知识图谱法理型的发展路径表明将诉讼要件嵌入具体设计和操作程序中具有实操性。

综上所述，体系化的法学知识包括价值体系、原则体系、规范体系、制度体系和概念体系。理论工具完善的意义在于形成"要件（事实）要素——法律要件——法律概念——原则"的多层次结构模型，将法官裁判逻辑嵌入智能裁判系统中，促进智能裁判系统在更高层面实现案件裁判中事实要素和法律规范、法律价值的融贯，逐渐提高智能裁判系统的智能程度。

本章小结

2020 年，我国法院信息化 3.0 建设完成，以语音识别、卷宗 OCR 识别等感知智能技术为基础的庭审语音识别系统和电子卷宗随案同步生成系统等在全国范围内广泛建立。2021 年《人民法院在线诉讼规则》的公布为电子证据等电子化材料的运用方式和效力进行了规范。感知智能的司法智能化应用和规则建设已取得较大进步。2020 年 12 月 3 日，全国法院第七次网络安全和信息化工作会议明确，要统筹布局"十四五"时期智慧法院工作，建设以知识为中心的信息化 4.0 版。以法律知识为基础加强司法智能化中认知智能的建设是未来智慧司法的重要内容。司法大数据知识积累的维度决定了未来知识智能推送的广度，数据知识积累的深度决定了未来知识智能推送的精准度，数据知识积累的质量决定了未来知识智能应用的效果。为此，法律知识图谱的建立成为行政诉讼智能化建设和智慧法院建设的知识大脑，发挥知识图谱的知识驱动作用，实现法学知识和人工智能技术的双向融合，探索以法学知识为基础的人机融合模式。

第五章
行政诉讼智能化的审判方式

在行政诉讼智能化的跨界融合、深度运用中，智能化应用由审判辅助智能化向审判方式智能化拓展。行政诉讼智能化的审判方式一方面促进了审判制度的发展更新，另一方面也激发了行政诉讼制度纠纷预防、社会治理价值的发挥。智能化应用的深度运用需要诉讼制度的完善。因此，本章将先对行政诉讼智能化审判方式的发展特点与适用原则进行探究。在此基础上结合司法实践，分别对简单案件审判方式智能化与复杂案件审判方式智能化展开分析。

第一节　行政审判方式的智能化因应

人工智能存在弱人工智能、强人工智能与超人工智能三个发展阶段。机器人法官是司法裁判智能化的理想形态。但鉴于当前司法智能化应用仍处于弱人工智能阶段，完全的智能化裁判尚处于学理探索阶段。行政诉讼智能化审判方式呈现不同的发展特点。本节对行政审判方式智能化的发展特点和适用原则进行探究。

一、审判方式智能化的发展现状

2017 年《加快建设智慧法院的意见》为智能化应用的建设开发进行了国家层面的统一规划。司法制度改革的深入推进也亟须司法智能化应用的技术赋能。在此背景下，各地法院积极开展行政诉讼智能化应用探索。比如，要素式智能化审判方式、行政诉讼类案专审平台等。现有模式主要存在以下发展特点。

（一）以解构审判活动为建构路径

100 多年前，马克斯·韦伯设想的自动售货机般的机器人法官——"投进去的是诉状和诉讼费，吐出来的是判决和从法典上抄下来的理由"，即不需要人类法官干预，可以自主进行案件裁判的智能应用系统是人类对机器人法官的理想期待。目前，在弱人工智能阶段，人工智能与司法审判活动的结合以审判活动解构为前提。其原因一方面在于智能技术的局限性，无法满足行政诉讼审判对法律解释、价值判断的现实需求；另一方面源于人工智能技术应用的场景化特点。当智能技术的应用场景发生变化时，人工智能可能变成弱智能。因此，现有智能化应用区分不同的诉讼活动，结合其特殊的场景需求而设立相应的智能化模型，以满足不同司法活动的需求。为此，将审判方式解构为不同审判活动阶段，进而分别建立智能化应用是当前审判方式智能化的重要特点。

在具体路径上，司法裁判中的演绎推理方式为审判活动的解构提供了基础。事实认定、法律适用和案件裁判结果的作出是演绎推理的三大步骤。正如上海市高级人民法院的行政诉讼案件智能辅助办案系统将行政案件审理流程提炼为智能阅卷、智能归纳、智能辅助、庭审评议、文书智能生成五大功能模块，通过不同审判要件的划分分别实现智能化辅助。相关子模块将司法人员的人工选择和辅助系统的智能抽取相结合，共同完成案件待审查内容的固定和完善，进而形成最终的司法判断结果。[1]在事实认定中，智能化应用具有分析整理相关卷宗材料，进而完成争议焦点归纳和无争议事实归纳等功能。法律适用阶段的智能化应用包括类案智推系统和法条推送系统。案件裁判阶段的智能化应用包括裁判文书自动生成系统与裁判偏离预警系统等。

（二）以"技术—资源—思维"为赋能结构

人工智能技术尚未实现司法裁判的完全自动化和自主化，通过司法智能化决策促进行政争议的实质性解决。但人工智能技术对人类智力活动模拟使得其对人类的影响不仅体现在生活生产方式上，还体现在对人类思维方式的深刻影响上。行政审判活动不仅是法律的机械适用，更是不断在法律与社会现实生活之间进行往返流转的智识判断活动。随着智能技术与审判深度融合，审判方式的智能化应用得益于数据资源的智能化应用和裁判思维的数据化拓展，即预测性思维和计算性思维的发展。审判方式智能化呈现出"技术—资源—思维"相结合的多重应用维度。

首先，在资源要素层面，法律大数据作为生产要素资源，提高了行政审判的高效性和公正性。人工智能时代，大数据成为信息化社会的"石油"基

〔1〕 葛翔："司法实践中人工智能运用的现实与前瞻——以上海法院行政案件智能辅助办案系统为参照"，载《华东政法大学学报》2018 年第 5 期，第 68-69 页。

础。司法大数据成为司法审判的战略资源辅助司法活动。具体地，海量的司法审判数据等法律数据库资源成为类案智推、法条推送、裁判偏离预警等智能化应用建立的数据基础。智能审判辅助系统通过海量数据的结构化和加工分析，实现全部电子卷宗材料的智能分析与法律条文、类案的智能推送等，以大数据资源为法官提供智力支持。由此，人工智能科技与法官之间的关系由传统上的"工具—利用"关系转变为"机器人法官—合作协同"关系。[1]因此，司法大数据成为诉讼智能化建设的基础资源。

其次，在思维观念层面。大数据思维中的计算性思维、相关性思维和定量化分析[2]，在诉讼智能化中也有所表现，裁判思维向数字解决主义，司法实证主义，以及法律实用主义等方向转变。其具体适用方式包括一是在个案裁判中，基于先前所有同类案件的历史数据来预测当下案件的裁判结果。二是在群案预测中，借助大数据分析分析案件特点，预防未来行政争议的产生。例如，行政审判白皮书借助大数据，对行政诉讼典型案件类型进行整体性、预测性分析，实现行政争议的诉源治理和预防性治理。在民事诉讼和刑事诉讼中，最高人民法院也针对典型案件类型发布司法大数据专题报告，分析发展特点，预测发展趋势，从而实质性化解行政争议。数据思维在行政审判中的应用促进了审判方式的更新，由演绎向类比拓展，由个案争议解决向群案治理拓展，由事后解决向事前预防拓展。

（三）以诉讼理论知识为内在逻辑

智能化应用建模过程中诉讼理论知识的引入是当前智能技术与司法审判活动深度融合的重要表征之一。我国法律人工智能模型的研制于20世纪80年代中期起步。[3]计量法学、法信息学等法律和人工智能的交叉研究不断发展。但这一时期的智能化应用与司法活动的结合建立在一般法理学知识基础之上。人工智能认知智能的发展促进了诉讼理论知识的引入。具体表现为一是诉讼要件理论在建模中的运用。比如，贵州省行政诉讼智能化审判方式区

---

〔1〕　陈景辉："人工智能的法律挑战：应该从哪里开始？"，载《比较法研究》2018年第5期，第136-148页。

〔2〕　参见［英］维克托·迈尔-舍恩伯格、肯尼思·库克耶：《大数据时代：生活、工作与思维的大变革》，盛杨燕、周涛译，浙江人民出版社2014年版，第68-94页。

〔3〕　张保生："人工智能法律系统的法理学思考"，载《法学评论》2001年第5期，第12页。

分行政行为实体合法性和程序合法性两个角度，从而完善模型建构；二是行政诉讼案由制度在类案检索系统中法律知识图谱建构的基础性地位。当前法信系统以行政诉讼案由为标准建立法信大纲以及类案智推平台。此外，行政诉讼中行政行为合法性审查原则以及诉讼类型化制度成为领域确定、知识表示特征要素确定的法律标准。因此，行政诉讼审判方式智能化应用的建模方式由"法理学+人工智能"模式向"法理学+诉讼理论+人工智能"模式转变。

综上，智能技术在行政诉讼中的跨界融合和深度运用需要诉讼理论知识的引入，使智能化应用以智能技术、数据资源和数据思维三种形态作用于智能化审判中，并通过审判活动解构的方式分别适用于不同的审判阶段。

二、行政诉讼智能化审判的适用原则

当前，行政诉讼智能化审判辅助系统呈现深度广泛适用的发展趋势：在适用范围上，由诉讼案件流程管控向案件裁判环节拓展；在功能定位上，由事后个案争议解决促进向事前群案风险预防发展；在建模方式上，由"人工智能+法律逻辑"向"人工智能+诉讼理论+法律逻辑"模式转变；在积极影响上，由辅助法官依法审判向完善法律制度完善、更新司法审判理念延伸。行政诉讼审判方式的智能化应坚持以下原则。

（一）以区分简单案件和复杂案件为前提

依照不同的分类标准，行政纠纷可以划分为不同的类型。过去行政争议的类型划分标准包括：一是依据行政行为类型展开的划分，如行政处罚争议、行政许可争议等；二是依据行政管理领域展开的类型划分，如公安行政管理纠纷、资源行政管理纠纷等。[1]结合当前繁简分流改革中简单案件、普通案件和复杂案件的区分，[2]司法智能化应用表现出简单案件和复杂案件相区分的特点。

---

[1] 参见高家伟主编：《行政行为合法性审查类型化研究》，中国政法大学出版社2019年版，第175-511页；耿宝建：《行政纠纷解决的路径选择》，法律出版社2013年版，第67-68页。
[2] "简单案件"这一概念出现于为合理配置司法资源而展开的繁简分流司法制度改革背景下。相关司法工作文件参见：最高人民法院《关于进一步推进案件繁简分流优化司法资源配置的若干意见》《关于建设一站式多元解纷机制 一站式诉讼服务中心的意见》《关于人民法院深化"分调裁审"机制改革的意见》《行政诉讼繁简分流意见》。

首先，简单案件与复杂案件的区分具体表现为一是适用方式的不同。简单案件智能化审判表现为对审判方式进行系统化、全流程的智能化应用，如要素式智能化审判系统的展开。复杂案件中的适用方式表现为对审判过程的局部智能化辅助。例如，为解决疑难案件法律适用的类案智推系统，其聚焦于法律适用阶段的智能化应用。二是智能化技术的应用形态不同。技术、资源和思维是司法智能化应用中的三种形态，具有不同的适用优势。简单案件的智能化审判以技术赋能为主要形式，偏重对法律专家系统建模方式的个案适用。比如，智能立案中立案标准的自动化审查、智能审判中的争议焦点预归纳等。这也决定了简单案件的智能化审判以事后争议解决为主要特点。复杂案件的智能化审判以数据思维赋能为主要形式。行政诉讼中的复杂疑难案件往往具有社会冲突困局等深层次原因，如当前社会不稳定因素与群体性事件往往为农村土地征用、城市房屋拆迁、社保政策调整、企业改制、环境议题等地方具体决策所诱发。[1]对此，可利用大数据分析，探究争议变化的历史规律和未来趋势，为司法决策提供方向指引，实现由事后解决向事前预防拓展。

其次，适用方式的不同也决定了简单案件和复杂案件智能化建模方式的不同。在人工智能的发展过程中，机器学习和算法等数据系统的快速发展并未完全消解专家系统的价值优势，智能技术中的自然语言处理技术促进了专家系统的发展，有利于解决知识表示、知识获取中的困境，机器学习算力极大提升了对数据标签的处理。专家系统与数据系统并存是当前域内外司法智能化应用的适用特点之一。目前，专家系统在行政活动、私人组织，以及公共机构中得到较多适用，原因在于在类似或相同案件中存在较多简单和重复的程序。编程可以被执行的重要条件，或者说重要限制是程序必须足够简单，并能在许多案件中被不断重复而没有显著的变化。因此，简单案件由于其法律关系较为简单，裁判逻辑更为清晰，因此专家系统为其主要建模方式。而数据系统的特点在于开放性，可以根据新的数据进行自主学习，自主发现其背后的规律，进而进行预测，与复杂案件的预防性功能更契合。

---

〔1〕　卢超："行政诉讼行政首长出庭应诉制度：司法政治学的视角"，载《北方法学》2015 年第 4 期，第 116 页。

因此，区分简单案件和复杂案件是行政诉讼审判方式智能化应用探索的前提。

（二）以案件类型化为基础

智能化应用的领域性特征表明在区分简单案件和复杂案件的基础上，还需要对行政案件予以类型化。

首先，不同类型案件审查内容的不同决定其智能化的着重点存在差异。比如，睿法官系统根据案件类型的不同特点需要设定了不同的功能应用。[1]根据案由的不同特点，区分不同类型的案件，提供不同的智能辅助支持功能。因此，案件类型化区分的意义在于突出不同类型案件智能化建设的着重点。

其次，不同类型案件在事实认定和法律规范中的差异需要进行不同的建模方式。行政行为合法性审查是行政诉讼的基本原则，但在不同的行政管理领域中，行政诉讼的事实认定仍具有很大差异，如工伤认定决定书内容、是否存在劳动关系、认定工伤、视同工伤，以及认定工伤的例外等情形，通过系统判断，对案件事实法律框架进行构建。同时，其特殊性还在于法律渊源的广泛性，包含从法律到规章各个位阶的法定规范，甚至还涵盖规章以下其他规范性文件。不同行政管理领域内的法律规范表现很大区别。法律专家系统建模的基础在于知识获取和知识表示，通过事前人类裁判规则的输入，使计算机模拟人类的裁判方式。在此，知识的表示、利用及获取成为智能化应用建立的前提基础。这要求对事实和法律规范中的司法大数据进行清晰地分析和处理。不同类型案件的智能化应用建模需要不同的知识表示要素和数据处理方式，如行政工伤认定案件的关键数据包括工伤认定决定书内容、是否存在劳动关系、认定工伤、视同工伤以及认定工伤的例外等。[2]因此，案件类型化区分的另一种意义在于区分不同案件类型完成智能化应用模型的知识

---

[1] 参见《2018全国政法智能化建设智慧法院十大创新案例（一）北京市高级人民法院——"睿法官"系统》。比如，机动车交通事故类案件，主要特点在于赔偿项目多、计算复杂，容易出现审理遗漏和计算错误，所以主要提供的辅助功能是智能计算；离婚案件的主要审理难点在于财产分割，查明和分配财产的工作比较繁杂，提供的辅助功能主要是通过建立财产池、分割模型帮助法官审理和判断；民间借贷、买卖合同属于争议场景较为繁多、裁量因素复杂的案件类型，所以提供的主要辅助功能是帮助确定裁判尺度的类案。

[2] 王彦、许鹏："行政诉讼类案智能专审平台的价值取向与实践"，载《人民司法》2018年第19期，第48页。

型建构。

（三）以人机协同为角色定位

自法院信息化建设以来，科技与司法活动的融合不断促进法院的现代化建设。而人工智能技术与司法活动的结合改变了传统科学技术在司法活动中的运用。一方面，智能化应用表现感知、认知等智能，甚至在某些方面，还具有庞大的数据处理能力，预测能力等超越人的智能，从而参与司法决策的作出。另一方面，人类法官的某些行为同时成为人工智能应用的分析对象。由此，机器人法官不仅是以人类工具的角色为人类法官所运用，更是成为人类法官的协作者。

在充分利用智能化技术的积极优势时应明确智能化应用的适用边界。一是智能化应用应以实质正义的实现为最终目标。随着依法治国方略的提出，以维护公平正义为核心的司法价值观日益凸显。[1]司法智能化应用在促进司法高效、司法便民的同时不得侵害司法公正价值的实现。在当前实质法治背景下，实质正义的关键在于智能化审判与司法裁量权、能动性的对接，即形式正义和实质正义的关系问题。司法自由裁量权是一个相对的概念，自由裁量权的恰当行使有助于实质正义的实现。因此，智能化应用对于司法裁量的功能定位应是合理限制，而非消除。二是保障法官主体地位。司法责任制要求司法正义的实现最终需要由权责统一的司法主体作为承担者。当司法智能化应用超出必要的适用范围，全面应用于审判案件时，其可能消解法官主体地位。而当决策依赖人工智能输出且有违公正时，一旦难以找到正确的责任承担人，则会背离司法责任制的制度目标。

因此，在弱人工智能阶段，"人机协同"的角色定位是行政诉讼审判方式智能化建设的核心原则。在利用智能化应用积极功能的同时，应当明确其适用边界，保障法官在行政争议实质性解决中的能动性和主体地位。

---

〔1〕 2002年11月，党的十六大报告提出："社会主义司法制度必须保障在全社会实现公平和正义。"2007年10月，党的十七大报告提出："实现社会公平正义是中国共产党人的一贯主张，是发展中国特色社会主义的重大任务。"2012年11月，党的十八大报告提出："必须坚持维护社会公平正义。"党的十八届三中、四中全会的提法分别是"让人民群众在每一个司法案件中都感受到公平正义""维护社会公平正义，促进共同富裕"。2017年10月，党的十九大报告提出："深化司法体制综合配套改革，全面落实司法责任制，努力让人民群众在每一个司法案件中感受到公平正义。"

第二节　简单案件的智能化审判方式

智能化要素式审判方式体现法律人对人工智能司法决策建模的追求。[1]从"知识工程（法律逻辑）+专家系统"至"知识图谱（法律逻辑+诉讼理论）+机器学习"，如何以人类法官推理的方式进行司法智能化应用建构是探索的主要路径。正如前文所述，法律知识图谱本质上是语义关系网的建构，其包括行政诉讼领域中的基本概念及其结构体系，从而使司法智能化应用具有认知和推理能力，为智能化应用模型的建立提供知识基础。本节将主要探究行政诉讼简单案件中的智能化要素式审判方式。这种审判方式经历了初步探索阶段和深化拓展阶段。

初步探索阶段基本情况如下。

建立之初，简单案件的智能化审判方式主要表现为"人工智能+要素式审判方式"的结合。正如自 2017 年起，上海市高级人民法院、重庆市高级人民法院、山东省高级人民法院、贵州省高级人民法院等地围绕智能化要素式审判方式进行了广泛探索适用，以提高行政诉讼审判效率。要素式审判智能化应用展开的原因在于：

首先，要素式智能化审判方式有利于提高司法效率。为更加彻底地保障诉权，并从制度上解决"立案难"问题，我国将立案审查制改为立案登记制。[2]随着立案登记制之后行政诉讼案件的不断增长，行政诉讼亟须借助智能技术以实现案件繁简分流，优化司法资源配置。智能化应用和要素式审判方式的结合为此提供了契机。智能化应用的优势之一在于部分审判活动的自动化，如案件的争议焦点归纳。智能化应用可以自动过滤消极相似点（对案件无实质性异议且妨碍类比适用的要素标签）和智能提示多发、易发的争议焦点，对诉讼事件进行智能层次性分析，省去了法官的部分事务性工作，提高了审判效率。同时，2017 年《加快建设智慧法院的意见》提出要"利用人工智能技术，实现

---

〔1〕　参见周尚君、吴茜："人工智能司法决策的可能与限度"，载《华东政法大学学报》2019 年第 1 期，第 54-57 页。

〔2〕　2015 年，最高人民法院发布《关于人民法院推行立案登记制改革的意见》。

全流程审判执行要素依法公开，使信息化切实服务审判执行"。要素式审判平台建立和运行的核心正是以案件要素信息为司法大数据有效运用的基础。

其次，要素式智能化审判方式可以回应要素式审判法在实践适用中的法官质疑。要素式审判方式的不足在于：一是对诉讼程序"仪式性"的消解；二是以智能便捷克服路径依赖，提高法官的接受度。实践中一些法官表现对传统审判程序的依赖，缺乏对要素式审判方式中全新审理和判决模式的学习积极性。[1]智能化审判平台对诉讼审判程序进行节点管控。依据确定的案件审理要素将诉辩意见、证据交换、无争议要素审理、争议要素审理予以表单化，并实现庭审笔录和裁判文书的自动化，从而利用智能化平台的客观性、自动性克服法官对传统审判方式的路径依赖。而且智能技术的全程留痕、电子数据回填录入、文书自动编写等功能将为要素式审判提供系统信息化支撑。

此外，简单案件裁判逻辑与要素式智能化审判在建模方式上具有较大的契合性。目前，智能化要素式审判系统的建立以专家系统建模方式为基础。两者的契合之处表现为：一是两者兼具结构化特征。智能化要素式审判方式以专家系统为建模方式。专家系统具有领域封闭性的特征，要素式审判方式中的审查要素本身就是一个经过法律人分析和加工的过程，并在一定的权威结构内形成有限逻辑规则，更适应专家系统这一相对封闭的自我推理系统。为此，结构上的相似性决定了建模上的契合性。二是要素式审判以案件事实的底层特征为主要规则基础，契合智能化模型建构从简到难的发展历程。简单案件便于标注，易于归纳概括，具有更强的具体性和明确性。合法性审查要件建立在对各类事实经验层面的归纳概括的基础上，需要其中的规则具有强大的普遍适用性，这使计算机逻辑推理规则的抽取具有更大的难度。而要素式中的各类要素直接来源于事实维度中的具体特征，易于归纳概括。智能推理的第一步是智能识别，即人工智能能够识别现实材料中的内容。要素式审判智能化建模的底层特征标注事实上发挥着让智能化应用进行案件识别的功能。相较于抽象的合法性要件，案件事实要素来自一般的生活语言，智能化应用的识别难度较低，有利于其形成一定的语料库和知识网

---

〔1〕　林遥、蔡诗言："冲出巴别塔的'阿尔法法官'：人工智能要素式审判模式研究"，载《网络信息法学研究》2019年第1期，第107页。

络。选择要素式审判作为智能化应用的切入点符合由简入繁、由浅入深的改革探索路径。

因此，初步探索阶段简案智审模式的发展动力直接来源于司法改革的制度需求，在为要素式审判方式改革提供助力的同时也对技术特点表现更大的适应性。

深化拓展阶段的基本情况如下。

要素式智能化审判以提升司法效率为直接目标，但在实践运用中出现了与司法高效相背离的现实问题。司法高效目的的实现需要智能化要素式审判方式的适用具有一定的广泛性。为此，建模方式的复用性对司法高效的实现具有直接决定意义。但智能化要素式审判方式采取"一类案一建模"的方式展开，要素特征以案件底层特征为基础，建模方式的复用性存在欠缺，并制约了司法效率的提升。这促使学界对智能化要素式审判方式为建模方式的发展完善予以进一步思考。

深化拓展阶段，繁简分流制度改革要求要素式智能化审判方式在简单案件中予以广泛积极推行。2021年5月，最高人民法院发布《行政诉讼繁简分流意见》。其中，第19条明确规定了要素式审判方式，即"对事实清楚、权利义务关系明确、争议不大的政府信息公开、不履行法定职责、不予受理或者程序性驳回复议申请以及商标授权确权等行政案件，人民法院可以结合被诉行政行为合法性的审查要素和当事人的争议焦点开展庭审活动，并可以制作要素式行政裁判文书"，并且"要素式行政裁判文书可以采取简易方式，按照当事人情况、诉讼请求、基本事实、裁判理由和裁判结果等行政裁判文书的基本要素进行填写"。该解释明确了在行政诉讼简单案件中要素式审判方式的适用范围、法律方式（行政行为合法性审查要素和争议焦点）和裁判文书内容，为之后行政诉讼智能化的广泛适用提供了法律基础。同时，其也明确了要素式审判方式的适用目的。在促进司法高效基础上，努力通过司法资源合理配置，实现案件的公正审理。为提高智能化审判方式建模的领域拓展性，学界和实务界结合法律知识图谱中本体论的运用，提出由智能化要素式审判应逐渐向智能化要件式审判方式拓展。这要求简案智审模型需要逐渐引入诉讼理论知识，使智能化应用能够模拟人类法官裁判逻辑，提高智能化应用效能，并提高建模方式的领域拓展性。

因此，在深化拓展阶段，随着智能化审判方式运用的拓展，简案智审的模式建构更为注重其自身的技术特征及其知识需求，以实现智能技术与审判方式的深度融合。由此，在促进简单案件快速审理，实现司法高效的同时，也需合理配置司法资源，提高复杂疑难案件的审理质量，促进司法公正。

一、简案智审模式的发展特点

要素式审判方式是智能化应用切入简单案件智能化审判的制度切入点，并形成了"人工智能+行政审判"的技术赋能模式。结合现有发展，以下将从智能化要素式审判的基本架构、审判方式改革与审判程序改革相结合及融合深度三个方面介绍其特点。

（一）以要素式审判法为基本架构

目前，繁简分流的司法制度改革推动了要素式审判方式的积极推进。"人工智能+要素式审判"的应用形态在多地法院得到应用，如重庆市的行政诉讼类案智能专审平台、上海市行政案件智能辅助办案系统[1]，以及贵州省高级人民法院的行政征收案件智能化辅助系统。虽然不同地区的智能化审判系统的智能化程度不同，但其共通的功能结构包括庭前阶段智能化、案件审理智能化和案件裁判智能化三个阶段。

首先，庭前阶段的智能化应用包括起诉条件智能化审查和智能阅卷功能及程序性裁判文书自动生成。起诉条件智能化审查是辅助系统依据审查要素数据库，对相关案件的立案条件进行识别。根据行政诉讼法的规定及实务中不同案由的受理审查标准，调用不同数据库和规则引擎，审查相应内容。[2]当不满足法定条件时，系统会自动识别并直接进入结案环节，法官简单填写相关结案信息后系统自动生成程序性裁判文书。智能化阅卷功能在系统后台自动匹配的基础上识别核心卷宗，并根据案件要素库实现对核心卷宗的要素抽取。系统通过词法分析提供分词、词性标注、命名实体识别，继而在卷宗中抽取要素点，并通过人工修订确保要素信息准确。其目的在于案件事实要素整理，

---

〔1〕 崔亚东：《人工智能与司法现代化》，上海人民出版社 2019 年版，第 238 页。

〔2〕 葛翔："司法实践中人工智能运用的现实与前瞻——以上海法院行政案件智能辅助办案系统为参照"，载《华东政法大学学报》2018 年第 5 期，第 69 页。

进行案情画像，辅助法官对案件事实进行分析处理，并为后期明确诉讼请求、事实理由、抗辩主张、查明事实预归纳，以及争议焦点预判断等提供基础要素支撑。

其次，案件审理阶段的智能化应用包括智能归纳、智能推送（类案推送和法条推送）、智能辅助。智能归纳包括智能化总结案件的争议焦点和无争议事实预归纳。具体步骤是对案件事项进行要素化整理，形成原、被告诉讼要素对比，总结双方当事人的争讼焦点。比如，重庆市行政诉讼类案智能专审平台围绕是否存在劳动关系、是否认定工伤，以及是否存在例外情形等事项进行要素化整理，形成原、被告诉讼要素对比，总结双方当事人的争讼焦点，生成法官庭审指引，辅助法官完成开庭审理，以智能化提升办案效率。[1]

最后，案件裁判阶段，裁判文书自动生成系统。法官仅需核实关键信息以及简单说理即可形成类型化裁判文书。针对适用要素式审判的案件制作出裁判文书标准化模板，法官在撰写裁判文书时，仅需将要素输入文书生成系统，就可以自动生成要素式裁判文书，甚至自动计算各方赔偿数额，还可以进行裁判文书质量的标准化校验。

相较于各类智能化应用的单独开发，这一建模方式以类型化案件为基础，以案件要素为人机协同对话的基础单元，以庭前的案件要素整合为审理阶段的争点归纳、裁判文书智能化生成等运用提供知识基础。由此，在传统要素式审判基础上，借助人工智能、法律知识图谱、法律大数据对案件信息进行要素提取、要素处理、要素应用的法律人工智能审判系统。但在不同地区法院，智能化要素式审判方式的智能化程度存在明显差异。例如，有的审判系统仅是进行要素数据的收集、转换，减少的是重复性的、机械性的工作，未能做到案件的判决结果预测、错误判决纠偏、类案推送等，智能程度不高。[2]而有的法院不断探索全流程的智能化要素式审判，如上海市行政诉讼智能化审判辅助系统，并且在案件裁判阶段，设置了裁判结果智能化预测功能，结

---

〔1〕 王彦、许鹏："行政诉讼类案智能专审平台的价值取向与实践"，载《人民司法》2018年第19期，第48页。

〔2〕 李晨："论类型化案件智能审判系统的建构——以J区法院为样本"，载齐玉洁、张勤主编：《东南司法评论》（2018年·总第11卷），厦门大学出版社2018年版，第339-350页。

合裁判结果的人工纠偏，实现案件的智能化裁判。[1]同时，要素式智能审判方式建设采用"简化裁判过程"和"消解价值判断"[2]的建构方式，以辅助审判活动为主要功能应用，尚未实现司法裁判智能化。

（二）以审判程序改革为配套措施

优化审判程序是要素式智能化审判效能提升的配套措施。立案登记制实施后，随着行政诉讼案件数量的不断增多、案多人少压力的显现，因此提高司法审判效率、合理配置司法资源成为司法改革的重要目标。在此背景下，繁简分流制度和简易程序制度是其中的重要措施。为此，审判方式智能化呈现要素式审判和简易程序协同推进的发展特点。但两者的不同在于一是性质不同。简易程序为审判程序的制度改革，而要素式审判为审判方式的制度改革。二是适用范围不同，要素式审判的适用范围在事实清楚、权利义务明确的基础上增加了可以概括固定要素的特点，并且要素式审判作为一种审判方法，并没有排除适用普通程序的案件和以上几类排除适用简易程序的案件，要素式审判法在普通程序、简易程序、小额诉讼程序、督促程序等各种民事诉讼程序中均可适用。要素式审判方式与案件的类型化审理具有密切关系。而简易程序主要适用于事实清楚、权利义务关系明确的案件。[3]因此，简易程序作为要素式智能化审判的配套措施，进一步激发了司法高效价值的实现。

（三）以中度融合为阶段性特征

在人工智能和社会科学的融合之中，深度融合作为深度学习的方式之一[4]逐渐成为"人工智能+X"建构中人机协同的理想形态。但目前，我国的审判方式智能化仍处于中度融合阶段。智能化要素式审判方式中的各类应用，如智能阅卷、智能归纳、智能辅助，尽管已经具有专门型司法智能化应

〔1〕　林遥、蔡诗言："冲出巴别塔的'阿尔法法官'：人工智能要素式审判模式研究"，载《网络信息法学研究》2019年第1期，第109页。参见崔亚东：《人工智能与司法现代化》，上海人民出版社2019年版，第236页。

〔2〕　孙海波："反思智能化裁判的可能及限度"，载《国家检察官学院学报》2020年第5期，第90-91页。

〔3〕　参见滕威："要素式审判方法之改进及其运用——提升民事庭官与文书制作效率的新思路"，载《人民司法》2019年第10期，第78页。

〔4〕　张冬明等："基于深度融合的显著性目标检测算法"，载《计算机学报》2019年第9期，第2079-2081页。

用的特征，即具有认知智能，也并非一般商业领域内智能化应用的简单平移，而是基于司法审判的功能需求而进行的专门性开发。但尚未在法学知识层面实现智能化应用与司法审判活动的深度结合。具体表现为

首先，建模方式尚未实现知识层面的融合。智能化要素式审判系统的建立应始终以要素式审判为理论指导，结合要素式审判的司法业务场景，进行模型建构。但其中的要素式审判方式更多着眼于司法审判经验的抽象总结。我国智能化运用存在智能程度不足的现实问题。例如，类案检索首次检索结果精确度低，关联性不强，建模方式复用率不足等[1]。智能化应用的形成以对经过事前整理的结构化知识进行深度学习为前提，并非以开放、杂乱无序的大数据为基础进行学习。前期知识加工的结构、方式直接影响智能化应用的具体成效。当前，智能化应用困境的原因可归结为对未能在法律知识层面直接反映知识关联的实体要素进行科学、精准、周延的设计。[2]因此，当前智能化要素式审判方式中的案情要素尚缺乏知识层面的结构化、体系化，尚未实现智能技术与法学知识的深度融合。

其次，在适用方式上，智能化要素式审判系统中的各类功能已由感知智能向认知智能发展，但也仅是在一些案情比较简单、证据比较扎实的案件中，由人类进行编码，并赋予机器一些特定的任务，从而在人类法官的监督下实现某些司法工作的自动化，提高了法官的工作效率。与此同时，行政诉讼智能化应用的实践局限促使对智能化应用的质效提出更多要求。

此外，目前我国司法智能化应用仍处于应用和工作机制的发展探索层面。在适用成效上，智能技术与审判方式的融合由浅到深存在"应用—机制—制度—价值伦理"四个阶段。在伦理价值层面，作为技术信任的起点，人工智能司法应用需要遵循可用、可靠、可知、可控的价值理念，尊重司法价值与固有属性，不能逾越司法权的基本底线。[3]但目前，以智能化应用为基础的

---

[1] 高翔："人工智能民事司法应用的法律知识图谱构建——以要件事实型民事裁判论为基础"，载《法制与社会发展》2018年第6期，第69页。

[2] 梁平："基于裁判文书大数据应用的区域法治化治理进路——以京津冀类案检索机制的构建为例"，载《法学杂志》2020年第12期，第38页。

[3] 参见司晓："智能时代需要'向善'的技术伦理观"，载《学习时报》，2019年8月14日，第6版。

制度建设及其相关伦理规尚未建立。

二、简单案件实质性解决的智能化契机

为缓解立案登记制后案件数量不断增加的诉讼压力，司法实践展开了对行政诉讼智能化要素式审判方式的积极探索。智能技术与审判方式的深度融合以先进有效的算法模型、统一完备的法律知识库，以及丰富优质的法律大数据为技术基础。与之相应的是，在法律制度层面，两者深度融合的基础在于形式主义法学的专家系统模型；行政行为合法性审查要件，以及电子政务的数据基础。

（一）以形式主义法学为推理基础

当前，审判方式智能化的实现路径包括专家系统模式和数据系统模式。从智能化要素式审判方式来看，通过规则的梳理形成法律知识图谱进而予以个案智能化建模是当前的主要做法。尽管现有的司法智能化应用运用了大数据技术，但这种针对不同类型案件而分门别类提取案件要素和裁判标准，以建立封闭性的裁判规则，以知识为基础的"专家系统"正是我国法院打造的主流办案辅助系统。[1]这一审判方式智能化建立在法律形式主义和类比推理基础上，为行政诉讼简单案件智能化裁判提供了推理基础。

首先，法律形式主义以逻辑推理为基础，严格遵循司法三段论的演绎推理模式，基本思路为"案件事实→法律规则→裁判结果"。法律形式主义者看来，法官只需要依照现行法律进行规范的逻辑推理即可得出良好的裁判结果。早期学者们针对法律推理的机器建模主要是基于相对封闭的单调演绎推理，搭建法律专家系统。典型应用，如 1977 年问世的 TAX-MAN 系统，其基于经典的演绎推理模式，针对公司税法问题，将法学知识拆分为一系列的概念和规则，从而搭建一个相对封闭的法律专家系统。法律形式主义演绎推理的"机械性"为人工智能技术引入司法领域找到了突破口。技术专家可以预先将系统化的法律规则进行机器语言表达，再将识别的具体案件信息输入规则模型，推理出审判结果。当前，简单案件智能化应用的建模方式遵循的方

---

〔1〕 郑戈："司法科技的协调与整合"，载《法律适用》2020 年第 1 期，第 9 页。

式：[1]将系统化的法律规则作为大前提，将特定案件事实作为小前提，把具体案件带入法律规则中推导出裁判结果。行政诉讼以行政行为的合法性为审查原则，简单案件多具有事实清楚、法律关系简单的特点，需要较少的价值判断和事实证据对抗认定。为此，行政诉讼简单案件的形式主义推理逻辑更易于智能技术的嵌入。

其次，智能化要素式审判方式建立在类比推理模式基础上。智能化要素式审判方式需要经历的步骤包括"收集裁判先例；提取类案要素标签（比较中项）；进行后案比对；归纳争议焦点并审理，以及得出裁判结论"的案件类比路径。[2]其中的每个环节均可通过人工智能计算方法进行等置化，建立在案情要素式的分析梳理基础上。其中的智能化应用通过对海量与案件相关的数据的搜集、挖掘与分析，把握同类型案件的审判规律，进行智能化的要素比对，辅助法官查明案件事实与正确适用法律。智能化的要素式审判需要通过存储和分析海量的司法数据，筛选出相似度非常高的类型案件，并提取类案要素设计要素表，再结合本案的案件事实，为法官提供司法辅助。行政诉讼中存在司法实践中频繁出现、法律关系明确、审理要点较为固定、案件审理难度较低的案件。比如，信息公开案件和行政工伤认定案件[3]等。因此，要素式智能化审判方式通过大数据的智能分析进行类比推理，进而辅助人类法官进行司法决策，弥补了人类法官演绎推理对司法数据经验分析不足的问题。

（二）以合法性审查原则为建模方式

当前智能化要素式审判系统的建模方式表现符号主义与领域性的特点。这一建模方式与行政诉讼的行政行为合法性审查标准具有一定的契合之处。

首先，行政行为合法性原则具有明确的要件标准，与当前智能化应用的符号主义建模方式相契合。要素式智慧审判在传统要素式审判基础上，借助

---

[1] 朱福勇、高帆："审判案件事实要素智能抽取探究"，载《理论月刊》2021年第6期，第129-130页。

[2] 林遥、蔡诗言："冲出巴别塔的'阿尔法法官'：人工智能要素式审判模式研究"，载《网络信息法学研究》2019年第1期，第109页。

[3] 王彦、许鹏："行政诉讼类案智能专审平台的价值取向与实践"，载《人民司法》2019年第18期，第47页。

于人工智能、法律知识图谱、法律大数据对案件信息进行要素提取、要素处理、要素应用的法律人工智能审判系统。比如，在具体功能应用上，争议焦点归纳事项进行要素化整理，通过原、被告诉讼要素对比，总结出双方当事人的争讼焦点。在裁判文书自动生成阶段，法官仅需核实关键信息及简单说明即可形成类型化裁判文书。要素式庭审的要义就在于围绕案件要素进行审理，而案件要素又包括事实要素、证据要素、法律要素、程序要素等，其中最基础性的要素就是案件事实要素，只有对案件处理结果具有意义的案件事实，才可能成为事实要素。[1]可以发现，案件要素是智能化应用运行的"物质"基础。其建模方式建立在符号主义的人工智能学派之上，通过符号来表达法律推理的内在逻辑思维。行政行为合法性要件是行政诉讼的主要审查内容，可以用符号的方式进行表达，并展开逻辑推理。而智能模型建构的前提也是尽量将审理对象形式化，从而实现可计算性。[2]为此，行政诉讼合法性审查要件是行政诉讼审查对象形式化、结构化的中间媒介，为简单案件智能化审判提供了学理基础。

其次，行政诉讼案件具有类型化的特点，即行政行为合法性判断在不同的案件中具有不同特点，与智能化建设的领域性特征相契合。领域范围的特定性是弱人工智能阶段、智能化要素式审判系统建模的另一特点所在。领域性不仅表现为三大诉讼之间智能化裁判领域区分的特点，同时也表现在行政诉讼内部以案件类型为标准的领域区分方式。目前，我国行政诉讼智能化审判系统的建立多选择某一特定案件类型展开，如重庆市的行政工伤类案智审平台、贵州省选择行政征收案件建立智能化要素式审判系统、上海市高级人民法院选择信息公开案件探索推进要素式智能审判平台。类型化是行政诉讼制度的重要特点，一方面是作为司法改革要求的行政诉讼类型化改造，[3]另一方面是依据行政行为类型而划分的行政行为合法性审查类型化。[4]不同类

---

[1] 滕威："要素式审判方法之改进及其运用——提升民事庭审与文书制作效率的新思路"，载《人民司法》2019年第10期，第78页。

[2] 张卫平："民事诉讼智能化：挑战与法律应对"，载《法商研究》2021年第4期，第29页。

[3] 章志远："新时代我国行政审判的三重任务"，载《东方法学》2019年第6期，第95-105页。

[4] 参见高家伟主编：《行政行为合法性审查类型化研究》，中国政法大学出版社2019年版，第1-20页。

型的诉讼案件具有不同的要素规范、审理程序，且在同一类型的诉讼案件内部，要素规范相对固定，如信息公开、不作为、行政许可、行政处罚等案件类型，可分别基于其特点探索推进要素式智能审判平台，提升庭审智能化水平。[1]

（三）以数字政府建设为数据基础

无论是专家系统模式，还是大数据系统模式，法律大数据是智能化应用的重要基础。数据在信息社会具有类似于"石油"的基础地位，成为现代社会的物质生产资料。[2]这同样体现在司法智能化中。司法审判智能化的前提在于包括证据在内的各类诉讼材料电子化。当前，数字政府的发展为行政诉讼智能化建设提供了比较优势。

数字政府为行政诉讼智能化提供了电子化的数据材料。要素式智能化审判系统的具体功能以案件要素抽取为基础，进而对要素数据进行分析，完成类案检索、文书错误预警、争议焦点归纳等具体功能。此类功能主要依靠司法大数据的支撑。当前，我国数字政府在各地广泛探索，各地建立了较为健全、完善的数据管理法律规范，如《内蒙古自治区政务数据资源管理办法》[3]和《上海市政务数据资源共享管理办法》等专门对数据共享开发作出制度规定。行政行为在作出过程中的各类材料较多以数据化方式进行存储，为行政诉讼智能化审判提供了基础。电子行政行为已广泛应用到政府信息公开、行政许可、行政处罚、税务缴纳、政府采购、行政裁决等诸多领域。[4]与此同时，依据行政程序理论，电子行政行为需以行政相对人的"同意"为前提。由此，数字政府的发展也使行政相对人对司法活动中现代科技的运用具有较

---

〔1〕 蒋敏："行政诉讼'优化审'改革路径"，载《人民法院报》2018年6月6日，第6版。

〔2〕 刘东亮："技术性正当程序：人工智能时代程序法和算法的双重变奏"，载《比较法研究》2020年第5期，第65页。

〔3〕 第3条规定：本办法所称政务数据资源，是指各级行政机关以及履行公共管理和服务职能的事业单位（以下统称政务部门）在履行职责过程中制作或者获取的，以一定形式记录、保存的文字、数字、图表、图像、音频、视频、电子证照、电子档案等各类结构化、半结构化和非结构化数据资源，包括政务部门直接或通过第三方依法采集的、依法授权管理的和因履行职责需要依托政务信息系统形成的数据资源等。

〔4〕 范伟："行政诉讼电子化的根源阐释与蕴涵剖析——兼论行政诉讼法的应对"，载《电子政务》2017年第7期，第94-95页。

高的接受程度。

三、审判方式智能化的未来建构

目前，我国智能化要素式审判系统尚处于初步发展阶段，其高效性、便利性优势的发挥仍需在建模方式、适用范围和运用功能等方面不断完善，促进智能化应用与司法审判的深度融合。

（一）运用功能深化：由智能辅助向智能裁判拓展

运用功能的深化是未来简单案件审判智能化的重要方向之一。随着人工智能技术的崛起，具有自主决策能力的算法从公权力运行的参与和辅助地位转变为权力行使主体，如行政管理领域中的"营业执照智能审批一体机"等政务审批系统与"智能交通管理"等行政执法系统。[1]结合当前智能化要素式审判系统的运用，在应然层面，智能化审判系统存在司法智能化辅助和司法智能化裁判两种功能定位。但司法智能化裁判，即人工智能进行自主裁判在司法审判领域尚未产生。尽管目前的司法智能化应用已由感知智能向认知智能发展，由通用型智能化应用向专门型智能化应用拓展，可以进行法律专业文件的识别、整理和分析，但仍着眼于审判辅助活动的智能化辅助，如争议焦点归纳、案情画像等。其角色在于智能化算法半决策（对司法裁判过程中的某些阶段性决策获得进行自主性识别决策），抑或算法决策辅助，并未涉及案件裁判结果的智能化算法决策。

要素式审判方式作为我国司法改革实践中的独特探索，其制度出发点在于推进繁简分流，提高审判效率。[2]在学界，简单案件的智能化裁判在我国学界已得到较多共识。[3]进一步挖掘简单案件中智能化应用的适用潜力是当前司法改革中繁简分流、提高司法审判效率的主要路径。未来智能化要素式审判方式应不断向智能化裁判功能拓展，实现案件裁判的标准化、算法化甚至自动化。由此，提高司法效率，科学合理配置司法资源，以便法官可以对少数疑难案件和复杂案件进行认真、仔细的斟酌，作出体现人类价值判断、

---

〔1〕　蔡星月："算法决策权的异化及其矫正"，载《政法论坛》2021年第5期，第25-37页。

〔2〕　参见最高人民法院《关于进一步推进案件繁简分流优化司法资源配置的若干意见》。

〔3〕　孙海波："反思智能化裁判的可能及限度"，载《国家检察官学院学报》2020年第5期，第90-91页。

符合实质正义的司法决策。[1]目前，裁判结果预测在民事诉讼和刑事诉讼中的共同特点在于主要适用于涉及数字确定的相关案件，如民事诉讼中小额赔偿纠纷及刑事诉讼中的量刑预测。行政诉讼中也有符合这一特点的案件类型，如行政处罚案件、行政补偿、行政赔偿等都涉及款额和数量的确定，其可以引入智能化裁判模型。对于简单案件而言，智能算法通过对大量类似案件处理方式的分析处理后发现的统计学规律可以满足形式品质的要求，并促进行政争议的实质性解决。

（二）适用范围拓展：由简单案件向普通案件的拓展适用

智能化审判系统与简单案件的结合一方面来源于司法实践中繁简分流的改革需求，缓解立案登记制之后案多人少的审判压力；另一方面与当前弱人工智能阶段的技术局限相契合。在普通案件或复杂案件中，审判方式智能化建设存在法律价值判断、法律想象力缺乏的现实短板，制约实质推理的运用。现有法律推理智能化建模仍无法直接适用于普通案件的司法裁判中。尽管如此，司法审判辅助活动的智能化运用仍具有较大的适用空间。为此，在制度结合之外应当明确司法智能化的实质目标所在。

人机协同式的行政诉讼智能化审判模式需要实现传统审判和数据审判的协同。这不仅存在于简单案件中，也表现在普通案件中。相较于传统的科技赋能，人工智能技术改变了人和所有事物的存在形式，即以数据化的形式存在，并构建了一个新的数据空间，以数据为基础的运行方式。智能应用的强大功能也使其角色发生了重大转变，在定位上由工具论向主体论发展，在角色上由辅助者向合作者转变。司法智能化的本质目标决定其具体应用的制度价值不仅在于促进繁简分流和司法高效目标的实现，还在于审判方式的现代化。鉴于实质性法律推理、价值判断、司法裁量权行使等方面的技术局限，智能化审判系统在普通案件中的适用应聚焦于智能化辅助决策这一角色定位。

（三）建模方式结构化：要素式审判和要件式审判

智能化审判方式的完善需要以语义关系网的建立为基础。目前，绝大多

---

[1]　郑戈："在法律与科技之间——智慧法院与未来司法"，载《中国社会科学评价》2021年第1期，第91页。

数辅助系统中的计算机视觉、语音识别等技术应用实质上都不是法律领域的专有技术，而是人工智能自身发展的副产品。法律领域内专门型智能化应用的前提是需要人工智能应用在法律语言理解和处理方面的能力增强，即法律知识工程，抑或大数据时代法律语义网（知识图谱）的建构。建模方式结构化的目的在于：

首先，提高智能化应用的识别推理能力。智能化要素式审判实现了对传统上要件式审判的更新。要素式审判方式是对传统审查的整体性改变。在审查内容上，由行政行为合法性要件审查简化向特定案件要素的审查。在裁判文书改革方面，由增加裁判文书的说理性向直接围绕特定案件要素制作裁判文书。在审判程序上，由过去的举证质证向直接针对案件特征要素的争议焦点进行审理。诚如有学者所言，要素式审判法并不是简单地着眼于诉讼效率的提升，更不是传统职权主义审判方式的简单回归，它可能会成为未来审判方式改革的新方向和新动力。[1]这一审判方式兼具灵活性和规范性的特征，一方面对传统行政诉讼中行政行为合法性要件式的审查方式进行更新，如贵州省法院从实体合法和程序合法的角度出发，在案件事实层面归纳具体的合法性要素，基于不同案件特点归纳审理要素；另一方面由于案件审查要素的归纳更多来源于司法经验的分析归纳。因此，在不同案件之间具有较大的灵活变动性。以底层特征为抽取对象的智能化要素式审判方式则规避了法律领域内专业语言的智能化识别。而法律推理智能化的前提基础在于法律语言的识别。行政诉讼审判方式智能化建立的基础仍在于法律语言处理和法律语言理解两个方面。语义关系网的建立实现智能技术与行政诉讼法学理论的深度融合。智能化应用建模中法学理论支撑的意义就在于凝聚法理共识，将灵活多样的底层特征要素进行抽象概括，提高智能化识别和推理能力。

其次，提高建模方式的复用性。在智能化建设发展初期，审判方式智能化建设从简到难的发展路径使得其在简单案件中得到较早适用。目前，我国80%为简单案件，20%为复杂案件，这意味着审判方式智能化对司法高效积极效应的发挥需要适用于更多类型的行政诉讼案件。但现有的行政审判智能化

---

〔1〕　滕威："要素式审判方法之改进及其运用——提升民事庭审与文书制作效率的新思路"，载《人民司法》2019年第10期，第74-78页。

系统中的知识要素来源对司法审查底层经验的总结归纳，缺乏抽象概括性，难以适用于其他案件类型，使其建模方式的复用率不足。因此，建模方式的结构化需要结合法律知识图谱多层次结构的技术特点和行政行为合法性审查的学理特点，在要素式建模方式基础上增加要件式建模方式，实现司法审判经验与法律理论的深度融合。

第三节　复杂案件的智能化审判方式

2014年《行政诉讼法》将"解决行政争议"作为行政诉讼制度的重要目的之一。司法实践中，作为解决行政争议的加强版、升级版，即实质性解决行政争议的提出表明当前行政争议解决的现实紧迫性、复杂性和疑难性。实践中诉源治理、多元纠纷解决机制的不断探索表明，在《行政诉讼法》颁行的20年间，我国行政诉讼争议呈现官民纠纷日趋复杂的趋势，虽然人民法院审理的行政案件在所有案件总量中占比不到2%，但案件处理的难度很大。[1]复杂性、同质性、多样性成为当前行政争议的现实特点，这需要新的制度机制促进行政争议的实质性化解。本节将从行政争议的实质性解决出发，对复杂案件的智能化裁判范式进行探究。

一、行政诉讼复杂案件的现状分析

智能化要素式审判方式是智能化应用与简单案件的制度对接。在简案快审的同时，智能化应用和复杂案件的制度对接是行政诉讼智能化审判方式的另一重要组成部分。为此，以下将对行政诉讼复杂案件的发展现状予以分析。

（一）复杂案件的类型化分析

疑难案件在学界和实务界中高频出现，但其内涵未予以明确界定。有学者将"疑难案件"称为"难办案件"，并根据产生原因将其分为"法律适用疑难""事实认定疑难""社会影响重大""社会关系干涉司法"四个主要类型。[2]

---

〔1〕　章志远："行政诉讼繁简分流的制度逻辑"，载《东方法学》2021年第5期，第168页。

〔2〕　参见侯猛："案件请示制度合理的一面——从最高人民法院角度展开的思考"，载《法学》2010年第8期，第126-136页。

也有学者将疑难案件界定为"法律适用存在困难的案件"，具体包括三种类型，即"裁判规则紧缺型""价值与经验判断型""司法与社会关系紧张型"。[1]《关于进一步完善"四类案件"监督管理工作机制的指导意见》对"重大、疑难、复杂、敏感"的案件进行类型化。[2]类型化是以事物的根本特征为标准对研究对象的类属划分。[3]类型化思维有助于明确复杂案件的争议特点，进而探究智能化应用在复杂案件中的适用空间。

1. 群体性案件

第一类案件为群体性案件。在经济快速发展转轨过程中，社会治理中难以调和的多元化利益纠纷导致群体性案件衍生。行政争议是在行政管理过程中，行政机关与相对人发生的权利义务冲突。群体性纠纷是指纠纷主体一方或多方在多人以上的特殊性社会纠纷。或者说，一方或双方在人数众多的情况下，相互之间坚持对某个法律价值物的公然对抗。[4]"现代社会在复杂性程度和功能分化两个维度上都远远超过传统社会"。[5]加之我国改革步伐的加快、深入，社会利益格局也日益多元化和复杂化，行政争议呈现增多的趋势，特别是由农村土地征收、城市房屋拆迁、企业改制、劳动和社会保障、资源环保等社会热点问题引发的群体性行政争议较为突出。[6]从当前行政争议的主要类型来看，资源类和民生类等领域的群体性案件频发，并呈现逐年增长的趋势。[7]这主要是由于当下正值中国经济快速发展时期，改善民生成为国家现代化治理的重要问题。因此，社会治理困境衍生的群体性案件是复杂案件的主要类型表现。

---

〔1〕 孙跃："论智慧时代疑难案件的裁判：机遇、挑战与应对"，载《法律适用》2020年第14期，第141-160页。

〔2〕 主要包括下列案件：涉及国家利益、社会公共利益的；对事实认定或者法律适用存在较大争议的；具有首案效应的新类型案件；具有普遍法律适用指导意义的；涉及国家安全、外交、民族、宗教等敏感案件。

〔3〕 李可："类型思维及其法学方法论意义——以传统抽象思维作为参照"，载《金陵法律评论》2003年第2期，第115-117页。

〔4〕 汤维建等：《群体性纠纷诉讼解决机制论》，北京大学出版社2008年版，第7页。

〔5〕 [美]塔尔科特·帕森斯：《社会行动的结构》，张明德等译，译林出版社2008年版，第13页。

〔6〕 参见2016年12月公布的最高人民法院《关于妥善处理群体性行政案件的通知》。

〔7〕 相关文件参见：《广西壮族自治区人民政府办公厅关于转发自治区高级人民法院2009年全区行政案件司法审查情况报告的通知》《2018年度上海法院行政审判白皮书》。

2. 价值冲突型案件

第二类案件为司法与社会价值发生冲突的案件。这主要表现为行政争议产生的原因在行政行为合法性之外隐含深层次的社会根源。法律的功能之一是以简约、共识化的方式对社会复杂问题进行规范化。法律不学习的根本目的，正是化约社会的高度复杂性，从规范化的角度将学习带来的没有止境的认知链条暂时切断。[1]行政管理作为和谐社会治理、国家治理的关键环节，既是法律规范在权利和权力之间发挥作用的主要领域，也需要对社会的动态环境进行治理。一些复杂疑难行政争议源于这种规范化和现实性、静态和动态之间的不协调之处，尤其是行政管理涉及较多的社会政策变迁问题，因较长"时差"形成的法律价值冲突成为行政争议产生的深层次原因。

3. 裁判规则紧缺型案件

裁判规则紧缺型案件是我国行政诉讼疑难案件的表现形式之一。[2]具体指当前的行政法律规范无法对争议解决作出裁判的情形。主要包括无法可依和规则歧义两种情况。首先在无法可依的案件中，由于相应的社会制度和治理体系尚未成熟，很多矛盾纠纷一时没有可遵照的解纷规范，致使矛盾难以解决。[3]与此同时，我国行政诉讼制度仍处于发展建构之中，如行政公益诉讼、行政协议诉讼制度。由此，制度的滞后性导致裁判规则的滞后性。其次是规则歧义的疑难案件。行政法律制度体系的特点之一，即在于包括较多的不确定法律概念和行政裁量权的存在。从我国行政诉讼审判实践的观察来看，对于行政诉讼法律制度中诸多的不确定法律概念，学界和实务界尚未形成有效共识。例如，行政诉讼原告资格认定中对"利害关系"的不同认识。这些认识不一不仅给行政审判中的法律适用带来现实难题，也加剧了法律适用不统一而带来的司法公正问题。

因此，从争议的产生原因到解决机制，复杂案件包括群体性案件、价值

---

[1] 参见余成峰："法律的'死亡'：人工智能时代的法律功能危机"，载《华东政法大学学报》2018年第2期，第7页。

[2] 亓晓鹏："行政诉讼疑难案件的处理方法——对105件法律适用类批复、答复的研究"，载《行政法学研究》2015年第1期，第129页。

[3] 阎巍、袁岸乔："多元化纠纷解决机制中行政审判的功能与定位"，载《法律适用》2021年第6期，第145页。

冲突型案件和裁判规则紧缺型案件。

（二）争议解决方式的特点

为实质性解决行政争议，我国司法实践推出各类制度举措，如诉源治理、行政争议多元解决机制、司法行政联动化解机制。[1]当前，我国行政诉讼复杂疑难案件实质性解决的特点表现为：

首先，事后救济和事前预防并重。前端治理理念成为行政争议实质性解决的重要理念。预防性保护制度在我国行政诉讼制度尚且处于缺漏之处。实践中的诉源治理等制度改革表现出预防性保护制度在行政诉讼中的不同表现形式。不同于域外国家以诉讼制度为主要特点的预防性诉讼制度，我国的预防性保护制度以"源头预防为先，非诉机制挺前，法院裁判终局"[2]为理念。诉源治理体现以根除行政争议产生土壤为目标的争议预防机制。非诉调解前置、府院互动等探索旨在避免行政争议的扩大，提高依法行政意识，避免争议的再发生。

其次，注重行政争议的整体性化解。一揽子解决行政争议成为实质性解决行政争议的方式之一。具体实践探索包括一是示范性诉讼的探索。法院在审理案件时树立规则意识，瞄准对社会同类纠纷的解决具有示范意义的案件，需要统一裁判的案件，如涉及产权保护、打造营商环境、耕地保护、绿色发展、法治政府和诚信政府建设等国家重点关注领域的案件，以及其他对实质性解决争议或者树立裁判规则有价值的案件。[3]二是借助白皮书、行政争议实质性解决典型案例发布，发挥个案裁判的指导意义，促进今后类案的实质性解决。

因此，复杂案件的实质性解决方式和解释理念不断拓展更新。

二、复杂案件实质性解决的智能化机遇

由立法层面"解决行政争议"到实践层面"实质性解决行政争议"的发

---

〔1〕 参见2018年上海市高级人民法院《关于进一步完善行政争议实质性解决机制的实施意见》。
〔2〕 马磊、王红建："行政争议诉源治理机制研究"，载《河南财经政法大学学报》2021年第2期，第50-62页。
〔3〕 阎巍、袁岸乔："多元化纠纷解决机制中行政审判的功能与定位"，载《法律适用》2021年第6期，第148页。

展反映出解决行政争议成为行政诉讼制度改革的指导思想和重要目标。[1]学界和实务界对实质性解决行政争议这一诉讼目的进行了深刻的理论解读和实践探索。一方面，在个案解决上，2019年5月至7月，上海、安徽、吉林三地高级人民法院先后向全社会公开发布"行政争议实质性解决十大典型案例"，全方位展示了法院实质性化解行政争议的有益经验。另一方面，在群案治理上，行政审判白皮书展现了行政争议化解的整体概况。以下将就智能化应用对复杂案件实质性解决的积极意义予以探究。

（一）由纠纷解决向诉源治理拓展

在当前司法改革背景下，行政诉讼中的民主沟通交流成为行政争议实质性解决的重要制度工具。在诉源治理中，法院对当事人在情理法全方位上的实质诉求"追根溯源"，以实质性化解行政争议为导向实现沟通交流的实质化。在府院互动中，通过个案协调化解和案外的联席会议制度实现争议解决和法治促进。数字技术的发展一方面拓宽了人们的生活空间，另一方面对权利和权力的关系场域进行了重塑。以智能化为特点的网络3.0（web 3.0）拓展了协商沟通的民主空间，并促进了权力与权力、权利与权力之间的高效、平等沟通。

1. 拓展沟通交流空间

首先，智能化应用促进了司法民主实践的现实空间。司法领域内各类线上纠纷解决平台、线上互动交流平台、线上审判公开平台的建立提供了异地、异时交流。司法公开网为双方当事人提供了静默化的公开交流方式。法院对裁判文书的公开成为法治观念宣告的外在行为，而公民的查阅构成一次法治观念的获得。由此促进了健康理性公民的培育；线上争议解决方式进一步提供了可视化、互动性的交流方式。这种异地异时、便捷、易获得、音视频同步的交流方式提高了数字平台的真实性。这一司法交流空间的形成促进了司法广场化效应的发挥，并与当前高度仪式化、带有对抗性和辩论性的司法剧场化审理空间形成互补，从而将职业精英司法的优势与大众平民司法的优势相结合。

---

[1] 章志远："行政争议实质性解决的法理解读"，载《中国法学》2020年第6期，第123-124页。

2. 促进沟通主体地位的平等

其次，智能化应用有利于沟通主体之间平等地位的形成。一是就行政机关和相对人间的平等对话而言，一个强大的公权力对单个能力较弱的私权利主体的诉讼格局给人以法律地位不平衡、不对等的直观感受。在这一诉讼结构下，当一方当事人所掌握的信息、金钱等资源远超对方，双方主体地位的实质性不平等时，容易导致沟通片面化。而数据化的司法公开环境促进了双方在信息上的平等化和均势地位，提高了沟通的有效性；二是就法官和相对人的理性沟通而言，诉讼审判全流程的公开对法官形成无形且有效的监督，促使其公正行使审判权。同时，在出现明显、重大、根本分歧时，通过了解民意，吸收社会公众的普遍正义观念，从而公正解决行政争议；三是在行政权和司法权之间，线上空间的客观化、格式化提升了权力之间互动沟通的规范化和透明化，正如当前府院通平台实现了行政机关和法院之间全方位、共享性的互动模式。同时，建立在行政法治一体化智能平台基础上的数据共享极大地提高了案件审判效率。由此，公开机制、共享机制的不断拓展，提高了行政法官的中立性和双方地位的平等性。司法大数据的存在方式、运行方式等使法官与当事人、当事人与当事人之间形成更为平等的对话格局，促进了当事人之间的民主沟通对话。

因此，数字化平台的搭建拓展了诉讼中多方当事人的沟通协调空间，为复杂案件解决中深层次原因的发现、诉源治理提供了现实条件。

（二）由个案解决向群案治理拓展

大数据，或称巨量资料、海量资料、大资料，指的是所涉及的资料量规模巨大到无法通过人工在合理时间内达到采集、管理、处理并整理成为人类所能解读的资讯。[1]其不仅是单纯的数据，更承载着重要的社会信息。数据分析的目的正在于挖掘其背后的隐含信息：一是从数据中发现潜在的法律问题；二是利用数据考量现实举措的成效；三是在数据中找寻解决（或预防）现实问题的对策和方法。[2]为此，"循数"治理的含义是从历史大数据中发现

---

〔1〕　White，Tom. Hadoop：The Definitive Guide（3rd edition）. Califormia：O'Reilly Media. 2012, p. 3.
〔2〕　罗媛媛："大数据时代下的政府'循数'治理"，载《华夏地理》2015年第8期，第206-208页。

问题、探求原因，并寻求解决对策。

智能化应用使行政争议的解决方式由循案治理向循数治理拓展。法官对个案进行演绎逻辑推理，进而居中裁判，由当事人对裁判结果接受信服，是行政争议解决的主要方式。智能技术对争议化解方式的影响表现为争议的发现方式由被动立案向依据大数据分析，主动发现社会治理的现实问题。大数据时代的理念之一在于相关性思维，去因果关系，追求相关关系。实践中，案件裁判并非只重视静态的法律条文，还要考虑来自文化传统、权力体系、社会舆论等方面的影响，通过自身努力弥合法律与生活的缝隙。[1]案件裁判的作出需要考量多重因素。大数据分析有利于发现导致法律争议产生的多元化因素，从而辅助司法决策的作出。实践中，各地法院不断加强数据分析系统和数据统计智能化平台的建设。例如，吉林省高级人民法院建立行政审判大数据分析平台。[2]目前，最高人民法院已经形成涵盖 95 项指标的司法指数框架，研发完成司法指数系统、知识库初版系统，初步建立数据到知识的转换生成及应用机制。[3]通过深度挖掘司法数据背后的司法规律，形成类案的专题研究，实现实质性解决争议。比如，上海市高级人民法院基于《2016 年度上海行政审判白皮书》中较高的行政案件申诉上诉率，认为最根本的原因在于争议纠纷没有得到解决，应从源头上化解矛盾纠纷，促使行政争议纠纷的实质性解决。建议行政机关在行政诉讼中加强主动协商意识，重视基础争议和相关争议的一并解决，与法院共同配合，做好协调和解工作，致力行政争议的实质性解决。[4]在形式上，数据、图表和文字形式反映人民法院上一年度行政审判工作的概况，便于分析行政执法和应诉中存在的问题，提出依法行政水平的建议，[5]并进行可视化呈现。

因此，计算知识有助于弥补演绎逻辑，由事后的争议解决向事前的争议预

---

[1] 王勇："主审法官在审判组织中的角色及其行动逻辑——基于本轮司法改革的考察研究"，载《云南社会科学》2020 年第 5 期，第 108 页。

[2] 陈甦、田禾主编：《中国法院信息化发展报告 No. 5（2021）》，社会科学文献出版社 2021 年版，第 96 页。

[3] 陈甦、田禾主编：《中国法院信息化发展报告 No. 4（2020）》，社会科学文献出版社 2020 年版，第 69 页。

[4] 章志远："我国行政审判白皮书研究"，载《行政法学研究》2018 年第 4 期，第 100 页。

[5] 章志远："我国行政审判白皮书研究"，载《行政法学研究》2018 年第 4 期，第 97 页。

防延伸，由个案解决的"循案治理"向以群案治理为主的"循数治理"发展。

（三）由事后解决向事前预防拓展

司法智能化应用的逻辑特点之一是以计算知识弥补演绎逻辑。这推动了行政争议由事后的个案解决向事前的群案预防拓展。

大数据对争议解决方式的另一影响在于由事后解决向事前预防拓展。以大数据、机器学习为代表的人工智能技术的优势在于预测未来。演绎逻辑以个案推理、个案正义的实现为目标。由于计算知识以相关关系为导向，注重大数据群的未来预测分析。在预防性法治观下，计算知识给司法制度带来的现实优势是，可以利用司法大数据基础对案件争议进行数据研判，从而发现类案未来的演变趋势，及时预防争议风险的产生，为司法决策、司法管理、政府决策提供参照，实现社会治理功能和和谐社会构建。不同于以往判决发生后的审判监督和裁量调控，智能化司法转向对决策错误的预防。预防性成为当前行政审判模式的重要特点。

人工智能主要被用来处理人力已无法处理的海量数据，从中找出人类行为的规律和模式，对未来作出预测，并根据这种预测量身定制地影响特定对象的决策。[1]对海量司法大数据的学习有助于发现行政诉讼案件背后的发展规律，从而对未来案件的发展趋势进行总结分析。行政审判白皮书融合了司法统计、动态分析、典型案例、问题分析、对策建议等复合型信息。[2]在一定程度上体现了数据治理在行政诉讼审判中的运用。具体从行政案件数量和类型[3]、行政机关败诉率、行政案件调撤率和上诉率、行政首长出庭情况、司法建议数量和反馈率等多方面发现行政争议高频发生的案件类型和行政管理领域，[4]进而发现行政机关依法行政的现实问题。也有行政审判白皮书中

---

〔1〕郑戈："司法科技的协调与整合"，载《法律适用》2020年第1期，第6页。

〔2〕参见宁静《论行政审判"白皮书"的实践困境及发展出路》一文，原文载《探索社会主义司法规律与完善民商事法律制度研究——全国法院第23届学术讨论会获奖论文集（上）》2011年，第300页。

〔3〕闵行法院："公安、街道等为行政案件集中领域：闵行法院发布2020年度行政审判白皮书"，载《上海法治报》2021年8月9日，第A03版。

〔4〕参见宁静《论行政审判"白皮书"的实践困境及发展出路》一文，原文载《探索社会主义司法规律与完善民商事法律制度研究——全国法院第23届学术讨论会获奖论文集（上）》2011年，第301-302页。

的数据类型主要包括案件受理量，审结量，地区分布量，协调和解率，出庭应诉率，案件类型分布量（发现行政诉讼争议的高发案件类型），行政机关败诉量和败诉率、案件审结情况、行政赔偿案件数量及其变化情况。[1]还有的在整体分析之外增加个案实质性化解的典型案例。例如，法院借助府院通平台，通过行政机关对案涉相关情况反馈，及时掌握当事人行政复议、信访、舆情等信息，提前作好风险研判，从而避免争议的扩大化。相关制度举措体现行政诉讼法治理念由单一的事后救济向事后救济与事前预防相结合发展。这有利于促进依法行政，避免行政违法行为的产生，减少行政争议的发生。

综上，行政诉讼智能化建设在纠纷解决基础上，积极以诉源治理、群案治理和事前预防的方式开展纠纷治理，并参与社会治理，不断实现行政审判能力现代化建设。

三、复杂案件与智能化应用的制度对接

复杂案件多涉及较多的价值判断和法律解释，弱人工智能技术难以借助形式主义法学的结构进行系统性的智能化建构。正如有学者认为，"法律推理中涉及演绎式理由论证和基于要件事实的证据推理部分还是相对比较容易处理的，因为逻辑法学与计算机语言的契合度比较高。但是，法律推理除三段论和涵摄技术以外，还有情节复杂性和疑难案件等例外事项（涉及裁量、选择及价值判断的符号接地问题），以及调整、统筹兼顾、大致判断等实践智慧（涉及常识库贫匮的框架问题），都很难通过既有的人工智能系统进行处理"。[2]场景化是人工智能模型建立的重要技术特征之一。智能技术对审理思维、审判方式的优化有利于激发行政诉讼实质性化解行政争议的功能发挥。在不同的运用场景中建立不同的智能化辅助模型是智能化技术与复杂案件审判方式结合的技术路径。结合当前行政争议实质性解决的特点和智能化应用的技术优势，复杂案件与智能技术的制度对接包括以下适用模型：审理前的智能化多元纠纷化解机制、审理中的类案智推系统、审理后的数据分析系统。

---

〔1〕 参见《上海闵行法院 2020 年度行政审判白皮书》《海南省第二中级人民法院 2016 年度行政审判白皮书》。

〔2〕 季卫东："计算法学的疆域"，载《社会科学辑刊》2021 年第 3 期，第 121 页。

（一）完善平台化基础设施建设

在实质性解决行政争议的改革目标下，案结事了成为当前行政审判的现实目的之一。2016 年 6 月 28 日，最高人民法院发布《关于人民法院进一步深化多元化纠纷解决机制改革的意见》，推动多元化争议解决方式。行政诉讼复杂疑难案件特点在于：一是在产生原因上，在行政行为合法性问题之外，当事人往往具有某些深层次的实质诉求。例如，安徽省发布的《实质性解决行政争议案例五》表面上是政府与企业的征收强拆法律关系，但行政强制争议的背后还有劳动仲裁、强制执行等多起案件引发的利益纷争。二是争议解决过程涉及较多的价值判断、法益权衡，以及不确定法律概念和对法律规范的法律解释等。而与价值判断相关的知识形态是法律的实践技艺。[1]平台化建设的目的在于促进行政诉讼中多方主体之间的沟通互动，增加司法审判中法官、当事人的便利度。

1. 建立行政法治一体化平台

在一站式纠纷解决机制的契机下构建法院和行政机关之间的数字共享机制，提高调解效率。现代诉讼的本质强调全面理性的沟通协调。[2]府院互动机制的广泛开展表明沟通协调已日渐成为行政诉讼中复杂疑难案件的重要解决方式之一。司法行政之间的互动包括两种模式：一是案件内部案件数据信息的沟通协商，如重庆市高级人民法院建立的类案专审智能化审判平台；二是案件外部以司法建议、审判白皮书为内容的数据信息沟通。例如，南昌法院的府院通平台。两种智能化应用模式表明司法行政的智能化互动有利于提升司法审判的高效性，并促进司法参与社会治理。行政法治一体化平台整合两种司法行政互动模式，打破"信息孤岛"，实现特定案件类型内部证据等各类数据信息的共享和案后的府院互动机制。

2. 构建多元化纠纷解决机制平台

多元化纠纷解决机制成为行政争议实质性化解的重要制度方式。行政争议的化解机制包括调解、行政复议和行政诉讼。多元化纠纷解决机制平台的

---

[1] 季卫东："计算法学的疆域"，载《社会科学辑刊》2021 年第 3 期，第 113—114 页。

[2] 陈文曲："现代诉讼的本质：全面理性的规范沟通"，载《政法论丛》2020 年第 2 期，第 127—138 页。

功能应着眼于在程序和实体上对各类争议解决方式进行有效衔接。具体包括

首先是多元化纠纷解决机制平台。这一平台的功能定位在于建立多元化纠纷解决机制的数据共享机制和衔接机制。具体包括一是诉前分流平台。设置案件分流程序，将案件事实清楚、争议不大的简单案件和法律关系复杂的疑难案件进行区分。二是诉调对接平台。诉前在线调解的意义不仅在于以调解方式促进争议解决，同时还具有为后续案件审判进行法律问题明确、风险评估等制度功能。利用智能化技术优势，探索网络信息技术在多元化纠纷解决中的运用，建立智能调解、复议、诉讼为一体的多元化纠纷解决智能化平台，[1]覆盖纠纷受理、分流、化解、反馈、处理等全过程，实现信息收集、材料传输、证据保存、卷宗整理、数据分析、风险研判、纠纷预警等资源的共建共享。在打破数据壁垒、促进数据信息共享的同时，实现多元化纠纷解决方式的有效衔接，建立实质性的数据信息流转平台。

其次是探索智能化解纷服务机制。智能化解纷服务机制在于为当事人提供智能化、个性化、定制化的纠纷解决服务。司法电子化中，电子送达等线上审判活动的开展为当事人提供了诉讼形式上的便利。智能化阶段由智能化服务应逐渐向内容实质化的司法服务拓展。智能时代，英国充分利用信息化、智能化技术的优势，建立在线调解机制，为当事人提供个性化、自动化和智能化的诉讼便民服务。比如，通过专家系统建模方式，建立调解问答系统，帮助当事人准确识别法律问题。还包括在线问题诊断功能、在线沟通协商和在线调解等多项功能的 The Rechtwijzer System 系统，可帮助当事人更好地了解案件争议，从而实现接近正义。我国智能化调解机制可探索建立法律机器人服务。智能问答系统既可以帮助当事人识别法律争议、理性选择争议解决方式，还可以同时收集、使用，以及再利用当事人的相关数据，形成以电子形式存在的案卷。这一系统可利用大数据分析技术，有针对性地研究相关法律问题，如纠纷的来源是什么，产生了哪些不同法律关系的纠纷，不同当事人在纠纷解决过程中的选择倾向和诉求预期等，以便对纠纷风险进行事前评估，或防止纠纷的扩大。同时，其还可以智能化识别事实法律问题，提高争议解

---

〔1〕 参见周强："坚持以人民为中心的发展思想 大力推进多元化纠纷解决机制和现代化诉讼服务体系建设"，载《中国审判》2019 年第 17 期。

决效率。

因此，多元化纠纷解决机制智能化平台具有多重功能定位，不仅在形式上由物理环境向网络环境转变，通过在线平台提升调解效率，而且在内容上，对当事人而言，由自动化向智能化拓展，通过认知智能辅助当事人接近法律，从而提高司法公正。对法官裁判而言，通过相关数据的分析处理，合理地进行风险预估和争点识别，促进行政争议的实质性化解。

（二）类案推送机制的功能运用

2020 年 7 月，最高人民法院发布《关于统一法律适用加强类案检索的指导意见（试行）》，其中第 2 条明确了应当进行类案检索的适用范围，[1]既包括简单案件，也包括疑难复杂案件。可见，类案检索机制的初始目标在于简单案件的类案类判，推动形式正义，更高目标在于为复杂疑难案件提供裁判指引，实现法律适用统一。这要求发挥类案智推机制实质性解决一般、疑难案件的积极功能。

首先，发挥类案推送机制对解纷规则形成的积极意义。从类案中发展裁判规则，解决我国行政诉讼疑难案件中解纷规则不健全的问题是类案智推机制的制度功能之一。当前，在行政争议中，解纷规则不健全是复杂疑难案件裁判中的现实问题。正如实践中对"利害关系"认识不一而导致对原告资格认定的争议疑难问题。而实践中，从刘广明案[2]到联立公司案[3]，通过判例经验积累和提炼解释规则等方式促使行政诉讼原告资格认定方式的不断明确。[4]类案检索制度是继指导性案例之后，以司法判例实现统一法律适用这一司法目标的重要制度载体。相较于传统的指导性案例制度，类案智推机制对裁判规则形成的促进意义在于一是在智能技术和大数据的背景下，法官对类案的发现由指导性案例这一小样本，拓展至所有案件裁判这一"全样本"，

---

〔1〕　该条规定："二、人民法院办理案件具有下列情形之一，应当进行类案检索：（一）拟提交专业（主审）法官会议或者审判委员会讨论的；（二）缺乏明确裁判规则或者尚未形成统一裁判规则的；（三）院长、庭长根据审判监督管理权限要求进行类案检索的；（四）其他需要进行类案检索的。"

〔2〕　参见刘广明与张家港市人民政府行政复议再审案，（2017）最高法行申 169 号。

〔3〕　参见北京市东城区人民政府与北京联立房地产开发有限责任公司复议纠纷再审案，（2019）最高法行申 293 号。

〔4〕　赵宏："中国式保护规范理论的内核与扩展——以最高人民法院裁判为观察视角"，载《当代法学》2021 年第 5 期，第 86-98 页。

可从大量类案中整合出类案裁判的思路，总结提炼裁判规则、拓展思路。智能技术的引入也改变了类案裁判的适用方式。类案检索不能替代类案判断，类案检索也并不等于类案裁判规则。仍需在类案检索之后进行类案判断，并在此基础上提炼出可资适用的裁判规则。二是智慧时代，大数据技术为司法技艺与经验的固化、共享、传承创造了有利条件，从而使疑难案件应对方案在更为广阔和丰富的主体、时间与空间维度中进行拓展成为可能。[1]通过法律与案例数据库、智能检索与推送等智能化应用，疑难案件裁判的司法经验不仅可以得到长久稳定的保存，而且可以进行广泛传播，使疑难案件个案裁判的经验能够高效率地进行跨时空、跨主体、跨专业领域共享，从而凝聚各个主体的司法共识、节约司法智力资源。由此，通过裁判规则的归纳总结，为行政争议解决提供规则适用。并且在这一理念指导下，类案智推机制的积极功能不仅着眼于案件裁判阶段，还呈现范围拓展的趋势，实践中亦有探索类案推送机制对提升诉前调解质效的积极功能。[2]因此，类案智推机制具有发现裁判规则、促进法律完善的现实功能。

其次，通过类案推送增强裁判文书的说理性，并基于智能化应用和审判活动的类型化实现法官说理义务的规范化，进而促进民主沟通和服判息诉。在案件审理环节之外，裁判文书同样是当事人和法官之间沟通对话的重要制度载体，通过法官的充分论证说理，促进当事人对裁判结果的认同。[3]目前，行政案件审理还存在裁判文书类案说理不一的现象。[4]法官说理有助于补充智能裁判系统在事实要素与法律构成要件之间涵摄过程的欠缺，并通过价值判断，实现个案正义。但智能化应用的价值功能还在于实现司法高效，促进接近正义。不加区分地课以法官说理义务可能有损公正与效率的平衡。欧洲国家将司法智能应用划分为四类，即法官辅助系统、法官管理系统、法官与当事人的信息交流系统和法院信息组织管理系统，并将其价值目标区分为司

---

〔1〕 孙跃："论智慧时代疑难案件的裁判：机遇、挑战与应对"，载《法律适用》2020年第14期，第150-151页。

〔2〕 钟明亮："通过类案检索提升诉前调解质效"，载《人民法院报》2021年1月31日，第2版。

〔3〕 2018年6月1日，最高人民法院印发《关于加强和规范裁判文书释法说理的指导意见》，对提高释法说理水平和裁判文书质量提出了明确要求。

〔4〕 章志远："行政诉讼繁简分流的制度逻辑"，载《东方法学》2021年第5期，第171页。

法高效和司法公正。[1]我国可借助类型化的方式促进智能化应用高效性和公正性的均衡。2018年，最高人民法院印发《关于加强和规范裁判文书释法说理的指导意见》，但尚缺乏对智能裁判系统运用说理的规定。以适用范围为标准，智能化应用可区分为非审判性事务和审判性事务的智能化应用，前者为一般商业领域智能技术的平移应用，如语音识别技术、在线庭审技术等。后者是指在审判中适用的智能化应用，包括审判程序性事务和审判实体性事务智能化应用。前者包括案件排期、文书送达、庭审笔录制作、裁判文书上网等。后者包括事实认定、法律适用和案件裁判环节的智能化应用。该意见要求对争议焦点的认定、法律适用争议等裁判活动进行充分说理。为此，对审判实体性事务的智能化应用应课以法官严格的说理义务，以促进案件公正，同时避免说理义务对司法高效的不利影响。因此，司法智能化应用的合法性和有效性需要不断实现法官说理义务的规范化、法制化。在包括更多价值判断的审判活动和智能化应用中，法官的裁判说理义务应被强化以避免技术逻辑对司法公正的不利影响。

因此，类案智推机制在复杂案件实质性化解中的优势在于：以海量裁判案例的数据分析发现疑难案件的法律适用规则，将类案智推作为裁判文书说理性的补强方式。

（三）完善行政审判白皮书制度体系

行政审判白皮书是我国行政诉讼对源头型司法治理理念的积极回应，但仍存在功能定位模糊、适用方式匮乏的现实问题。行政审判白皮书中的数据分析展现行政诉讼制度诉源治理与智能化运用之间的密切关联，为行政审判白皮书的制度完善提供了启发。行政审判白皮书应从功能定位与运用方式两个方面进一步完善。

1. 明确制度定位

行政审判白皮书旨在充分利用大数据分析的技术优势实现行政争议实质性解决和争议预防的制度目标。司法数据统计分析是人民法院掌握审判工作情况、评估审判运行态势、总结审判工作经验的重要依据，是人民法院实现

---

〔1〕 European judicial systems Efficiency and quality of justice CEPEJ STUDIES No. 24. p. 11.

宏观指导、科学决策的重要手段和基础性环节，是正确认识法院工作和实现科学管理的重要工具。[1]我国的司法统计工作经历了不断发展的过程，运用目的逐渐呈现复合型特征，即促进社会治理[2]与服务司法决策[3]相结合，并且法律地位具有基础性、附属性和辅助性、服务性的特点。[4]在实质性解决行政争议和诉源治理的背景下，行政审判白皮书成为除个案司法建议和年度工作报告之外的第三类专项文书。大数据分析的原理在于通过对数据的大量输入并加上复杂运算，让数据不断产生又不断拆分、整合，融合生成新的产品，然后输出、使用，才能形成"数据生产信息，信息改善决策"。[5]大数据思维有助于实现当前行政诉讼制度改革目标，促进行政诉讼案件的整体性、预测性分析，实现行政争议的诉源治理和预防性治理。具体而言，相较于年度总结工作报告中的数据分析，行政审判白皮书落脚于大数据分析之后问题的发现和争议解决方式的寻找上。

因此，行政审判白皮书是在司法统计基础上针对行政争议实质性解决和诉源治理的现实背景而产生的制度实践。在行政诉讼智能化阶段，行政审判白皮书的功能定位在融合司法数据和外部数据，通过系统梳理、深度剖析和挖掘行政诉讼疑难案件中背后的原因，并对未来案件进行预测分析，从而将矛盾纠纷预防、排查、化解在萌芽，解决在当下。

---

〔1〕 扬凡："发挥司法数据作用促进工作提质增效"，载《人民法院报》2021年8月9日，第2版。

〔2〕 如1983年最高人民法院、国家统计局发布《关于加强协作进一步做好司法统计工作的通知》提出，司法统计是反映社会风气变化的一个重要方面。各级人民法院和统计部门要利用司法统计资料，经常分析研究社会风气和社会治安的变化情况，并提出改进意见，供领导参考。

〔3〕 2009年《关于进一步加强司法统计工作的意见》明确："司法统计工作是人民法院的一项重要基础性工作，司法统计是人民法院掌握审判工作情况、评估审判运行态势、总结审判工作经验的重要依据，是人民法院实现科学决策、科学管理的重要手段"，"积极探索审判工作与经济社会发展变化之间的关系，预测案件发展趋势，为领导科学决策、加强审判管理、完善立法与司法解释提供统计支持"，并"拓展司法统计成果的综合利用"。2011年《关于修订部分司法统计报表及相关事项的通知》指出"司法统计报表在数据搜集、信息展示、决策辅助等方面均发挥了重要作用"。

〔4〕 1983年《关于加强协作进一步做好司法统计工作的通知》中明确"法院的司法统计，是国家统计工作的一个重要组成部分。各级统计部门要积极协助各级人民法院做好司法统计，有关的统计工作文件和资料，要抄送同级人民法院；有关的统计会议，要邀请同级人民法院参加"。

〔5〕 倪寿明："充分挖掘司法大数据的超凡价值"，载《人民司法（应用）》2017年第19期，第1页。

2. 完善制度体系

行政审判白皮书制度在立法层面尚未得到明确的规定，并在实践层面存在公开尺度不一、内容形式有待深化的现实问题。[1]这就要求对行政审判白皮书予以制度化、规范化的建构。

首先，在适用模式上，明确可视化分析的形式要求。通过图、文、数等多元化方式反映人民法院上一年度行政审判工作的概况，形成数据化可视图，分析行政活动和应诉中的现实问题，并对依法行政提出相关的完善建议，为审判监督和未来复杂案件的实质性解决提供方向指引。

其次，在内容上，优化司法数据分析工作。行政审判白皮书制度的功能目的在于促使疑难案件的实质性解决与司法行政的良性互动以促进依法行政。其中，大数据分析的目的不仅在于展现工作业绩和发现工作问题，更在于发现其背后的原因并提出建议对策。这要求增加预测性分析、诊断性分析的运用。目前，我国实践中的白皮书多采用"报告"或"报告+典型案例"两种模式。后者除报告之外，还从法院已经审结生效的、法律效果和社会效果较为明显的行政案件中，筛选一定数量（通常为十个）的典型案例同时予以发布。[2]对此可深度开展专项分析研判，选择实践中的争议较大的复杂疑难案件进行深度研究。因此，其内容应既注重案件整体性发展趋势的总结和规律分析，又强调对专项类案争议解决进行经验总结的数据分析模式，从案件要素细节出发进行内部深入研判。

最后，健全工作机制，增加大数据分析专业化人员。当前行政审判白皮书制定工作机制表现为办案法官—行政庭—研究室—主管院长—办公室。法官专业人员的深度参与有利于行政审判"白皮书"内部工作机制规范化，并提高行政审判白皮书的质量。海量数据的管理需要契合诉讼制度目的的分析模型和系统平台。[3]相关数据运用方式的展开需要大数据分析专业化人员。

［1］ 参见宁静《论行政审判"白皮书"的实践困境及发展出路》一文，原文载《探索社会主义司法规律与完善民商事法律制度研究——全国法院第23届学术讨论会获奖论文集（上）》2011年，第304-305页。

［2］ 章志远："我国行政审判白皮书研究"，载《行政法学研究》2018年第4期，第97页。

［3］ 毕马威中国大数据团队：《洞见大数据价值 大数据挖掘要素纪实》，清华大学出版社2018年版，第279-281页。

这就要求建立以数据分析部门为主导、审判业务部门和审判管理部门共同参与的司法数据信息运用机制，前者负责相关法律数据在智能化应用中模型、系统的建立和标准规格的确定。

综上，为强化司法大数据对矛盾风险态势发展的评估和预测预警作用，提前防控化解重大矛盾风险[1]，行政审判白皮书应成为争议预防、行政监督与当前的行政诉讼智能化深度融合的法治化载体。

第四节　审判方式智能化的正当性隐忧

司法裁判智能化包括以形式主义法学为基础的专家系统和以现实主义法学为基础的机器学习两种模式。两者都以算法和数据为运行基础，以算法预测为功能运用。随着人工智能技术对人类社会影响程度的不断加深，人工智能不仅是对司法审判方式的技术赋能，也对司法制度及人类裁判思维产生了影响。智能技术对于人类社会而言，存在技术、制度和思维三个层次的角色定位。司法裁判智能化也存在智能技术、制度设计和思维观念三个层次的正当性隐忧。

一、智能应用化对司法公正的消解

司法的价值目的在于维护社会公正。行政诉讼制度以保护公民合法权益、监督行政机关依法行政为目的。在弱人工智能阶段，数据和算法在促进司法公正等方面仍存在较大的短板。

（一）司法大数据建设滞后

大数据作为人工智能的重要要素，其健全完备程度直接影响了司法智能化的建设成效。然而，当前我国法院的数据化建设还存在诸多弊端，并制约着司法公正目标的实现。

首先，司法数据体量有限制约司法公正的实现。司法数据建设时间上的滞

---

〔1〕　参见最高人民法院《关于建设一站式多元解纷机制　一站式诉讼服务中心的意见》。

后性和建设速度的低效性决定了当前国家机构在数据拥有上的弱势地位。[1]
从 20 世纪末到 21 世纪初，中国大数据技术开始兴起。这一时期以数据收集、
存储、分析与应用等技术方法的开发与应用为主，并应用于互联网、金融等
行业。[2]而我国法院的信息化建设却始于 21 世纪初，至今已有 20 年左右
的发展历程。同时，尽管目前最高人民法院可视化数据集中管理平台已汇
集了 1.33 亿件案件数据，并实现了每 5 分钟就自动更新全国各级法院的收
案和结案情况。[3]但我国各级法院在司法统计数据的公开上仍存在较多问
题，如司法统计数据在法院拥有数据中占比较小，数据公开发布时间普遍
滞后，且各地公开口径不一致，历年数据不连贯等问题。在缺乏人类分析
判断能力的弱人工智能阶段，数据作为算法运行的"燃料"，司法数据的体
量直接决定了人工智能的深度学习能力。[4]正如全样本数据原理，数据体量
越大，越容易对不确定的事作出判断，越能画出结构化的规律。[5]由此，司
法数据体量越大，也越有助于提高智能系统的学习能力，进而辅助法官作出
公正裁决。因此，智慧法院建设中裁判算法的科学设计需要以庞大且精确化
的数据作为支撑，数据体量上的不足也制约了高质量和公平性算法程序的
开发。

　　其次，机器学习所需要的训练数据不仅需要数量之庞大（volume），来源
之广博（variety）、更新之迅速（velocity），或者变化之多端（variability），[6]
也需要智能应用能够读懂法律数据中的专业含义。在技术领域，人工智能应
用仅能读懂二进位制的结构化符号。目前，自然语言处理技术的快速发展可

---

　　〔1〕　左卫民："关于法律人工智能在中国运用前景的若干思考"，载《清华法学》2018 年第 2
期，第 114-116 页。

　　〔2〕　黄其松、邱龙云、冯媛媛："大数据驱动的要素与结构：一个理论模型"，载《电子政务》
2020 年第 4 期，第 51-52 页。

　　〔3〕　李林、田禾主编：《中国法院信息化发展报告 No.2（2018）》，社会科学文献出版社 2018
年版，第 117 页。

　　〔4〕　易霏霏、马超："我国司法统计数据的公开：现状与建议"，载《中国应用法学》2017 年第
2 期，第 72 页。

　　〔5〕　涂钒："美国司法数据应用的过去、现实及争议——兼论对我国司法大数据应用的启示"，
载《科技与法律》2020 年第 1 期，第 61 页。

　　〔6〕　See Dwight Steward &Roberto Cavazos, Big Data Analytics in U.S. Courts: Uses, Challenges, and
Implications, Palgrave Macmillan 2019: pp. 2-3.

以将法律领域中的非结构化数据和半结构化数据转化为机器可以识别的结构化数据。庭审笔录自动生成、文本自动摘录等应用表现出计算机已经能够实现对语言的"阅读""转录"等运用。但法律领域内法律判决书及其他法律文件中包括较多的法律专业词汇，其中负载的特定意图往往是为其与其他话语之间的推论关系所决定的，甚至还包含许多只可意会不可言传的内容，诸如人的意识与反思及话语共同体所共享的许多默会知识。这些都无法为计算机所阅读或作为数据储存。[1]可见，当前的语言识别技术仍未实现由自然语言识别向专业性语言识别的知识跨越。

（二）算法歧视的技术局限

算法是将已归集的、静态化的数据运用于智慧法院建设中的重要纽带。算法自身的弊端，即算法歧视也制约了司法公正的实现。

首先，算法设计中的价值偏见导致司法不公。算法偏见的成因包括一是算法设计导致的偏见；二是数据输入导致的偏见；三是算法透明度缺失导致的偏见。[2]有学者将其成因形象地描述为"偏见进，偏见出"。[3]在智能审判系统设计中，数据和算法自身所带有的偏见会导致司法裁判结果的偏见。从实践来看，在智慧法院建设中各项司法智能系统的建设以法官与技术工程师的密切配合为基础，如实践中多采用技术外包的形式，深圳鹰眼查控网系统建设以执行法官为牵头人、科信处工程师为纽带、外包公司为技术支持的开发模式（JEC模式）。[4]在此，智慧法院建设需以法律语言和算法语言的有效衔接为前提。一方面需要将法言法语翻译成技术语言给技术人员，另一方面需要向法官讲解技术原理与运行程序以启迪法官思维。但自然科学和社会科学之间的知识壁垒和价值判断上的差异导致技术工程师在算法设计中难以完全再现法律中的价值元素。同时，科技人员不仅缺乏足够的法律专业知识，

---

〔1〕 宋旭光："论司法裁判的人工智能化及其限度"，载《比较法研究》2020年第5期，第91页。

〔2〕 崔靖梓："算法歧视挑战下平等权保护的危机与应对"，载《法律科学（西北政法大学学报）》2019年第3期，第36—37页。

〔3〕 张玉宏、秦志光、肖乐："大数据算法的歧视本质"，载《自然辩证法研究》2017年第5期，第84页。

〔4〕 胡志光、王芳："智慧法院建设的思维导图——以深圳法院'鹰眼查控网'建设为案例"，载《中国应用法学》2018年第2期，第66—67页。

还可能基于主观的价值判断，将自身所具有的价值偏见植入司法智能系统设计中，从而导致算法偏见。

其次，算法不公导致司法不公结果的扩大化。当前，司法智能辅助系统采用以类比推理和归纳推理为主的推理方式。其初衷和优势是通过编码设置实现智能系统的反复适用，提高审判效率，由此实现司法的高效性和平等性。但编码裁判的流程化和标准化程序设计不利于法官针对个案的具体因素进行实质正义判断。[1]而且类案推送、同案不同判预警系统等算法技术一旦设计成功并投入使用，其面向的并非单独的个案，而是会反复适用于诸多类型相似的司法案件中。因此，算法运用的可复制性也会导致算法错误的风险和犯错成本的扩大化，极易将个案不公演化成类案不公。

二、审判方式智能化的制度困境

人工智能的技术局限与司法公正间的价值冲突更多的是对司法裁判能否人工智能化这一问题的回应。科学技术与司法审判的融合仍需要关注制度本身。司法智能化与行政诉讼制度的不契合之处具体表现为以下两个方面。

（一）宪法层面：裁判权的公共属性和政治属性

现代国家中法官所行使的司法权是一种公共权力。这种公共权力的一个正当性来源即人民主权，通过公共授权实现。从国家职能中分化出司法权来专司司法公共事务。比如，我国《宪法》第 2 条和第 3 条。法官裁判权本质上来源于人民的公共意志，是代表人民适用法律、处理纠纷，由此实现人民的自我治理。作为公共授权的结果，在审判中，即使其他主体宣称其拥有更为正确的判断，法官也应当根据自己的判断来理解法律。[2]

除解决行政争议、保障公民合法权益外，行政诉讼作为公法争议解决机制，也具有监督行政机关依法行政的重要制度功能。这也引发了行政诉讼智能化是否契合宪法框架下司法权行使要求的担忧。行政诉讼作为代表人民适用法律、解决行政争议、监督行政机关依法行政的制度工具，由人工智能取代法官无异于对人民公共事业的背离，国家监督权行使的放弃，违背了行政

---

〔1〕　Danielle Keats Citron. *Technology due process*. 85Wash. U. L. Rev. pp. 1298–1301.

〔2〕　江秋伟："论司法裁判人工智能化的空间及限度"，载《学术交流》2019 年第 2 期，第 101 页。

诉讼中司法权设置的本质属性。当前人工智能决策过程的不可控性与权力正当性所要求的内容传递可控性之间的矛盾，仍无法通过对算法的规制得到合理解决。[1]因此，完全的司法裁判智能化在一定程度上是对公共授权的消解，不利于司法民主价值的发挥。

（二）法律层面：形式法治中裁判权的本质属性

现代司法的制度形态是 19 世纪工业革命时代，理性主义和形式主义法治思想发展阶段的产物，其本质属性也受形式主义法治思想的深刻影响。在形式法治层面，司法裁判权的本质属性与智能裁判存在不衔接之处。

1. 司法的固有属性

戴雪、富勒、拉兹等人的法治理论一般被归为形式法治观。受富勒和拉兹的影响，形式法治观在我国法治建设初期受到学界的广泛重视和研究。在形式法治理念中，法治原则主要包括一般性、明确性、公开颁布、持久稳定性、官方行动与法律相一致等，以及审判独立应予保证、自然正义必须遵守、法庭应当易被人接近、不应容许预防犯罪的机构利用自由裁量权歪曲法律等原则。[2]受形式主义法治理念的深刻影响，司法裁判权表现为以下几个基本特征：一是司法包含一系列特征，司法具有接纳各种社会纠纷、处置各类社会冲突的能力，法院没有理由拒绝提交其处理的案件；司法具有可适用的、充分且明晰可辨的规范依据，司法的前提一定是有法可依，依法断案是司法的核心；司法有相应的程序、技术作为手段和工具，任何有关事实真相的主张都能在司法中得到回应或认定。二是司法是由若干要件或属性构成的系统，这些要件或属性包括司法的独立性、中立性、被动性、公开性、权威性、司法过程的程序化、法官的精英化、法官职业的特殊保障等。[3]

由此，司法制度产生的理念基础决定其司法裁判具有独立性、中立性、公开性和权威性等固有属性特征。但智能化裁判模型的建构需要"法律人+技术人"的密切合作。算法模型的设计无法完全排除技术人员的价值考量，与司法权的独立性、中立性价值相冲突。正如依据《法国司法改革法》第 33 条

---

[1] 展鹏贺："数字化行政方式的权力正当性检视"，载《中国法学》2021 年第 3 期，第 135 页。

[2] 李桂林："实质法治：法治的必然选择"，载《法学》2018 年第 7 期，第 75-76 页。

[3] 顾培东："人民法院改革取向的审视与思考"，载《法学研究》2020 年第 1 期，第 6 页。

规定〔1〕，违者将面临五年以下的牢狱之灾。这一新规将适用于个人、研究人员和科技公司。上述禁令的出台表明法国在司法权威与言论自由、审判独立与技术主义之间权衡考量时对坚持保护司法维权和审判独立的鲜明态度。〔2〕因此，智能化裁判与司法固有属性之间的矛盾关系是智能化裁判应用中必须考量的重要问题。

2. 司法裁判的方式

我国作为大陆法系国家，以事实为根据，以法律为准绳是我国司法审判的显著特点。现有自动化裁判的路径与我国现实中的司法裁判路径存在一定差异。

首先，智能裁判的建设路径之一是借助大数据分析对历史裁判案件予以分析，进而裁判案件。对海量的历史裁判文书进行数据分析有助于发现案件事实和裁判结果之间的规律。当遇到类案时，智能化应用依据历史裁判完成自主化裁判。可以发现，自动化的智能裁判建立在历史裁判案件的数据分析基础上，表现出对历史裁判案件的类比推理适用方式。其隐含前提是历史裁判文书具有先验的正确性。但在一个司法判决中所作的每一个陈述，并非一种应当在呈现相似情形的日后案件中予以遵循的权威性渊源。〔3〕与此同时，我国法官主要采用"案件事实——法律适用——裁判结果"这一演绎推理进行案件裁判。依据法律规范进行案件裁判是我国司法裁判过程的基本理路。行政诉讼以行政行为合法性审查为基本原则，依照法律规范的规定对行政行为的合法性进行审查是行政审判的主要路径。由此，自动化的智能裁判与我国人类法官的司法裁判存在推理方式上的本质差异。

其次，智能裁判的建设路径之二是采用显式编码、封闭规则的算法，通过法律专家系统实现对人类法官演绎推理方式的模拟，将法律规范予以解构并编码为庞大的决策树，将之应用于司法裁判的决策。这一方式与法官的裁

---

〔1〕　第 33 条规定："不得为了评价、分析、比较或预测法官和司法行政人员的职业行为而重复适用其身份数据"。

〔2〕　王禄生："司法大数据应用的法理冲突与价值平衡——从法国司法大数据禁令展开"，载《比较法研究》2020 年第 2 期，第 137-138 页。

〔3〕　［美］E. 博登海默：《法理学：法律哲学与法律方法》，邓正来译，中国政法大学出版社 2017 年版，第 571 页。

判方式相一致，但其采用裁判过程解构，并予以简化的方式导致司法裁判过程价值判断被排除在外。

因此，在法律层面，规范性要求法官以事实为依据、以法律为准绳进行裁判，不得随性地"擅断界碑"。[1]当前的智能化审判方式面临与司法的固有属性和司法裁判方式不衔接的现实问题。

三、行政审判思维与计算思维的冲突

智能技术的深入发展也对人类社会思维产生了深刻影响。智能技术的自主学习能力使其在逐渐进入司法裁判核心领域的同时也将其计算思维嵌入其中。由此，人工智能与司法裁判的深度融合成为数据司法模式和人类司法模式的深度融合。这需要我们进一步反思行政审判思维与计算思维之间的价值冲突。

（一）相关性思维和因果性思维

数据系统运用于司法裁判领域所带来的思维变革之一在于相关性思维与因果性思维的冲突。

智能化应用预测功能的思维特征在于"相关关系，去因果"。具体实现方式有两种模式：一是基于先前所有同类案件的历史数据来预测当下案件的裁判结果，即同案预测；二是基于法官裁判方式的个人画像，将法官和书记官的个人数据用于评估、分析、比较或预测他们实际作出或将要作出的专业行为。例如，许多国家的人工智能法律服务公司通过关键数据抓取，可在短时间内分析数百万已公开的法院判决，用于评估所涉案件的胜诉概率，或者通过分析不同法官对某些问题的不同看法或论据而建立不同的分析模型，由此形成法庭的辩护策略，提高胜诉率。[2]目前，我国已有较多应用实现了智能化预测的间接适用，如裁判偏离度预提示和裁判结果预判断等。司法智能化应用采用的是前一预测模式，即基于广泛类案进行裁判。其适用的主流算法模型是基于大数据分析的深度神经网络模型，这个模型优势是自主学习，以对大量历史数据的学习为前提，通过前期案件要素的精细化标注，为机器学

---

[1] 陈敏光："善假于物与审判异化：司法人工智能的辩证思考"，载《重庆大学学报（社会科学版）》2021年第3期，第9页。

[2] 施鹏鹏："法国缘何禁止人工智能指引裁判"，载《检察日报》2019年10月30日，第3版。

习提供样例，当积累到一定程度后，由机器进行自主识别。

然而，大数据的相关性思维难以契合以因果关系为基础的说理性裁判思维。司法裁判确认因果关系的根本目的不在于获得某种科学认知，而在于规则实践，是为了找到作为破坏法益或法秩序之根源的行为，并让行为人承担责任。[1]行政诉讼中因果关系确定的目的在于确认行政机关的违法行为与相对人的权利侵害之间是否存在因果关系，要求行政机关承担违法行政的法律责任。同时，增强裁判文书的说理性既是对公民知情权的有效保障，也是行政争议实质性解决、当事人服判息诉的重要组成部分，并有助于提升司法大数据质量。在大数据时代，当数据量足够大并被有效利用时，很多所谓的智能问题就可以转化成数据处理的问题。例如，智能化要素式审判方式、类案推送、裁判预警机制等司法智能化应用都不是对人神经的模仿，而是利用大数据驱动，从历史案件中挖掘普遍的司法经验和裁判规律。但个案背后的深层次问题难以从司法裁判文书的数据分析中予以窥探。

（二）规律性思维和正确性思维

在论证推理的结果面向上，数据系统侧重对海量数据内在规律的挖掘，将案件裁判的内在规律作为案件预测的裁判结果。为此，规律性思维是数据系统的典型特征。

规律性思维的特征在于一是建立在实证主义分析基础上。大数据思维的核心表现之一为"一切皆可量化"。司法领域中的量化管理方式产生于数字化阶段的司法统计工作。在此阶段，学界和实践对技术理性、量化、数字化和法学价值体系之间的协调问题便表现出深刻的现实隐忧。在大数据时代，人工智能技术对数据的处理能力获得显著增强。二是面向过去，而非未来。规律分析是基于对历史裁判数据的分析研判，分析基础的来源决定其是对过去司法审判规律的总结分析，这也决定其无法对未来的不确定作出判断。最终的结果可能是理由不再重要，重要的是历史统计数据，论证不再重要，重要的是对过去的模仿。[2]

---

〔1〕　冯洁："大数据时代的裁判思维"，载《现代法学》2021年第3期，第47页。

〔2〕　See Mireille Hilde brandt, Law as Computation in the Era of Artificial Legal Intelligence: Speaking Law to the Power of Statistics, 68 (supplement 1) University of Toronto Law Journal 12, 28 (2018).

然而，行政审判的正确性思维与智能化应用的规律性思维存在差异。行政行为应当不仅要在形式上具有合法性，还需要在实质上具有合法性。行政审判不断通过合法性审查和合理性审查追求裁判的正确性。正确性思维的特征在于一是建立在规范性分析基础上。法律是规则之治，这决定了裁判的作出建立在明确的法律规范基础上。二是需要进行评价性和价值性判断。形式正义基础上的个案正义需要结合个案中的情况进行价值判断。无论是以法律规范适用为基础的成文法国家，还是以"遵循先例"为导向的判例法国家，对规则或先例的适用并非僵化的，而是需要结合个案情况进行权衡分析。对行政行为的合理性审查也需要结合个案情况进行价值判断。

因此，大数据已深刻影响我们的行为方式和思维习惯，这也同样体现在行政审判领域中。数据司法和传统司法构成两种运行思维逻辑不同的裁判体系，前者以相关性和规律性为特点，后者以因果性和正确性为特点。审判思维上的差异决定了数据司法展开的有限性。

四、合法性隐忧的制度因应

依据案件类型，审判方式智能化应用可以区分为普通案件智能审判和复杂案件智能审判。依据智能化应用的适用方式或融合程度，可以区分为智能辅助和智能裁判。在不同的适用类型中，合法性隐忧的存在程度各不相同。这要求分别从事前、事中和事后三个阶段，并区分审判方式智能化的适用范围、程度与方式予以制度完善。

（一）确立智能化应用的适用原则

行政诉讼智能化建设一方面应当避免对科技理性的迷信；另一方面更应当契合于司法规律。为此，行政诉讼智能化应用应遵循以下基本原则。

1. 人权保障原则

行政诉讼作为公法争议解决的重要制度工具，保障公民合法权益是其核心司法功能。实质法治背景下的行政诉讼制度在行政行为的合律性基础上更关注对公民合法权益的充分救济。结合域外行政诉讼法治发展历程，以公民个人合法权益的保护为本位是"二战"以后欧陆国家和日本的行政诉讼制度由形式法治向实质法治发展的重要表征，并在此理念基础上不断建构无漏洞的权利保障机制。[1]随着数字经济和智慧社会的深入发展，人权形态正在经历深刻的数字化重塑，从而打破了既有的"三代"人权发展格局，开启了以"数字人权"为代表的"第四代人权"。[2]在我国智慧法院建设的背景下，司法智能化应用不应脱逸于我国当前实质法治和人权保障的法治背景。

在司法改革中，行政诉讼逐渐形成以人民为中心的行政诉讼法治理念，具体表现为面向人民的公平正义的权利保障机制和高效便民的司法服务理念。人工智能赋能行政审判制度具有诸多积极意义：一是提高司法效率，解决案多人少矛盾；二是人工智能技术有助于实现全程留痕，提高对法院裁判的监督效应，减少行政权对司法权的不当干扰，提高司法公正；三是解决案件审理的复杂性，通过类案智推机制和法条推送功能辅助法官进行案件裁判。但技术本身也存在效用不确定性的问题。人工智能和行政诉讼的深度融合不仅对传统权利保障问题产生冲击，也可能会产生新的权利保障问题。

具体而言，人工智能对行政诉讼人权保障原则的可能侵害表现为：一是对公民实体权利的保护。比如，在司法公开背景下如何保护公民个人的数据隐私权。在大数据分析的类比推理这一形式正义下，如何对公民个人的合法权益展开实质保护。二是在程序权利保护上，在线纠纷解决机制中，如何保护当事人的程序参与权。传统单一物理空间中诉讼格局的参与权、陈述权和对抗权，可能会受到网络化、数字化、智能化的巨大冲击和深刻重塑。行政诉讼的目的之一在于保护公民的合法权利。因此，人工智能技术在行政诉讼中的运用应以人权保障原则为基础，一方面司法智能化应用不应侵害当事人在诉讼中的正当程序权利，另一方面司法智能化应用在行政审判中的运用不应影响诉讼结果的实体公正。

2. 审判独立原则

审判独立是司法制度的基本原则之一，其功能在于促进法官的居中裁判和无偏私，进而实现司法公正。司法所具有的被动性、公开性和透明性、多方参与性、亲历性、终局性等本质属性决定了智能化应用的深入展开需要遵循审判独立原则。

---

〔1〕　高家伟："论行政审判制度的实质法治化转型"，载《河南社会科学》2013年第3期，第13页。

〔2〕　马长山："智慧社会背景下的'第四代人权'及其保障"，载《中国法学》2019年第5期，第5-24页。

在人民中心主义的司法理念背景下，借助人工智能促进司法能动性的发挥。受政治体制和成文法的传统影响，我国法官的主体能动性空间有限。智能化应用因其具有自动化、高效性和强大的数据处理能力等优势，势必会替代司法裁判中的事务性工作。这表明智能化应用的广泛开展使过去法官裁判活动的领域有所缩减。司法权是由法院代表国家行使的，对社会成员之间发生的社会纠纷进行处理、解决，并使国家意志得以贯彻的一种国家权力。在不同的社会结构下，司法权都具有三项基本的社会功能，即纠纷解决功能、社会控制功能与社会整合功能。[1]在司法功能由争议解决向社会治理的拓展中，法官裁判功能的实现需要进一步对其职责空间予以拓展，表现出适度的司法能动。比如，在审判思维上，法官要从纯粹的规范法学拓展至法社会学、法经济学层面，在大数据和人工智能时代，法统计学这一新型实证方法[2]为司法能动、社会治理的实现提供了更多助益。

因此，在司法智能化中，审判独立的关键在于保持法官的主体地位，既要避免技术赋能过度侵害司法权的独立性，又要实现人工与智能的有效叠加，形成优势互补，达致"善假于物"。

3. 智能辅助原则

人与科技的本质关系决定了智能技术的功能在于辅助法官更好地作出司法决策。从第一次工业革命的蒸汽机，到第二次工业革命的汽车等技术，科学技术不断地将人类从不必要的繁重工作中解放出来，不断拓展人类的能力，弥补人类行为的不足，辅助人类的生活。在新一轮的科技革命中，人工智能所谓理解、认知能力并未改变其科技的本质属性，工具价值、辅助角色仍是行政诉讼智能化发展中应当坚持的基本原则。

智能化应用的定位成为审判辅助工具，而非法官主体。当前，智能化应用由审判辅助智能化向案件裁判智能化拓展。司法智能化应用逐渐拓展至需要进行价值判断的事实认定、裁判结果作出阶段。尽管现有法律规范尚未赋予其法定化效力。但智能化应用的高效性优势使其在实践中具有一定程度的决定性价值。比如，无争议事实预归纳应用对相关事实证据的直接认定。然

---

〔1〕 参见刘洋：《论司法权的社会功能——以民事审判权为例》，吉林大学 2012 年博士学位论文。
〔2〕 左卫民："一场新的范式革命？——解读中国法律实证研究"，载《清华法学》2017 年第 3 期，第 45-61 页。

而，司法审判权本身的公共、政治等属性决定了，各类智能化应用应从司法审判制度的固有属性出发，明确其在不同审判阶段的适用限度，避免侵害法官主体地位。

4. 公开透明原则

我国的司法公开经历了由 1.0 版向 2.0 版进阶的历程，公开对象从裁判文书上网的结果公开到庭审直播的审判过程公开。司法公开制度具有多重改革目标，一是提高司法审判质量，以公开监督司法权的合法行使；二是树立良好司法形象，提高司法权威；三是提升司法服务质量，实现司法亲民。[1]司法公开成为行政诉讼制度正当程序的制度体现。然而，智能技术通过大数据的机器学习，发现数据背后的隐含关系，并生成算法，由此进行识别、推理和预测。但算法黑箱和算法偏见存在消解司法公开的现实问题。

首先，行政诉讼智能化中的公开透明原则来源于智能化的深度运用和司法公开之间的张力，即越是需要进行解释说理的审理阶段，对司法公开要求较高的审判活动，越是容易导致算法黑箱、算法歧视产生。具体地，案件审理过程中的法律适用和事实认定因具有高度专业性、逻辑性和价值判断的属性特征，而需要对其推理过程予以充分的说理和解释，并在裁判结果阶段通过司法公开进行司法监督。人工智能的智能包含三个方面，分别是计算智能、感知智能和认知智能。智能技术赋能案件审理需要其推理、预测功能等认知智能的引入，如类案推送、法条推送等智能化应用。其技术逻辑在于通过神经网络的深度学习，将抓取的司法数据分为数以千万计的变量来自动加权计算，并输出结果，形成推理和预测算法，由此形成智能化应用。但机器学习过程中极其复杂的计算过程存在算法黑箱和算法偏向。而审判辅助中的智能化运用，如建立在文本总结、抽取基础上的裁判文书自动生成系统，以及可自动识别庭审中法官和诉讼参与人的语言，并快捷修正、实时转化的智能语音识别系统。这一司法活动本身对司法公开、解释说理的程序正当要求较弱。算法之间亦有复杂和相对简单之分。越是复杂繁琐的算法，其链条越长，其中的运算推理过程越复杂，输入数据的片面性就会被放大得越多，计算后果的

---

[1]　2016 年 11 月 5 日，最高人民法院发布《关于深化司法公开、促进司法公正情况的报告》。

歧视性偏差也会越明显。[1]审判辅助活动的智能化应用所依据的感知智能，如 OCR、NLP 等简单算法的发展，并非算法黑箱和算法歧视容易产生的场域。由此，在案件审判的实质裁判环节，智能化应用的算法黑箱和算法歧视风险更大，与司法公开的落差更大。司法公开和科技隐忧之间的张力由此产生。

其次，行政诉讼智能化应用建构过程的公开透明原则在于降低算法偏见对司法公正的不利影响。算法偏见萌芽于数据收集步骤，成熟于模型完善步骤，强化于模型应用阶段。[2]易言之，算法黑箱和算法歧视产生于从法律数据的收集，至智能化应用的模型建构，再至司法智能化应用在审判活动中的运用这一全过程中。因此，司法智能化应用的建构过程应遵循公开透明原则，通过过程全公开降低算法偏见。

因此，行政诉讼智能化建设应当与司法改革中的司法公开原则相适应，以提高智能化应用的程序正当性。目前的司法公开包括审判过程公开和审判结果公开两个方面。随着智能化和行政诉讼审判的深度融合，智能化应用的适用与否本身即会对案件公正审理产生法律影响。司法公开机制应当与智能化应用的法律效果相适应，进一步扩大公开范围，尤其是法律适用和事实认定等行政诉讼案件审理核心领域的智能化应用，智能化运用的成效对案件裁判质量会产生直接影响，公开类型可能拓展至包括智能化运用前阶段。当智能化应用和司法的结合会对案件审理结果产生直接影响时，应建立智能化应用的事前公开制度，甚至是知情同意机制。同时，随着行政诉讼智能化的发展，对原有司法公开制度，如裁判文书公开、庭审过程公开进行制度优化。

（二）明确智能化应用的救济规则

随着法院信息化 4.0 建设的快速发展，司法活动与智能技术加速融合，各类智能化应用不断由司法辅助向司法裁判等核心领域拓展。司法智能化应用因其自主性、智能化而对司法裁判结果日益发挥实质性的作用。例如，裁判预警偏离机制对裁判结果的影响，以及事实争议焦点预归纳等对后续审判事实认定的决定性影响。这要求明确司法智能化应用的事后救济机制，以避

---

〔1〕 王夙："人工智能发展中的'算法公开'能否解决'算法歧视'"，载《机器人产业》2019年第3期，第19页。

〔2〕 刘友华："算法偏见及其规制路径研究"，载《法学杂志》2019年第6期，第55—66页。

免智能化应用对裁判结果的不利影响。

首先，在概念上，智能化应用的救济机制包括人工干预机制和针对个案智能化应用的救济机制。前者是指当智能化应用的自主性决策或在适用效果上可能导致案件裁判错误或不公正时，应当由人类法官予以介入。后者是指针对智能化应用的救济机制。这是在具体特定的案件中建立相应的技术适用补救机制。因此，不同于智能化应用的测评机制，其结果并不导致对这一智能化应用的完全否定，而仅是对其在某一特定案件中适用效力的否定。

其次，在具体规则上，智能化应用救济机制的规则明确建立在对现行诉讼法律规范的修改完善基础上。比如，对二审、再审启动规则的修改，将因智能化技术的适用而产生的法律裁判错误作为提起二审和再审的法定情形。

因此，弱人工智能仍具有较大的技术局限性，人工智能辅助应用出现偏差时具有导致裁判错误和不公正的可能。司法智能化应用的广泛开展应以救济规则的明确为前提。

（三）建立智能化应用的测评机制

我国智能化应用的建设路径呈现"全国层面的统一试点＋各省市积极探索"相结合的发展特点。各地发展步伐的不同也使智能化应用呈现发展水平不统一、功能适用多样化、适用成效不确定等特点。智能化应用测评机制的目的在于通过功能评价，成效检验，为智能化应用的推广适用，以及在国家层面的统一规划提供实践基础。

智能化应用的事后测评机制贯穿我国法院信息化的发展历程。2017 年《加快建设智慧法院》明确要"构建应用成效评估改进机制。开展法院信息化建设与应用的深度调研、评估指标设计、指数评估、问题分析和改进，提升人民法院信息化的建设水平和应用成效"。我国现有的司法规范性文件不断增强对信息化、智能化技术应用事后评估测评规范化、制度化的重视程度。例如，2018 年《智慧法院建设评价指标体系》分门别类地对全国三级法院智慧化的建设成效展开实践测评。2018 年，最高人民法院发布的《关于进一步加快推进电子卷宗随案同步生成和深度应用工作的通知》，对电子卷宗随案同步生成和深度应用技术要求和电子卷宗随案同步生成和深度应用管理要求予以明确。2021 年 12 月，最高人民法院信息中心在智慧法院实验室，举办了执行案件流程信息管理系统电子卷宗深度应用及智能化升级测评。因此，智能化应用测评机制需要结合智能化应用的实践适用成效、行政审判的司法特点予以规范化建构。

<h1 style="text-align:center">本章小结</h1>

简单案件审判方式智能化建设和复杂案件审判方式智能化建设表现出不同的探索路径。在建模方式上，简单案件和复杂案件分别采用建立在形式主义法学基础上的法律专家系统建模和建立在现实主义法学基础上的法律数据系统建模。在应用进路上，简单案件审判方式的智能化建设路径在于以个案为基础，采用大数据技术和资源的适用形式。对司法裁判方式进行经验总结，建立形式主义法律推理模型，可以实现法律的符号表示和自动化推理。而复杂案件的特征在于法律关系的复杂性、隐蔽性，其审判方式的智能化建设路径在于以群案为基础的、利用大数据思维进行争议预防，指引未来司法决策的作出。这也反映智能化应用与司法制度的结合应以类型化分析为起点，在明确不同适用形态和适用方式之特点和优势的同时，还需结合各类案件的审判需求进行智能化建设。在制度衔接上，审判方式智能化需要不断探索行政审判的要素式审判方式，健全类案智推的运用机制和行政审判白皮书制度体系，实现行政审判法律效益和社会效益的统一。

第六章
行政诉讼智能化的审判程序

面对行政审判体系、审判能力与人民群众日益增长的司法需求之间的不协调问题，行政诉讼繁简分流改革是我国行政审判程序现代化的重要改革举措，以促进司法资源的优化配置，提高司法效率为改革目标。智能化应用借助其自动化、自主性、高效性优势在审判程序改革中广泛适用。例如，2021年《行政诉讼繁简分流意见》明确可以通过信息化诉讼平台在线开展行政诉讼活动，在满足法定条件下，可以庭审录音、录像替代法庭笔录。在智能技术与审判程序的深度融合中，智能化应用进一步促进了诉讼程序制度规则的完善。为此，本章将结合繁简分流制度的改革实践和智能化应用现状，对行政诉讼智能化的审判程序进行探究。

第一节　审判程序繁简分流制度的智能化变革

自《行政诉讼法》实施以来，各级人民法院审理了大批行政案件，为保护公民合法权益、维护社会和谐稳定作出了重要贡献。在案多人少的背景下，行政审判制度就繁简分流制度展开诸多制度探索，以提升司法效率，实现司法资源的合理配置。智能化应用的典型优势在于自动化、自主化带来的高效性。司法智能化应用在繁简分流制度改革中广泛适用。本节将对审判程序的繁简分流的智能化变革展开分析。

一、繁简分流制度智能化的实践探索

积极借力智慧法院建设成为繁简分流制度完善的重要内容。[1]在"大分流、大调解"背景下的繁简分流制度改革面临诸多制度改革契机。为此，以下对繁简分流制度的智能化建设进行梳理，进而对其制度探究提供实证基础。

（一）由通用型向专门型的类案智审平台发展

在应用类型上，要素式智能化审判方式由通用型向专门型智能化审判

---

〔1〕 2019年3月15日，中央政法委、最高人民法院和最高人民检察院联合下发《关于进一步优化司法资源配置全面提升司法效能的意见》在第四部分提出"智能辅助，深化现代科技应用"。

发展。

在信息化3.0阶段，智能化审判系统从通用型拓展至适用于具体的类案智能化审理的专门型智能化审判系统。在建模方式上，专门型智能化应用采用要素式审判方式，从简单案件切入，对案件事实进行要素型解构，并进行法律知识图谱建构，实现类型化案件的智能审判。例如，上海市高级人民法院以信息公开案件为基础建立的行政诉讼智能审判辅助系统，重庆市高级人民法院以行政工伤认定案件为基础建立的类案专审智能平台等。同时，专门型智能化审判在广度和深度上不断拓展。在广度上，智能化功能不断拓展，形成了从立案到审理，再至裁判全流程的智能化审判模型。例如，重庆市高级人民法院研发了行政诉讼工伤认定案件智审平台，通过对类型化案件要素的分析提取，形成智能立案、智能审判、智能服务、智能研判多位一体的智审平台架构。[1] 上海市高级人民法院的行政诉讼审判辅助系统形成了覆盖立案、庭前、审理、裁判等全流程的26项智能化功能。在深度上，审判智能化程度不断提升，聚焦于特定的案件类型，多项应用具备事实归纳和分析梳理的辅助功能。比如，上海市高级人民法院行政诉讼审判辅助系统中的争议焦点预归纳应用可以根据案情事项进行要素化整理，形成原被告诉讼要素对比，总结出双方当事人的争讼焦点，明确抗辩主张，进行争议焦点预归纳和无争议事实预归纳等。从庭前智能匹配本案要素、确定争议要素、自动生成庭审提纲，到庭审中围绕争议要素重点审查指引，最后到庭后辅助裁判文书生成，最大限度地替代人力重复劳动。因此，要素式审判方式与智能应用的结合促进了司法智能化应用智能化程度的提升，同时面向类案的要素式审判也成为未来智能化审判系统的重要趋向。

（二）由单一功能向繁简分流一体化平台发展

要素式智能化审判方式的应用由裁判文书自动生成的单一功能应用向包括要素式智能审判、要素式智能分流和要素式智能调解等多功能的系统性平台拓展。

为推进裁判文书繁简分流制度改革与智能化应用的深度结合，各地法院

---

〔1〕 王彦、许鹏："行政诉讼类案智能专审平台的价值取向与实践"，载《人民司法》2018年第19期，第46-49页。

探索建立了裁判文书自动化生成系统。当前司法实践中主要存在两种模式：一是类案裁判文书自动化生成。[1]比如，天津市法院率先推行要素式智能审判，将智能技术应用于裁判文书的生成阶段。通过信息化等方式识别要素填写，一键生成判决书初稿，减轻审判工作负担。[2]二是要素式裁判文书自动生成技术。[3]借助文档化、数据化、结构化电子卷宗技术，实现案件要素的自动抽取，从而自动生成裁判文书。在简易程序智能化建设中，可在简单案件中建立智能化裁判文书自动生成系统，实现要素式审判方式和类案审判与信息技术的深度融合，类型化裁判文书批量生成制度。

一站式多元解纷机制[4]的发展进一步促进了要素式分流、要素式调解、要素式快审的一站式智能化平台的建立。要素式调解智能化和要素式分案智能化建设是指以要素式审判为基础展开定量化的分案智能化建设。比如，北京分调裁一体化平台[5]。北京法院在"多元调解+速裁"的司法制度改革背景下，研发建设了立案、分案、调解、速裁全流程一体化要素式审判信息平台。依据案件要素量化的得分标准分出繁案和简案，实现将简案导入诉前调解和速裁程序进行快审，繁案进入普通程序进行精审的智能化模式。

综上，要素式审判方式成为智能化应用与繁简分流制度改革的制度基础。繁简分流智能化建设不断由裁判文书智能分流向案件审判全流程智能分流拓展，聚焦于类案审判的专门型智能化应用，并逐渐向以要素为基础、综合各类解纷机制的一体化、系统性分流平台建构发展。

---

〔1〕《人民法院司法改革案例选编（三）》案例2：北京市西城区法院自主研发类型化案件裁判文书批量生成软件，通过导入批量案件信息数据表，实现了大批量案件裁判文书的自动化生成。

〔2〕参见《人民法院司法改革案例选编（二）》案例4：天津市红桥区人民法院推进综合配套机制改革，增强审判团队改革效能。相关司法工作文件参见：最高人民法院《关于深化司法公开、促进司法公正情况的报告》；最高人民法院《关于民商事案件繁简分流和调解速裁操作规程（试行）2017》。北京市西城区人民法院自主研发类型化案件裁判文书批量生成软件，通过导入批量案件信息数据表，实现了大批量案件裁判文书的自动化生成。《人民法院司法改革案例选编（三）》案例2：北京市西城区人民法院依托模块化审判工作标准打造法院知识管理和人才培养新模式。

〔3〕《人民法院司法改革案例选编（五）》案例2。

〔4〕2019年最高人民法院《关于建设一站式多元解纷机制　一站式诉讼服务中心的意见》中提出要建立"在线咨询评估、调解、确认、分流、速裁快审等一站式解纷服务"。

〔5〕参见陈甦、田禾主编：《中国法院信息化发展报告No.5（2021）》，社会科学文献出版社2021年版，第240-253页。陈甦、田禾主编：《中国法院信息化发展报告No.4（2020）》，社会科学文献出版社2020年版，第229-241页。

二、程序分流智能化的制度因应及问题检视

在人工智能和社会科学的融合中，深度融合作为深度学习的方式之一[1]逐渐成为"人工智能+X"建构中人机协同的理想形态。以要素式审判法为基础的繁简分流制度改革与智能化应用的深度融合表现为由应用层面向制度层面拓展。在"大分流、大调解"背景下，繁简分流改革成效的发挥建立在分流制度、审判程序制度、衔接机制和多元化纠纷解决机制等诸多制度变革的有效协同基础上。为此，以下将结合繁简分流制度改革对要素式智能化审判的制度意义及其问题反思进行探究。

（一）案件分流的智能精准

繁简分流的首要环节是繁案和简案的甄别分流。如何能让案件科学分流到简易程序和普通程序中，"繁"与"简"标准确定应当是关键。为此，繁案和简案的区分标准是繁简分流的前提基础。要素式智能化分流应用的制度效应在于分流标准由定性向定性和定量相结合的分流标准拓展。

1. 定性和定量相结合的分流标准

首先要素式智能化审判以案件要素为基础对繁简分流标准予以量化。北京市的繁简分流智能平台通过确认案件类别的繁简因素，采取将案件要素量化得分的形式按照约定规则分出繁案和简案，[2]实现了将简案导入诉前调解和速裁程序进行快审、繁案导入普通程序进行精审的有理有据。[3]要素式智能分流促进了分流标准的完善，在定性（权利义务关系明确）基础上向定性和定量相结合拓展，可操作性增强，并将案由、诉讼主体、诉讼请求、法律关系、诉讼程序等要素作为"事实清楚、权利义务关系明确、争议不大"认定的具体标准。智能化技术的运用又进一步提高了分流的客观性和科学性。相较之下，这一要素式标准客观化较强、涉及较少的价值判断，主要是便于繁简分流智能系统的建立。

---

〔1〕 张冬明等："基于深度融合的显著性目标检测算法"，载《计算机学报》2019年第9期，第2079-2081页。

〔2〕 参见《北京法院关于民事案件繁简分流和诉调对接工作流程管理规定（试行）》。

〔3〕 陈甦、田禾主编：《中国法院信息化发展报告 No.4（2020）》，社会科学文献出版社2020年版，第235页。

其次，分流方式由人工分流向人机协同的二阶式分流模式发展。二阶式分流模式包括智能分流和人工分流。比如，江苏省淮安市中级人民法院建立标准化、流程化的智能化分流，采用人工智能一次分流+人工辅助二次分流相结合的模式，推进信息化智能识别分流。[1]相较于传统的分流模式，要素式智能审判系统遵循"先进技术+审判经验"的人机结合模式，对涉及信息提取、传输、规则明确的计算，交由计算机自动完成；对涉及精细调配和价值判断的，交由人工完成。[2]这一人机协同的分流模式有利于排除人类法官分流中的主观任意性这一不足，并提高分流效率和精准性。

2. 问题反思：简单案件和复杂案件的区分不明

要素式智能分流促进了分流标准的可操作性。但在目前繁简分流制度体系中仍存在不足。

首先是简单案件范围过窄。目前，简单案件的认定在满足"事实清楚、权利义务关系明确、争议不大"基础上仍需满足严格规定的列举范围。行政案件有难易之分。据统计，大概80%的案件为简单案件，20%的案件为较疑难复杂案件。[3]现有规范仅列举了六类行政案件，显然并不能涵盖当前大多数的简单行政案件。

其次是简易程序和速裁程序的区分标准不明。在"大调解""大分流"背景下，繁简分流存在三个阶段的分流：争议解决机制上诉讼和非诉的区分，案件类型上繁案和简案的区分，审理程序上普通程序、简易程序和速裁程序的区分。"简单案件"概念频繁出现在繁简分流系列司法改革文件中。过去将简易程序适用标准作为简单案件的认定标准。最高人民法院《关于人民法院深化"分调裁审"机制改革的意见》《行政诉讼繁简分流意见》等司法工作文件提出要建立速裁程序。简单案件的审理程序包括简易程序和速裁程序两种方式。以案件要素为基础的定量化认定标准有助于简单案件内部审理程序的再次分流。但简单案件并不等于简易程序。简单案件和复杂案件之间的区分标准仍存在缺漏。

---

〔1〕《人民法院司法改革案例（六）》案例101。

〔2〕陈甦、田禾主编：《中国法院信息化发展报告 No.5（2021）》，社会科学文献出版社2021年版，第243页。

〔3〕全蕾："构建行政案件繁简分流机制的系统化路径"，载《人民司法》2020年第7期，第43页。

（二）审判程序的智能优化

简易程序制度改革是繁简分流制度改革的重要组成部分。行政审判过程分为四个阶段：庭前程序——审理程序——执行程序——审判监督程序。如何对简易程序进行制度优化，提高行政诉讼简易程序适用率是重要的实践和学理议题。要素式智能化审判方式促进了庭前程序的功能优化和审理程序的优质整合，为简单案件审理程序的简化提供了路径启发。

1. 庭前程序的功能优化

庭前程序的功能优化体现在促进庭前争点整理制度的完善。要素式审判展开的前提是当事人在审判之前结合案情事实填写要素表，预先确定案件事实和争议焦点。现有关要素式审判规则中明确要在审判之前进行要素填写，如山东省高级人民法院规定"将当事人诉辩的基本案件事实要素进行列表，并将《审判要素表》嵌入网上立案系统"。在此基础上，智能应用进行要素整理、案情画像等固定案情要素的智能应用。同时，要素填写不仅具有形式上的案卷形成功能，也具有发现当事人之间的争议焦点的实质功能。最高人民法院《关于进一步推进案件繁简分流优化司法资源配置的若干意见》提出，要"发挥庭前会议功能。……对于庭前会议已确认的无争议事实和证据，在庭审中作出说明后，可以简化庭审举证和质证；对于有争议的事实和证据，征求当事人意见后归纳争议焦点"。上海市高级人民法院行政诉讼案件智能辅助系统中设置争议焦点预归纳应用，基于案件事实要素对其争议焦点进行归纳整理，进而辅助案件审判程序中的适用。

对比域外诉讼程序可以发现，我国的要素式智能审判法进一步优化了庭前程序，庭前的要素整理和争议焦点归纳等应用事实上构成一个具有较高独立性的审前程序。重视诉讼审判程序中庭前功能的发挥是域外国家的共通趋势。德、日等大陆法系国家强调民事案件庭审的争议要素审查，指民事案件开庭集中审理的"争点式"审理模式，其目的在于发挥庭前"争点整理程序"的实质作用。[1]英国为缓解诉讼效率低下的司法危机，在大多数案件中要求原告填写"案件具陈书"（Particulars of Claim），与起诉状一起或者先后

---

〔1〕 参见滕威、刘龙：《要素式审判法：庭审方式与裁判文书的创新》，人民法院出版社 2016 年版，第 41 页。

向被告送达。所谓"案件具陈书"即对案件事实展开陈述，通常围绕每个主要事实争议焦点分段进行，并具名确认陈述的真实性。通过庭前程序争议焦点的归纳总结，使庭审程序直击案件的争议焦点。

因此，庭前阶段的要素整理有利于对复杂的案件事实进行梳理，并将纷繁复杂的争议简化为可以直接进行理性讨论的具体问题，避免庭审阶段提出无从获得实体利益或程序利益事实主张，从而促成庭审程序集中围绕争议焦点进行法庭调查、举证质证和辩论环节。庭前程序的优化促进了庭审中心主义的实现，使审理过程集中于案件争议内容，减少对与争议焦点无关内容的关注，从而促进审判程序简化。

2. 审理程序的优质整合

审理程序要素的优化重组。具体表现为"法庭调查"与"法庭辩论"的程序整合，简化举证质证程序。庭审阶段的程序要件包括举证、质证、法庭调查和法庭辩论等多个环节。司法智能化应用可以实现庭前和庭审过程中事实要素归纳、整理和分析的自动化与智能化。在庭审阶段，双方在庭审前均已填好要素表，案件事实预归纳应用和无争议焦点预归纳应用可依据电子卷宗对无争议焦点进行总结归纳，庭审时对无争议的事项法官将不再主持双方进行举证及辩论，而着重查清双方有争议的内容，直接围绕争议焦点进行举证质证。比如，《山东省高级人民法院要素式审判方式指引（试行）》规定，"对双方无争议的事实要素予以确认并计入庭审笔录，不再进行举证、质证"。比如，北京市法院《速裁案件要素式审判若干规定（试行）》第 7 条第 1 款"……对双方无争议事实结合相关证据直接确认，对争议事实引导当事人举证、质证和辩论，不受法庭调查、法庭辩论等程序的限制"。同时，在审理环节中，智能化平台通过对证据数据进行智能分析，围绕特定案件事项进行要素化整理，形成原、被告诉讼要素对比，固定出双方当事人的争议焦点。智能化辅助应用使法官更聚焦于案件内容的实质性审理，提高法官审判效率。相较于传统的庭审方式，所有证据需要一一在庭审中举证质证，并进行事实争议焦点的人工整理归纳，耗时较长。但经过要素式填写和智能化比对，法院直接予以确认双方无争议的要素，并对争议要素进行重点审查，庭审程序具有更强的直接针对性。因此，要素式智能审判中的争议焦点自动生成为程序简化提供了基础，提高了庭审效率。

3. 问题反思：简易程序和速裁程序的区分

要素式智能审判为普通程序的程序简化提供了完善路径。但在新的审判程序类型中，简易程序和速裁程序存在同质化的现实问题。首先，法律地位不明确。简易程序和速裁程序都属于简单案件的审理程序。但行政速裁是否为独立的审判程序，或是简易程序的工作机制尚未明确。

其次，简易程序和速裁程序的审判程序区分不明。对于速裁程序和简易程序的适用范围、具体审理程序等方面的制度差异缺乏明确的立法规定。

系统论认为，任何一个研究对象都是一个系统。认识事物应从整体出发，从系统、要素、环境的相互联系去分析问题和解决问题。繁简分流制度体系改革反映司法改革的系统论思维。发挥非诉争议解决机制的价值，实现司法体系内部司法资源的合理配置，以及司法资源与社会资源之间的合理配置。目前，要素式智能化审判也逐渐适用于非诉讼争议解决机制之中。

关于是否确立明确的调审分离模式在学界和实践中存在不同观点。[1]其中，对调审合一模式反对的意见之一认为，在此模式中，法官既是审判程序中的裁判者，也是调解程序的调解员。在很多情况下，当事人不得不遵循法官意见，由此背离调解的自愿原则。[2]

在启动阶段，（如何激发当事人的调解主动性）智能平台以提升司法便民促进案件诉前分流。调解程序的开展以当事人自愿为原则。在诉讼和非诉争议解决机制的分流中，当事人主动选择非诉争议解决方式是争议调解的重要启动步骤。实践中，调解的适用困境之一即在于当事人的运用积极性不足。有当事人在明知胜诉无望的情况下，依然坚持诉讼并在诉状中明确请求法官居中调解，此类争议在实践中很有可能会被法院引入解纷平台调解解决。[3]这一由法官向调解平台进行争议引流、引导当事人选择调解的现象表明调解机制尚未完全发挥其诉讼压力解压阀的功能，法官的案件负担未得到实质性减轻。

〔1〕 解志勇：《行政诉讼调解》，中国政法大学出版社 2012 年版，第 253 页。李荣珍等：《行政诉讼原理与改革》，法律出版社 2010 年版，第 252-255 页。参见 2019 年《最高人民法院关于政协十三届全国委员会第二次会议第 2732 号（政治法律类 243 号）提案的答复》。

〔2〕 李荣珍等：《行政诉讼原理与改革》，法律出版社 2010 年版，第 252 页。

〔3〕 阎巍、袁岸乔："多元化纠纷解决机制中行政审判的功能与定位"，载《法律适用》2021 年第 6 期，第 144 页。

平台中的智能服务功能，如智能辅导，通过诉讼成本和诉讼结果的智能评估和成本效益分析，实现让数据"说话"，引导当事人主动选择适宜的纠纷解决方式。由此，在为当事人提供诉讼便利的同时也提高了当事人对非诉讼争议解决方式的接受度，有效发挥案件分流功能。此外，在线调解的广泛应用也为当事人调解提供了诸多便利。智能辅助应用契合调审分离模式的自愿原则，提升了当事人选择调解的主动性，促进了案件分流。

三、繁简分流智能化的未来完善

行政诉讼繁简分流制度作为一个系统整体，同任何一个社会系统一样，都包含两个子系统，一个无形的软件系统，即制度规则系统，它是系统存在的前提条件，从繁简分流制度规则制定主体角度可细分为法律及立法解释、司法解释、配套实施规范；另一个有形的硬件系统，即智能化平台建设，它是系统存在的物质基础。繁简分流智能化应从规则与平台两个方面完善。

（一）行政审判程序的系统性完善

智慧司法深度融合的集中表现在于诉讼制度层面的智能化转型。繁简分流智能化的制度因应要求审判程序规则的系统性完善。

1. 审判程序的类型化

繁简分流制度改革正走出原有简易程序和普通程序构造下的狭窄空间，并逐步向简易程序、普通程序和速裁程序，协同发力的更大格局中探索，在更大范围内实现司法资源的合理配置。2014 年《行政诉讼法》增加"简易程序"规定。这体现行政诉讼为合理配置司法资源，提高审判效率而展开的制度探索。这一阶段的繁简分流制度改革以简易程序和普通程序的程序区分为内容。2016 年 9 月 12 日，最高人民法院《关于进一步推进繁简分流优化司法资源配置的若干意见》明确了要"简化行政案件审理程序……探索建立行政速裁工作机制"。同时主张"对于系列性或者群体性行政案件，选取个别或少数案件先行示范诉讼"。2019 年 3 月 15 日，中央政法委、最高人民法院和最高人民检察院联合下发《关于进一步优化司法资源配置全面提升司法效能的意见》，对行政诉讼制度改革直接提出"依法扩大行政案件简易程序适用、探索建立行政速裁工作机制"的具体要求。智能技术为程序简化带来了新的契

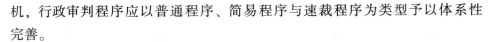

机，行政审判程序应以普通程序、简易程序与速裁程序为类型予以体系性完善。

2. 程序规则的层次化

行政速裁应作为独立的审判程序予以建构以区别于简易程序。具体完善应遵循分流层次化的路径进行资源配置和制度设计。

首先，制度设计的层次化仍需进一步明确立法模式和案件范围的层次化。行政速裁和简易程序适用于简单案件的审理。但要进一步对简单案件予以类型化区分。

其次，审级使用层次化，明确行政速裁在二审中的适用规则。区别于只适用于一审的简易程序，行政速裁可作为二审程序简化审理的程序方式。

此外，以要素式审判方式和示范性诉讼为制度基点不断实现庭审规则的层次化。

（二）繁简分流智能化平台

2021年，我国一站式多元解纷平台和一站式诉讼服务体系已基本建成。繁简分流智能平台应以诉讼服务中心为基础，将智能分流、智能审判、信息共享多功能应用进行功能整合。

该系统应依据三大场景进行功能建构。

首先，构建人机协同的智能化分案系统。智能分案系统应能够对案件进行定量化解构分析，从而促进案件繁简分流的客观性、透明性。繁简智能化分案系统需将人类法官的分案标准事前植入，进行智能化编码，实现智能化分案。第二阶段的二次分流主要由人类法官结合"事实清楚、权利义务关系明确"标准，进行繁简区分，并同时进行类案分流，实现类案的智能专审。

其次，构建类案智审系统。这是指以行政诉讼典型类案为基础，围绕案件审判进行全流程的智能辅助建构，包括案情要素整理、争议焦点归纳、裁判文书自动生成等多功能应用相结合的智能系统。结合多元化纠纷解决机制建设的实践背景，智能化解纷系统应以简单类案为适用对象，以要素式为基础，包括智能审判和智能调解多功能。

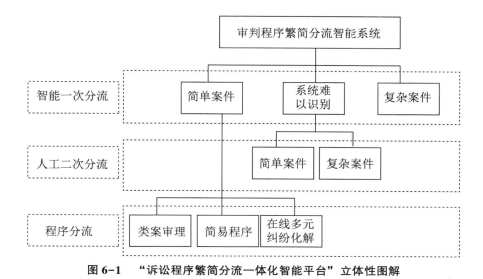

图 6-1 "诉讼程序繁简分流一体化智能平台"立体性图解

第二节 简易程序智能化的规则建构

充分利用智能技术的高效性、智能化、自动化优势提高案件审判效率，实现司法资源的合理配置成为当前司法智能化建设的重要路径。结合当前弱人工智能发展阶段的技术特点，以及当前司法高效、司法便民的司法改革目标，简易程序的智能化建设成为审判程序建设的切入点。本节将以简易程序为制度基础对审判程序的智能化建设展开分析。

一、简易程序智能化的发展现状

我国简易程序经历了从初步发展到广泛探索的多阶段发展。2010 年 11 月 17 日，最高人民法院印发《关于开展行政诉讼简易程序试点工作的通知》，在部分基层人民法院正式开展试点工作。2014 年《行政诉讼法》修正，第七章第三节新增简易程序，成为与一审普通程序相并行的独立程序。这促进了简易程序在实践中的深入、广泛探索。智能技术的运用为程序简化提供了契机，以下将对简易程序智能化的发展现状进行探讨。

（一）审判程序数字化

审判程序数字化是指以智能技术为依托，对审判过程中各类诉讼材料文件予以数字化呈现的审判形态。电子诉讼是现代信息技术在司法领域广泛运用中，对诉讼活动全流程予以电子化的适用方式。具体是指依托信息技术，实现起诉与受理、审前准备、开庭审理、执行等诉讼程序网上进行的诉讼形态。[1]审判程序数字化与审判程序电子化的区别在于技术基础的差异。审判程序的数字化建立在人工智能技术上，即 OCR（Optical Character Recognition，光学字符识别）智能技术的运用。其优势在于通过感知智能实现书面材料数字化的自动转化。实践中，智能技术将当事人提交的书面诉讼材料，如起诉书、答辩状等，转化为数字化的存在方式。这一智能技术应用的目的是对不可编辑的图像上指定位置的字符予以读取，并将其转换成计算机文字、最终使识别结果可再使用及分析，从而节省人工使用键盘输入耗用的人力与时间。[2]这一应用使对诉讼材料中的内容进行自动提取和自动转化成为可能。这一智能技术丰富了当事人提交诉讼文书材料的方式，不仅可以在平台中直接输入，也可以通过扫描、翻拍、转录等方式，将线下的诉讼文书材料或者证据材料作电子化处理后上传至诉讼平台。[3]为欠缺在线诉讼能力、不具备在线诉讼条件的当事人提供便利。诉讼材料文书的电子化促进了审判程序数字化的形成。在此过程中，当事人与法官的交流互动方式由书面化向数字化拓展，可通过多元化方式，如文字、语音、视频、图片等方式与审判人员实现互动交流。

图 6-2　OCR 应用场景流程

（二）审判程序在线化

审判程序在线化是指审判程序运行空间由传统上物理空间的"庭"向线

---

〔1〕 张兴美："电子诉讼制度建设的观念基础与适用路径"，载《政法论坛》2019 年第 5 期，第 118-119 页。

〔2〕 参见贾小强、郝宇晓、卢闯：《财务共享的智能化升级：业财税一体化的深度融合》，中国工薪出版集团、人民邮电出版社 2020 年版，第 127 页。

〔3〕 参见 2021 年最高人民法院发布《人民法院在线诉讼规则》第 11 条。

上虚拟的"庭"拓展。即以在线诉讼为基础，人民法院、当事人及其他诉讼参与人等可以依托电子诉讼平台（以下简称诉讼平台），通过互联网或者专用网络在线完成立案、调解、证据交换、询问、庭审、送达等全部或者部分审判程序。

首先，审判程序在线化的表现之一在于平台化，即诉讼平台的建立。审判程序的运行空间由物理空间的在场拓展至虚拟空间的在线。行政诉讼程序包括起诉、受理、庭前准备、开庭审理中的举证质证等环节。[1] 审判程序在线化的具体方式表现为利用诉讼平台进行立案、调解、举证质证、审判等诉讼活动。诉讼平台建设实现了在场在线的同步，拓展了云"庭"的空间范围。审判程序空间拓展的优势在于一是有利于接近正义的实现。当事人"足不出户"即可开展各类诉讼活动，实现了司法便民。二是提高了审判程序的参与性。平台化的共享实现了远程审判和数据的互联互通，提高了沟通交流的效率，当事人参与诉讼的方式更加多元化。实践中，线上参与方式的适用使在线诉讼后行政机关负责人出庭应诉率也有所提高。[2] 三是促进了审判程序的公正性，避免审判程序进程和质量受到不当干扰。

其次，审判程序在线化的另一表现在以移动性实现异步审判。微信等移动通信技术的发展促进了移动微法院的发展。其影响在于审判程序在时间上的交错性。审判程序的开展方式包括同步审理和异步审理（异地异时）。2021年《人民法院在线诉讼规则》第 20 条第 2 款规定："适用小额诉讼程序或者民事、行政简易程序审理的案件，同时符合下列情形的，人民法院和当事人可以在指定期限内，按照庭审程序环节分别录制参与庭审视频并上传至诉讼平台，非同步完成庭审活动……"

（三）审判程序智能化

审判程序智能化是指审判程序运行方式的智能辅助，即行政审判程序中的各个审判活动在司法智能化应用的辅助下作出。从审判实践来看，审判程序智能化已广泛应用于立案环节、庭前准备环节、审理环节、结案环节等审

---

〔1〕 姜明安主编：《行政法与行政诉讼法》，北京大学出版社、高等教育出版社 2015 年版，第482—489 页。

〔2〕 左卫民："中国在线诉讼：实证研究与发展展望"，载《比较去研究》2020 年第 4 期，第167 页。

判全流程中。在立案环节，我国提出研发繁简分流系统算法，嵌入立案系统，形成"以智能识别为主，以人工分流为辅"的繁简分流模式。这在多地法院得到积极适用。在审理环节，探索审判程序的节点管控。上海法院积极探索行政案件简案快审机制，将不服交通违章处罚等部分适用简易程序的行政案件纳入简案快审范围，明确办案流程节点。由此，审判程序由人类法官单方主导的串联模式向人类法官和 AI 法官协同运行的并联模式拓展（图6-3、6-4）。

算法智能化应用下的案件分流、节点管控提升了案件审判的客观性和公正性，有助于规范简易程序中法官主导权的行使，提高程序运行的透明度和当事人对简易程序的信任度。

因此，在智能技术的赋能下，审判程序的载体由书面化向电子化拓展，审判程序的空间由在场化向在场在线协同拓展，审判程序的交往方式由人类智能向人类智能与人工智能协同拓展。

二、简易程序智能化的价值目标

目前，简易程序仍存在当事人接受度不高，法官适用率欠缺的现实问题。以下将对简易程序智能化的价值目标予以探究，从而明确其完善路径。

（一）以诉讼效益原则为保障

从国家诉讼制度角度来说，诉讼效益价值要求在程序安排中，以程序公正为基础，合理地选择程序规则，分配程序权利和义务，实现社会资源的优化配置。简易程序、普通程序和速裁程序的划分旨在通过案件难易程度的区分，实现简案快审、类案专审和繁案精审，促进司法资源利用价值的最大化。

在诉讼案件不断增多的背景下，简易程序制度探索的目标之一在于提升诉讼效益。诉讼效益包括两个基本要素：经济成本与经济收益。前者包括人力资源、物力资源、财力资源和时间资源。[1] 诉讼效益提升方式一般包括私人成本公共化和公共成本私人化。前者是通过法官司法权力的加强，为国家接近社会冲突设定更大的责任，加大对诉讼的公共投入，将部分私人成本转化为公共成本。后者是通过增加当事人的诉讼义务实现诉讼成本由私人承担。

---

〔1〕 樊崇义主编：《诉讼原理》，法律出版社 2009 年版，第 176-177 页。

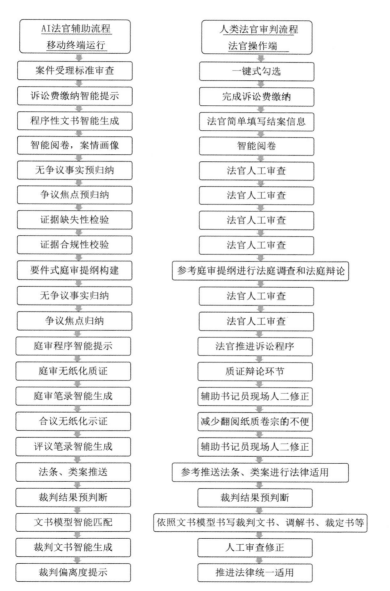

图 6-3　传统"串联式"审判程序

图 6-4　人机协同模式下的"并联式"审判程序方式

行政诉讼案件审判采取职权主义模式，法官具有依职权发现法律规范，承担收集、调查和确认证据的职责，由此产生的经济成本主要由国家承担。立案登记制使案件数量不断增加，根据最高人民法院统计，2014 年《行政诉讼法》于 2015 年 5 月 1 日实施之后，至 2016 年 3 月 31 日，全国法院受理一审行政案件达到 220 259 起，同比上升 59.23%。在人民中心主义的司法理念下，简易程序既需要缓解法官审判压力，也需要让更多的人能接近司法、接近正义，实现司法大众化，让更多的人能够享受司法服务，即提高司法便民度。但前述两种增进诉讼效益的方式都与简易程序的制度目标相背离。前者的结果导致公共成本增加，包括增加法官负担。后者的结果则导致当事人诉讼义务的增加。现代技术的发展为诉讼程序效益的提升提供了另一路径，即技术赋能。

因此，诉讼效益的提升要求充分利用智能技术的优势。司法智能化应用与简易程序跨界融合的价值基础在于两者在司法价值层面的高度契合性，都以司法高效，提升诉讼效益为直接目的，并通过司法资源的合理配置，实现司法公正这一更高目标。以数字化应用替代或辅助法官的事务性工作，有利于缩短诉讼周期，并简化程序要件。

（二）以程序公正价值为基础

程序简化和程序公正之间存在一定的紧张关系。程序公正性的增强要求诉讼制度充分保障当事人的程序参与权和提出证据进行辩论的权利。然而，简易程序的目的在于简化程序设计，其制度设计以弱化当事人的辩论权和处分权为方式，如举证期限和答辩期限灵活开展；庭审程序简化，即直接围绕与被诉行政行为合法性相关的争议焦点展开，法庭调查和法庭辩论的合并进行等。这些措施事实上是对当事人之间对话协调时间和空间的压缩。因此，简易程序中当事人处分权的弱化使当事人程序公正获得感缺失。

司法智能化应用可以对简易程序的司法公正价值予以补足，促进诉讼程序简化和权利保障之间的均衡。程序公正价值包括程序公开和程序参与。智能化应用的价值在于：一是拓展程序公开的范围、方式和场域。具体包括以电子卷宗制度为基础扩大公开范围，拓展公开形式。以在线化审判程序拓展公开的时空场域。二是以智能化应用促进当事人的程序参与权。在利用在线诉讼提高效率的同时，扩大当事人参与的时空范围。同时，程序参与权的实现以双方当事人的力量均衡为基础。司法智能化应用应更侧重提高诉讼当事人，尤其是原告参与诉讼的法律能力，保障其实质性参与权。三是赋予当事人对智能化审判程序适用的处分权。程序选择权是指在法律规定的范围内，当事人自主选择解决纠纷的方式，特别是在诉讼过程中选择相关程序及诉讼手段的权利。[1]智能化方式的运用应当充分尊重当事人的意思自由。

因此，简易程序制度完善应借助司法智能化的价值优势弥补程序制度简化设计对程序公正和实体公正带来的缺失。

（三）以程序规则智能化为主体

简易程序制度完善应以程序规则智能化为主体，在完善简易程序制度规则的同时对智能化应用在简易程序中的适用规则进行分析。行政诉讼简易程序试点开始于 2010 年最高人民法院《关于开展行政诉讼简易程序试点工作的通知》。2021 年《行政诉讼繁简分流意见》进一步对简易程序的适用规则进行规定。此次简易程序方面的进步性在于一是答辩期间、举证期限的简化；二是庭审录音录像，经当事人同意的，可以代替法庭笔录；三是诉讼平台成为当事人与法院之间沟通的媒介。可以发现，利用智能技术优化简易程序是此次简易程序制度完善的重要方式之一。

简易程序规则应从增进法官主导性、适当弱化当事人的处分权两个方面的细化，从而提高审判效率。[2]目前，我国现有关于简易程序的具体规定仅见于《行政诉讼法》第 82—84 条的规定和最高人民法院的相关法律文件[3]中。但对于其中的具体规则，包括适用范围[4]，具体审理程序，如是否还要

---

〔1〕　参见李静："论民事诉讼中程序选择权"，载《暨南学报（哲学社会科学版）》2005 年第 2 期，第 20 页。

〔2〕　此为学界和实务界较多法学者的共识。章志远："行政诉讼繁简分流的制度逻辑"，载《东方法学》2021 年第 5 期，第 170 页。王海燕、温贵能："探索与构建——论行政案件速裁程序在推进行政诉讼繁简分流中的进路"，载《山东法官培训学院学报（山东审判）》2017 年第 4 期，第 63 页。

〔3〕　相关司法工作文件包括 2009 年《人民法院第三个五年改革纲要（2009—2013）》，2010 年最高人民法院发布的《关于开展行政诉讼简易程序试点工作的通知》和《关于进一步推进案件繁简分流优化司法资源配置的若干意见》，2019 年最高人民法院《关于建设一站式多元解纷机制　一站式诉讼服务中心的意见》，2020 年最高人民法院《关于人民法院深化"分调裁审"机制改革的意见》，2021 年《行政诉讼繁简分流意见》。

〔4〕　葛先园："我国行政诉讼简易程序检视——以新《行政诉讼法》第 82 条为中心"，载《法律科学（西北政法大学学报）》2016 年第 2 期，第 182-190 页。

一律开庭，庭前准备、庭审过程和裁判文书如何进一步简化等问题缺乏明确规定。目前，我国《行政诉讼法》规定行政诉讼简易程序的审理期限为自立案之日起 45 日内审结，少于民事诉讼 3 个月的审理期限。这表明行政诉讼需要较民事诉讼更简化、更高效的程序规则。规则的滞后使法官对简易程序的适用积极性不足。[1]

因此，简易程序的目的在于实现有效率的公正，实现司法资源的合理配置，即简化程序，以减轻法官审判压力，但不简化当事人权利。在制度改革与智能技术深度融合的背景下，简易程序制度的完善也需要智能化应用适用规则的嵌入。

三、简易程序智能化的制度完善

2021 年，《行政诉讼繁简分流意见》的发布使我国行政诉讼简易程序制度建立正式开始。目前，司法智能化应用存在诸多不确定性，以下将结合智能化应用的特点对简易程序智能化应用的法治图景进行探究。简易程序作为一个系统整体，同任何一个社会系统一样，都包含两个子系统，一个是规则系统，即无形的软件系统；另一个是承载系统，即有形的硬件系统。[2]为此，简易程序智能化的法治图景包括软件的制度规则体系和硬件的智能平台建设两个方面。

（一）简易程序智能化的具体应用

审判程序制度不仅包括受理—庭前准备—开庭审理—裁判—执行等程序要素，还包括庭审笔录、送达、传唤等行政性事务。简易程序智能化的法治图景应当包括审判程序智能化，辅助性事务的智能化和法律交往程序的智能化。

1. 审判程序智能化应用

审判程序智能化的适用包括庭前准备、庭审阶段和裁判阶段三个方面。简易程序简化审的关键在于庭审阶段和裁判文书。但审判程序作为一个整体

---

[1] 刘一玮：“行政诉讼简易程序的理性反思与完善路径”，载《行政法学研究》2019 年第 4 期，第 118-119 页。

[2] 杨卫国：“论民事简易程序系统之优化”，载《法律科学（西北政法大学学报）》2014 年第 3 期，第 170-172 页。

性的系统，庭审阶段和裁判文书的简化以庭前准备阶段的实质化为基础。为此，智能化建构包括庭前准备、庭审阶段和裁判阶段三个方面。

首先，庭前准备的关键在于借助智能化应用对案情事实予以结构化分类、筛选和整理，辅助法官快速了解案情，明确其中的争议焦点和无争议事实。庭前准备阶段的智能化应以智能阅卷、无争议事实预归纳、争议焦点预归纳为基础应用，智能化应用对特定案件中的固定要素进行归纳和提炼，以为简化裁判流程奠定基础。功能范围逐渐向证据缺失性检验和证据合规性校验及要件式庭审提纲构建拓展。双方当事人应依据行政行为合法性要件提交证据材料或事实主张。因此，庭前程序智能化建设旨在通过庭前案件要素的智能化抽取，对案情事实进行结构化，为法官实质指挥诉讼提供补充，通过人机协同的方式促使资料获得提纯与凝练，从而促进审判程序的集中与高效。

其次，在庭审阶段，审判程序的智能化表现在庭审方式的智能化应用上。完善简易程序庭审方式的在线庭审方式。同时，鉴于简单案件的事实清楚、法律关系单一，积极适用无争议事实归纳和争议焦点归纳等智能化应用，借助大数据、机器学习技术，辅助法官查阅诉请和事实理由，并实现争议焦点和无争议事实智能归纳。这在简化审理流程的同时，使法官更加聚焦于案件裁判中的实质性内容，提高简易程序的审理效率。此外，在裁判阶段，裁判文书智能生成系统可以实现程序性裁判文书的自动生成和实体性裁判文书的要素式填写。

2. 辅助性事务的智能化

简易程序不仅是程序内容的简化，同时也需要在程序内部进行资源的优化配置。辅助性事务涉及较少的价值判断，且多为程式化内容，主要包括庭审笔录制作、案卷制度等。

首先，在庭审阶段，设置庭审程序智能提示、庭审无纸化质证、合议无纸化示证、评议笔录智能生成等应用。这可以利用自动化技术实时调度电子证据和案卷材料等内容，减少法官人力翻阅纸质卷宗的不便。其次，启用语音识别系统或同步录音录像。智能化记录方式不仅实现庭审记录的高效性、同步性，同时也可以实现全过程的全方位再现。同步录音录像具有保存回放的功能，法官可通过多次观看，对情态证据进行更全面、更深入的审查。此外，利用电子卷宗生成推动深度应用。充分利用卷宗开展信息回填、网上阅卷、信息公开、文书生成、类案推送、审判管理、卷宗归档、卷宗调阅、业务协同等应用，推动机制创新和审判流程再造。

3. 法律交往程序的智能化

法律交往程序的智能化是指审判过程中，法官与当事人之间交流互动中智能技术的运用。首先，就法官与原告的交往程序而言，建立在线提交诉讼文书和在线送达的制度规则。利用在线诉讼平台，如移动微法院等，在线提交诉讼文书，并自动生成数字化案卷信息，为之后庭前准备、庭审阶段的智能化应用提供基础，并为行政机关负责人出庭应诉提供技术支撑。

其次，利用电子政务和智慧司法实现法院与行政机关之间诉讼交往的互联互通。数据网络专线将法院案件管理系统与被告行政机关、行政复议机关应诉信息管理系统无缝衔接，打破"信息孤岛"，促进了行政案件相关数据信息的共享互通。因此，法律交往程序的智能化要求包括在线诉讼与数据互联两个方面。

综上，简易程序智能化的平台建设包括法院端（内网建设）的智能化审判平台和诉讼当事人端的智能化诉讼服务平台（外网建设），并实现智能审判系统与移动诉讼平台的有效对接和互联互通。总体框架是以智能化审判平台为中心，以智能化服务平台和行政法治一体化平台为连接端口的简易程序智能化平台。智能化服务平台在实践中表现为移动微法院建设。其目标在于探索利用移动互联网技术推进案件繁简分流、深化审判执行信息公开、促进矛盾纠纷多元化解的创新做法。[1]行政法治一体化平台包括行政执法数据、行政复议和行政调解案件信息及行政诉讼的一键互联。其不仅实现了行政争议多元化争议解决机制的一体化智能平台，也有利于行政案件数据信息的全流程共享。

---

〔1〕 最高人民法院《关于在部分法院推进"移动微法院"试点工作的通知》。

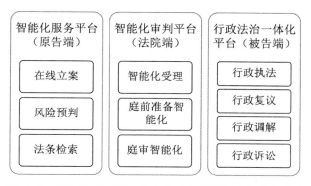

图 6-5　以智能化审判平台为中心的简易程序智能化平台

（二）简易程序智能化的规则完善

首先，完善庭前准备阶段的程序规则。审判程序智能化的明显特点在于突出庭前准备的重要性。这要求案件审理集中围绕事实争议焦点，简化审判流程，从而实现庭前准备的实质化。为此进一步完善庭前规则，从案情整理，争点归纳，无争议事实归纳与证据提交等方面明确程序规则。

其次，明确裁判文书智能生成的适用规则。裁判文书是法官与当事人沟通的重要方式之一。《人民法院信息化建设五年发展规划（2019—2023）》明确智能应用应当符合裁判文书说理等司法改革要求。裁判文书说理性的增强有助于当事人的服判息诉，实质性化解行政争议。在弱人工智能阶段，智能生成的裁判文书是对电子卷宗中已有信息的直接提取[1]，而缺乏相应的价值判断、具体阐释，由此导致说理性不足的现实问题。裁判文书自动生成应用中存在辅助法官以提高审判效率与增强裁判文书说理以实质性化解争议的现实张力。如何认定裁判文书自动生成的适用效力是其适用的前提。这需要分程序性裁判文书和实体性裁判文书智能生成应用。2016 年 11 月 5 日，最高人民法院《关于深化司法公开、促进司法公正情况的报告》中提出"坚持问题导向，进一步增强除要素式以外裁判文书的说理性"。裁判文书的说理程度在不同案件中要求不一。鉴于简单案件的说理性程度较低，简易程序中裁判文书自动生成的适用效力应予以肯定。同时，基于程序性裁判文书和实体性裁

---

〔1〕　参见崔亚东：《人工智能与司法现代化》，上海人民出版社 2019 年版，第 236 页。

判文书对说理性强度的要求不同。前者多为结构化内容，对说理性要求较弱，采用"以智能生成为主，以人工审查为辅"的适用原则。后者遵循"以人工审查为主，以智能生成为辅"的原则。在人工智能生成后，人类法官应承担相应的审查与补充说理义务。

当事人在简易程序中智能化应用的程序选择权。一是在线诉讼选择权。经过双方当事人同意的可采用在线诉讼方式进行开庭。在线提交诉讼文书一方面涉及法官的便利度，另一方面涉及当事人在线诉讼的实际能力。为避免当事人因在线诉讼能力缺乏而影响其程序公正性，在线开庭的程序启动应赋予当事人选择权。在线提交诉讼文书的案件应当直接采用在线送达的方式，除非当事人有合理的正当化理由。二是在线作证选择权，在双方当事人同意的前提下，原则上可采用证人在线作证和在线出庭应诉的法定方式，且法官可以对此方式进行主动释明。

第三节　智能化背景下行政速裁的制度因应

审判程序的现代化发展需要技术更新和制度完善的双轮驱动。行政审判程序在技术赋能的同时需要在制度层面予以程序优化。其中，行政速裁的直接功能在于通过节约行政审判资源、优化司法资源配置，应对现代化转型中案多人少的现实压力，提高争议解决能力，促进诉权的有效实现和争议的实质化解。然而，相较于实践中速裁程序智能化的积极推进，学理界和实务界对行政速裁的性质定位和制度路径仍存在不同认识：一是将速裁程序界定为简易程序的工作机制，为快速审理而对简易程序的进一步简化。[1]二是一种独立的审判程序，是在普通程序基础上进行简化、快速审理。[2]性质定位的

---

〔1〕　仝蕾："构建行政案件繁简分流机制的系统化路径"，载《人民司法》2020年第7期，第44页。郝帅、宋冬梅："行政案件速裁机制的探索与构建——S省D、Q两市行政审判实践为样本"，载《山东法官培训学院学报（山东审判）》2021年第3期，第49-50页。参见行政判决书（2017）青01行初82号；行政判决书（2018）青01行终29号；行政裁定书（2018）青01行终50号；行政裁定书（2019）辽11行终215号。

〔2〕　参见章志远："行政诉讼程序繁简分流改革的法理解读"，载《中国法律评论》2021年第5期，第175页。章志远："行政诉讼繁简分流的制度逻辑"，载《东方法学》2021年第5期，第171-172页。刘行、刘明研："行政诉讼速裁机制的探索与适用"，载《人民法治》2016年第10期，第20页。

不明确也导致其制度建构的不统一，阻碍了行政审判智能化的有效建构。为此，本节将对行政速裁的性质定位，及其规范建构予以探讨。

一、行政速裁的实践现状

当前，我国各地以诉讼程序现代化为目的就行政速裁展开实践探索。以下将行政速裁对诉讼程序智能化掣肘的具体表现进行探究。

（一）功能定位不明阻碍程序正义的实现

目前，行政速裁是不是一种独立的审判程序尚缺乏国家层面的统一规定，在提出"探索建立行政速裁工作机制"后，2021 年《行政诉讼繁简分流意见》在"健全简易程序适用规定"外提出要"依法快速审理简单案件"。在审判程序、裁判方式等方面对行政速裁工作机制作出特殊规定。但"健全简易程序适用规定"和"依法快速审理简单案件"都属于简单案件的审判程序，两者关系晦涩不明，行政速裁是一种独立的审判程序还是工作机制尚未明确。各地司法工作文件中的具体制度建设表明各地法院对其功能定位认识不一。具体而言，审理期限是反映案件审判是否能够高效进行的客观衡量因素，反映诉讼制度功能定位的不同偏向。审理期限的不同反映各地法院对行政速裁的不同功能定位。一种做法是将行政速裁简易程序的再简化，在简易程序审限基础上进一步压缩审判期限。如，厦门市有法院规定为 10 日，[1]河南省有法院规定为 30 日。[2]将行政速裁作为简易程序的加快审理程序，进一步缩减了审理期限。另一做法是将简易程序作为独立程序，更强调其公正价值，仍遵循 45 日审理期限的规定，如《青海省行政诉讼简易程序适用速裁方式意见》。此规定与第 2 条突出公正价值的规定相契合，即"速裁方式要坚持公正优于效率，以保证案件质量和程序合法为前提，保障当事人的合法权益为目的，该繁则繁，当简则简，做到繁简得当，努力以较小的司法成本取得较好的法律效果"。这一做法并未将其作为简易程序的再简化版，而是肯定行政速裁的独立价值，促使司法公正。

行政速裁制度设计存在分歧的根源在于对速裁程序的功能定位认识不同。

---

〔1〕　参见厦门市中级人民法院《关于实行案件繁简分流和调解速裁工作的暂行规定》第 18 条。

〔2〕　参见河南省驻马店市中级人民法院《关于民商事、行政案件繁简分流的实施意见》第 54 条。

两种制度设计遵循了不同的价值理念，即进一步以促进司法高效为先，打造简易程序的再简化版，还是更侧重于司法公正凸显行政速裁的独立功能。目前，行政案件服判息诉率低、程序空转等司法公正未彰和因案件数量较大亟须提高司法效率的现实问题并存。[1] 相较于后者以实现程序正义为目标，做法一借鉴民事诉讼"普通程序、简易程序、小额速裁"的结构逻辑，对行政速裁审限进行再压缩以缓解"诉讼爆炸"的审判压力。但审判程序简化是以实现司法资源优化配置为目的在程序正义和司法高效之间进行价值权衡的产物。程序的过度简化势必对程序正义产生不利影响。因此，在明确行政审判现代化目标的基础上，厘清功能定位是规范建构的前提。

（二）适用范围较小滞后于行政审判需求

案件适用范围的大小直接影响行政速裁的适用率。适用范围是否明确直接影响司法适用是否具有可操作性，影响行政速裁的适用成效。2016 年最高人民法院《关于进一步推进案件繁简分流优化司法资源配置的若干意见》对速裁机制的适用范围表述为"对于事实清楚、权利义务关系明确、争议不大的案件"。[2] 与《行政诉讼法》中简易程序适用条件的表述相同。2020 年最高人民法院《关于人民法院深化"分调裁审"机制改革的意见》首次提出了"行政简单案件"，并进行范围界定。[3] 但此处存疑的是简单案件是不是行政速裁的适用范围。2021 年《行政诉讼繁简分流意见》第 2 条明确了简单案件的范围。[4] 并在第四部分规定"依法快速审理简单案件"，将行政速裁的适

---

〔1〕 程琥："国家治理现代化与行政审判体制改革——兼论跳出行政诉讼管辖改革周期率的因应之道"，载《中国应用法学》2021 年第 3 期，第 137-141 页。

〔2〕 该意见第 6 条规定："……对于已经立案但不符合起诉条件的行政案件，经过阅卷、调查和询问当事人，认为不需要开庭审理的，可以径行裁定驳回起诉。对于事实清楚、权利义务关系明确、争议不大的案件，探索建立行政速裁工作机制"。

〔3〕 第 15 条规定："行政案件繁简分流标准。中级、基层人民法院对于下列行政案件作为简单案件分流：（一）属于《中华人民共和国行政诉讼法》第八十二条第一款、第二款规定情形的；（二）事实清楚、权利义务关系明确、争议不大的商标授权确权类行政案件；（三）起诉行政机关履行职责类案件；（四）对投诉举报不服，要求履行层级监督，以及其他非诉审查案件。行政二审案件繁简分流标准可以参照民事案件确定。"

〔4〕 2021 年《行政诉讼繁简分流意见》第 2 条第 1 款规定："第一审人民法院审理下列行政案件，可以作为简单案件进行审理：（一）属于行政诉讼法第八十二条第一款、第二款规定情形的；（二）不符合法定起诉条件的；（三）不服行政复议机关作出的不予受理或者驳回复议申请决定的；（四）事实清楚、权利义务关系明确、争议不大的政府信息公开类、履行法定职责类以及商标授权确权类行政案件。"

用范围聚焦于简单案件，区别于简易程序的适用范围。同时，具体适用内容在简易程序的适用范围、商标确权案件、履责案件，拓展至不符合法定起诉条件、不服复议机关决定的案件、信息公开案件。这对行政速裁的适用范围予以明确统一。

　　然而，结合司法实践和地方规定可以发现，现有规范未回应审判实践中的多元化争议类型。目前，一些法院依照简易程序的规定适用行政速裁，并增加了双方当事人可以自愿选择的情形。如青海省高级人民法院等。但也有法院对适用范围作出不同规定。存在两种方式，一是在依照简易程序适用范围进行肯定性列举的同时，进行兜底，赋予了法官较大的裁量空间。如河南省法院同时规定了"其他适合采用速裁方式审理的案件"。[1]二是否定性列举。如江苏省高级人民法院明确了不适用速裁快审方式审理的类案清单。[2]后两种方式赋予了法院和当事人在适用中的更大裁量空间。2021 年《行政诉讼繁简分流意见》第 3 条规定人民法院可建立行政案件审判团队，促进简案快审、类案专审、繁案精审。[3]地方法院以问题为导向进行拓展适用，以回应行政审判现代化过程中行政争议多样化对程序简化适用范围提出的挑战。同时，对于类型化案件，概括式规定赋予法官和当事人在审判程序的适用中更多的选择权，以促进类型化争议的及时、有效化解。可见，随着我国现代化转型中矛盾争议的增多，行政诉讼繁简分流改革对案件类型的划分由简单案件和复杂案件的二分，拓展为简案、繁案、类案的三分。行政速裁既服务于简单案件的快速审理，也适用于案件事实相似、后续类案的及时化解。当

────────────

〔1〕　参见河南省驻马店市《中级人民法院关于民商事、行政案件繁简分流的实施意见（试行）》第 50 条。

〔2〕　基层法院可以根据自身审判实际，明确不适用速裁快审方式审理的类案清单。不适用速裁快审的类案清单包括但不限于：（1）新类型案件；（2）疑难复杂案件；（3）社会影响较大、社会舆论高度关注的案件；（4）发回重审、指定审理、指令立案受理的案件；（5）再审或者发回重审再次上诉的案件；（6）公司解散、破产案件；（7）矛盾易激化案件；（8）被告下落不明需公告送达，但属因欠费欠款引发的、原告同一的物业供暖纠纷、信用卡纠纷、金融借款合同纠纷，或者被告同一的系列性劳务合同纠纷等普通程序的案件除外；（9）其他不宜适用速裁快审方式审理的案件。

〔3〕　第 3 条规定："人民法院可建立行政案件快审团队或者专业化、类型化审判团队，也可以设立程序分流员，负责行政案件繁简分流，实现简案快审、类案专审、繁案精审。"同时，第 20 条规定"不同当事人对同一个或者同一类行政行为分别提起诉讼的，可以集中立案，由同一审判团队实行集中排期、开庭、审理、宣判。"

前，行政速裁适用范围的统一规定已明显滞后于司法实践需求。

（三）庭审程序同质化阻碍多元化审判程序的建构

行政速裁的另一种困境在于庭审程序的制度设计与简易程序同质化。具体表现为庭审规则不明确，与简易程序区分不明。传统诉讼的程序正当性体现在通过一系列严格的诉讼程序保障当事人诉讼权利的有效实现进而实现程序正义。庭审规则的目的在于实现程序的规范性和正当性。程序简化旨在实现案件繁简程度与程序正当性之间的价值匹配。以程序简化为内容的庭审规则的明确程度直接决定了案件审判效率。

目前，国家层面行政速裁的程序简化区分不同审级：一审案件中可以简化证据交换和事实认定、举证质证和庭审笔录，并积极推进裁判文书要素化和类案审判集中化，二审案件中推进书面化审判，并在再审中可以采用简便方式询问当事人。地方法院的相关规定缺乏细化，多笼统规定为"庭审过程不受原告陈述、被告答辩、双方举证、质证、法庭辩论等顺序和环节的限制"。[1]江苏省高级人民法院从提升简案审判质效的角度对笔录电子化、远程视频开庭作证和庭审程序简化进行规定。但这些庭审规则与简易程序无实质区分。2010年《关于开展行政诉讼简易程序试点工作的通知》规定：简易程序可以简化法庭调查和辩论，围绕主要争议问题，适当简化或合并庭审环节，并规定了简便方式传唤当事人的相关方式。[2]同时，有关规定尚未明确程序简化后应如何保障当事人的举证、质证、陈述、辩论等程序权利。行政审判程序现代化需构建多元化、梯度化的程序类型，以回应繁案、简案、类案审判的不同需求，实现轻重分离、快慢分道。行政速裁与简易程序庭审程序的同质化，使行政速裁与简易程序、普通程序难以形成有效的区分与制度衔接，阻碍了多元化行政审判程序的系统性建构。

---

　　〔1〕　参见《青海法院行政诉讼简易程序适用速裁方式意见》第10条规定："案件庭审过程不受原告陈述、被告答辩、双方举证、质证、法庭辩论等顺序和环节的限制，审判人员可以根据案情需要灵活掌握，对无争议的事实不调查，对各方当事人均认可的事实免于举证和质证。"

　　〔2〕　参见最高人民法院《关于开展行政诉讼简易程序试点工作的通知》第4条规定：人民法院可以采取电话、传真、电子邮件、委托他人转达等简便方式传唤当事人。经人民法院合法传唤，原告无正当理由拒不到庭的，视为撤诉；被告无正当理由拒不到庭的，可以缺席审判。第5条规定：适用简易程序审理的案件，一般应当一次开庭并当庭宣判。法庭调查和辩论可以围绕主要争议问题进行，庭审环节可以适当简化或者合并。

（四）适用率较低影响司法资源优化配置

行政速裁的实践适用率是适用成效的重要表征之一。笔者分别以"速裁程序""速裁机制"为关键词在北大法宝中进行案件裁判文书全文检索。截至2023年1月6日，以"速裁程序"检索的刑事诉讼、民事诉讼和行政诉讼案件数分别为699 422件、19 407件和169件；以"速裁机制"检索的对应案件数分别为230件、16件和22件。可以发现，行政速裁的实践适用率远远低于民事诉讼和刑事诉讼。2016年最高人民法院《关于进一步推进案件繁简分流优化司法资源配置的若干意见》明确科学调配和高效运用审判资源，依法快速审理简单案件，严格规范审理复杂案件，实现简案快审、繁案精审。从诉讼案件繁简案件划分的二八定律来看[1]，占比较多的六多数简单案件并未适用行政速裁予以快速处理。繁简分流旨在以合乎理性的制度消解有限司法资源与多元社会需求之间的张力，使不同案件获得不同的程序保障。行政速裁的功能在于促进案件轻重分离、快慢分道，在案件量不断增加的背景下，使法官能以简化程序化解更多争议，保障当事人诉权，以接近正义促进审判程序现代化。但行政速裁的低适用率与制度预设的优化司法资源合理配置的目的仍有差距，当前的制度缺漏阻碍了适用成效的发挥。

二、行政速裁改革的制度逻辑

行政速裁产生的直接动因在于弥补简易程序的功能失灵。[2]为此，仍需回归至行政速裁产生的改革背景，即在繁简分流诉讼程序改革中，以探究明确行政速裁所要回应的现实问题。并通过改革实践所遵循的逻辑进路，探索其区别于简易程序的独特性。

（一）程序公正与司法高效价值的再平衡

行政诉讼繁简分流改革可划分为两个阶段：第一阶段以普通程序和简易程序的二分，积极推进简易程序改革试点和立法探索；第二阶段进一步创新行政速裁。对简易程序实践现状的反思有助于明确繁简分流的改革目的，明确行政速裁完善应实现的现实功能。

---

〔1〕　仝蕾："构建行政案件繁简分流机制的系统化路径"，载《人民司法》2020年第7期，第44页。
〔2〕　章志远："行政诉讼繁简分流的制度逻辑"，载《东方法学》2021年第5期，第106页。

　　首先，以简易程序提高审判效率的失灵表明繁简分流应以正确的处理权利保障与效率的关系为前提。简易程序适用率低、败诉率高的现实困境表明行政诉讼繁简分流需重新认识两者的关系，效率并不优先于权利保障，权利保障是效率的前提基础。现有改革方式将缓解"案多人少"审判压力作为简易程序的主要功能和正当性基础。如有观点认为"审判任务艰巨与司法资源不足的矛盾日益突出"。[1]且在审判时限上规定为 45 日，明显短于民事诉讼中的"三个月"，可见，其对高效的迫切需求。通过对比发现，相较于民事诉讼指数式增长的"诉讼爆炸"，行政诉讼案件数在 2014 年立案登记制之后出现明显增长后，基本保持平稳态势（表 6-1、图 6-6），案多人少的审判压力较小。在案多人少审判压力非主要矛盾时，以高效为主的制度设计难以回应行政审判的实质性问题。而较高的败诉率也降低了当事人的信任度，影响程序适用率。当简易程序以效率为唯一的价值取向时，效率的价值就会覆盖和损害简易程序应当具有的其他价值和功能。[2]追求程序高效导致对当事人程序权保障的缺失，并降低了当事人对行政诉讼的正当程序的信任度，不利于案件的实质性化解。因此，程序简化和较高败诉率使当事人对简易程序的公正获得感欠缺。且在行政诉讼中，简易程序和普通程序的诉讼费相差无异，在缺乏充分的权利保障和外部激励的情形下，当事人选择适用简易程序的积极性不足。此外，程序简化使审限缩短、人员减少，但工作量未缩减，结果不仅未缓解法官审判压力，而且需要提高效率在更短的时间内完成相同的工作内容，无形中可能加重法官审理负担，未达到优化审判资源和解决"案多人少"的问题。因此，实践中"不愿用"成为大多法官和当事人的选择。[3]

---

〔1〕　宁杰、马倩："行政诉讼简易程序研究"，载《行政法学研究》2009 年第 3 期，第 99 页。

〔2〕　傅郁林："繁简分流与程序保障"，载《法学研究》2003 年第 1 期，第 57 页。

〔3〕　祝宇飞："行政诉讼简易程序的运行困境与改革进路"，载《行政与法》2020 年第 9 期，第 92 页。

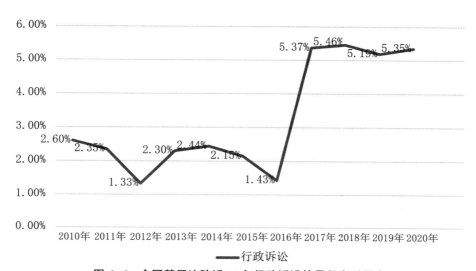

图 6-6　全国基层法院近 10 年行政诉讼简易程序适用率

表 6-1　全国基层人民法院 2018 年、2019 年、2020 年行政诉讼与
民事诉讼简易程序适用率比较

年份	案件总数（件）			适用简易程序的案件数（件）			适用率		
	2018	2019	2020	2018	2019	2020	2018	2019	2020
行政诉讼	348 478	344 228	286 549	19 023	17 876	15 339	5.46%	5.19%	5.35%
民事诉讼	10 971 913	12 747 375	11 541 663	2 518 625	3 028 999	2 679 224	22.96%	23.76%	23.21%

其次，简易程序难以实质化解简单争议表明繁简分流改革应回应行政审判实质性解决行政争议的诉讼目的。2014 年《行政诉讼法》第 1 条增加"解决行政争议"作为行政诉讼制度的目的之一。实质性解决行政争议成为审判实践的重要目标。[1]如果说司法资源的有效配置是繁简分流改革的内在自生动力，那么实质性化解行政争议则是繁简分流改革对外部社会治理的有效回

───────────

〔1〕　地方多地法院就如何实质性化解行政争议出台各类规定，如上海市高级人民法院 2018 年 5 月印发的《关于进一步完善行政争议实质性解决机制的实施意见》和安徽省高级人民法院 2018 年 11 月印发的《关于完善行政争议实质性解决机制的意见》。

应。[1]简易程序上诉率高的问题表明当前的繁简分流模式在解决行政争议上存在短板。在无法实质性化解行政争议的情况下，较高的上诉率导致诉讼程序的再次启动、司法资源的不合理利用。解决争议功能的滞后直接影响简易程序的成效。面对行政争议实质性化解的社会期待，人民法院行政审判工作更应通过各种繁简分流机制的综合运用，确保当事人诉求得到公正、高效解决。繁简分流制度改革也需回应行政审判现代化过程中实质化解争议这一目标。

因此，鉴于行政审判实践"程序空转""案结事不了"的困境，结合繁简分流的经验回顾，行政速裁应避免过度追求程序的简化，将保障当事人程序权利和实质化解行政争议作为制度设计的两大重要目的。

表 6-2 2013 年至 2021 年民事、行政诉讼年度案件数（万件）

案件数	2021 年	2020 年	2019 年	2018 年	2017 年	2016 年	2015 年	2014 年	2013 年
民事案件	1574.6	1330.6	939.3	901.7	964.9	673.8	622.8	522.8	355.4
行政案件	29.8	26.6	28.4	25.1	17.5	22.5	24.1	15.1	12.1

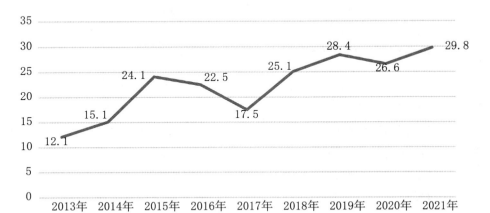

图 6-7 2013 年至 2021 年行政诉讼年度案件总量（万件）

注：数据来源于《中华人民共和国最高人民法院公报》。

---

[1] 参见章志远："行政诉讼繁简分流的制度逻辑"，载《东方法学》2021 年第 5 期，第 169 页。

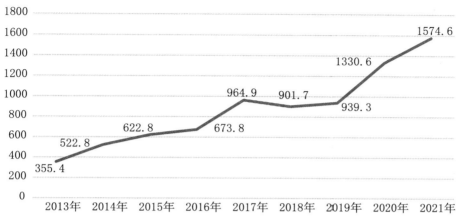

图 6-8 2013 年至 2021 年民事诉讼年度案件总量（万件）

（二）以审判方式改革优化司法资源配置

行政审判现代化包括审判理念、审判组织、审判制度、审判方式、审判体制等多个方面的现代化。[1]在简易程序失灵的背景下，繁简分流改革开启了第二阶段的探索。并表现新的逻辑进路，即以审判方式、审判组织、审判程序的系统性改革建构行政速裁的独特品格。

首先，以要素式改革简化审判程序。2020 年，最高人民法院《关于人民法院深化"分调裁审"机制改革的意见》明确在信息公开等案件中逐步推行要素式审判。2021 年《行政诉讼繁简分流意见》第 19 条明确对于依法快速审理的行政案件可以采用要素式审判方式。要素式审判法是指根据类型化案件的特点和规律，提取类案审理中必备的事实和法律要素，简化无争议要素审理程序，重点围绕争议要素进行审理并撰写裁判文书的一种审判工作方法[2]。要素式审判与传统审判相比最大的特点是将传统庭审的大量工作放在庭前完成，如证据交换、诉讼请求的固定、无争议事实的确定，所以要素式审判更加重视庭前准备工作，促进了庭审程序的集约化。对于简单的类型化案件，依据已规范化、格式化的要素表固定双方的诉讼主张，案件的基本事实，以

---

〔1〕 程琥："行政审判现代化与行政争议实质性解决"，载《法律适用》2023 年第 2 期，第 79 页。
〔2〕 黄镇东："要素式审判：类型化案件审判方式的改革路径和模式选择"，载《法律适用》2020 年第 9 期，第 4 页。

及案件的争议焦点和无争议焦点。由此，庭前程序成为一个具有较高独立性的审前程序，不仅具有案前争点整理功能，而且为之后庭审程序集中围绕争议焦点的展开奠定了基础。这体现繁简分流改革路径由程序简化向程序集约化拓展。同时，与行政审判方式现代化的重点是以庭审为中心，突出庭审在行政争议实质性解决中的决定性作用这一特点相契合。[1]

其次，以示范性诉讼提高行政速裁的司法效能。示范诉讼系指某一诉讼之纷争事实与其他（多数）事件的主要事实大部分相同，该诉讼事件经由法院裁判后，其结果成为其他事件在诉讼上或诉讼外处理的依据，此判决可称为示范判决。[2]这一工作机制首见于2016年最高人民法院《关于进一步推进案件繁简分流优化司法资源配置的若干意见》中的规定。2020年最高人民法院《关于人民法院深化"分调裁审"机制改革的意见》进一步明确了探索试点的案件类型，即政府信息公开、商标授权确权行政纠纷等。2021年《行政诉讼繁简分流意见》也对此予以明确。2017年，青海省高级人民法院制定《青海省基层人民法院一审民事行政案件示范诉讼试点办法》。[3]在诉讼程序中，当事人一般享有举证和陈述权利，但在示范诉讼中，法院已对大量的相同或类似证据进行了审查，对相同的事实和法律适用问题听取了示范诉讼双方当事人的陈述意见，为避免重复性劳动，有必要简化庭审程序。比如，青海省法院提出，在征得当事人同意的情况下，对非示范案件可以不开庭审理。[4]这一改革直接促进了审判组织的变革，由独任制向特定的审判团队建设拓展。由专门团队或者合议庭承办，选取个别或少数案件先行示范诉讼，其他同类案件参照处理

---

〔1〕 参见程琥："行政审判现代化与行政争议实质性解决"，载《法律适用》2023年第2期，第80-81页。

〔2〕 杨严炎："示范诉讼的分析与借鉴"，载《法学》2007年第3期，第132页。

〔3〕 此外，山东烟台法院对群体性行政诉讼应用了示范诉讼模式审理，具体操作步骤是：案件受理后由法院依职权启动示范诉讼；选取首先立案的案件作为示范案件；告知非示范案件当事人法院采取示范诉讼模式和选取的标准案件，如果非示范案件与示范案件存在事实上和法律上的重要区别，非示范案件当事人应于开庭后7日内提交情况说明；中止非示范案件的审理，并出具中止裁定书；对示范案件作出裁判并等待法律文书生效；示范案件生效后，其他中止案件恢复审理，裁定适用示范案件判决结果。参见王红云："示范诉讼制度的本土化构建"，载《山东培训法官学院学报（山东审判）》2021年第3期，第71页。

〔4〕 王红云："示范诉讼制度的本土化构建"，载《山东培训法官学院学报（山东审判）》2021年第3期，第72页。《青海省基层人民法院一审民事行政案件示范诉讼试点办法》第5条规定：示范性案件的审判必须公开进行。其他待批量处理案件，在征得当事人同意的情况下，可以不开庭审理。

结果直接作出裁判，以此实现以个案示范处理带动批量案件高效解决的效果。示范性诉讼以个案带类案，从而提高诉讼收益，实现司法资源优化配置。行政诉讼繁简分流改革向审判程序和审判方式的系统性改革发展。此外，审判程序改革由一审向二审、再审程序简化拓展。现有立法已对二审、再审案件的程序简化作出规定。[1]并将适用范围与一审程序予以区分，侧重程序性审查。[2]

三、建构路径的比较借鉴：以刑事速裁程序为例

刑事诉讼建立了"普通程序、简易程序、速裁程序"有效衔接的多元化审判程序，有必要对两者进行比较研究，从中得以借鉴。

（一）与刑事速裁程序的对比

目前，刑事速裁程序已经积累了大量、有益的经验，取得了相当的成功。刑事速裁探索初期的直接动因、现实问题及发展路径与行政速裁呈现较多相似之处。这成为比较借鉴的基础。

首先，刑事速裁发展的直接动因在于弥补简易程序的结构性缺憾，营造多元化的刑事诉讼格局。目前，行政审判程序表现出"普通程序、简易程序、行政速裁"的三分。随着社会管理的不断创新和刑事立法的日趋完善，以及违法行为的犯罪化，我国轻微刑事案件的数量不断增多。刑事诉讼人案矛盾的日益突出使现行"普通程序/简易程序"的二元划分略显单一。优化刑事司法资源配置，提高诉讼效益、构建多元化审判程序成为刑事速裁的直接目的。

其次，刑事速裁发展的初期同样面临与简易程序适用界限不清、规则不明的现实问题。[3]如前所述，当前的行政速裁与简易程序在适用范围、庭审规则等方面仍缺乏有效衔接，同质化问题成为多元化行政审判程序的掣肘。探

---

〔1〕　参见厦门市中级人民法院《关于实行案件繁简分流和调解速裁工作的暂行规定》第21条规定，合议庭认为二审、申请再审、再审等简单案件不需要开庭审理的，可以采取阅卷、调查、询问当事人等方式进行书面审理，依法快速作出裁判。

〔2〕《关于人民法院深化"分调裁审"机制改革的意见》第13条第2款规定，第二审人民法院对于第一审人民法院采用速裁快审方式审结的上诉案件，以及当事人撤回上诉、起诉、按自动撤回上诉处理案件，针对不予受理、驳回起诉、管辖权异议提起上诉的案件等，原则上作为简单案件分流。高级人民法院可以探索开展民事申请再审案件繁简分流工作。

〔3〕　参见李倩："诉讼分流背景下刑事速裁程序评判　以德国刑事处罚令为参照"，载《中外法学》2020年第1期，第222页。

索之初，先前试点地方在适用刑事速裁程序时，除办案期限显著缩短以外，基本没有突破《刑事诉讼法》的相关规定，仍于简易程序的基本框架下进行。[1]这也影响了速裁程序的适用率。但目前，刑事速裁与简易程序之间的梯度不断凸显，并完成了多元化审判程序有效衔接的体系化建构。这一制度经验可为行政速裁提供充分的经验借鉴。

此外，刑事诉讼程序改革通过诉讼模式、诉讼理念的系统性更新，即以协商性的认罪认罚为基础落实轻罪案件从宽、贯彻协商合意型诉讼理念、实现诉讼程序简化。并坚持刑事程序法治现代化所强调的人权保障原则，在实现自身程序运行快捷高效的同时，充分保障被追诉人的合法权利。目前，刑事速裁程序取得了相当成效，速裁程序审结的刑事案件占全部认罪认罚案件的 68.5%，其中当庭宣判率达 93.8%，办案效率得到了显著提升。[2]这为行政速裁如何实现审判程序、审判组织和审判方式的系统性建构，如何平衡程序正义与司法高效的关系提供了路径启发。

（二）刑事速裁的制度特点与借鉴价值

以下对刑事速裁制度的具体特点及其借鉴价值进行分析。

1. 以认罪认罚为制度基点构建多元化审判程序

科学、有效的适用范围界定是程序内部结构科学化，普通程序、简易程序、速裁程序之间组合方式合理化的制度前提。[3]刑事诉讼在构建轻罪诉讼程序基础上与诉讼模式转型中的认罪认罚从宽制度改革相衔接，以实现刑事速裁与简易程序的梯度化。具体做法：一是以是否为三年有期徒刑以下刑罚为限制。二是在简易程序的认罪基础上以认罪且认罚为必要条件。[4]

〔1〕卞建林、田心则："中国刑事诉讼制度科学构建论纲"，载《北方法学》2009 年第 1 期，第 60 页。

〔2〕卞建林、吴晨远："刑事速裁程序的实践观察与立法展望"，载《中国政法大学学报》2019 年第 1 期，第 130 页。

〔3〕李本森、戴紫君："反思与重塑：刑事速裁程序适用范围研究"，载《学术界》2021 年第 12 期，第 134 页。

〔4〕2021 年最高人民法院《关于适用〈中华人民共和国刑事诉讼法〉的解释》第 347 条对认罪和认罚的概念进行界定，《刑事诉讼法》第 15 条规定的"认罪"，是指犯罪嫌疑人、被告人自愿如实供述自己的罪行，对指控的犯罪事实没有异议。《刑事诉讼法》第 15 条规定的"认罚"，是指犯罪嫌疑人、被告人真诚悔罪，愿意接受处罚。被告人认罪认罚的，可以依照《刑事诉讼法》第 15 条的规定，在程序上从简、实体上从宽处理。结合简易程序和速裁程序的适用范围界定分析其中的区别。

适用条件层次化的制度特点在于将诉讼程序改革与刑事审判方式改革相衔接。如何构建轻罪诉讼程序和认罪认罚从宽制度是刑事速裁程序建构的两大问题。简易程序和速裁程序均为简单案件的审理程序,单纯以构建轻罪诉讼程序为目的可能导致速裁程序成为简易程序的简单"翻版"。而刑事速裁对诉讼模式转型中认罪认罚从宽制度的回应进一步为简单案件中两种程序的区分提供了制度基础,使其真正成为简易程序的"升级版"。其适用条件表现为定性与定量(以有期徒刑为认定标准)、主观与客观(将当事人同意为前提)、程序与实体(认罪且认罚)相结合的特点。面对行政速裁与简易程序的同质化,行政审判程序现代化应积极回应行政审判改革中的现实问题。但行政诉讼缺乏明确可量化的标准,且现有规定以将当事人同意作为适用条件。为此,结合当前以类案为基础的示范性诉讼这一审判方式改革,可在简单案件基础上同时以类案专审为制度基点确定其适用条件。

表6-3 刑事诉讼简易程序和速裁程序的区分

	速裁程序	简易程序
刑期限制	三年有期徒刑以下刑罚	无
被告人	认罪认罚	承认自己所犯罪行,对指控的犯罪事实没有异议的
程序选择人	同意适用	没有异议
案件事实	案件事实清楚、证据确实充分的	案件事实清楚、证据充分的;

2. 以合议协商为理念基础提高审判效率

程序是否简化、诉讼活动能否快速进行是影响诉讼效率的直接因素。[1]

刑事速裁程序简化的基础在于协商性司法理念的更新。具体表现为诉讼构造上的重大调整,即从过去的控辩双方通过对抗来推动诉讼的进程,转变为控辩双方通过合作、协商和相互妥协。并贯穿刑事诉讼侦查、审查起诉、审判和执行的整个阶段。在审查起诉阶段,检察机关尽可能与犯罪嫌疑人就

---

[1] 陈瑞华:"刑事诉讼的公力合作模式——量刑协商制度在中国的兴起",载《法学论坛》2019年第4期,第5-19页。

认罪认罚问题协商达成一致意见，把控辩双方关于犯罪事实、罪名、量刑、适用程序等问题的争议尽可能地化解在提起公诉以前，使绝大多数案件能够快速审理。在审判阶段以控辩双方协商式、平等性的诉辩审关系模式简化审判中举证、辩论等程序要素，促进简案快审。

刑事速裁程序对行政速裁的启示是构建协商参与的诉前程序。合议协商的庭审程序不仅有诉讼经济的考量，还蕴含多重价值。通过为诉讼各方搭建规范、有效的沟通渠道，减少不必要的争议，在法律框架内达成"利益兼得"的多赢方案，提高各方积极性和可接受性。这表明提升当事人的参与既体现在两造对抗辩论中，还可以平等沟通渠道优化参与方式，且后者更有利于实现诉讼经济，减少新的争议发生，实质化解争议，促进公正与高效的平衡。目前，要素式审判方式在诉前为行政速裁案件当事人提供了有效的参与渠道。鉴于行政诉讼程序空转、官了民不了的问题，可将诉前有效归纳争议焦点，增强当事人的参与性作为提高审判效率、实质化解争议的重要方式。因此，行政速裁庭审规则应以协商参与的诉前程序为基础，进而明确庭审程序的简化方案。

3. 以权利保障促进程序正义

优化被告人的权利保障机制是刑事速裁的重要特点之一。[1]公正与效率的关系是诉讼程序制度设计的主要矛盾。尤其是在速裁程序中，如何在促进司法高效的同时保障当事人的程序权利，实现控辩双方的平等地位，成为程序正义实现的着力点。当前做法：一是被告人的程序选择权将扩大被告人诉讼权利的外延，增加被告人在刑事诉讼中的防御手段，保障其合法权益不被侵犯。[2]二是为确保被告人的知情权，《刑事诉讼法》和《关于适用〈中华人民共和国刑事诉讼法〉的解释》均明确规定了公、检、法三个司法机关在刑事诉讼活动中必须履行被告人、犯罪嫌疑人权利和法律告知义务。[3]三是保留被告人的最后陈述权。在简化庭审调查辩论的同时，明确听取辩护人的

〔1〕 韩旭："认罪认罚从宽制度中的协商问题"，载《法学论坛》2022年第6期，第94页。
〔2〕 刘政："刑事被告人程序选择权的缺失分析与制度构建"，载《法学杂志》2010年第4期，第135-138页。
〔3〕 参见《关于适用〈中华人民共和国刑事诉讼法〉的解释》第369条、第371条、第372条、第373条。

意见和被告人的最后陈述意见的强制性义务。并以诉讼文书简化、社会调查、社区矫正等配套保障提高案件审判效率。同时，以程序参与、量刑优惠、多元激励等为内容的权利型速裁程序激发当事人适用的主动性。行政简易程序规定了当事人的程序选择权。但问题在于"经当事人同意""当事人不表示异议"等前提性限定更多地体现为一种改革策略和司法智慧，未完全落实好诉权保障的基本理念。[1]未来行政速裁在增加当事人权利的同时，可通过增加司法职责，如释明权等，实现程序简化不减权的目的。

四、行政速裁程序的规范建构

行政速裁功能定位和程序机理的独特性表明，应将其作为独立的审判程序进行制度建构。

（一）制度设计层次化

行政速裁以构建层次化的诉讼程序为目的，制度完善应遵循分流层次化的路径进行资源配置和制度设计，具体从受案范围与庭审规则两个方面展开。

1. 受案范围层次化

行政速裁和简易程序适用于简单案件的审理。制度设计的层次化仍需进一步明确立法模式和案件范围的层次化。

一审程序中的行政速裁可采用概括式规定加否定性列举的立法模式，并将案件范围拓展至简单的类型化案件中。对于一些简单的类案法官可以依职权进行速裁。相较于以量刑数、标的额为划分标准的刑事诉讼和民事诉讼，行政诉讼中的简单案件缺乏客观可量化的确定标准。当前，我国各地结合自身行政审判实践对适用范围作出不同界定，如重庆聚焦于行政工伤案件，上海聚焦于信息公开案件等。1991 年，《德国行政法院法》第 93a 条即对示范性诉讼法定化，规定当超过 20 个诉讼当事人对同一行为提起诉讼，法院可以裁定中止。其并未将示范性诉讼限定为特定的案件类型，而是赋予法官和当事人选择适用空间。概括式规定加否定性列举模式赋予法官一定的裁量空间，回应行政争议类型不断多元化的实践需求，避免挂一漏万。

---

〔1〕　参见章志远："行政诉讼繁简分流的制度逻辑"，载《东方法学》2021 年第 5 期，第 173 页。

2. 审级适用层次化

明确行政速裁在二审中的适用规则，区别于简易程序，使行政速裁成为二审程序简化审理的程序方式，区别于只适用于一审的简易程序。具体采用肯定性列举加否定性列举的方式，并将适用范围集中为程序性审查案件。目前，否定列举模式是各地法院规定的普遍模式。例如，厦门市中级人民法院规定下列案件可以作为简单案件予以速裁：不予受理（立案）的案件、驳回起诉的案件、非诉行政执行审查案件、对不予受理（立案）的裁定提起上诉的案件、对驳回起诉的裁定提起上诉的案件、请示管辖或对管辖权异议的裁定提起上诉的案件等。[1]同时，对二审中不宜纳入速裁的案件进行明确，如当事人在二审中提出新的事实、证据或者理由，需要开庭审理的案件；当事人在二审中提出新的诉讼请求或者反诉，根据相关法律规定，经双方当事人同意一并审理的案件；发回重审后上诉的案件；一审判决经审判委员会讨论决定的案件。[2]否定列举的优势是可以避免复杂疑难案件错误适用速裁以影响司法公正，同时提高司法效率。

3. 庭审规则层次化

要素式审判方式和示范性诉讼是围绕行政速裁展开的审判方式改革。行政速裁应以要素式审判方式和示范性诉讼为制度基点不断完善庭审规则。

一是庭前准备程序实质化，即庭前准备程序中案件事实整理归纳功能，和争议焦点整理、固定功能的制度化、规范化。在要素归纳阶段，法官助理应引导当事人对相关事实发表承认或否认意见。对于类型化案件，法官依据审判经验和法律规范，全面梳理案件的审理重点、法律适用，以及对应的裁判方式等核心要素，据此确定要素表，形成模板，为审判人员和当事人庭前争议焦点确定提供参考和指引，从而提升审判工作效能。目前，一些地方法院对民事诉讼简单案件作出相关规定。[3]行政速裁可借鉴这一模式进行地方性探索，并对规则相对成熟，全国层面裁判方式较为统一的简单案件，应予以统一规定，确保各地法院裁判的统一性和公正性。

二是庭审程序层次化。当前的行政速裁以要素式审判和示范性诉讼为制

---

[1] 厦门市中级人民法院《关于实行案件繁简分流和调解速裁工作的暂行规定》第7条。
[2] 厦门市中级人民法院《关于实行案件繁简分流和调解速裁工作的暂行规定》第8条。
[3] 参见山东省高级人民法院《要素式审判方式指引（试行）》。

度基点实现不同程序简化的梯度化。具体地，简易程序中法庭调查、法庭辩论可以合并进行，行政速裁可以结合被诉行政行为合法性的审查要素和当事人争议焦点开展庭审活动。同一类型案件可以集中立案，由同一审判团队实行集中排期、开庭、审理、宣判。但目前的要素式审判和示范性诉讼仅适用于裁判文书制定和案件集中审理中，缺乏与之相应的、更为细化和体系化的庭审规则。为此主张：一是简化举证规则。2002 年，最高人民法院发布的《关于行政诉讼证据若干问题的规定》在繁简分流改革背景下表现出一定的滞后性，未区分不同审判程序对证据规定予以类型化和简化。未来可结合行政速裁的审判特点，明确可以直接认定的证据类型，电子证据、远程证明等方式的适用情形；二是书面审理的适用由二审案件向一审案件适当拓展。在适用示范性诉讼或要素式审判的类案中，对于共通的事实和法律争议焦点得到类案当事人认同的，进一步简化调查和辩论环节。或不开庭审理、调解解决，以提高争议解决效率。三是对调解中当事人无争议的事实予以直接认定，简化辩论程序。2012 年，《关于扩大诉讼与非诉讼相衔接的矛盾纠纷解决机制改革试点总体方案》首次规定"建立无争议事实记载机制"。[1]速裁庭审规则应充分利用其高效优势，肯定调解中无争议事实的法律效力，简化或不再调查和辩论，及时实质性解决争议。

（二）权利保护多元化

当事人的权利保障具体包括当事人权利的授予和司法职责的明确。

1. 当事人的程序选择权

为避免庭审方式简化后当事人公正感的降低，应赋予当事人对速裁程序启动、书面审判、要素式审判方式相应的程序选择权。同时，当事人程序权利的重要价值在于充分保障行政诉讼当事人实质平等的实现。行政诉讼存在

---

[1]　具体规定：当事人未达成调解协议的，调解员在征得各方当事人同意后，可以用书面形式记载调解过程中双方没有争议的事实，并告知当事人所记载的内容。经双方签字后，当事人无需在诉讼过程中就已记载的事实举证。2016 年《关于人民法院进一步深化多元化纠纷解决机制改革的意见》第 23 条规定："……调解程序终结时，当事人未达成调解协议的，调解员在征得各方当事人同意后，可以用书面形式记载调解过程中双方没有争议的事实，并由当事人签字确认。在诉讼程序中，除涉及国家利益、社会公共利益和他人合法权益的外，当事人无需对调解过程中已确认的无争议事实举证。"2022 年《关于进一步推进行政争议多元化解工作的意见》第 18 条规定：当事人在诉前调解中认可的无争议事实，诉讼中经各方当事人同意，无需另行举证、质证，但有相反证据足以推翻的除外。

两造对抗实质平等不足、实际诉讼能力不均衡的问题。在强调原告程序权利的同时，可通过被告义务的增设或强化，以保障双方诉讼权利的均衡地位。结合行政速裁的简易性和庭前程序实质化特点，主张行政机关出庭应诉制度予以变通，增强庭前程序的参与性和实质沟通功能。在庭前沟通基础上，赋予被告行政速裁缺席审判选择权，由此避免程序正当性外观的欠缺，并提高案件审判效率。

2. 法官的释明义务

释明有利于实现审判的实质公平。[1]行政诉讼释明是指针对当事人在行政诉讼中的声明、陈述或举证存在不明确、不充分、不适当等情形时，由法官向当事人进行适当告知、提示、解释、说明、建议、发问，从而对相关诉讼内容和流程予以明了、补充、修正的一项制度，贯穿起诉立案、审理、裁判等各项诉讼流程之中。[2]行政速裁是对诉讼程序的系统性简化，可根据审判流程，从庭前、审判和判后三个阶段分步确定需要释明的重点。

首先，庭前阶段的释明义务在于提高当事人在繁简分流改革中程序选择的自主能力。在要素式审判争议焦点和无争议事实的确认中，应对其具体内容及其法律效力履行充分的告知义务，以引导当事人合理行为。

其次，庭审阶段的释明义务以保障当事人对诉讼程序的实质有效参与为目的。法庭调查和辩论的合并进行在一定程度上降低了当事人对程序正当的信任度。对于当事人就程序、证据等内容的法律问题，法官应借助更多解释、说明、帮助、指导活动的开展，增进当事人对诉讼活动的理解，提高审判改革中"消费者"的体验度。

最后，法官可在判后裁判文书简化基础上对裁判理由和依据充分释明。对此需结合行政速裁的裁判特点进行机制创新。释明包括依职权和依申请释明。就当事人对裁判文书有疑义的情形，应赋予当事人要求法官予以解释说明的权利。同时，对于宣判后当事人情绪激动或案件矛盾仍有完全化解的部分，法官应主动予以解疑答惑。并告知当事人回避、上诉等基本诉讼权利。由此，通过判后释明，充分提高行政速裁实质化解争议的现实功能。

---

〔1〕 参见［日］新堂幸司：《新民事诉讼法》，林剑锋译，法律出版社 2008 年版，第 314 页。

〔2〕 参见丁晓华："论行政诉讼释明制度的构建"，载《法律适用（司法案例）》2018 年第 6 期，第 86-91 页。

因此，应通过法官释明义务使程序选择权中"经当事人同意""当事人不表示异议"等前提性条件能够实质性实现，保障行政诉讼当事人的实质平等。

（三）配套保障体系化

行政速裁程序的规范建构不仅针对案件的实体审判活动，还旨在促进审判事务性工作的高效运行。这需从审判组织、裁判文书、审判管理三个方面对行政审判配套保障进行系统性完善，以缓解法官负担，使审判人员有更多的时间精力进行审判，以提高审判效率和审判质量，实现司法资源优化配置和实质化解争议的改革目标。

1. 审判组织专门化

对特定类型的案件设定特定、专门化的行政速裁团队是审判组织建设的重要路径。目前，司法实践已大量适用速裁团队，亟须对其规范化、制度化。一是在人员设定上，实现法官队伍的层次化。结合司法实践探索，依据案件类型设定审判团队，采用员额法官、法官助理、书记员相结合的配置，设定专门的速裁法官，选配专门的法官。促使系列性、群体性或关联性案件原则上由同一办案组织办理，同类案件由专业化办案组织集中办理。这一模式有利于通过审判团队的专门化提高案件审理的专业性，以专业性提高案件审理效率，实现类型化案件的快速审理。同时，程序简化与独任制之间并不存在严格的对应关系。[1]独任制事实上导致法官畏难心理，且审判负担增加。[2]多人组成的审判团队有利于缓解法官的审判压力。二是在职责范围上，发挥速裁团队诉前调解、案件裁判的多功能优势。域外的一些国家设立了专业的法官调解员，以提高案件调解质量，如德国法院设立了具有法官身份的专职法庭调解员，不判案而只负责调解工作，并接受特别的培训。[3]在诉调对接的建构中，可利用速裁团队建立简单案件诉调合一的行政诉讼调解模式，[4]

---

〔1〕　章志远、朱志杰："我国行政诉讼中的简易程序制度研究"，载《江苏行政学院学报》2012年第5期，第122页。

〔2〕　祝飞宇："行政诉讼简易程序的运行困境与改革进路"，载《行政与法》2020年第9期，第92-93页。

〔3〕　喻文光："行政诉讼调解的理论基础与制度建构"，载《华东政法大学学报》2013年第1期，第3-16页。

〔4〕　汪晖、尤昊："'调解+速裁'工作机制的对接与协同"，载《人民法院报》2020年12月26日，第2版。

发挥速裁团队在案件调解中的法律专业化优势。因此，速裁团队不仅要发挥案件审判功能，还要进行资源整合，利用其专业性进行案件调解，促进争议的一站式解决，提高司法便民度。

2. 裁判文书要素化

以裁判文书要素化减轻法官负担、提高办案效率。要素式裁判文书围绕争议要素集中陈述原、被告意见及相关证据和法院认定的法律依据和理由，不再分段陈述诉辩主张及理由、法院查明事实和法院认为部分。现有规范肯定了要素式裁判文书的合法性，并对其适用范围和适用方式予以规范。[1]但仍应当从以下方面进行简化：一是扩大要素式裁判文书的适用范围。现有规范集中于事实清楚、权利义务关系明确、争议不大的政府信息公开、不履行法定职责、不予受理或者程序性驳回复议申请及商标授权确权等行政案件。结合行政速裁的适用范围，可将"等"扩大解释为类型化的简单案件。二是采取要素表的方式。要素式裁判文书更侧重于简明性、精炼性，可根据庭前程序的要素表制定要素式的裁判文书表。三是对于类案采用格式化的文书类型。为提高审判效率，对于当庭宣判案件，可选择庭前制作的格式化要素式裁判文书。

3. 审判管理智能化

法院智能化建设与司法体制改革是我国法院现代化建设的"一体两翼"。2022 年，最高人民法院发布《人民法院在线运行规则》，从智慧服务、智慧审判、智慧执行和智慧管理四个方面对司法领域中的信息系统建设、应用、保障和管理提出了整体性要求。具体地，行政速裁中智能化应用的规范建构在于一是建立案件诉调对接智能化平台。在调裁一体的背景下，利用司法数据联通、信息共享的优势，建立形成诉讼与非诉讼解纷方式的线上联动工作体系。二是在智慧审判环节，将各类子系统予以系统性连接，建立要素式审判智能化平台。鉴于当前智能程度的有限性，简单案件的智能化裁判是司法智能化的着力点，有利于提高案件审判效率、缓解法官审判压力。对于裁判规则成熟、案件数量较大的简单类型，积极建立系统性的，集立案、审理、裁判等环节为一体的要素式智能化裁判系统。在提高单个案件审判效率的同

---

〔1〕 参见《行政诉讼繁简分流意见》。

时，实现案件的批量化办理，优化审判资源配置。三是在智慧服务环节，深入推进审判辅助事务的智能化。积极推进一审案件中告知方式、送达方式、庭审方式的智能化建设并予以立法明确，在便利当事人的前提下缓解法官事务性负担。

综上，中国式现代化是全面现代化，不仅体现在总体的国家现代化上，也体现在各个领域的现代化上。[1]简化诉讼程序和优化审判规则是行政诉讼"繁简分流"、优化司法资源配置的重要改革路径。对此，审判程序改革应避免"头痛医头，脚痛医脚"的治标之策，应当通过优化审判方式、平衡程序正义与权利保障、配套保障体系化建设的系统性完善进路，促进行政审判提质增效。目前，行政速裁的功能定位、制度探索已超出现有的规范设计，需要立法论的补充。为此主张，在《行政诉讼法》第七章中增设"速裁程序"一节，对适用范围、庭审程序、权利保障以及配套保障等内容予以规范化，为实践适用提供明确的正当性基础。

第四节　审判程序智能化的适用规则

智能化应用在促进现有诉讼制度智能化转型的同时，也对传统行政审判的程序正义价值产生了冲击。为此，审判程序智能化的适用规则需要基于审判程序正义理念，结合智能化程度的不同，从智能化应用的适用范围、适用限度等方面予以建构。

一、智能化应用对程序正义的冲击

在法律中，程序主要体现为按照一定的顺序、方式和步骤作出法律决定的过程。其普遍形态是按照某种标准和条件整理争论点，公平地听取各方意见，在当事人可以理解或认可的情况下作出决定。[2]审判程序智能化包括场域的在线拓展和流程的智能再造。其对程序正义的消解体现在具有削减民主参与和司法公开的倾向性，与直接言辞原则存在冲突。以下就智能化应用对

---

[1]　张一雄："整体系统观下中国行政法治现代化的内涵与完善"，载《江苏社会科学》2023年第2期，第157页。

[2]　季卫东：《法治构图》，法律出版社2012年版，第122页。

程序正义的冲击进行思考。

（一）程序智能化与民主参与

行政审判程序智能化有助于扩展法院和当事人之间的民主交流场域。但司法民主不仅体现在形式上的交流场域，还表现在实质上的参与和有效沟通，由此促进公正裁判结果的形成。[1]

法官对司法大数据和法律人工智能的技术依赖与诉讼当事人的参与权在逻辑上存在抵牾。在行政诉讼过程中，当事人与法官共处同一诉讼场域进行交流有助于诉讼当事人积郁情绪宣泄和社会矛盾排解，进而认同司法裁判结果，实质性化解行政争议。但司法智能化应用在诉讼中的参与包含不同程度的司法决策权让渡。例如，无争议事实预归纳和争议焦点预归纳等应用在事实认定和争议焦点归纳中的适用。而且，司法智能化应用的功能越是便捷、强大，作为辅助手段的技术工具越是便利、高效，则法官对其警惕性便越小，对其依赖性越大。在这种情况下，人们对人工智能输出结果依赖性因其便利性而得到增强。这也导致民主参与的空间减少。

可见，程序智能化与司法民主的程序价值之一，即表达功能存在冲突。这是指从社会学层面看，公正的体现在于裁判结果的接纳，而人们对裁判结果是否接纳，并不只是一个结果是否对自己有利的问题，它在一定程度上还是看自己是否在审判程序中获得了尊重。正如人们非常在意他们是否受到了裁决者的礼貌对待，也非常在意裁决者是否像对他人那样对待自己，以及是否对他们的权利表现出应有的尊重。[2]这需要多方主体的沟通协商，同时法官应充分尊重当事人的意志和人格，不能将当事人当作实现某种目的的工具，[3]从而体现当事人在诉讼程序中的主体地位。由此，诉讼程序中的实质性参与以法官与诉讼当事人之间的实质性对话交流为基础展开。完全依赖于智能化应用的输出结果势必会压缩诉讼双方当事人的理性对抗过程，及其与法官之间的交流过程。因此，如何在适用司法智能化应用的同时保障当事人的程序参与权是智能化审判程序规则建构的必要内容之一。

---

〔1〕 参见樊崇义主编：《诉讼原理》，法律出版社2009年版，第165-168页。

〔2〕 ［美］汤姆·R. 泰勒：《人们为什么遵守法律》，黄永译，中国法制出版社2015年版，第10-11页。

〔3〕 樊崇义主编：《诉讼原理》，法律出版社2009年版，第166页。

（二）程序智能化与司法公开

程序智能化应用对司法公开价值的不利影响体现在：一是司法智能化应用本身所具有的算法黑箱；二是人类法官适用所导致的审判过程"黑箱化"。

首先，算法黑箱导致诉讼程序的不透明。目前，司法智能化应用已广泛应用于法律适用、事实认定和裁判结果作出等司法审判阶段。例如，法条智推、无争议事实预归纳应用与裁判结果偏离系统等。[1]这些智能化应用建立在算法模型的基础上。但算法本身就具有技术局限性，即算法黑箱和机器学习过程的不可解释性，由此导致建立在算法基础上的事实认定过程和裁判结果不具有可解释性。因此，诉讼程序中的智能化应用导致裁判过程不具有透明性。

其次，人类法官对智能化应用的过度倚重导致审判过程具有"黑箱化"趋势。司法公开的另一方面在于裁判理由公开。2016年，最高人民法院发布《关于深化司法公开、促进司法公正情况的报告》，其中要求"推进裁判理由公开"。判决理由作为程序正义的基本要求之一，要求法官在作出司法裁判时，应当告知当事人事实认定结果和判决涉及的推理过程。[2]裁判文书的实质性价值在于对法官心证过程进行阐述，并对事实认定、法律结论的理由进行陈述。鉴于智能化应用的高效、便捷性优势，自动生成技术的应用可能会产生法官直接将智能化应用的输出结果作为裁判文书。对以算法为基础的事实认定及对智能化应用的过度倚重无疑会侵害法官的主体地位，其结果是消解了法官在裁判中的自主裁量权和对裁判结果的推理说明，使审判过程"黑箱化"。

（三）在线审判与直接言辞原则

直接言辞原则是三大诉讼法中的基本原则之一。我国习惯将直接言辞主义称为"开庭审理"，从法律文本的规定来看，我国行政诉讼坚持以开庭为原则，以不开庭为例外的审理原则。[3]直接言辞原则包括直接原则和言辞

---

〔1〕 崔亚东：《人工智能与司法现代化》，上海人民出版社2019年版，第234页。无争议事实预归纳的运行方式表现为通过大数据学习归纳，构建诉请和抗辩之间的关系，将诉请和事实与理由中未抗辩部分归纳为无争议事实。

〔2〕 樊崇义主编：《诉讼原理》，法律出版社2009年版，第232-237页。

〔3〕 参见《行政诉讼法》第68条、第83条。

原则。[1]该原则强调法官的亲历性、证据的原始性、陈述方式的口头性。[2]

首先，在线审判减弱了直接原则的场域真实性。直接原则的基本内涵包括一是在场原则，即控辩双方及其他参与人到场参加审判；二是自主裁判原则，即法官必须亲身经历审判全过程从而形成内心确信；三是直接采证原则，即证据的采纳必须基于法官的直接调查。根据戈夫曼的剧场理论，日常生活中，个人的行为可以划分为两大范畴：一是后台行为，即个人在面对自己人时的一种放松状态；二是前台表演，即通过语言、肢体、符号等将观众引入情境以达到预期的效果。[3]在行政审判制度中，高度仪式化、程式化的审理程序设计，象征美学符号化的法庭环境设计，严密的秩序安全保障措施，以及法官、原告、被告、关系人、证人的角色位置安排，使对话的过程获得了非常浓厚的剧场化特征。这一剧场化特征给予当事人司法公正性的较高信任度，同时使双方当事人具有充分的时空环境寻求共识，解决争议。由此，物理空间在场的重要积极意义在于营造一种外在的仪式感，对当事人形成一种潜在"威慑"和对法律的自觉尊崇，使当事人自觉信服法官的裁判结果，从而实现争议解决。然而，在线审判方式使审判的场域从物理空间转移至虚拟的线上空间。司法审判的在线模式可以说直接来源于我们日常生活中以轻松、愉悦为主旋律的在线聊天模式。日常生活领域中的在线聊天模式与司法审判中的在线审判模式存在特点风格上的分歧。前者在权力行使中的平移适用也造成了权力严肃性外观的弱化。由此，在线审判在一定程度上减弱了直接原则的场域真实性。

其次，在线审判弱化了言辞原则的对抗真实性。言辞原则的内涵包括法庭审判过程中应当以口头审判方式展开，应当进行公开质证和公开辩论，不得仅凭借案卷材料进行案件审理。一是审对否不利于原始性证据和口头性陈述方式的实现。鉴于音视频传输的时间间隔性，物理空间中的语言对抗和交

---

〔1〕 左卫民："中国在线诉讼：实证研究与发展展望"，载《比较法研究》2020 年第 4 期，第 170 页；张卫平："民事诉讼智能化：挑战与法律应对"，载《法商研究》2021 年第 4 期，第 23—25 页。

〔2〕 郝晶晶："互联网法院的程序法困境及出路"，载《法律科学（西北政法大学学报）》2021 年第 1 期，第 92 页。

〔3〕 ［美］欧文·戈夫曼：《日常生活中的自我呈现》，冯钢译，北京大学出版社 2008 年版，第 151 页。

锋仍面临诸多现实困境。例如，在一些政府信息公开案件的线下审判中，一般需要双方携带原件。对方当事人要阅读证据的原件，并由法官进行核对。而在空间环境中具有较大"隔阂"的在线诉讼则无法满足当事人的实质需求。同时，技术层面的可能性要真正实现仍需诸多现实条件的具备，如当事人对适用方式的熟悉、当事人对其中适用规则的主动接受，以及诸多缜密运行规则的建构。技术条件和规则建设的不足会减弱直接原则的对抗真实性。二是情态证据的适用效益受到削减。情态证据指的是在庭审时，被告人或证人的面部、声音或身体等各部分及其整体上表现出来的能够证明案件真实情况的材料。广义的情态证据则包括其他诉讼程序和相关人的情态。情态证据对于法官自由心证的形成具有影响作用。但在线审判可能无法全面观察审判中当事人在面部、声音和身体等各部分的情态。

因此，司法民主、司法公开、直接言辞原则等程序正义的基本理念价值具有超越时空界限的特性，在当前的信息化社会，对明确智能化程序的适用限度具有指导意义，要求智能化应用遵循有限适用的原则。

二、审判程序智能化规则的路径分析

行政审判程序表现出繁简不同的类型化，即速裁程序、简易程序和普通程序。在感知智能应用和认知智能应用中，不同类型的智能化应用对传统审判程序的影响程度有所不同。为此，智能化审判程序的有限适用应当对不同的审判活动和智能应用进行类型化。

（一）审判程序正当性程度的类型化

诉讼程序简化的目的是实现诉讼程序正义与司法高效之间的有效均衡。可见，不同审判程序对程序正义的要求程度存在差异。以下对程序正当性程度的影响因素进行探究。

首先，案件难易度的不同决定其对程序正当性程度的要求不同。普通程序适用于疑难和普通案件。法律关系复杂的案件往往需要赋予当事人更充分的陈述权，以进行充分的举证质证，并在查明案件事实的基础上，由法官基于裁判过程进行裁量，作出司法裁判。相较于此，简单案件的法律关系较为明确，权利义务清晰，法官往往可以依据案卷材料有效地查明案件事实，从而作出裁判。类型化中的事实要素具有明显的结构化特性，在立案阶段，由立案法官指导原告填写案件要素表。由此，可以更简便快速的方式有效梳理案件的事实构成要素。因此，诉讼程序正义的功能之一在于通过诉讼当事人的对抗、充分有效的举证质证，明确案件事实。案件事实的难易性决定了其对诉讼程序正义价值的需求程度。

其次，程序繁简度的不同表明其对程序正当性程度的要求不同。普通程序具备诉讼程序全部要素，即立案、受理、确定举证期答辩期、庭前准备、预备阶段、法庭调查举证、法庭辩论质证与评议阶段和宣判阶段。通过完备的程序要件使双方当事人进行充分的举证质证，明确案件事实。实践中，繁案和简案的数量分布遵循"二八"定律。大约80%的案件为简单案件。简易程序和速裁程序实现了审判程序的简化，并有效提高了简单案件的审理效率。简易程序对举证期和答辩期进行灵活设定，可不受其影响直接开庭。庭审注意事项宣布可以省略，并合并法庭调查和法庭辩论程序。经当事人同意，庭审录音录像可以取代法庭笔录。速裁程序的审理特点是要素式审判和批量化审判。一方面，结合要素式审判法对庭前准备、庭审内容、裁判文书进行要素式再造。另一方面，针对实践中频发的类型化案件，推行集中受理、集中审理，实现批量化办理，提高审理速度。这些程度设计表明普通程序、简易程序和速裁程序的正当性程度呈现不断下降的特点。因此，程序类型化的目的在于在程序正义和诉讼效益之间进行不同程度的权衡。审判程序智能化应用的具体规则应结合三大诉讼程序的特点对程序正义与司法高效之间的权衡进行不同的规则设计。

（二）智能化应用对程序正义的消解程度的类型化

感知智能与认知智能向司法智能化应用分别适用于审判程序的不同阶段，对程序正当性的消解程序不一。司法裁判决策权的实施在不同审判阶段子决策权的共同影响下产生，包括争议焦点的认定、事实认定、法律适用等多阶段的法官决策。从大数据视角来看，法律文书可以看作文本化"数据"，人工智能的理解、归纳和应用知识的能力本质上是对文本数据的分析、计算问题。大数据对法律文书的解读不是从"基本信息""本院查明""本院认为"等业务角度出发，而是将其看成由一个个词语、文本所构成的集合体。[1]通过对某类案件海量裁判文书的文本分析，对其中事实、裁判结果等要素之间的关系进行训练，能够智能化地归纳出特定的数据化模型。从其适用特点来看，尽管认知智能模拟的智能化应用并未对裁判结果产生实质性作用，但其在各个阶段中的适用分别对事实认定、证据审查和法律适用等程序事项的决策产生了实质性作用，由此部分地替代了法官的决策权。相较之下，感知模拟的智能化应用单纯适用于纯粹性的诉讼程序事项中，如庭审笔录生成，其功能在于减少了人工翻阅纸质卷宗的不便。[2]可见，感知模拟智能化应用实现了对部分人工活动的替代，促进了诉讼效率，而未对司法决策产生实质性影响。因此，由于感知模拟智能化应用未对实质性程序要素产生实质影响，对程序正义的消解程度较低。而认知模拟智能化应用对程序正义的消解程度更高。

表 6-4　感知模拟和认知模拟的智能化应用举例

	感知模拟的智能化应用	认知模拟的智能化应用
受理阶段	语音识别，OCR	受理标准智能审查
庭前阶段	智能阅卷 案件信息快速录入、查阅	无争议事实（预）归纳
		争议焦点（预）归纳
		证据缺失性和合规性校验
		要件式庭审提纲构建
审理阶段	庭审笔录智能生成（智能语音系统）	法条推送
	庭审无纸化质证	类案推送
裁判阶段	评议笔录智能生成（语音合议系统）	（程序性）裁判文书智能生成
	合议无纸化示证	裁判结果预判断
		文书模型智能匹配
		裁判偏离度提示

---

〔1〕　王燃：“以审判为中心的诉讼制度改革：大数据司法路径”，载《暨南学报（哲学社会科学版）》2018 年第 7 期，第 68 页。

〔2〕　崔亚东：《人工智能与司法现代化》，上海人民出版社 2019 年版，第 235-236 页。

因此，审判程序智能化应用的规则设计应兼顾比例原则，基于不同诉讼程序对程序正义的要求不同和不同智能化应用对程序正义的消解程度不同，一方面分析不同诉讼程序中智能化应用的限度，另一方面区分不同智能化应用的具体适用方式。

三、正当性适用的应用规则

当事人对诉讼程序的充分参与权、纠纷解决者的中立性是诉讼程序正义的重要表现，其建立在形式正义的基础上。[1]制度建构初期，形式正义促进了行政诉讼规则制度的完善。在当前实质正义的司法改革目标中，鉴于当前在线审理和智能审判存在的较多局限性，司法资源的合理配置需要诉讼程序的类型化，从而实现形式正义与司法高效、司法便民之间的均衡。

（一）智能化应用适用范围的明确

司法智能化应用的不恰当应用可能减损程序正当，进而影响诉讼结果的公正。为此，人工智能在审判程序中的应用应遵循有限性原则。依据审判程序不同阶段对程序正义要求程度的区分，明确审判程序中的强保留事项与弱保留事项。考虑因素包括不同的审理程序类型和审理程序内部的不同程序要件。

首先，审判程序的类型包括普通程序、简易程序和速裁程序。不同的程序简化程度代表其在程序正当性与司法高效性之间的不同价值权衡。因此，从审判程序类型化的角度对智能化应用的适用范围进行区分。

其次，依据内部价值位阶的不同，审判程序要件可分为"工具性价值的审判程序"和"构成性价值的审判程序"。在行政活动中，行政程序具有不同的价值位阶，可分为"工具性价值"与"构成性价值"。[2]工具性行政程序关注行为活动的整体流程，目的在于提高行政效率，如关于行为作出期限和方式的规定；构成性行政程序指的是具有特殊价值追求的制度构造，如听证、理由明示等。[3]在审判程序中，不同的程序活动对程序正义的价值追求不同。

---

〔1〕 樊崇义主编：《诉讼原理》，法律出版社 2009 年版，第 159-168 页。

〔2〕 参见姜明安："正当法律程序：扼制腐败的屏障"，载《中国法学》2008 年第 3 期，第 38-47 页。

〔3〕 参见［日］盐野宏、闫尔宝："法治主义与行政法——在日本的展开"，载《中山大学法律评论》2011 年第 1 期，第 108-126 页。

审判程序中的工具性审判程序要件对裁判结果公正性的影响较小，更着眼于对诉讼效率的追求。而构成性审判程序要件会对裁判结果公正性产生直接影响，需要更着眼于程序正义的实现。因此，不同程序要件的价值考量决定了适用限度的类型化方式。

表 6-5　工具性和构成性审判程序

工具性审判程序要件	构成性审判程序要件
庭审笔录的方式	庭前程序
审判期间	审判程序
合议示证方式	裁判文书

1. 弱保留事项

囿于弱人工智能技术发展的阶段局限性，弱保留事项是指肯定相关领域中人工智能技术的适用，但对适用限度予以保留。目前，智慧法院建设尚处于弱人工智能阶段。在此阶段，算法的运用通过输入大量数据建立概率模型，通过大量数据产生相关性，而不需要构造解释性或因果模型。其输出的结果也仅反映的是相关性的概率大小。其典型特点是"只知其然，而不知其所以然"。且标准化的审判程序也难以做到个案裁量，与司法改革中增强裁判文书释法说理的要求相背离。因此，当前应积极发挥弱人工智能的技术辅助优势，解决实践中"案多人少""执行难""实现形式公正"的审判目标。而智能系统在裁判活动中的认知和判断功能则以技术自身的不断进步更迭为基础，即自主认知能力的具备和推理方式的更新。在事实查明和法律适用中，现代技术的功能定位在于对证据认定和法律依据的选择适用进行指引，而司法活动中核心领域的适用，即裁判权的行使，则有待技术的进一步更新迭代。行政诉讼审判程序智能化建设中的弱保留事项包括简易程序、速裁程序和审判程序中的工具性程序，以及庭前程序。正如有学者认为程序功能在于通过法官与当事人的充分讨论，确定庭审争议焦点，保障庭审程序的集中性、高效性。审前程序比庭审程序的程序保障要求低，并非真正意义的庭审，适用电子方

式进行争议焦点整理并不违反直接言辞原则。〔1〕

2. 强保留事项

强保留事项是指在特殊情形下，人工智能无法适用的司法活动范围。2017 年 1 月初，在美国举行的"Beneficial AI"会议为确保人工智能为人类利益服务而提出了"阿西洛马人工智能原则"。该原则从科研问题、伦理和价值、更长期的问题三个方面提出了 23 项具体适用原则。其中，伦理和价值方面的原则有安全性、故障透明性、司法透明性、责任、价值归属、人类价值观、个人隐私、自由与隐私、分享利益、共同繁荣、人类控制和非颠覆性及人工智能军备竞赛禁止；更长期的问题则包括能力警惕、重要性、风险与递归的自我提升及公共利益。在实践层面，各国也在逐步探索人工智能在司法系统中排除适用的情形。〔2〕同时，"英格兰与威尔士法律协会"在 2019 年年初成立"公共政策、技术和法律委员会"。该委员会的核心任务是负责审查司法系统中算法的使用情况，以确定采用何种控制措施能够有效保护人权和维护对司法系统的信任。因此，审判程序智能化应用在以下情形应当被限制在合法性范围内：一是普通程序中审判程序智能化应用；二是价值性审判程序要件中的智能化应用；三是审判程序中的庭审阶段。

（二）智能化应用适用程序的梯度化

审判程序的流程再造包括审判程序活动的在线化、智能化。从流程再造的幅度理解智能化应用在审判程序中的适用方式。幅度是指流程再造手段的激烈程度。因变动幅度的不同而存在渐进式和全盘改革式应用。〔3〕目前，智能化应用在审判程序中的应用方式包括替代、优化、重组和整合。首先，替代是指部分审判程序活动方式的改变，即由人工转变为智能化技术运用。部分审判事务性工作可为感知智能应用所替代。例如，在庭审笔录的方式上，以录音录像替代传统人工记录方式。其次，优化是指以智能化应用辅助，强化审判程序中的关键活动，通过程序内部司法资源的优化配置，提高审判效率。例如，

---

〔1〕 高翔："民事电子诉讼规则构建论"，载《比较法研究》2020 年第 3 期，第 181 页。

〔2〕 王禄生："司法大数据应用的法理冲突与价值平衡——从法国司法大数据禁令展开"，载《比较法研究》2020 年第 2 期，第 133-146 页。

〔3〕 梅绍祖、〔美〕James T. C. Teng：《流程再造——理论、方法和技术》，清华大学出版社 2004 年版，第 3-4 页。

在速裁程序中，认知模拟的司法智能化应用使审判过程集中于争议焦点，提高审判效率，并使庭前审查具有实质意义。再次，重组是指将现有审判活动的展开顺序进行调整，以提高审判效率。最后，整合是指将原来几类分散的审判活动，压缩为一个审判活动。例如，将法庭调查和法庭辩论合并进行。

以上的替代方式对审判程序的影响接近于全盘改革式应用，而后三者表现为对审判程序的渐进式改革。感知智能化应用体现为对人类法官视觉、听觉等感官的模拟，其主要适用于工具性审判程序要件中。而构成性审判程序要件涉及人类法官不同程度的判断推理活动，为此，认知智能化应用主要适用于构成性审判程序要件中。在应然层面，感知智能化应用和认知智能化应用的适用规则可能包括：

一是以感知智能化应用替代工具性审判程序要件。

二是以感知智能化应用替代构成性审判程序要件。（不成立）

三是以感知智能化应用优化、重组或整合工具性审判程序要件。

四是以感知智能化应用优化、重组或整合构成性审判程序要件。（不成立）

五是以认知智能化应用优化、重组或整合工具性审判程序要件。（不成立）

六是以认知智能化应用优化、重组或整合构成性审判程序要件。

七是以认知智能化应用替代工具性审判程序要件。（不成立）

八是以认知智能化应用替代构成性审判程序要件。

以上成立的四条适用规则可基于适用的对象和方式对其适用限度进行程度区分。首先，构成性审判程序要件与裁判的实质结果、司法公正性具有密切关联。因此，对于规则八，即以智能化应用替代构成性审判程序要件应当持谨慎态度。其次，对于规则六采用有限适用原则，遵循人机协同原则。最后，审判程序中的工具性审判程序要件更强调司法高效价值的实现，且其中涉及较少的价值判断，对规则一、规则三应当采用积极适应的态度。

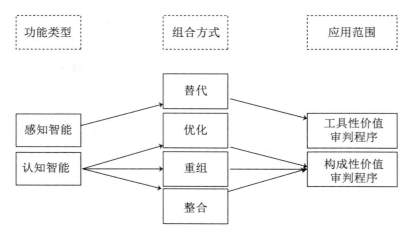

图 6-9　司法智能化应用在审判程序中的适用方式

（三）算法公开机制

在科技与司法的深度融合中，算法不仅是技术语言，也是智慧法院运行中法律语言的重要载体，代表案件裁判过程的法律推理和论证过程。算法公开机制不仅有助于应对算法偏见的产生，提高算法质量，同时也是司法改革过程中司法公开、提高裁判文书说理、实质性解决社会争议的重要环节。程序公开是程序正义的基本要素之一。司法智能化应用在审判程序中的应用本质上是算法在审判程序中的参与。因此，司法公开不仅包括审判程序，还延伸至智能化应用的建模阶段，即算法公开，建立算法公开机制。

首先，在算法设计程序中建立第三方参与机制。司法智能系统算法的设计过程由技术人员和法官所主导，加之算法作为计算机程序中专业性语言所具有的抽象性，导致算法更难以为一般当事人所理解。为此，鉴于算法设计过程中的权力属性，尽管其本身并非程序，但算法仍可适用于正当程序原则对算法设计过程滋生算法偏见的问题予以规制。[1] 算法设计程序的完善可借鉴参与式民主的优势。在司法系统中的法律专业者、科技人员之外引入第三方监督主体，即社会中通晓法律知识和科学知识的公民。通过多方主体对设计过程的参与和监督，提高算法设计质量，减少算法歧视的产生。

---

〔1〕 Daniel le Keats Citron. *Technology due process*. 85Wash. U. L. Rev. pp. 1298–1301.

其次，明确算法公开的范围与例外情形。算法作为一种规则集，与法律这一调整人们行为与社会关系的、具有强制执行力的社会规则具有较高程度的类似性。相应地，算法也能产生某种与法律类似的效果，即影响（规制）人们的行为。[1]在此，算法在一定程度上扮演智能司法中的"法律"角色，成为案件裁判中推理论证的主要表现形式。算法作为法律规则的延伸也应满足其公开性和可预测性的要求。就算法公开的范围而言，技术层面上的完全公开包括操作规则、创建和验证过程。[2]然而，算法技术具有专业性与商业性特征，且可能涉及知识产权、商业秘密、国家秘密等内容。这要求进一步明确算法公开的边界。因此，算法作为法律规则的延伸也应满足其公开性和可预测性的要求。算法公开更有助于当事人对算法裁决过程和案件裁判理由的知晓，并实现服判息诉。

本章小结

繁简分流制度的完善是一个系统性工程。一方面需要简易程序内部程序结构的完善，以提高审判效率。另一方面需要优化简易程序的系统运行环境，即发挥普通程序、速裁程序、多元化争议解决机制及程序衔接机制的协同作用。行政诉讼智能化建设为审判程序繁简分流的制度完善提供了外部保障。因此，行政诉讼智能化建设中的审判程序制度以简易程序和繁简分流制度体系的完善为主要内容。在未来修法中，行政案件简易程序应以大力推进人民法院信息化4.0版建设为重要契机，充分运用当前智能化应用的成功经验。在全面运用智能语音、网上审理、电子卷宗同步生成等通用型智能化应用以提升审理效率的同时，行政审判程序智能化需要在智能化案件分流、智能化审判辅助、在线纠纷解决和裁判文书自动生成，以及司法大数据应用等方面实现智能化应用和繁简分流程序规则的深度融合，将法官智慧和机器智慧深度跨界融合，实现人机协同。

---

〔1〕　陈道英："人工智能中的算法是言论吗？——对人工智能中的算法与言论关系的理论探讨"，载《深圳社会科学》2020年第2期，第139页。

〔2〕　袁康："社会监管理念下金融科技算法黑箱的制度因应"，载《华中科技大学学报（社会科学版）》2020年第1期，第102-110页。

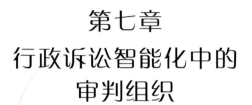

第七章
行政诉讼智能化中的
审判组织

在人民中心主义的司法理念中，司法服务智能化建设不仅包括对诉讼当事人的智能化服务，还服务于法官的审判事务。在案多人少的背景下，为缓解法官审判压力，提高审判效率，我国积极开展司法责任制改革，以优化审判组织和职权配置。因此，审判组织建设是行政诉讼智能化建设中的重要组成部分。在"让审理者裁判、由裁判者负责"改革目标下，司法责任制改革的重要路径在于一是去行政化，实现司法权运行方式的扁平化，赋予法官更多的裁判权；二是"放权"之后对如何公正行使审判权这一问题的回应，即法官的监督追责问题。[1]这一改革路径为审判组织智能化建设提供了分析框架。本章将首先对审判组织智能化进行概述，在此基础上对审判组织智能化的法官主体地位进行制度探讨，并就智能化应用对法官责任追究的影响和制度建构进行分析探究。

第一节　审判组织的智能化挑战

在我国法制语境下，行政诉讼审判组织的界定存在宏观和微观两个层面。在微观上，行政诉讼审判组织是指在我国法院内部，对行政诉讼进行审理和判决的具体组织，即以独任庭、合议庭和审判委员会三种类型为内容的审判组织。我国《行政诉讼法》对行政审判组织的介绍围绕独任制、合议制等法院内部审判人员进行介绍。在宏观上，行政诉讼审判组织是指对行政案件进行审理的法院。本章行政审判组织的智能化探究着眼于微观视角，即法官与智能化应用之间的法学问题。

一、司法改革中审判组织的智能化变迁

审判组织不仅直接关系司法和行政机关、当事人之间的权利义务关系，审判组织运行方式还攸关司法机关、行政机关和社会公众之间的和谐关系，是司法权威、司法公信、依法行政、权利保护的重要方式。我国行政审判组

---

[1]　张智辉："论司法责任制综合配套改革"，载《中国法学》2018年第2期，第69-72页。

织包括独任庭、合议庭和审判委员会三种类型。审判组织改革遵循司法改革和司法信息化建设协同发力的发展方式。以下从规范层面和实践层面对审判组织智能化的发展现状进行分析。

（一）价值目标

最高人民法院在《人民法院第三个五年改革纲要（2009—2013）》中指出，要加强信息化建设。自 2015 年起，司法实践针对司法责任制改革发布诸多司法工作文件以实现改革进程的规范化。审判组织制度的智能化建设是其中的重要组成部分。司法工作文件中智能化建设路径的相关阐释明确了审判组织智能化建设的目标指向。

1. 审判组织的扁平化

审判组织的扁平化在于"由审理者裁判"。这一目标的实现不仅在于"放权"于法官，维护法官在案件审判中的主体地位，还在于审判监督管理机制的职责明确，避免对法官裁判权的干扰。

首先，推进监督机制的透明化。2017 年，为促进司法责任制的推进，最高人民法院发布《关于落实司法责任制完善审判监督管理机制的意见（试行）》。其中，对院庭长的具体职责进行重新定位。个案监管聚焦于程序性事项的审核和疑难重大复杂案件的监管，同时加强宏观上的审判监管职责。在此方面，借助智能化技术的可视化优势，通过智能平台的监管，探索对院庭长职权的智能化监管，可避免院庭长对法官审判权的不当干扰。

其次，探索智能化识别机制。各高级人民法院不断建立统一的"四类案件"自动识别监测系统，完善院庭长监督管理"四类案件"的发现机制、启动程序和操作规程，探索"四类案件"自动化识别、智能化监管，提高审判监督管理的信息化、专业化、规范化水平。[1]各高级人民法院应当进一步细化由辖区法院院庭长办理的具体案件类型，完善案件识别、分配机制，推动实现智能识别、标签处理、自动分配。

综上，审判全流程的智能可视化为司法责任追究提供了更明确、更直观的现实依据，避免司法行政管理权以"管理"为名干扰甚至"绑架"司法权

---

〔1〕 参见《关于深化司法责任制综合配套改革的实施意见》。

的情形。[1]智能化监管促进了司法责任制的"放权"真正得以实现。

2. 审判组织的权责统一

司法责任制改革在"放权"、促进法官主体地位的同时，应当设置相应的制度体系对审判组织的审判权进行监督，以避免其滥用。审判组织智能化建设的价值目标之一在于利用智能化的自动化优势，确保放权与监督相统一。例如，各级人民法院应当强化信息平台应用，切实推进电子卷宗同步录入、同步生成、同步归档，并与办公办案平台深度融合，实现对已完成事项的记录跟踪、待完成事项的提示催办、即将到期事项的定时预警、禁止操作事项的及时冻结等自动化监管功能。[2]又如，健全信息化全流程审判监督管理机制。全面支持网上办案、全程留痕、智能管理，智能预警监测审判过程和结果偏离态势，推动审判监督管理由盯人盯案、层层审批向全院、全员、全过程的实时动态监管转变。[3]由此，借助智能技术实现对法官的智能监督，为责任追究提供可视化、可追溯的现实依据。

3. 审判组织的公开机制

当前，诉讼平台的建设拓展了对审判组织及其监管机制进行司法公开的场域。

首先，通过司法公开平台促进社会监督。各级人民法院依托信息技术，构建开放动态透明便民的阳光司法机制，建立健全审判流程公开、裁判文书公开和执行信息公开三大平台，广泛接受社会监督。通过建立法院以外的第三方评价机制强化对审判权力运行机制的法律监督、社会监督和舆论监督。[4]各级人民法院应当积极运用司法公开"四大平台"，积极构建开放动态透明便民的阳光司法机制，拓展司法公开的广度和深度。[5]由此，司法公开平台成为社会对审判组织权力行使的监督。

其次，通过法院系统内的平台公开实现监管过程的可视化。诉讼平台建设使院长、副院长、庭长的审判管理和监督活动严格控制在职责与权限的范围

---

〔1〕　卞建林、王天保："司法人员分类管理再思考"，载《内蒙古社会科学（汉文版）》2021年第6期，第84页。

〔2〕　参见最高人民法院《关于落实司法责任制完善审判监督管理机制的意见（试行）》。

〔3〕　2018年最高人民法院《关于进一步全面落实司法责任制的实施意见》。

〔4〕　参见2015年最高人民法院《关于完善人民法院司法责任制的若干意见》。

〔5〕　参见最高人民法院《关于深化司法责任制综合配套改革的实施意见》。

内，并可利用工作平台进行公开留痕。院庭长履行审判监督管理职责的可视化，在卷宗或办案平台标注，并全程留痕。院庭长行使审判监督管理职责的时间、内容、节点、处理结果等，应当在办公办案平台上全程留痕、永久保存。[1]

因此，司法公开平台的健全促进了社会监管机制的形成，公开范围的扩大实现了对审判者的监督和审判监督者的再监督，由此形成内部和外部协同的全方面监督管理机制。

（二）实践样态

司法实践对审判组织智能化建设展开了诸多探索。《人民法院信息化建设五年发展规划（2016—2020）》明确将审判管理系统作为重点工作之一，要求以提升精细化管理能力为重点。以下从审判运行和监督管理两个方面进行梳理。

1. 运行方式智能化

为避免同案不同判，提高法律适用统一性，法院建立了类案与关联案件检索机制。特别是在案件提交专业法官会议、审判委员会讨论时，利用智能审判辅助平台强制进行类案与关联案件的检索是必经程序。

一是在分案环节，积极推行智能化分案和智能化识别。利用智能技术保障随机分案的确定性与合理性。传统的计算机分案单纯侧重案件数量，缺乏对个案的难易、繁简程度的关注，且建立于系统内所有案件难度均等的基础上，造成分到案件的法官在工作饱和度上差异显著。而智能分案系统参考各法官现有的案件存量，结合既往案件的工作量和完成情况进行分案，并借助SPSS（Statistical Package for Social Science）等数据软件进行多元回归分析，推导出各个法官的最佳工作饱和度和最优审理案件类型，实现法官审理案件的动态均衡，避免多者畸多、少者畸少的分案局面。在分案实践中，人工智能系统还能通过深度学习纠正分案逻辑，不断改进案件配置规则。由此，智能化分案可解决分案制度的主观性与不确定性问题，使分案程序免受司法管理权与行政权的干扰。[2]

二是在审判环节，设置静默化、智能化的节点管理控制功能。具体措施

---

[1] 参见最高人民法院《关于落实司法责任制完善审判监督管理机制的意见（试行）》。

[2] 阴建峰、袁方："司法改革背景下法官绩效考核制度的回溯、困局与路径抉择——兼论法官主体性的重塑"，载《河南社会科学》2021年第3期，第59页。

有对监管案件重要流程环节进行跟踪和实时行为对照，对不合规"动作"及时采取措施。在监管流程中设置时限，明确流程节点，对纳入监管案件流程运行情况进行实时、动态跟踪，并进行倒计时管理，在期限届满前予以警示。对未在规定时间内报告案件进展和评议结果的案件，以及逾期节点的情况，系统自动采取相应的措施，自动提醒。[1] 由此，规范化地进行节点控制可让控制具有可靠性和时效性，有效排除了监管中的人为因素，减少监管中的人情因素，使监管更加客观、精准和有效。

2. 监督管理智能化

首先，为特殊案件的监督管理提供智能化便利。一是设立长期未结案动态管理系统。自动导出分管部门的长期未结案明细，并对长期未结案承办人、案由、条线分布，长期未结案原因、审理时间及审限变更情况等进行可视化展示。二是设立"四类案件"监督管理系统。院庭长可将其列入单独模块进行跟踪管理，发起"个案监督"流程。院庭长对个案监督可采取查阅卷宗、旁听庭审、审核审理报告、要求合议庭在规定期限内报告案件进展和评议结果等方式进行，合议庭需在流程中予以反馈回复，全程留痕、永久保存。[2] 审判管理智能化应用促进了管理流程的自动化、可视化、公开化和透明化。这不仅提高了监督效率，也实现了审判监督管理的客观化，减少了审判管理人员主观恣意的空间。

其次，建立法官工作量统计分析系统。江苏省南京市中级人民法院先后于 2015 年和 2017 年出台《全市法院审判工作量权重评估办法（试行）》和《法官审判绩效考核办法（试行）》。南京市法院研发"审判工作量评估"软件，建立案件权重系数和评价指标体系，探索对法官审判工作量的智能测算、检索、比对和分析，用大数据考核质量、效率和效果，用比较法分配奖金、配调人员、评先选优，优化资源配置，激发办案活力。[3]

---

〔1〕 陈甦、田禾主编：《中国法院信息化发展报告 No. 4（2020）》，社会科学文献出版社 2019 年版，第 129 页。

〔2〕 陈甦、田禾主编：《中国法院信息化发展报告 No. 3（2019）》，社会科学文献出版社 2019 年版，第 236-237 页。

〔3〕 陈甦、田禾主编：《中国法院信息化发展报告 No. 3（2019）》，社会科学文献出版社 2019 年版，第 241 页。

二、审判组织智能化的多维审视

司法责任制改革是一项系统性、整体性、协同性的制度工程。从现有改革措施来看，明确审判组织的运行方式和监督机制及价值目标等对制度完善具有较大影响。为此，以下将对审判组织智能化所依赖的价值目标和组织结构进行探究，并对其背后的问题展开思考。

（一）基本原则

司法责任制改革的具体措施聚焦于"放权"和"课责"两个方面。前者的意义在于实现审判权的独立行使，后者的目的在于明确法官责任。由此，审判独立性、审判专业性和权责统一原则为审判组织制度完善的三大原则。

1. 审判独立性

审判权独立性的表现是赋予法官在案件审理中的实质裁判权。行政诉讼不仅是解决行政争议，更是监督行政机关依法行政的重要方式。正如有学者所言，审判组织制度作为一种解决纠纷的机制，只有当它与国家权力的分配和法律制度的存在这两个因素相关联的时候，才具有终极的价值合理性。从这个角度来看，审判组织配置权力的功能和维护法律统一的功能更具有本质的意义。尤其是鉴于行政诉讼是公法争议解决机制，审判独立是其功能发挥的前提基础。

2. 审判专业性

审判质量的提升不仅在于形式上保障审判权的独立行使，还在于提高审判权本身的专业性。信息化时代，数字化转向不仅体现在社会层面，也体现在司法审判中。智能技术的广泛应用对社会形态、社会秩序产生了深刻影响，从而对法官的专业性提出了不同要求。一方面，案件审判不仅需要考虑法律规范要求，还需要考虑规范之外的多元化价值需求，如文化需求等。另一方面，审判结果也需兼顾法律效果和社会效果的协同实现。这需要法官具有更强的专业性，在纷繁复杂的多元影响因素之下，发现法律规范中的价值目的进而准确作出裁判。因此，司法制度的改革目标和信息社会的时代要求需要审判组织智能化建设专业性程度的提升。

3. 权责统一原则

司法责任制改革的核心不仅在于放权，即赋予法官在案件裁判中的主体地位和独立性，还包括责任机制的完善，监督法官的违法裁判行为，提高审判质量。法官责任制与智能化应用的关系聚焦于后者，即有权必有责，用权受监督。法官责任制的目的在于通过责任机制的事后监督，保障法官在依法独立行使审判权的同时避免权力滥用，从而实现司法公正，保障公民的合法权益。司法智能化应用也需不断促进法官责任制的有效实现，如智能化的流程管理模式实现了法官审判的全流程留痕，为法官责任追究提供了更清晰、可视化的行为依据。智能化系统成为法官考核的重要基准，以司法公开平台促进审判权的社会监督。因此，审判组织的权责统一原则是智能化建设中的基本原则之一。

（二）运行结构

司法制度改革和智能化建设，如智能化监督、公开平台等应用，使审判组织的运行方式发生了深刻变化，集中体现是权力的扁平化。在这个过程中，审判组织运行结构呈现三个层次的结构特点：一是内部层面，法官与当事人之间的沟通协商；二是中间层面，法官与审判监督人员的监督管理；三是外部层面，法官与社会公众之间的民主互动。以下将对审判权的现行运行结构进行分析，明确审判组织智能化建设的分析视角。

1. 内部层面：审判组织的运行方式

审判组织内部层面的构建旨在促进法官与当事人的平等协商和民主沟通。在实质性解决行政争议和积极推动社会治理的背景下，司法实践不断展开诉源治理、府院互动等行政审判制度改革措施。行政诉讼内外的沟通、协调等交互活动，形成了司法权与行政权互相支持、互相促进的关系。[1]公共政策在行政诉讼合法性审查中的作用越来越突出，"法院主持的公共政策协商机制"是行政诉讼的本质概括。协商对话是符合行政诉讼本质的程序运作模式。[2]以法官为主导的双方当事人的协商沟通促进了双方当事人之间共识的

〔1〕 章志远："中国行政诉讼中的府院互动"，载《法学研究》2020 年第 3 期，第 5 页。
〔2〕 高家伟：《公正高效权威视野下的行政司法制度研究》，中国人民公安大学出版社 2013 年版，第 309 页。

达成，以及相对人对行政机关社会治理活动的理解和认同，树立依法行政观，进而实现实质性化解行政争议，达到"审一案、推全案、管类案、减量案"〔1〕的制度目标。因此，在行政审判制度的现代化中，基层微观小民主型的行政审判程序是行政审判组织智能化建设的内部架构。

2. 中间层面：审判组织的监督管理

行政审判组织的中间层面旨在实现法官与审判监管人员之间的良性互动关系，实现审判监督权力与独立审判权力的均衡。审判组织中间层面的构建旨在建立扁平化的权力运行模式。

在过去的科层制运行模式中，庭长和独任审判员同一时间对同一案件均有审判权时，必然会形成层层汇报制度。在传统上，层层审批的科层制审判组织体制中，案件裁判的作出受制于法官的裁判权和院庭长的审批权。囿于法官绩效考核和科层化的考虑，法官往往在案件审判中更倾向于接受院庭长的裁判意见。在此模式下，审判活动的权力中心可能聚焦于院庭长的审批权制下。司法制度改革的目标之一是减少层层审批的科层式组织形态，审判监管人员的职责需要由微观审批个案向宏观指导类案转变，真正确保审判权行使的独立性，实现"由审理者裁判"的制度目标。

因此，行政审判组织的有效运行以司法权和司法审判管理权之间的良性关系建构为基础。行政审判组织智能化建设的目标之一在于由间接方式使审判组织内部的权力构造机制、权力结构和职责结构，以及运行方式向扁平化、多中心主义拓展。

3. 外部层面：审判组织的社会监督

行政审判组织的外部层面表现为法官与社会公众之间的相互影响。这旨在建立开放型的权力运行方式。我国司法公开范围不断由裁判结果的公开向案件裁判全过程公开拓展，由法官审判过程的公开向法官审判监督管理过程的全流程公开拓展。司法公开一方面消解了院庭长、行政机关、司法地方化对案件裁判的不当干扰，另一方面使社会因素在法官审理过程中的重要地位不断凸显。民意成为权力结构中的重要一极。与此同时，行政机关出庭应诉制度与司法公开制度的有机结合对行政机关积极应诉形成了良好的监督机制。因此，行政

---

〔1〕 章志远："新时代行政审判因应诉源治理之道"，《法学研究》2021年第3期，第203页。

审判组织智能化建设的外层结构是以司法公正为核心目标，以社会公众监督为路径，对司法智能化应用在行政审判组织中的应用规则进行探究。这一过程需要行政审判对案件审判的社会效果进行考量，同时承担一定的社会责任。

因此，智能化应用推动审判组织体系的现代化转型，体现为审判组织体系的多中心主义，审判组织结构的开放型和多维性，审判组织运行方式的扁平化趋势。司法活动并非不带偏见和前见地适用立法者、行政机关、宪法创制者创制的明确法律规则，而是受诸多因素的综合影响。这就必须理解他们的动机、能力、选任模式、职业规范及心理。[1]审判组织制度完善的三大价值目标和三个层次认识结构构成了审判组织智能化建设的分析框架。

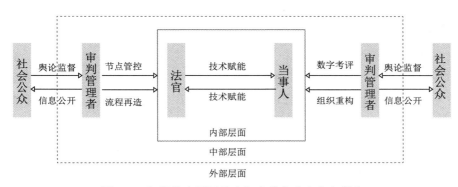

图7-1　智能化应用下法官权力的多中心主义样态

三、审判组织智能化的问题反思

司法责任制改革的核心在于"放权"与责任的统一，以及审判权与审判监督权关系的合理优化。审判组织运行结构的变化影响了审判权的运行方式，存在以下两个方面的现实挑战：

首先，智能化应用具有消解其主体地位的不利倾向。一是法官主体地位体现在法官对案件裁判结果的作出产生实质性影响。现有智能化应用更侧重对审判权的监督管理建设，将机器结果遵守度与法官个人考评相挂钩，对法官侧重管理。这可能会对审判过程中法官的主体地位产生不利影响。二是司

---

〔1〕　［美］理查德·波斯纳：《法官如何思考》，苏力译，北京大学出版社2009年版，第5页。

法公开机制使案件审判受更多法院外部因素的影响。司法裁判是各种因素综合作用的结果。在法院外部，影响司法裁判的因素可以包括行政力量、媒体（包括自媒体）的知识性权力、民意压力等。在法院内部，影响司法裁判的力量可以包括庭长、分管院领导、法院院长、审判委员会等各种因素。[1]案件审判的基本原则在于依法裁判，法官作为法律和宪法的守护者，案件裁判中的首要考虑因素应当是法律规范。司法公开的扩大使法官在案件审判过程中受更多社会因素的影响。但社会舆论产生的基础事实也容易产生失实和片面的问题，也更易于被操纵。此时，社会舆论"一边倒"的现象可能成为影响审判独立和司法公正的障碍，甚至在某些情况下，法官为追求一定的社会效应而弱化法律效应。

其次，智能化应用可能导致权力和责任的不均衡。司法责任制改革的目标一方面在于实现"由审理者裁判"，即"放权"，提高法官在案件审判中的主体地位。另一方面在于"由裁判者负责"，即法官审判责任终身负责制。司法智能化应用由审判流程管理中的立案、排期、开庭、结案、归档等环节和司法统计拓展至案件的实体裁判过程中。智能化辅助机制实质性地介入法官推理过程，事实认定过程，对裁判作出过程产生了实质性影响。由此，智能化应用对审判职权行使过程中的裁量权问题和独立性问题都造成了影响。智能化应用在对法官审判权进行自动化、可视化监管的同时，也模糊了案件实质裁判中人机之间的职责分工边界。AI法官对裁判结果的实质影响可能隐身于程序之外。同时，信息技术人员的技术风险可能成为裁判错误的背后推动。在此，如果由法官独立承担司法责任（在这种情形下，更容易存在错案之可能，因而更易于导致司法责任产生），则违背权责统一原则。智能化应用的不当适用可能模糊了审判责任的认定过程。

因此，在司法能力现代化建设背景下，如何确立审判组织独立行使审判权、并赋予其主体地位，以及如何加强对审判权的监督，确立科学完备的审判组织责任机制是司法责任制改革的两大核心立足点。以下两节将结合现有司法制度改革的价值目标，并基于智能技术应用下审判组织的权力结构对审

---

〔1〕 宋远升："司法责任制的三重逻辑与核心建构要素"，载《环球法律评论》2017年第4期，第77页。

判组织智能化中法官主体地位和审判责任的制度完善进行探究。

第二节　审判组织智能化与法官主体地位

智能化时代，法官审判权独立行使一方面涉及智能化审判辅助运用中法官的主体地位，另一方面涉及司法公开后多中心权力运行结构下的法官主体性。前述行政诉讼审判方式和审判程序智能化建设对司法智能化应用辅助的适用规则进行了探讨。本节对审判组织主体地位的分析侧重司法公开（审判权行使方式的在线化）对审判组织主体地位的影响，并在此基础上对司法公开制度的完善进行探究。

一、行政法官主体地位的智能化挑战

审判独立是法治秩序维护的重要环节之一。我国《人民法院组织法》第4条规定：人民法院依照法律规定独立行使审判权，不受行政机关、社会团体和个人的干涉。《行政诉讼法》第4条也作出类似规定。司法责任制改革的核心之一在于实现审判主体单一和审判权力明确。学界对相关制度的分析不仅聚焦于独立行使审判权，而是进一步拓展至提升"法官主体地位"[1]。基于此，以下对"法官主体地位"这一概念进行分析，并对其在行政审判中的积极意义展开探究。

（一）法官主体地位的内涵明晰

法官主体地位多用于我国法学界的学理研究中。[2]法官的主体地位主要表现在两个方面：一是在法院内部，法官居于办案核心地位。每位主审法官都是一个相对独立的工作单位，依托合议庭开展办案工作，谁审理、谁裁判、谁负责。其他都是辅助、服务、保障人员，其职责就是辅助法官、服务审判、

---

〔1〕　参见陈文曲、易楚："员额制下的法官主体性与主体间性"，载《时代法学》2018 年第 6 期，第 85-94 页；阴建峰、袁方："司法改革背景下法官绩效考核制度的回溯、困局与路径抉择——兼论法官主体性的重塑"，载《河南社会科学》2021 年第 3 期，第 52-60 页；倪寿明："落实和尊重法官主体地位"，载《人民司法》2014 年第 13 期，第 1 页。
〔2〕　卞建林、王天保："司法人员分类管理再思考"，载《内蒙古社会科学（汉文版）》2021 年第 6 期，第 82 页。

保障诉讼。二是在诉讼活动中，法官居于中立主导地位。法官依法定职权和程序，掌控诉讼活动节奏与进程，其他诉讼参与人均在法官指导下有序参与诉讼活动。[1]也有学者从三个方面对法官主体地位进行界定，即"法官主体地位的实现，从内部层面而言，离不开与当事人之间的有效沟通；从中间层面而言，离不开与审判委员会之间的良性互动；从外部层面而言，离不开与社会大众、媒体的友好对话。"[2]

可见，法官主体地位比法官独立性的内涵更广泛，包括独立行使审判权和行政审判中法官的中立地位。现代诉讼本质上作为一个全面、理性的规范沟通平台，[3]法官主体地位并不表明法官居于行政审判的核心地位，而是日益强调法官与当事人之间、当事人与当事人之间的互主体性。这体现为一是相对于审判管理者，法官主体地位的保障目的在于实现审判权行使的独立性，避免审判管理者对案件的不当影响。二是在审判程序中，法官居于中立地位，主导程序的推动，保障当事人之间充分的论辩。三是在案件实质审判中，法官基于自身专业性知识充分地运用价值判断，进而形成对待证事实的内心确信，并作出案件裁判。因此，法官主体地位建立在审判权独立行使和审判权的专业性基础上。

（二）行政法官主体地位的现实意义

1. 行政审判独立性

在实质性解决行政争议的诉讼目的中，行政诉讼具有保障公民合法权益、促进公共行政合法化机制、协商对话机制多种功能。诉讼功能实现的前提在于保障行政审判独立。法官主体地位对审判独立的意义在于

首先，行政法官相较于行政权的主体地位。长期以来，法官人财物等外部保障机制受制于地方党政机关。因此，提升行政法官主体地位有利于优化行政审判权力运行的外部环境，避免行政机关对行政审判的不当干扰。

其次，行政法官相较于审判管理人员的主体地位。现有司法责任制改革

---

〔1〕 倪寿明："落实和尊重法官主体地位"，载《人民司法》2014 年第 13 期，第 1 页。

〔2〕 参见陈文曲、易楚："员额制下的法官主体性与主体间性"，载《时代法学》2018 年第 6 期，第 85-94 页。

〔3〕 陈文曲、陈哲："转换与选择之进路：商谈式民事诉讼模式"，载《中南大学学报（社会科学版）》2017 年第 3 期，第 60-61 页。

对法官主体地位提升的路径在于一是改变过去层层审批的行政审判组织体制，促进行政审判去行政化；二是加强法官的职业保障机制，法官的人财物脱离地方政府管理，实现行政审判的去地方化。法官主体地位的提升有助于改变过去科层式的审判组织运行方式，减少审判监督者对案件实体裁判的不当监督。

2. 行政审判庭审中心主义

法官主体地位对行政审判庭审中心主义的促进体现在搭建诉讼双方当事人的平等对话的沟通平台。鉴于行政机关和行政相对人在诉讼能力上的天然悬殊，我国《行政诉讼法》规定了由行政机关承担举证责任。这导致在行政诉讼中，法官对案件的审判更多是审查行政机关提供的证据，进而进行案件裁判。且鉴于行政机关的公权力特征，法官在审理案件时多对行政主体一方提交的证据更容易采信，对其真实性及证明力较少质疑，阻碍了诉讼双方充分对话的可能。现代诉讼强调诉讼各主体之间以理解为取向，通过对话与沟通达成共识，以此实现诉讼的合法性，并以司法信服为目标。[1]诚如有学者所言"对于法官司法责任制而言，其建构的中心或者支柱在于审判中心主义或者法官审判自主权的确立。"[2]法官主体地位的补足可以避免对行政机关证明能力存在一种先入为主的认识。由此，以法官居于中立主导地位促进双方的充分平等对话，[3]并充分考虑双方当事人的合法权益，可推动行政审判由行政行为合法性审查向法律关系合法性审查转变。

因此，庭审中心主义和法官主体地位是行政审判司法公正实现的重要路径。法官主体地位的提升有助于以庭审中心主义优化行政审判程序，并进一步由以程序正义优化实体审判方式，由以行政行为合法性审查为侧重，向行政行为合法性审查与当事人合法权利保障均衡拓展。

（三）智能化应用的问题反思

司法智能化应用通过辅助法官裁判案件以提高审判效率和审判公正性。

───────────────

〔1〕　参见陈文曲、易楚："员额制下的法官主体性与主体间性"，载《时代法学》2018年第6期，第90页。

〔2〕　宋远升："司法责任制的三重逻辑与核心建构要素"，载《环球法律评论》2017年第5期，第76页。

〔3〕　倪寿明："落实和尊重法官主体地位"，载《人民司法》2014年第13期，第1页。

但司法智能化的不当应用同时会对法官主体地位产生不利影响。在智能化应用的广泛影响下，审判监管中的监管人员和司法公开中的社会公众意见可能会对法官主体地位产生不利影响。具体表现为一是数字量化的监管可能会抑制法官的主观能动性。司法裁判活动是智识型的创造性活动。而这一创造性的价值判断活动难以为数字所量化。完全的数据量化标准导致法官为追求形式上的"美化"，而弱化案件审判实质内容的优化。二是以数字化为主导的监管方式不能完全呈现法官的智识活动，存在结果主义考核导向的不利影响。在诉讼程序价值不断彰显的背景下，这一评价方式难以全面评价法官的创造性活动。三是诱发法官裁判行为的异化。在智能应用的全流程、无间断的监管下，如何使自己的裁判行为契合智能系统的数据化监管无疑成为法官裁判过程的重要考量因素。由此导致法官裁判行为的"唯数据论"倾向。不当的社会舆论影响也可能使法官在案件裁判中的中立地位受影响。以下将结合现有的问题与挑战对法官主体地位的智能化因应进行制度探究。

二、法官主体地位与智能化应用的关系模型

在审判组织运行的三个层次结构中，智能化应用的影响在于一是智能辅助在实体裁判过程中的运用使技术权力进入案件审判；二是司法公开平台导致司法审判权行使的多中心主义，社会公众成为行政审判的重要监督方式；三是技术"加持"过程中智能监管关系的变化实现了审判组织监督方式的扁平化。由此，法官主体地位不仅体现在司法系统内部审判权的运行方式和审判监督关系中，也体现在社会系统中社会尊荣地位的保障。[1]以下从智能化监管和智能化公开两个方面对法官主体地位与智能化应用的关系模型进行探究。

（一）法官主体地位与智能监督

司法责任制改革中的重要制度举措之一是明确审判监管人员的职责，司法审判监管由个案监管向宏观监管拓展，由个案实体审判监管向审判流程监管转向。司法智能化应用的技术赋能为审判监管职责的履行和制度改革目标的实现提供了外部保障。审判监管智能化的积极和消极影响在学界引起广泛

---

[1] 华小鹏："法官绩效考核的终极目标及实现路径研究"，载《法学杂志》2020 年第 10 期，第 104-106 页。

分析探讨。两者之间的正反向作用关系为审判监管智能化的成效分析提供了分析模型，可从中窥探智能化监管和法官主体地位之间的关系模型。为此，以下将对两者之间的正反向关系进行分析。

1. 智能监督的促进意义

审判监管智能化应用促进法官主体地位提升的路径表现为：

一是监督对象由对个案实体结果的监督方式，向审判流程监督拓展。在科层式的审判组织形式中，审判监管人员被赋予"质量把关"的重要意义不可避免地降低了审判法官判决的重要性：案件审判法官的判决由此具有了暂时性或阶段性的特征。[1]司法智能化应用目的的实现以监管过程的透明化、可视化为前提。法官审判过程的全程留痕为审判监管的流程式监管提供了物质保障。[2]院庭长和审委会监督方式的全程留痕进一步对审判监管者的监管行为进行监督，减少了行政审判监管的主观恣意性，避免其监督行为对审判活动产生不利影响，进而改变传统上层层审批式的审判运行方式。智能化监管通过公开透明、自动化的再监督避免司法监督权对审判权的干预。

二是监督方式由强制性向柔性拓展，强化行政审判依法审判。司法中的行政力量也天然具有扩张性，压缩司法活动的空间，损害司法的权威并抑制司法的功能。[3]去行政化的根本目的在于提高案件审判的公正性。司法智能化应用促进行政审判依法审判的前提基础在于实现法官审判活动监管的实时、全程留痕监管。在传统的审判方式中，院庭长无从实时知晓案件的进展情况，更无法掌握法官的工作动态和裁判结果，审判管理完全处于粗放型管理状态，不利于院庭长审判管理职能的发挥。而审判流程节点管理，是根据案件审理程序，对案件的立案审查、移交、排期、审判、签发、评查、归档等环节进行科学、规范、有序的系统化管理。[4]这一方式的特点在于对审判人员静默

〔1〕 ［美］米尔伊安·R. 达玛什卡：《司法和国家权力的多种面孔》，郑戈译，中国政法大学出版社 2015 年版，第 65 页。

〔2〕 杨阳腾："深圳前海法院正式开始审理案件　审判监督权行使将全程留痕"，载《经济日报》2015 年 2 月 3 日，第 3 版。

〔3〕 龙宗智、袁坚："深化改革背景下对司法行政化的遏制"，载《法学研究》2014 年第 1 期，第 137 页。

〔4〕 胡昌明："中国智慧法院建设的成就与展望——以审判管理的信息化建设为视角"，载《中国应用法学》2018 年第 2 期，第 111 页。

化自动监管。具体是指法院工作人员只有在违规时才能感受到"管理"的存在，而在合规时则感受不到"管理"的存在。[1]

2. 智能监督的消极影响

审判监管智能化应用消解法官主体地位的情形在于一是法官受到严格的审判监管。智能化技术无间断监管可能滑向技治主义，使智能化应用的智能监管成为过去审判监管模式的替代。二是在案件质量评查阶段，过去的监督方式的弊端在于重结果评价轻过程评价，重客观评价轻主观评价，重定量评价轻定性评价，重数据测算轻类型评价。[2]智能化应用的优势在于大数据分析的高效性、精准性。这一优势在提高评估效率的同时，使法官更严格地被"数据"监督，片面的量化评估加剧了当前质量评查中的"唯数据论"倾向。例如，全国各地的法院一直在开发"更科学"的指标。普遍采用精算模型来计算法官的案件量，实际结案量除以"法官工作饱和度"。[3]智能技术加持下的指标量化评估方式无疑是在原有严苛程度上的"层层加码"。其在提高精确性、客观性的同时，也削减了法官在其中的自主性空间。

综上，审判组织智能化监督成效发挥的关键在于司法理念与行政理念的协同性和人机结合方式的科学性。这需要对监督权做减法、简化和优化，对审判权做加法、扩展和优化，实现司法监督权和司法审判权之间的均衡。去行政化并非不要行政化，对法官审判行为进行监督是司法公正的应有之义。"放权"之后对司法腐败、司法裁量权的监督仍是关涉司法公正实现的重要因素。审判组织智能化应当：一是有利于监督方式向流程化、宏观监管、柔性监管转变。二是在人机结合方式上，实现人类智能和机器智能的优势互补。因此，审判组织智能监督法官主体地位提升的前提在于一是不同监督方式的优化组合。个案监管和宏观监管；流程监管和实体内容监管；定量化监管和定性化监管；硬性监管和柔性监管。二是审判监督理念基础的更新，即由管

---

〔1〕 王禄生："智慧法院建设的中国经验及其路径优化——基于大数据与人工智能的应用展开"，载《内蒙古社会科学》2021年第1期，第107页。

〔2〕 上海市第一中级人民法院课题组："审判绩效考核与管理问题研究"，载《中国应用法学》2019年第3期，第121-146页。

〔3〕 郑戈："在法律与科技之间——智慧法院与未来司法"，载《中国社会科学评价》2021年第1期，第87页。

理型监督向以法官主体为中心的服务型监督拓展。

（二）法官主体地位与公开平台

最高人民法院启动了四大公开平台建设，初步构建形成开放、动态、透明、便民的阳光司法制度体系。[1]公开制度被赋予的规范功能，如透明化、价值承认、方向设定等功能在现实中只能有限地被满足。[2]法官主体地位与公开平台之间呈现不确定的关系结构。以下基于司法公开平台的利弊分析，对两者之间的关系进行探究。

1. 公开平台的积极意义

其一，弱化行政机关和审判监管在行政审判实体裁判中的不当干预。过去司法公开聚焦于裁判文书公开。智能化应用，如音视频传输基础的运用，促进了司法公开范围的进一步拓展，向庭审过程公开、审判全流程公开（立案、审理、裁判、执行等多环节的公开）和审判管理信息公开，如审判管理数据的公开[3]。审判过程和审判监督管理过程的公开有利于减少审判过程中行政机关和审判监督者对案件裁判结果的不利干预。

其二，强化社会监督机制的形成。司法公开制度为社会公众监督审判活动提供了制度渠道。公开的载体由以书面公开的法院公告为载体，向以互联网平台为载体拓展，如法院官方网站、法院微博拓展。智能化技术中的视频传输技术、在线审判方式进一步实现了司法公开时间上的即时性、内容上的丰富性、形式上的双向性等特征和优势。公开载体的现代化提高了公开的速度、广度和深度，公开的效率有了极大提升。

其三，树立司法公信力。信息化促进法院公开形式更多样、范围更广泛，实现了司法公开的实时性和多方主体互动性。[4]司法者不再是司法信息的垄

---

〔1〕　参见最高人民法院《关于深化人民法院司法体制综合配套改革的意见——人民法院第五个五年改革纲要（2019—2023）》。

〔2〕　［德］施密特·阿斯曼：《秩序理念下的行政法体系建构》，林明锵等译，北京大学出版社2012年版，第105页。

〔3〕　胡昌明："中国智慧法院建设的成就与展望——以审判管理的信息化建设为视角"，载《中国应用法学》2018年第2期，第109页。

〔4〕　胡昌明："建设'智慧法院'配套司法体制改革的实践与展望"，载《中国应用法学》2019年第1期，第111页。

断者，当事人也可能拥有同等的司法信息话语权。[1]司法信息的公开为社会公众和司法审判者之间有效的互动沟通提供了现实基础，进而增进社会公众对行政审判的认同理解，提升审判公信力。

2. 公开平台的消极影响

公开平台的消极影响在于社会舆论对案件审判的不当干扰，阻碍案件审判质量的提升。由于社会舆论也存在偏颇的影响，不当舆论的影响可能会对裁判结果产生干扰作用，不利于司法公正。对话的合理性主要取决于两个说服过程，一个是当事人通过法庭辩论说服法官的显在过程，另一个是法官在此基础上考虑如何说服当事人各方、上级法院、社会一般成员的潜在过程。[2]司法公开的价值体现在后者。在司法公开机制下，由于司法决定的能见度更高，对社会的冲击也更大，舆论对大法官的约束也势必更大。[3]社会舆论对司法审判的关注度更高，社会舆论对司法裁判结果的影响程度也更大。一方面，司法公开使司法裁判结果受到社会公众监督。在审判中需要考虑裁判结果是否会引发社会不稳定因素，遭致公民的反对；另一方面使审判过程也受到社会公众的监督，在过程中需要考虑社会公众的舆论。

综上，"公开平台—法官主体地位强化"模型有其适用前提，即公开平台制度定位的民主性。[4]公开平台搭建了法官与社会公众之间的双向互动空间。目前，对公开平台消极和积极影响的探讨聚焦于司法公开中社会公众与法官单一的社会监督关系。但事实上公众与法院更应该是一种政治力量上的互助与共生关系。[5]在这一对互动关系中，法官主体地位不仅需要社会公众的监督，也需要从社会结构中寻求司法认同。智能技术的运用极大地提升了司法公开的广度、深度和速度，司法公开方式由单向公开向双向互动拓展，公开载体由线下公开向线上线下协同公开转变。量变带来了质变。对行政审判而

---

[1] 王小林主编：《信息化时代司法公开的逻辑与进路》，人民法院出版社 2015 年版，序言第 2 页。

[2] 季卫东：《法律程序的意义》，中国法制出版社 2012 年版，第 48 页。

[3] 参见［美］理查德·波斯纳：《法官如何思考》，苏力译，北京大学出版社 2009 年版，第 12 页。

[4] 钱弘道、姜斌："司法公开的价值重估——建立司法公开与司法权力的关系模型"，载《政法论坛》2013 年第 4 期，第 125-127 页。

[5] 钱弘道、姜斌："司法公开的价值重估——建立司法公开与司法权力的关系模型"，载《政法论坛》2013 年第 4 期，第 128 页。

言，司法公开制度不仅是"管理式公开"的社会监督机制，也是双向的沟通互动方式，以"民主式公开"为定位的互动对话机制。司法民主实现的对话沟通机制这一制度定位在实现高效协商对话的同时，与行政审判制度功能表现出更大的契合性，也有助于应对公开平台的消极影响．即通过理解共识纾解社会公众非专业性等认识偏颇对审判专业性的不利影响。因此，在法官主体地位提升的司法改革目标下，应当由审判组织智能化建设向服务型监督模式和民主式公开平台拓展。

三、法官主体地位的建构路径

智能化应用对法官主体地位的影响：一方面在于审判组织权力结构的变化；司法责任制中"放权"的路径是扁平化。另一方面在于审判组织权力运行方式的变化。审判组织智能化建设中法官主体地位的保障关键在于对法官主体地位的再认识。在智慧司法发展背景下，法官主体地位应当从人机协同关系角度出发，从以下两个方面进行再认识。

（一）法律意义的再认识

法官主体地位有利于平衡行政相对人和行政机关之间的诉讼能力，促进案件审判过程的公正性。在智慧司法中，法官主体地位的法律意义还在于：

首先，法官主体地位是人民中心主义司法价值理念的体现。司法智能化建设不仅在于服务当事人，为诉讼当事人提供审判便利，实现接近正义，还在于为法官审判活动提供司法辅助，缓解案多人少的审判压力。目前的司法审判管理智能化建设侧重管理，其弊端在于可能导致法院科层式管理的智能强化。[1]法官主体地位要求审判管理智能化的建设理念应当由管理主导向服务主导转变。即以人为本，以审判权运行机制为中心，从服务法官的角度入手，强化法官对案件的掌控进程。[2]去行政化并非不要监督管理，监督管理的科学化路径在于建立服务保障型的监督管理模式。[3]

---

〔1〕　参见郑戈："在法律与科技之间——智慧法院与未来司法"，载《中国社会科学评价》2021年第1期，第86-88页。

〔2〕　胡昌明："中国智慧法院建设的成就与展望——以审判管理的信息化建设为视角"，载《中国应用法学》2018年第2期，第116页。

〔3〕　龙宗智、孙海龙："加强和改善审判监督管理"，载《现代法学》2019年第2期，第44页。

其次，法官主体地位是审判组织智能化制度建设的核心价值。司法智能化应用以工具理性嵌入司法审判过程中。法官主体地位的明确有助于实现智能化应用中的价值理性，避免司法智能化应用对法官主体地位的消解。明确法官主体地位不仅是行政法官在行政审判中主体价值的体现，也是人民中心主义司法理念的价值彰显。同时，审判组织智能化建设作为一个系统性、整体性工程，法官主体地位的明确更为相关制度建设，如审判监督管理制度、法官责任制度等制度明确了价值基准。

因此，在智慧司法中，对法官主体地位的价值认知应当由单一性走向多元化。

（二）法律内涵的再认识

审判组织智能化中法官主体地位的内涵理解应当遵循整体性和全局观原则。在智慧司法中，多中心主义的权力结构促使审判组织运行的外部环境发生了深刻变化，包括内部、中间和外部层面三个层级。对法官主体地位法律内涵的再认识应当结合审判组织运行的多中心主义结构环境展开分析。

首先，法官主体地位意识贯穿审判组织运行的全流程。审判组织智能化涉及的范围更为广泛，包括审判阶段的立案、受理、审理、裁判、执行，案件审判管理，以及审判之后的考核评价等诸多阶段。法官的主体地位要求法官作为纠纷的权威解决者，处于原告、被告、审判者三角形结构的中心位置，在控辩两造平等对抗的基础上，作为审判者的法官居于其间，中立裁判。[1]但法官并非严格遵循法条规范主义作出案件裁判。裁判活动受诸多个人因素和制度因素的影响，如审判组织结构、薪水、工作量、晋升结构等诸多外部环境的深刻影响。为此，智能化应用对法官主体地位的影响不仅存在于案件裁判，还存在于法官考核、审判管理等诸多阶段。审判组织智能化中法官主体地位的建立和维护应当体现在行政审判活动的全流程中。鉴于法官的核心职责定位在于案件的审理裁判，且其对案件裁判结果发挥着实质性作用。对法官主体地位的类型化分析更有利于法官主体地位保障和司法资源合理配置之间的均衡。对于核心审判环节，法官主体地位保障应遵循更严格的法律制度设计。因此，在审判组织运行的内部结构中，法官主体地位保障应当科学

---

[1] 李健：“论法官的主体性”，复旦大学 2011 年博士学位论文，第 11 页。

利用智能化优势，实现司法审判资源和审判管理资源的优化配置。

其次，法官主体地位应在一个更为开放型的结构予以全方位展现。司法环境和社会环境之间的信息交流沟通成为法官主体地位分析探讨的另一场域。司法公开机制一方面对行政审判构成有力的社会监督，另一方面借助社会公众的参与，促进了主体互知和司法公信力的提升。权威系统的封闭性特点要求法官必须保持主体性中立裁判，同时与社会保持距离。[1]智能技术拓展了司法公开的深度、广度和速度。司法权威系统由封闭走向开放。社会公众监督在促进法官主体地位的同时，也存在消解法官专业性优势的不利倾向。因此，在审判组织运行的三层结构中，法官主体地位的内涵拓展至审判组织的外部层面。法官主体地位也体现在司法资源与社会资源之间的优化配置，并在社会环境中寻求司法认同。

因此，行政诉讼智能化建设应当确立法官主体地位是审判组织智能化建设的核心价值理念。这有利于在更广泛的场域，即司法资源和社会资源之间的优化配置和多层级结构，即"审判组织—审判管理—社会公众—审判智能化应用"中认识其法律内涵。

四、法官主体地位的规则建构

在智慧司法中，法官主体地位的内涵有所拓展，即智能化应用的适用不得消解法官主体地位，需要尊重法官的主导权。

（一）智能监督制度的完善

监管智能化的展开方式包括流程式的智能化监管和法官审判活动的定量化评估。对法官审判活动监管的应用规则在于：

首先，智能化应用侧重对监管方式的智能化流程再造。以人为主导，确立人机协同模式。以服务法官，辅助司法审判监管人员为构建路径。在审判组织的智能监管中，智能化应用的展开路径采用量化监管、自动化监管的方式。司法责任制改革的监管理念在于"放权"。技术主义的量化、自动化监管具有严格程式化特点，算法技术的运用使其"数据化"倾向更为彰显。

其次，智能化应用的量化监管采取有限适用的态度，遵循智能监管辅助

---

〔1〕　李健："论法官的主体性"，复旦大学 2011 年博士学位论文，第 27 页。

原则，在量化评估精确性的基础上增加智能监管方式的科学性。有限适用具体表现为一是适用方式上，采用综合性的考核评估方式；二是适用效力上，非绝对性的适用依据，设置多元化的考核评估指标，区分不同指标的占比程度，进行综合评判。

最后，利用智能化监管的无间断、全流程特点形成对审判者和审判监管者的双向监督。一是既要监督法官审判活动，也要监督审判管理活动。二是在对审判监管人员的监督活动进行智能化赋能的同时，也要对其监督活动进行智能化再监督，避免监督者的权力滥用。

因此，精准化的审判监督管理机制要更强调科学化的审判监管智能化机制，避免"唯数据论"倾向和工具理性的扩张，对技术价值进行扬长避短。

（二）案件质量评估制度的完善

考评结果不仅关涉法官及相关人员的物质奖励和职业晋升，还关涉案件质效提升和行政审判功能的实现及法院未来发展等功能的实现。智能化应用的工具理性不断渗入行政诉讼审判组织建设中，其可能的倾向之一是将法官作为绩效考核的客体，而非主体。为此，我们应该避免行政审判组织智能化对技术的过度依赖，减少智能化应用使法官主体地位丧失的可能性。

一是将法官主体地位保障确立为规则设计的价值理性基础。在运用量化加权、分段计时的"标准案件/标准个人"量化方法的同时，进一步突出法官的制度权、话语权，采用具有真实反映力和实质表现力的指标。[1]在完善相关规则设计的同时，将法官作为绩效考核制度设计中的主体，并以此实现法官绩效考核制度与行政审判功能定位相契合。

二是在具体方式上，行政法官的工作成效考核应当遵循局部与整体、定量和定性、内部评价和外部评价相结合的方式。从局部来看，法官的职责在于案件审理，实质性化解行政争议。案件审结数在一定程度上可以直接体现出法官的工作量和工作成效。但从整体来看，行政审判的目的更在于个案争议解决后的辐射效应，即促进社会治理和行政机关依法行政。这一质效评价体现为间接的促进，很难以定量化方式进行直观反映。单纯依赖于智能化应

---

[1] 阴建峰、袁方："司法改革背景下法官绩效考核制度的回溯、困局与路径抉择——兼论法官主体性的重塑"，载《河南社会科学》2021年第3期，第58页。

用的绩效考核方式使法官在案件审理中仅着眼于个案的争议化解和案件数量的满足，而缺乏对案件审理质量和外在效果的关注，影响行政审判制度功能的有效发挥。为此，诉讼当事人的满意度应是考核制度的评价因素之一。

（三）司法公开制度的完善

司法公开制度完善的理念价值不仅在于形成社会监督机制，还在于司法民主实现中的双向对话机制，从而构建一种互助共生关系。具体表现为，促进司法公开制度与监督管理制度的协同性。在案件质量考核评估制度中引入外部评价，重视民众的"获得感"。目前，外部评价重视和利用程度严重不足的原因之一在于外部评价能力有限及不便操作。[1]智能平台的功能优势在于通过数据信息的互联互通，为双方和多方主体搭建及时高效互动交流的线上空间。司法公开制度作为多方主体之间的民主对话机制，应当充分利用司法公开平台的功能优势，实现社会公众和法院监管的互动对接。一是利用诉讼服务平台，建立当事人和代理律师在线评价制度。二是利用各类司法公开平台，逐步探索社会公众在线评价体系。在法院主动公开司法信息数据的同时，及时获悉社会公众对司法审判活动的民意反馈，进而不断提升司法能力。由此，在改变审判评估偏重定量化和数据化这一弊端的同时，通过沟通对话增进公民对法官的理解与认同，提升法官主体地位。因此，案件质量评估平台的建立有助于实现法院和社会公众之间的双向良性互动，并通过公开平台搭建多元、开放的评价机制。

第三节　审判组织智能化与法官责任制

法官责任制的推行是权力与责任相统一原则下的重要制度设计。法官责任制和法官主体地位保障同样是体现司法公信力的关键制度。本节将结合法官责任制的改革背景，就司法智能化应用对法官责任认定的影响和制度建构进行探究。

---

〔1〕　龙宗智、孙海龙："加强和改善审判监督管理"，载《现代法学》2019年第2期，第48页。

一、法官责任制改革现状

在司法责任制度改革背景下，司法实践对法官责任制度进行了诸多制度探索。以下将结合现行改革实践和立法规定对法官责任制度的基本建构进行分析。

（一）多元化的责任样态

目前，法官责任存在多种责任类型，其分别散见在不同的法律规范中，如《关于完善人民法院司法责任制的若干意见》《法官法》《监察法》及地方法院的相关规定。依据责任的认定依据，我国法律明确规定的法官责任类型包括法律责任和政治责任两种责任类型。

其一，违法审判责任制度。《关于完善人民法院司法责任制的若干意见》将法官责任限定于"违法审判行为"。因违法审判而产生的责任方式包括民事责任和刑事责任。结合我国《国家赔偿法》第38条的规定，因违法审判而对诉讼当事人产生的赔偿责任由国家承担，这实际上是赋予了法官民事责任豁免权。2019年《法官法》第46条仍对刑事责任进行了明确规定，即法官有下列行为，构成犯罪的，应当依法追究刑事责任。同时，依据《监察法》第11条，监察机关也有权对法官的职务犯罪行为履行监督、调查、处置职责。

其二，违纪责任制度。因违反纪律规定而造成的违法审判。我国法官多具有党员、国家公职人员和法官等多重身份，遵守相应的党法党规党纪是其法定义务。依据我国《监察法》第15条的规定，监察机关有权对人民法院中的国家公职人员的权力行为进行监察。因此，监察机关不仅有权对法官进行刑事责任追究，同时也有权对违法的公职人员依法作出政务处分决定。政务处分决定主要针对的是案件实体裁判，如除事实认定和法律适用之外的贪污受贿、徇私舞弊等违纪行为。

此外，依据责任的内容构成，法官责任可以划分为错案责任制度和案件质量责任制度。错案责任制度是指案件裁判错误而被依法改判、发回重审、执行回转、引起国家赔偿等情形的案件。案件质量责任制度具体是指事实瑕疵、证据瑕疵、法律瑕疵、文书瑕疵等审判瑕疵责任，以及职业纪律责任等。[1]

---

[1] 陈卫东："司法责任制改革研究"，载《法学杂志》2017年第8期，第34页。

（二）主观过错的归责原则

就责任的归责原则而言，现行规定将法官的主观过错作为构成要件之一，强调法官在主观上存在故意或重大过失。《关于完善人民法院司法责任制的若干意见》第 2 条第 6 款规定，要坚持"主观过错与客观行为相结合"。在此基础上，关注是否存在"故意违背法定程序、证据规则和法律明确规定违法审判的，或者因重大过失导致裁判结果错误并造成严重后果的"。《法官法》第 46 条明确列举了违法审判行为。其中第 5 项明确了"重大过失+裁判结果错误+严重后果"的认定模式。其他几项对违法行为进行具体列举。这反映出制度设计遵循的是"故意+行为"与"重大过失行为+严重后果"两组相互嵌套的责任认定标准。[1]尽管程度不一，但均将主观过错作为责任认定的主观构成要件之一。

（三）终身负责的追责原则

法官办案质量终身负责制是实现由裁判者负责的必然制度举措。2013 年，中央政法委出台《关于切实防止冤假错案的指导意见》，明确了法官对办案质量终身负责，不会因法官退休、职务调动等因素而免去其责任负担。终身负责制无疑课予了法官更严重的责任负担，以事后监督方式促使法官正确依法裁判，提高案件裁判质量。

综上，目前法官责任制度呈现类型多样的制度特点，为实现权责统一，以终身负责制建立更严格的法官责任事后监督机制。鉴于司法智能化应用在行政审判中主要被运用于智能分案、类案检索系统、要素式智审系统和在线诉讼平台等审判程序和实体审判中，从而辅助法官进行案件事实认定、法律适用和裁判结果作出等，以提高审判效率。本节主要立足于行政法官的裁判错误行为，即对事实认定和适用法律的处理出现错误，导致裁判结果错误的情形。[2]

二、智能化应用对法官责任机制的影响

在由自然人工审判模式向人工智能审判模式拓展远程中，司法智能化应

---

〔1〕　方乐："法官责任制度的司法化改造"，载《法学》2019 年第 2 期，第 157 页。
〔2〕　郭延军："我国法官裁判责任的追究限度"，载《法学评论》2021 年第 6 期，第 16 页。

用拓展了过去以专业化为基础进行的职责划分，而向人工智能和人类智能的职责分工拓展。与此同时，相较于算法自主参与决策，司法裁判领域中的智能参与遵循人机协同模式，智能化应用辅助人类法官作出司法行为。这需要对不同审判组织与智能应用之间的责任界分、人类承担法律责任的归责方式进行探究。

（一）追责过程的公开透明

审判过程的数据化全程留痕使对法官责任的追究过程有迹可循。

一是在审判程序上，尽管司法责任制改革强调监督者对审判活动的流程监督，弱化实体监督，但审判过程的公开透明有助于审判者和审判监督者之间的责任界分。这实现了对审判监督者的监督过程和审判过程的各个节点进行全程留痕。

二是在实体裁判上，智能化应用的数据生成具有主动性特征。智能应用产生的数据化信息为法官追责提供了数据化的行为依据。类案专审智能平台实现了案件全流程的在线智能化审判，包括事实认定和法律适用等实体裁判阶段。苹果公司总裁蒂姆·库克（Tim Cook）说，当你使用网上的各种"免费"服务的时候，你不是用户，而是产品。[1]当法官不断运用在线审判技术进行案件审判时，其也在自动地生成数据，并被解析。此时，法官不仅是用户、主体，也是产品，被司法智能化应用分析、深度学习的客体。由此，司法智能化应用在辅助法官案件审判的同时，也将法官的审判流程以数据化的形式予以记录。

（二）责任隐匿的法理隐忧

在智能化应用可接受性和正确性不断提升的背景下，智能辅助应用进入司法裁判实体环节，即事实认定和法律适用阶段，进而影响法官司法裁量权的行使。以下将从这两个方面展开分析。

1. 事实认定阶段

依据智能应用进行案件无争议事实认定和争议焦点归纳，几乎不用行使自由裁量权。追责的方式是存在行为上的重大过失，而在积极倡导司法智能

---

〔1〕 郑戈："数字社会的法治构型"，载《浙江社会科学》2022年第1期，第153页。

化应用以提高司法效率的改革背景下，法官适用智能化应用的行为难以轻易认定为构成重大过失。其个人的风险和责任也随之大为减轻。司法裁判智能化应用成为法官卸责的方式之一。目前，类案专审智能化系统实现了无争议事实认定和争议焦点归纳等事实认定环节的自动化。尽管法官享有自主选择或添加的裁量权，但在案多人少的审判压力下，也会存在以智能化应用"替代"法官行为的可能性。长期来看，法官在审判中的消极不作为势必会阻碍案件审判质量的提升和实质法治的实现。

2. 法律适用阶段

为实现统一法律适用，类案智推系统是实践中运用较为广泛的司法智能化应用。《关于统一法律适用加强类案检索的指导意见（试行）》第3条规定，承办法官依托中国裁判文书网、审判案例数据库等进行类案检索，并对检索的真实性、准确性负责。可以发现，现有规范对法官的智能检索行为课以了明确且严格的义务和责任负担，要求其在特定情形下具有检索和类比适用的法律义务。考虑照搬类案省时省力，不会引发数据异常报警，且能避免领导质疑和当事人上访的风险，必然会被绝大多数法官欣然接受。[1]此时仍可能存在法官怠于履职的问题。目前的法官责任体系以主观过错为责任构成要件。算法黑箱使智能化应用参与审判过程不具有可解释性。这表明无法对法官行为与案件质量之间的因果关系进行分析，并证明其主观过错。同时，可能因类比适用符合形式正义的要求而免于责任承担。由此，智能化辅助的技术权威可能导致法官的不当卸责。因此，司法智能化应用的不当利用具有导致法官责任感模糊的不利倾向，甚至以形式正义的实现向技术进行责任推诿。智能化应用成为法官规避责任的"利器"，且不满足当前实质正义下对实质性解决行政争议的目的要求。

（三）不当课责的伦理挑战

目前，司法智能化应用也较大程度地适用于案件裁判结果的作出阶段，如裁判结果偏离预警系统，裁判结果预测系统等。一旦法官的裁判背离系统的预测结果，系统随即就会向办案法官发出警示，办案法官如若坚持己见，人工智能法律系统就会将其裁判结果自动报送庭长提交审判委员会讨论。此

---

[1] 徐骏："智慧法院的法理审思"，载《法学》2017年第3期，第61页。

时的办案法官不仅面临向审判委员会论证说理的压力，还面临错案追究的压力。[1]在案多人少的审判压力之下，法官可能会从减轻自身审判负担出发，顺应当前统一法律适用的司法制度改革目标，而选择对系统预测结果的接受。由此，智能化应用构成对法官自由裁量权的隐形介入，并对裁判结果产生了实质性影响。在此情形下，智能化应用参与司法裁判是法官在无意识情形下作出的，是法官的非意志性活动。人机协同的决策模式表现为"智能辅助的隐形适用+法官的被动接受"。

裁判结果错误是违法审判行为认定的构成要件之一，即"严重后果"。在法官责任终身制下，基于预测结果作出裁判同样可能面临错判的风险。在人工智能应用尚不具有独立承担责任的法律主体资格前提下，法官的行为可能构成重大过失。此时，法官事实上是对人类法官与机器人法官之间的共同行为承担责任。从法律责任的构成要件来看，人类只对通过自由意志所选择的行为承担责任，或者说，人类只对自己所决断的行为承担责任。以自我决定为根据并可以对决定过程予以解释的自我答责，是法律归责的基本原理。[2]在此情形下，一方面法官裁判结果的作出并非完全依赖于其自由意志；另一方面鉴于智能技术的黑箱性，法官无法对其裁判过程作出完全的说理论证。结果是对法官课以更重的责任负担，并且违背了人类只对通过自由意志所选择的行为担责这一法律归责理论。因此，智能化应用在实体性裁判中的运用使法官在一定程度上为智能化应用的不利后果承担责任，造成责任和权力之间的失衡。

三、法官责任制度的完善路径

司法智能化应用在弱化法官主体地位，并消解法官责任制度时，并未提供一套具有妥当性的义务与责任分配方式。[3]人机协同的行政审判智能化要

---

〔1〕 刘国华、沈杨："人工智能辅助司法裁判的实践困境及其应对策略"，载《学术交流》2021年第9期，第46页。

〔2〕 刘艳红："人工智能的可解释性与AI的法律责任问题研究"，载《法制与社会发展》2022年第1期，第85页。

〔3〕 张健一："智能司法的结构性困境与体系性定位"，载《学术交流》2020年第7期，第103-111页。

求对审判组织和智能机器的责任予以划分，并明确人类法官的责任承担限度和方式。

(一) 法官责任的谦抑性

法官责任的谦抑性是指对于运用智能化技术作出的司法活动可以规定较轻的法律责任，赋予法官法定的责任豁免权。法官责任制度不仅包括"保障法官依法独立行使职权"的司法技术逻辑、"实质性解决行政争议"的法律逻辑和"让人民群众在每一个案件中感受到公平正义"的政治逻辑，还蕴含以智能技术提高审判能力的技术逻辑。审判组织智能化建设中法官责任谦抑性的原因在于：

首先，有利于激发法官运用智能应用的积极性，实现司法改革目标。行政诉讼智能化建设的现实原因在于司法实践的迫切需求。一是统一法律适用司法改革目标与法官专业业务水平参差不齐的现实困境；二是案多人少审判压力和司法高效的司法改革目标。为此，向现代智能技术"借力"成为司法改革的必然路径。司法实践倾向于适度鼓励法官运用智能化应用辅助案件裁判，以实现司法改革目标和审判能力现代化。在终身负责严格的追责原则下，法官责任的谦抑性有利于促使法官积极利用智能化应用辅助案件审判，提高司法公正性和司法高效性。

其次，促进法官权责统一，与法官责任制度的内在目标相契合。责任制度的主要目的是扩大负责（守法）行为的概率，而不是对不负责任（犯法）的行为施加法律责任。[1]法官责任制度的功能之一在于"放权"和责任的均衡，对法官裁判行为进行监督，预防司法腐败和司法裁量权的恣意。为此，法官责任制度的要义之一在于责任的可预见性，即法官对自己履职的所作所为了然于心，且能够对将来可能要承担的责任之有无、份额、轻重有所预见。[2]由于算法的不可解释性，当法官自身也无法对其作出合理解释时，课以法官承担智能裁判的不利后果不仅无法实现预防违法审判行为的制度功能，也会因过重的责任负担，抑制法官进行案件裁判的主动性和创造性。因此，

---

〔1〕［澳］皮特·凯恩：《法律与道德中的责任》，罗李华译，张世豪校，商务印书馆 2008 年版，第 92 页。

〔2〕贺宁："法官责任制度的双重逻辑与价值衡量"，载《法制与社会发展》2021 年第 1 期，第 133 页。

法律责任的谦抑性有利于实现权责统一原则。

最后，审判权的公共属性需要智能化应用中法官责任的谦抑性。制度被视为对集体目的的表达，只要他们能够保持对这些目的的清楚意识，就可以保有自身的生命力。[1]智能技术辅助司法裁判活动的目的在于提高司法审判制度的整体公正性和高效性。智能化应用后的责任负担完全由案件裁判者承担违背权利义务相统一的原则。为此，在无法对人工智能课责，或短期内无法对其进行课责的前提下，法官责任制度的完善应当明确智能技术的固有局限性，实现法官权责统一。

（二）多主体责任的均衡性

行政审判智能化与审判监督智能化影响了审判权的运行方式。多主体责任的均衡性旨在实现法官责任制度与信息技术人员、审判监督者之间责任的均衡。

首先明确区分法官与信息技术人员之间的责任范围。智能化应用的背后是信息技术人员基于海量数据进行的模型建构。这要求对司法智能化应用中的"智能"一词进行祛魅。目前，法院智能化应用的开发建设采用技术外包形式，与商业信息技术公司进行合作。智能化应用的建模和后期维护需要专门信息技术公司及其专业技术人员的保障。一切自动化算法决策，看似屏蔽了"主观人为"，但其形成决策的知识、逻辑、边界和价值基准是被预置的。[2]信息技术人员可以借助"代码"实现自己"不在场"的"在场"。[3]因此，智能化应用的本质仍可看作信息技术人员下的操作，在技术人员主导下通过智能技术对人类认知进行化约。例如，裁判文书智能生成系统能够结合案件信息及前置文书信息，自动生成裁判文书初稿。这一智能辅助下的司法活动一方面建立在已有的案件裁判活动基础上，另一方面建立在信息技术人员编写的算法代码中。为此，行为责任方式应当对法官和信息技术人员之间的责任进行明确区分。

其次，确定审判管理者的法律监督者责任。目前，关于人工智能的法律

---

〔1〕 ［英］马丁·洛克林：《公法与政治理论》，郑戈译，商务印书馆 2002 年版，第 168 页。

〔2〕 齐延平："数智化社会的法律调控"，载《中国法学》2022 年第 1 期，第 97 页。

〔3〕 参见 ［美］劳伦斯·莱斯格：《代码 2.0：网络空间中的法律》，李旭、沈伟伟译，清华大学出版社 2018 年版，第 363 页。

责任问题，学界探讨聚焦于应当将其归责于智能化应用的使用者还是设计者。在此之外，审判组织智能化建设出现了第三方，即审判活动的监督者。在人机协同的智能审判活动中，司法监督者不仅需要对法官的裁判活动进行监督，还需要对智能化应用的准确性进行监督。法官责任终身制背景下，审判监督权面临的现实问题是"控权"不足，即法院的审判监督不到位，管理不善。〔1〕这就要求在监管智能化基础上明确监督者的责任承担。

因此，司法智能化应用使审判过程中的责任主体走向多元，不仅包括案件裁判者，还包括技术人员和审判管理者。但是，在人类与机器之间建立"知其然"且"知其所以然"的人机互动的互信关系尚难以实现。人工智能的不可解释性〔2〕要求在明确智能化应用固有局限的基础上，合理界分法官裁判与信息技术人员，法官与审判监督者的法律责任，通过制度改良，实现不同审判主体之间的责任均衡。

（三）多类型责任的协同性

智能技术的加持使审判权自身的运行方式发生改变，智能技术以隐性或显性方式参与到司法裁判权行使中。多类型责任的协同性要求在法律责任和纪律责任之外，增加法官在智能化应用中的伦理责任。

首先，法官伦理责任与人工智能伦理规范建设相契合。2021 年 9 月 25 日，《新一代人工智能伦理规范》发布。其中，第五章从伦理规范角度明确了智能应用的使用规范，并提出了 5 项具体要求，即提倡善意使用、避免误用滥用、禁止违规恶用、及时主动反馈和提高使用能力。〔3〕在行政审判智能化中，法官作为智能化应用的使用者也应当建立相应的伦理使用规范，促使法官裁量权的合理行使。

其次，以伦理责任约束法官在智能辅助运用中的司法裁量权。由于目前智能技术发展运用的不确定性，现有规范赋予法官在适用智能辅助时，拥有更多的自由裁量权。例如，在类案检索机制中，我国作为成文法国家，法官依照法律裁判案件是其职责所在。类案检索作为辅助法官办案的一种工作机

---

〔1〕 龙宗智："加强和改善审判监督管理"，载《现代法学》2019 年第 2 期，第 38—39 页。

〔2〕 刘艳红："人工智能的可解释性与 AI 的法律责任问题研究"，载《法制与社会发展》2022 年第 1 期，第 84 页。

〔3〕 参见《新一代人工智能伦理规范》第 18—22 条。

制，检索到的类案对法官裁判案件主要起一定的参照或参考作用。其中法官存在较大的裁量空间。这需要以司法责任伦理制度约束法官的裁量权，即依托法官的道德责任感和合理的价值观。诚如司法责任伦理的目的是把道德戒律强加给法官，并拘束每一个具有法官资格的人之间的交往行为。[1]司法责任伦理强调法官在依法裁判中的主观能动性，法官主观正义感的激发，从而合理行使裁量权，实现司法公正。

最后，法官伦理责任来源于行政审判功能目标的现实需求。结合前述行政审判组织的多层次运行环境，行政审判不仅以实质性解决行政争议这一法律效果的实现为目标，还具有积极参与社会治理，实现法律效果和社会效果统一的价值需求。尤其是行政诉讼作为公法争议解决机制，具有促进法治统一的长远价值目标。这要求行政法官仍需承担一定的外部社会责任，以回应社会公众对司法正义、社会秩序的普遍价值期待。因此，这需要以实质法治和实质正义的软法准则约束法官对智能化应用的适用过程。

因此，在司法责任制改革的"放权"之后，合议庭和独任制法官拥有案件的实体裁判权，实现由审理者裁判。伦理责任的增加有助于在完善法官责任谦抑性的同时，实现权责统一原则。

综上，审判组织智能化中审判权力的运行由过去以科层制为特点的审判流程，向以智能技术赋能为基础、法官为主导、审判监督者流程监督为辅的方式，发展优化。不同主体之间的权责关系和审判权自身运行方式的变化使法官责任制度应当遵循系统性观念，考虑多元因素，实现多元主体责任的均衡、多责任类型的协同。

四、审判组织智能化中的责任规则

在审判组织智能化建设中，如何处理智慧司法人机协同模式中的责任界分？如何在司法责任制改革背景下，对法官责任制度予以智能化更新完善？在不断强调人工智能伦理规范的同时，是否需要对法官的责任形式进行多元化设计？这些是法官责任制度建构应当予以回应的问题。

---

〔1〕 王申："司法责任伦理是法官存在的必要条件"，载《江海学刊》2016 年第 4 期，第 132 页。

（一）法官伦理责任的建立

法官伦理责任要求法官在运用智能化优势裁判案件的同时，不仅要熟知法律规范，还要熟悉相应的道德准则。司法公正、司法便民等基本价值原则构成法官伦理责任的基本内容。与之相应的是，法官伦理责任包括以下三项基本准则。

一是在技术层面，智能化应用的基本准则之一在于超越技术应用高效性所带来的单纯功利主义考虑。这要求明确法官在审判行为中的主体地位。司法实践中不乏一些法官因智能化技术的高效、便捷优势而直接选择智能输出结果作出裁判依据。这在一定程度上消解了法官的主体地位。因此，这一准则的具体要求在于在人机协同模式中实现法官主体地位，对智能化应用应当是选择性、批判性的。法官拥有适度的裁量权，有助于司法价值目标的实质性实现，促进技术高效、精准与司法正义之间的均衡。

二是在国家法治层面，智能化应用的伦理准则在于通过人机互补，实现超越形式主义的实质正义。司法责任伦理的根本目的是使司法更公正。[1]司法智能化应用的目的是有利于实现实质正义。现有司法智能化应用遵循以形式正义为基础的建模路径，且数据模型均来源于过去的案件事实或要素。这也就意味着基于数据模型进行的裁判是过去式的。然而，"社会现实的变化是生活的法律，回应社会现实的变化则是法律的生命"。[2]可见，技治主义下的司法智能化应用与司法裁判的实质正义原则和未来面向相背离。因此，智能化应用在符合现行法律规范和法理基础上以实现实质正义为目的，不应放弃其发展法律、促进法律生长性的职能定位。

三是在权利保障层面，智能化应用对社会公民的伦理责任在于以当事人同意为前提，以便利当事人为具体应用方式。在域内外，司法智能化应用的直接现实意义在于促进接近正义的实现。司法智能化的平等适用以社会公众具有平等使用现代技术的能力为预设。行政诉讼中双方当事人的技术运用能力势必存在较大不同，为避免技术鸿沟所带来的新的司法不公，智能化应用的前提应当是赋予当事人相应的程序选择权。

---

[1] 王申："司法责任伦理是法官存在的必要条件"，载《江海学刊》2016年第4期，第131页。
[2] [以]巴拉克：《民主国家的法官》，毕洪海译，法律出版社2011版，第16页。

（二）不同责任主体的责任明确

在审判组织智能化中，司法智能化应用的责任主体包括审判者、审判监督者和信息技术人员。

1. 明确审判监督者的程序责任

明确审判监督者在复杂案件中的法律责任。司法责任制改革中的重要组成部分之一是改变过去科层化的审判监督机制。强化审判监督者对审判活动的流程监管和对重大复杂疑难案件的实体性监督。《关于统一法律适用加强类案检索的指导意见（试行）》第2条不仅明确了复杂疑难案件中法官强制适用类案智推系统的法律义务。同时，还规定了审委会和院庭长等监督者的法律监督职责，即特定情形下要求法官强制检索的监督职责，以及在重大复杂疑难案件中的法律适用监督职责。[1]因此，对于审判监督者实质性参与案件裁判的情形，全程留痕的技术优势为程序责任的明确奠定了基础。

2. 明确技术人员的技术责任

在人机协同的智能审判模式中，司法不公的产生不仅可能在于法官的不依法裁判，还可能在于智能化应用所具有的技术问题。其中的技术问题不仅包括算法黑箱等固有技术局限，还包括技术人员产生的技术错误。其中的技术错误要求明确技术人员的法律责任。具体方式包括

一是明确智能化应用的技术应用规则。模型建构及后续的功能维护建立在法律专业和技术专业人员的密切配合基础上。实践中，数据质量不高不仅影响司法大数据的发展，而且可能造成司法大数据无法有效应用。[2]这要求司法智能化应用应建立配套的技术应用规则。这旨在明确各类智能化应用的技术要求和管理要求。例如，2018年，最高人民法院对电子卷宗的管理技术和评估考核进行明确，[3]以司法人工智能应用标准明确技术人员的法律责任基础。

---

〔1〕 2017年最高人民法院《司法责任制实施意见（试行）》。

〔2〕 刘雁鹏："司法大数据建设的现状、困境与对策"，载《中国社会科学院研究生院学报》2019年第5期，第120—121页。

〔3〕 参见最高人民法院《关于进一步加快推进电子卷宗随案同步生成和深度应用工作的通知》规定，做好技术支持。抓好评估考核。各高级人民法院应结合辖区法院工作实际，开展系统功能建设和应用成效两方面的评估考核。

二是区分不同智能化应用对案件实体裁判的影响程度而确定相应的责任。技术人员法律责任的确定旨在避免因技术错误而带来的司法不公。行政审判方式智能化应用需要在归责原则、责任类型、免责事由等制度设计中依据其参与程度而设定程度不一的法律责任。

3. 健全法官责任豁免

我国《法官法》对法官的责任豁免权进行了规定，[1]但规定得较为粗放，对法官的保障不完善。法官裁判责任追究的目的在于，一方面对法官起到警示的作用，间接地发挥防范错误裁判的功能，另一方面是对受害人和民众起到安抚的作用，修复人们对司法的信任。[2]智慧司法时代，因适用智能化应用而产生事实认定错误或法律适用错误情形的，多属于过失裁判错误。对过失裁判错误追责，应当采取谦抑态度。在法律适用中，当法官负有强制检索义务时，因过失造成法律适用错误应采取谦抑态度，免予刑事责任追究。在裁判结果中，目前有学者主张免去错误裁判的刑事责任。[3]智能化应用的典型特点是追求相关，放弃因果。这使智能裁判结果与法官裁判行为之间的因果关系呈现模糊性特点。因此，当适用智能化应用导致裁判错误，法官刑事责任应被免除，避免不当课责。由此，责任豁免权有助于进一步界分智能应用与法官之间的责任。

（三）法官职业保障制度的优化

法官责任追究制度的优化表现为由反向惩戒向正面激励拓展。我国司法责任终身追究制是一种特殊的动力机制，属于惩戒性动力或消极机制。不同于司法责任制，职业保障机制则是一种激励性动力或积极机制，其制度设计理念旨在通过正面激励，促使法官正确行使审判权。

职业保障机制的健全完善立足于事前的正向激励，激励法官实现人机协同模式的智能优化。一是积极评价优先于消极评价。对于不断优化智能化应用的审判法官，积极宣传其先进事迹，增强其职业荣誉感。因此，司法智能化应用的运用瑕疵应被列入追责对象，同时其运用优势也是法官声誉外部认

〔1〕　参见《法官法》第七章"法官的职业保障"，第52—65条。
〔2〕　郭延军："我国法官裁判责任的追究限度"，载《法学评论》2021年第6期，第21页。
〔3〕　郭延军："我国法官裁判责任的追究限度"，载《法学评论》2021年第6期，第16-26页。

同机制的路径之一。法官声誉的外部认同机制有助于进一步提高职业尊荣感，促使法官积极主动、正确地运用智能化应用，优化审判活动，提高审判质量。二是开展各类专业化培训，提高法官运用智能化技术的能力和水平，兼顾程序评价和结果评价。[1]

本章小结

在行政审判组织智能化建设中，我们应当看到互联网、大数据、人工智能技术迅猛发展给法官审判活动、社会公众接近司法带来的显著改进。智能技术不仅影响了审判组织本身的运行方式，也改变了审判组织运用的外部结构环境：一是审判权与审判监督权的权力关系，二是技术权力进入后法官与信息技术人员的责任关系，三是司法公开制度背景下社会权力介入后法官与社会公众的主体关系。这构成了审判组织智能化建设的分析背景。司法制度改革中"放权"和"责任"的均衡为审判组织智能化建设的制度完善明确了路径。由此，保障法官主体地位与完善法官责任制度成为审判组织智能化建设的两大重要组成部分。在法官主体地位中，法治的意义是在两者之间寻求理性、科学的平衡点，审判组织智能化应当实现 1+1>2 的共生效应，从而引导良好行政审判组织运行机制的健全完善。同时，审判组织智能化建设立足于权力、责任和保障三者之间的结构均衡，在此基础上构建新型智能化的司法权监督机制，并完善法官责任制度，实现放权和监督之间的均衡。

---

〔1〕 魏再金、罗虹："功能定位、目的导向与技术方法：法官绩效考核制度检视——以 S 市法院法官绩效考核办法为样本"，载《三峡大学学报（人文社会科学版）》2019 年第 1 期，第 87 页。

结　语

　　本书是从国家治理体系现代化、司法审判能力现代化和行政诉讼法治新理念的视角下，对行政诉讼智能化的法治图景展开探究。行政诉讼智能化建设应充分回应当前现代社会、智慧社会的时代之变，实现司法审判与智能技术在制度和理念层面的双向深度融合、人机协同和流程再造。

　　随着信息技术的不断革新与发展，人工智能技术的应用已经不局限于计算机领域内，以自动化方式辅助人类法官，而是与机器学习、算法等技术相结合，在司法裁判、司法服务、司法公开等多领域实现在线在场同步，历史分析与未来预测相结合，不断向人机协同的深度融合方向发展。在这里，智能技术的适用形态由过去的技术应用向数据资源、大数据思维拓展。由此，搭建"大数据技术—信息资源—大数据思维"的理论分析框架，可以促进司法制度智能化研究内容上的体系性和逻辑性。

　　首先，在技术应用层面，智能化技术与司法活动的结合方式为直接的技术赋能。例如，人工智能在语音识别、图像识别等感知智能场景中取得的突出成就大多与大数据技术密切关联。此类智能化应用体现技术赋能的巨大效应，即人工智能对司法高效的直接促进作用。

　　其次，在资源要素层面，法律大数据成为生产要素资源为司法智能化应用所运用。例如，类案智推、法条推送、裁判偏离预警、大数据侦查等智能化应用。智能时代，大数据成为信息化社会的"石油"基础。充分挖掘司法大数据的超凡价值成为司法智能化建设的重要目标。作为生成资料的大数据的适用形态表现为智能审判辅助系统通过海量数据的结构化和加工分析，实现全部电子卷宗材料的智能分析与法律条文、类案的智能推送等。由此，大数据中的隐含信息资源为法官提供了相应的智力支持。司法公开机制的发展进一步促进了数据信息资源在诉讼双方之间的均衡配置，优化了行政诉讼审判结构。

最后，在思维观念层面，大数据不仅是人工智能技术驱动的"物质基础"，还促进了社会生活生产中思维方式的变革，即"追求相关，放弃因果""数据主义，经验主义"。大数据思维中的计算性思维、相关性思维和定量化分析促使裁判思维向数字解决主义，司法实证主义，以及法律实用主义等方向转变。在争议的实质性解决中，借助大数据进行案件特点分析，对行政诉讼典型案件类型进行整体性、预测性分析，预防未来行政争议的产生，实现行政争议的诉源治理和预防性治理，并以司法大数据专题报告为载体，发挥行政诉讼参与社会治理的积极功能。大数据思维方式的运用促使争议解决方式由循案治理向循数治理拓展，由单一的事后救济向事后救济与事前预防相结合转变。

在司法实践中，司法智能化应用逐渐向后现代发展转向。司法智能化应用的适用方式由单一的智能化应用向综合性的智能化系统发展，并向以线上线下空间重塑为内容的一体性、智能化平台拓展。司法智能化应用多元化的适用形态和适用方式为司法智能化与诉讼审判的制度衔接提供了分析框架。当前，国家的现代化建设和法治理念的实质主义探索需要行政诉讼制度的智能化转型。相较于域外，我国的司法智能化建设发展较快，且表现出诸多的中国特色。为此，我们在对比审视域外经验的同时，更要立足于诉讼法学理和自身实践特点，从平台建设和制度完善的双向协同互动中，探索彰显我国特色的行政诉讼智能化法治图景。

一是行政诉讼智能化的平台体系建设。相较于电子诉讼，行政诉讼智能化不仅是特定诉讼活动的电子化、智能化转型，而是可看作诉讼空间的整体性再构和重塑，以及对人类社会整体智能化转型中治理能力提升的积极回应。智能化平台建设不仅融合了多种智能化应用功能，而且是以在线和在场的协同为基础，以促进多方主体交流互动、促进法治发展为目的构建的智能化应用平台。智慧法院平台是我国目前最大的一体化平台，以人机协同、深度应用的司法智能化建设为目标，实现在线和在场的同步。此外，线上法律援助平台，案件的繁简分流平台、类型化案件智能审判平台，以及旨在打造"指尖诉讼、掌上办案"的移动微法院平台等构成智能化平台建设在不同领域内的探索。平台化建设一方面促进了审判方式的智能化和审判程序的流程再造，另一方面也改变了法官、当事人等主体之间的交互活动。结合行政诉讼制度改革实践，行政诉讼智能平台的体系化建设需要建立面向当事人的诉讼服务智能平台、简易程序和多元化纠纷解决机制相结合的繁简分流智能平台，简单案件审理的类案智能专审平台、行政审判大数据平台及促进司法权与行政权沟通协调的行政法治一体化平台。因此，行政诉讼智能化的平台化、体系化建设路径反映出行政审判活动中人机合作理想图景的可能模式。

二是行政诉讼制度的智能化转型。在线审判制度规则开启了我国对诉讼制度智能化转型探索的步伐。三大诉讼之间的智能化探索不一，其适用范围表现出各自的特殊性。刑事诉讼以证据标准智能模型为基础探索以审判为中心的诉讼制度智能化应用。民事诉讼以要素式审判方式为内容进行全流程、系统化的民事诉讼智能化审判辅助系统探索，并以要素为基础展开审判程序制度的智能化探索。要素式智能化审判在行政诉讼智能化建设中有所运用。但行政诉讼智能化建设同时也表现出诸多的特殊性，并与相关司法制度改革深度融合。例如，积极开展府院通平台、行政法治一体化平台等，从而拓展府院互动的空间范围，提高沟通便利度和效率，实现审判独立与司法便民、司法高效之间的价值均衡。为此，在诉讼制度与智能技术双向深度融合的背景下，各类诉讼制度的健全完善应当充分考虑技术赋能的适用方式，在程序设定、职能配置、案件裁判等方面，将人机协同的具体展开规则予以明确。因此，在由技术创新向规则创新的探索中，行政诉讼智能化应用的具体方式需要从行政诉讼在线审判规则、行政速裁程序智能化规则、行政审判白皮书规则等方面予以法制化。

本书对行政诉讼智能化法治图景的探索只是一个小起点，远非终点。随着司法信息化和智能化的深入发展，以及我国行政诉讼制度体系的健全完善，有关司法智能化应用的实践样态会更加清晰全面，对行政诉讼制度的智能化转型探索也将会更有现实针对性。

参考文献

一、著作类

1. 俞可平:《论国家治理现代化》,社会科学文献出版社 2015 年版。
2. 胡鞍钢:《中国国家治理现代化》,中国人民大学出版社 2014 年版。
3. 林莉红:《行政诉讼法问题专论》,武汉大学出版社 2010 年版。
4. 胡建淼:《中外行政法规分析与比较》,法律出版社 2004 年版。
5. 谭宗泽:《行政诉讼结构研究——以相对人权益保障为中心》,法律出版社 2009 年版。
6. 杨伟东:《权力结构中的行政诉讼》,北京大学出版社 2008 年版。
7. 马怀德:《行政诉讼法学》,北京大学出版社 2019 年版。
8. 翁岳生:《行政法与现代法治国家》,台湾大学法学丛书编辑委员会编辑 1990 年版。
9. 何兵:《现代社会的纠纷解决》,法律出版社 2003 年版。
10. 章志远:《社会转型与行政诉讼制度的新发展》,北京大学出版社 2019 年版。
11. 薛刚凌:《法治国家与行政诉讼——中国行政诉讼制度基本问题研究》,人民出版社 2015 年版。
12. 刘飞:《德国公法权利救济制度》,北京大学出版社 2009 年版。
13. 陈瑞华:《司法体制改革导论》,法律出版社 2018 年版。
14. 王利明:《司法改革研究》,法律出版社 2001 年版。
15. 徐昕:《纠纷解决与社会冲突》,法律出版社 2006 年版。
16. 刘峰:《行政诉讼裁判过程研究》,知识产权出版社 2013 年版。
17. 陈林林:《裁判的进路与方法——司法论证理论导论》,中国政法大学出版社 2007 年版。
18. 罗灿:《司法改革背景下裁判文书说理繁简分流研究》,法律出版社 2018 年版。
19. 王泽鉴:《法理思维与民法实例:请求权基础理论体系》,中国政法大学出版社 2001 年版。
20. 沈岿:《公法变迁与合法性》,法律出版社 2010 年版。

21. 何海波：《实质法治：寻求行政判决的合法性》，法律出版社 2009 年版。

22. 范春莹：《法律思维研究》，法律出版社 2012 年版。

23. 蔡琳：《裁判合理性理论研究》，法律出版社 2009 年版。

24. 陈绍松：《司法裁判的合理可接受性》，中国政法大学出版社 2017 年版。

25. 付子堂：《法律功能论》，中国政法大学出版社 1999 年版。

26. 吴英姿：《法官角色与司法行为》，中国大百科全书出版社 2008 年版。

27. 陈瑞华：《刑事审判原理论》，北京大学出版社 1997 年版。

28. 陈瑞华：《法律人的思维方式》，法律出版社 2011 年版。

29. 唐力：《民事诉讼构造研究——以当事人与法院作用分担为中心》，法律出版社 2006
    年版。

30. 陈甦、田禾主编：《中国法院信息化发展报告 No. 4（2020）》，社会科学文献出版社
    2020 年版。

31. 蒋佳妮、徐阳、萨楚拉：《智慧法院》，科学技术文献出版社 2020 年版。

32. 蔡自兴、刘丽钰、蔡竟峰、陈白帆：《人工智能及其应用》，清华大学出版社 2017
    年版。

33. 樊崇义主编：《诉讼原理》，法律出版社 2009 年版。

34. 蔡志方：《行政救济法新论》，台湾元照出版公司 2000 年版。

35. 皮纯协、胡锦光：《行政诉讼法教程》，中国人民大学出版社 1993 年版。

36. 王名扬：《外国行政诉讼制度》，人民法院出版社 1991 年版。

37. 姜明安主编：《行政法与行政诉讼法》，北京大学出版社、高等教育出版社 2011 年版。

38. 翁岳生编：《行政法》（上下册），中国法制出版社 2009 年版。

39. 应松年主编：《行政诉讼法学》，中国政法大学出版社 2002 年版。

40. 姜明安主编：《行政法与行政诉讼法》，法律出版社 2003 年版。

41. 柴发邦主编：《当代行政诉讼基本问题》，中国人民公安大学出版社 1990 年版。

42. 方世荣主编：《行政法与行政诉讼法学》，人民法院出版社、中国人民公安大学出版社
    2003 年版。

43. 马怀德主编：《行政诉讼法学》，北京大学出版社 2019 年版。

44. 姜明安主编：《行政法与行政诉讼法》，北京大学出版社、高等教育出版社 2019 年版。

45. 高家伟主编：《行政行为合法性审查类型化研究》，中国政法大学出版社 2019 年版。

46. 沈岿：《公法变迁与合法性》，法律出版社 2010 年版。

47. 王天华：《行政诉讼的构造：日本行政诉讼法研究》，法律出版社 2010 年版。

48. 贺荣：《行政争议解决机制研究》，中国人民大学出版社 2008 年版。

49. 陈瑞华：《司法体制改革导论》，法律出版社 2018 年版。

50. 王利明：《司法改革研究》，法律出版社 2001 年版。

51. 徐昕主编：《纠纷解决与社会冲突》，法律出版社 2006 年版。

52. 刘峰：《行政诉讼裁判过程研究》，知识产权出版社 2013 年版。

53. 杨伟东：《权力结构中的行政诉讼》，北京大学出版社 2008 年版。

54. 汪庆华：《政治中的司法：中国行政诉讼的法律社会学考察》，清华大学出版社 2011 年版。

55. 陈瑞华：《程序正义理论》，中国法制出版社 2010 年版。

56. 林莉红等：《行政诉讼法问题专论》，武汉大学出版社 2010 年版。

57. 任东来等：《美国宪政历程：影响美国的 25 个司法大案》，中国法制出版社 2013 年版。

58. 谭宗泽：《行政诉讼结构研究——以相对人权益保障为中心》，法律出版社 2009 年版。

59. 江必新：《行政审判的理念、政策与机制》，人民法院出版社 2019 年版。

60. 李林、田禾主编：《中国法院信息化发展报告（2018）》，社会科学文献出版社 2018 年版。

61. 姚海鹏、王露瑶、刘韵洁：《大数据与人工智能导论》，人民邮电出版社 2017 年版。

62. 熊明辉：《诉讼论证——诉讼博弈的逻辑分析》，中国政法大学出版社 2010 年版。

二、译著类

1. ［英］马丁·洛克林：《公法与政治理论》，郑戈译，商务印书馆 2013 年版。

2. ［日］棚濑孝雄：《纠纷的解决与审判制度》，王亚新译，中国政法大学出版社 2004 年版。

3. ［美］波斯纳：《法律的经济分析》，蒋兆康译，中国政法大学出版社 1997 年版。

4. ［日］谷口安平：《程序的正义与诉讼》，王亚新、刘荣军译，中国政法大学出版社 1996 年版。

5. ［美］汉密尔顿、杰伊、麦迪逊：《联邦党人文集》，程逢如、在汉、舒逊译，商务印书馆 2009 年版。

6. ［德］哈特穆特·毛雷尔：《行政法学总论》，高家伟译，法律出版社 2000 年版。

7. ［英］丹宁勋爵：《法律的训诫》，刘庸安、杨百揆、丁健译，法律出版社 1999 年版。

8. ［德］卡尔·拉伦茨：《法学方法论》，陈爱娥译，商务印书馆 2003 年版。

9. ［美］E. 博登海默：《法理学：法律哲学与法律方法》，邓正来译，中国政法大学出版社 2022 年版。

10. ［美］劳伦斯·莱斯格：《代码2.0：网络空间中的法律》，李旭、沈伟伟译，清华大学出版社2018年版。

11. ［美］克里斯托弗·斯坦纳：《算法帝国》，李筱莹译，人民邮电出版社2014年版。

12. ［英］玛格丽特·博登：《人工智能的本质与未来》，孙诗惠译，中国人民大学出版社2017年版。

13. ［英］密尔：《论自由》，许宝骙译，商务印书馆2018年版。

14. ［美］塞缪尔·亨廷顿：《变化社会中的政治秩序》，王冠华等译，华夏出版社1988年版。

15. ［美］凯文·D. 阿什利：《人工智能与法律解析》，邱昭继译，商务印书馆2020年版。

16. ［美］迈克尔·贝勒斯：《法律的原则一个规范的分析》，张文显等译，中国大百科全书出版社1996年版。

17. ［法］莫里斯·拉朗热：《法国最高行政法院》，载《国际法学杂志》1968年第1期。

18. ［美］汉密尔顿、杰伊、麦迪逊：《联邦党人文集》，程逢如、在汉、舒逊译，商务印书馆2009年版。

19. ［德］奥托·迈耶：《德国行政法》，刘飞译，商务印书馆2016年版。

20. ［美］理查德·B. 斯图尔特：《美国行政法的重构》，沈岿译，商务印书馆，2011年版。

21. ［美］理查德·J·皮尔斯：《行政法》（三卷），苏苗罕译，中国人民大学出版社2016年版。

22. ［英］丹宁勋爵：《法律的正当程序》，李克强、杨百揆、刘庸安译，法律出版社2015年版。

23. ［美］本杰明·卡多佐：《司法过程的性质》，苏力译，商务印书馆1997年版。

24. ［美］罗伯特·达尔：《论民主》，李柏光、林猛译，商务印书馆1999年版。

25. ［法］米歇尔·福柯：《规训与惩罚》，刘北成，杨远婴译，三联书店2012年版。

26. ［美］O. C. 麦克斯怀特：《公共行政的合法性——一种话语分析》，吴琼译，中国人民大学出版社2016年版。

27. ［美］塞缪尔·弗莱施哈克尔：《分配正义简史》，吴万伟译，凤凰传媒集团意林出版社2010年版。

28. ［美］罗尔斯：《正义论》，何怀宏等译，中国社会科学出版社2016年版。

29. ［美］亚历山大·M·比克尔：《最小危险部门》，姚中秋译，北京大学出版社2007年版。

30. ［法］古斯塔夫·勒庞：《乌合之众》，戴光年译，新世界出版社2010年版。

31. ［美］理查德·波斯纳：《法官如何思考》，苏力译，北京大学出版社 2009 年版。

32. ［英］哈特：《法律的概念》，张文显等译，中国大百科全书出版社 1993 年版。

33. ［美］达戈戈·阿尔特莱德：《进击的科技——从爱因斯坦到人工智能》，唐源旆译，中信出版社 2020 年版。

34. ［美］乔舒亚·库珀·雷默：《第七感》，罗康琳译，中信出版社 2017 年版。

三、论文期刊类

1. 应松年：《构建行政纠纷解决制度体系》，载《国家行政学院学报》2007 年第 3 期。

2. 张文显：《法治与国家治理现代化》，载《中国法学》2014 年第 4 期。

3. 张骐：《再论类似案件的判断与指导性案例的使用——以当代中国法官对指导性案例的使用经验为破口》，载《法制与社会发展》2015 年第 5 期。

4. 季卫东：《人工智能时代的司法权之变》，载《东方法学》2018 年第 1 期。

5. 陈洪杰：《从技术智慧到交往理性："智慧法院"的主体哲学反思》，载《上海师范大学学报（哲学社会科学版）》2020 年第 6 期。

6. 孟醒：《智慧法院建设对接近正义的双刃剑效应与规制路径》，载《中国政法大学学报》2020 年第 6 期。

7. 马靖云：《智慧司法的难题及其破解》，载《华东政法大学学报》2019 年第 4 期。

8. 马长山：《智慧社会背景下的"第四代人权"及其保障》，载《中国法学》2019 年第 5 期。

9. 郑戈：《算法的法律与法律的算法》，载《中国法律评论》2018 年第 2 期。

10. 江秋伟：《论司法裁判人工智能化的空间及限度》，载《学术交流》2019 年第 2 期。

11. 孙海波：《反思智能化裁判的可能及限度》，载《国家检察官学院学报》2020 年第 5 期。

12. 马长山：《司法人工智能的重塑效应及其限度》，载《法学研究》2020 年第 4 期。

13. 冯洁：《人工智能对司法裁判理论的挑战：回应及其限度》，载《华东政法大学学报》2018 年第 2 期。

14. 周佑勇：《智能技术驱动下的诉讼服务问题及其应对之策》载《东方法学》2019 年第 5 期。

15. 沈伟伟：《算法透明原则的迷思——算法规制理论的批判》，载《环球法律评论》2019 年第 6 期。

16. 王福华：《电子诉讼制度构建的法律基础》，载《法学研究》2016 年第 6 期。

17. 张兴美：《电子诉讼制度建设的观念基础与适用路径》，载《政法论坛》2019 年第 5 期。

18. 高家伟：《论政府信息资源化战略》，载《行政法学研究》2005 年第 3 期。

19. 邢梦莹：《我国现阶段数字鸿沟及其测度》，载《中国出版》2019 年第 7 期。

20. 崔靖梓：《算法歧视挑战下平等权保护的危机与应对》，载《法律科学（西北政法大学学报）》2019 年第 3 期。

21. 张玉宏、秦志光、肖乐：《大数据算法的歧视本质》，载《自然辩证法研究》2017 年第 33 期。

22. 胡志光、王芳：《智慧法院建设的思维导图——以深圳法院"鹰眼查控网"建设为案例》，载《中国应用法学》2018 年第 2 期。

23. 王禄生：《司法大数据应用的法理冲突与价值平衡——从法国司法大数据禁令展开》，载《比较法研究》2020 年第 2 期。

24. 蔡维力、张爱军：《走出移植西法困境 回归人民司法传统——对我国司法改革的实证评析》，载《法学评论》2009 年第 4 期。

25. 陈景辉：《算法的法律性质：言论、商业秘密还是正当程序》，载《比较法研究》2020 年第 2 期。

26. 袁康：《社会监管理念下金融科技算法黑箱的制度因应》，载《华中科技大学学报》2020 年第 1 期。

27. 陈道英：《人工智能中的算法是言论吗》，载《深圳社会科学》2020 年第 2 期。

28. 闵仕君：《人工智能技术与法院执行领域的融合、发展和完善——以无锡法院智慧执行系统为视角》，载《法律适用》2019 年第 23 期。

29. 左卫民：《关于法律人工智能在中国运用前景的若干思考》，载《清华法学》2018 年第 2 期。

30. 黄其松、邱龙云、冯媛媛：《大数据驱动的要素与结构：一个理论模型》，载《电子政务》2020 年第 4 期。

31. 程金华：《人工、智能与法院大转型》，载《上海交通大学学报（哲学社会科学版）》2019 年第 6 期。

32. 周尚君、伍茜：《人工智能司法决策的可能与限度》，载《华东政法大学学报》2019 年第 1 期。

33. 梅剑华：《理解与理论：人工智能基础问题的悲观与乐观》，载《自然辩证法通讯》2018 年第 4 期。

34. 江必新：《全面推进人民法院司法统计工作》，载《人民司法》2013 年第 21 期。

35. 魏胜强：《司法公正何以看得见——关于我国审判方式的思考》，载《法律科学（西北政法大学学报）》2013 年第 6 期。

36. 杨伟东：《行政诉讼架构分析——行政行为中心主义安排的反思》，载《华东政法大学学报》2012 年第 2 期。

37. 成协中:《论我国行政诉讼的客观诉讼定位》,载《当代法学》2020 年第 2 期。

38. 肖建国:《程序公正的理念及其实现》,载《法学研究》1999 年第 3 期。

39. 季卫东:《法律程序的意义——对中国法律建设的另一种思考》,载《法治秩序的建构》,中国政法大学出版社 1999 年版。

40. 胡玉鸿:《论行政审判权的性质——"行政诉讼权力关系"法理分析之一》,载《诉讼法论丛(第 7 卷)》。

41. 应星、汪庆华:《信访、行政诉讼与公民权利救济中的二重理性》,载《洪范评论》第 3 卷第 1 辑。

42. 章志远:《行政诉讼中的行政首长出庭应诉制度研究》,载《法学杂志》2013 年第 3 期。

43. 王振宇:《行政审判体制改革应以建立专门行政审判机构为目标》,载《法律适用》2015 年第 2 期。

44. 陈端洪:《对峙——从行政诉讼看中国的宪政出路》,载《中外法学》1995 年第 4 期。

45. 胡肖华:《行政诉讼目的论》,载《中国法学》2001 年第 6 期。

46. 沈岿:《行政法变迁与政府重塑、治理转型——以四十年改革开放为背景》,载《中国法律评论》2018 年第 5 期。

47. 鲁鹏宇:《论行政法学的阿基米德支点——以德国行政法律关系论为核心的考察》,载《当代法学》2009 年第 5 期。

48. 吴英姿:《司法的公共理性:超越政治理性与技艺理性》,载《中国法学》2013 年第 3 期。

四、外文

1. Danielle Keats Citron. *Technology Due Process*. 85 Washington University Law Review1249, pp. 1249–1313 (2008).

2. Richard M. Re, Alicia Solow-Niederman. *Developing Airtificial Intelligent Justice*. 22 Washington University Law Review. 242, pp. 242–288 (2019).

3. Yavar Bathaee. *The Airtificial Intelligent Black Box and the Failure of Intent and Caustion*. 31 Harvard Journal of Law & Technology 889, pp. 889–938 (2018).

4. Eugene Volokh. *Chief Justice Robots*. 68 Duke Law Journal 1135, pp. 1135–1191 (2019).

5. Arthur Rizeral. Caleb Watney. *Airtificial Intelligent can make our Jail System more efficient, equitable and just*. 23 Texas Review of Law and Politics 181, pp. 181–226 (2018).

6. Margaret Hu. *Big Data Blacklisting*. 67 Florida Law Review1735, pp. 1735–1798 (2015).

7. Ric Simmon. *Big Data, Machine Judges, and the Legitimacy of the Criminal Justice System.* 52 U. C. Davis Law Review 1067, pp. 1067–1114 (2018).

8. Kia Rahnama. *Science and Ethics of Algorithms in the Courtroom.* 2019 University of Illinois Journal of Law, Technology and Policy 169, pp. 169–185 (2019).

9. European Commission for the Efficiency of Justice. *European ethical Charter on the use of Artificial Intelligence in judicial systems and their environment* (Dec. 3–4 2019), https://book. coe. int/en/computers–and–law/7842–european–ethical–charter–on–the–use–of–artificial–intelligence–in–judicial–systems–and–their–environment. html.

10. WIM PETERS, MARIA–TERESA SAGRI, and DANIELA TISCORNIA, The structuring of legal knowledge in LOIS, Artificial Intelligence and Law. Vol. 15: 117, pp. 117–135 (2007).

11. Breuker, J. , P. Casanovas, M. C. A. Klein, E. Francesconi (2009). The Flood, the Channels, and the Dykes: Managing Legal Information in a Globalized and Digital World [G] . In J. Breuker et al. (Eds.) Law, Ontologies and the Semantic Web. Channelling the Legal Information Flood, Frontiers in Artificial Intelligence and Applications, The Netherlands: IOS Press, Amsterdam, 2009.

12. JOOST BREUKER, ANDRE' VALENTE and RADBOUD WINKELS, Legal Ontologies in Knowledge Engineering and Information Management, Artificial Intelligence and Law Vol. 12: 241, pp. 241–271 (2004).

13. Richard Susskind: Online Courts and the Future of Justice, Oxford University Press, 2019, pp. 266–268.

14. Slavakis K, Giannakis G, Mateos G. Modeling and optimization for big data analytics: (statistical) learning tools for our era of data deluge. IEEE Signal Process Mag. 2014, 31: 18–31. Big_ Data_ and_ Big_ Data_ Analytics_ Concepts.

15. RICHARD E. SUSSKIND, Expert in law, THE MODERN LAW REVIEW, Vol. 49: 168, pp. 168–194 (1968).

16. A Anja Oskamp and Marc Lauritsten, Ai in law practice SO far, not much, Artificial Intelligence and Law Vol. 10: 227, pp. 227–236 (2002).

17. Sabine Tönsmeyer Uzuner: Expertensysteme in der öffentlichen Verwaltung, Duncker Humblot Berlin, pp. 36–46.

18. Gruber, T. R. , (1993). Towards Principles for the Design of Ontologies Used for Knowledge Sharing. In N. Guarino and R. Poli, editors, Formal Ontology in Conceptual Analysis and Knowledge Representation. Kluwer Academic Publishers, 1993.

19. Richard E. Susskind, Expert in law, The Modern Law Review, Vol. 49: 168, pp. 168 - 194 (1968).

20. J. C. Smith, Machine Intelligence and Legal Reasoning - The Charles Green Lecture in Law and Technology, Chicago-Kent Law Review, Vol. 73: 277, pp. 277-347 (1997).

21. Edwina L. Rissland, Artificial Intelligence and Law: Stepping Stones to a Model of Legal Reasoning, The Yale Law Journal, Vol. 99: 1957, pp. 1957-1981 (1999).

22. Richard E. Susskind, Expert in law, The Modern Law Review, Vol. 49: 168, pp. 168 - 194 (1968).

23. Tom Van Engers, Alexander Boer, Joost Breuker, André Valente, and Radboud Winkels, Ontologies_in_the_Legal_Domain, researchgate, (Aug. 10, 2021), https://www. researchgate. net/publication/226270544.

24. PEPIJN R. S. VISSER and TREVOR J. M. BENCH-CAPON, A Comparison of Four Ontologies for the Design of Legal Knowledge Systems, Artificial Intelligence and Law, Vol. 6: 27, pp. 27-57 (1998).

25. Rinke Hoekstra, Joost Breuker, Marcello Di Bello, Alexander Boer, The LKIF Core Ontology of Basic Legal Concepts researchgate, (Aug. 10, 2021), https://www. researchgate. net/publication/221539250.

26. Trevor Bench - Capon, Ontologies and Legal Knowledge - Based Systems Development, researchgate, (Aug. 10, 2021) https://www. researchgate. net/publication/249783353_ Ontologies_ and_ Legal_ Knowledge-Based_ Systems_ Development.

27. PEPIJN R. S. VISSER and TREVOR J. M. BENCH-CAPON, A Comparison of Four Ontologies for the Design of Legal Knowledge Systems, Artificial Intelligence and Law, Vol. 6: 27, pp. 27-57 (1998).

28. JOOST BREUKER, ANDRE' VALENTE and RADBOUD WINKELS , Legal Ontologies in Knowledge Engineering and Information Management, Artificial Intelligence and Law Vol. 12: 241, pp. 241-271 (2004).

29. Giovanni Sartor, Pompeu Casanovas, Maria Angela Biasiotti, Meritxell Fernández - Barrera, The approach of legal ontology, Springer, 2010, pp. 49-64.

30. Pompeu Casanovas Giovanni Sartor Núria Casellas Rossella Rubino, Computable Models of the Law, Springer, 2008, pp. 113-129.

31. J. G. Carbonell and J. Siekman, Law _ and _ the _ Semantic _ Web _ Legal _ Ontologies _ Method, Springer, 2005, pp. 186-200.

关键词索引

A

案件分流 198，224，229，234，275

案多人少 14，68，179，186，213，221，242，271，279，297，305，306，307

C

裁判思维 11，78，129，162，169，211，316

程序正义 17，84，111，116，263，267，268，269，270，274，291

程序权利 8，9，30，116，213，234，246，256，260

D

大数据 3，7，11，15，16，17，26，27，28，30，37，39，40，41，47，48，53，55，57，59，65，66，68，73，74，76，78，80，83，85，87，93，94，96，98，105，112，114，115，117，121，123，125，126，127，129，130，131，132134，136，139，140，141，144，159，161，163，168，169，171，175，178，180，182，184，187，193，194，198，199，201，203，205，206，209，211，214，218，239，264，268，275，281，294，312，314

大数据思维 41，78，129，130，133，139，140，169，211，218，315，316

定量化 16，18，78，95，129，130，223，225，230，297，300，301，316

电子卷宗 29，38，41，45，46，51，52，72，73，74，75，77，81，87，128，132，133，135，140，147，152，163，169，217，218，223，236，240，241，275，281，312，315

F

繁简分流 4，6，12，42，50，53，85，147，148，151，160，170，174，

R

人机协同 11，14，18，83，84，95，96，139，154，173，178，179，186，224，225，230，239，273，275，297，299，304，306，310，311，312，315，317

认知智能 10，34，35，36，37，45，73，95，127，136，163，169，180，199，215，267，268，269，273

S

实质性解决 4，6，12，16，39，40，59，105，123，139，168，173，181，186，188，191，192，194，196，197，199，203，211，249，252，259，274，285，290，307，310，316

实质法治 93，95，101，102，103，106，108，110，114，118，152，173，212，213，305，310

实证主义 11，78，129，130，169，211，316

事前预防 78，98，108，129，130，169，171，191，195，196，316

事后救济 19，98，191，196，216，316

事实认定 46，124，128，129，153，163，168，172，188，201，214，215，216，246，265，268，269，288，302，303，304，305，313

诉调对接 75，198，261，262

司法智能化 7，8，12，14，15，17，20，28，29，31，32，35，36，37，45，53，54，56，60，62，65，66，67，68，70，71，73，74，76，80，81，84，85，86，87，89，108，125，127，132，133，135，136，137，140，141，146，147，151，163，167，170，171，173，179，180，181，184，185，186，195，201，207，210，211，213，214，221，227，231，233，236，237，264，265，268，274，285，289，291，293，298，301，303，304，312，315，316

司法改革 1，4，28，46，52，53，54，68，80，82，85，104，107，109，110，127，128，138，147，160，176，179，183，185，192，213，216，225，228，231，241，270，271，274，279，280，297，307

司法服务 5，17，35，40，47，56，60，64，66，70，71，72，82，85，

88，104，110，117，141，198，213，215，236，279，315

司法责任制 21，173，279，280，281，284，285，287，288，289，291，297，299，302，304，310，313

司法公开 5，6，11，14，33，34，49，56，59，69，80，109，116，117，131，192，193，213，215，216，241，263，265，274，281，285，286，288，289，292，295，296，299，301，315

司法民主 6，56，109，128，130，131，132，137，139，192，208，264，267，297

司法参与 105，197

司法便民 5，12，33，34，40，47，56，65，72，80，89，104，107，109，118，139，173，228，231，233，236，262，270，311，317

司法资源 46，61，99，107，117，118，138，147，149，174，176，179，185，226，228，229，231，234，238，242，244，247，248，249，251，253，261，263，272，298，299

审判方式 4，8，11，13，14，15，21，39，42，47，51，53，67，75，77，78，81，82，85，107，139，145，148，150，160，167，168，170，171，173，174，178，179，185，186，187，196，204，207，211，212，218，221，222，223，226，227，251，252，253，254，256，258，259，263，266，291，293，316，317

审判程序 1，4，8，17，18，19，21，25，39，42，45，50，56，75，77，82，83，87，88，109，117，175，177，179，187，201，221，224，226，228，229，230，231，232，233，234，236，238，242，243，244，246，251，253，254，255，259，263，267，268，269，270，273，275，289，291，303，304，316，317

审判组织 18，19，21，83，88，118，251，252，254，261，279，280，281，282，284，285，286，288，291，293，297，298，299，300，301，304，307，309，310，312，314

审判能力 1，2，56，86，126，221，307，315

审判效率 47，50，77，104，131，147，174，179，185，193，207，227，229，231，237，241，246，248，255，257，260，261，262，272，273，

后　记

　　本书内容源于博士阶段个人对行政诉讼制度的持续研习，以及对司法智能化发展的不断关注，并在此基础上形成博士学位论文《行政诉讼智能化研究》。在本书付梓之际，首先要由衷感谢我的硕士生导师和博士生导师高家伟教授。感谢恩师多年来的宝贵栽培和耐心教导，指引自己对行政诉讼制度展开长期不断的思索，并将自己引入司法智能化这一研究问题的学术之门。本书以数字时代为背景，同样得益于数字技术才能于写作期间穿越时空的阻隔在选题、框架和内容等诸多方面得到导师许多宝贵、有益的悉心指点。同时，导师的深厚学识、严谨治学也不断指引自己在理论和制度、学理和实践之间，搭建起一个体系化、结构化、层次性的法学知识体系和研究思考结构。因此，本书内容的顺利完成离不开导师的方法传授、智识指引和辛苦指导。

　　本书内容修改于博士后研究阶段。行政诉讼智能化研究以行政审判制度改革为现实背景。其鲜明的现实关怀性要求研究方法由规范法学向社科法学拓展，论证方式由逻辑推演向理论分析框架的自主建构拓展。博士后导师过勇教授开放多元的学术理论视野、对现实问题的敏锐洞察力，以及对学术研究的高标准严要求对本研究后续的精进完善也提供了充分的智识养料。由衷感谢老师的宝贵有益指导。同时，也感谢清华大学纪检监察研究院程文浩教授的有益指点和宝贵鼓励，以及宋伟教授等诸多师友的启发指点。

　　在此，特别要感谢张保生教授和郑飞教授，得益于他们的"新技术法学研究丛书"计划，本书才能够获得国家出版基金资助出版！还要感谢中国政法大学出版社崔开丽编辑和其他编辑老师对本书的辛勤审校，才使得本书顺利面世！最后，还要感激亲爱的父母和亲人们，在漫漫求学道路上，他们的温暖陪伴成为我勇于探索、不懈耕耘的动力源泉！